# 为中小公司
## 量身定做的
# 商务文书

>>>>> 刘峰 ◎ 主编

中国言实出版社

**图书在版编目（CIP）数据**

为中小公司量身定做的商务文务/刘峰主编．—北京：中国言实出版社，2013.3

ISBN 978－7－80250－938－2

Ⅰ．①为… Ⅱ．①刘… Ⅲ．①中小企业—商务—应用文—写作 Ⅳ．①H152.3

中国版本图书馆 CIP 数据核字(2012)第 149847 号

责任编辑：谢　玉

| | |
|---|---|
| **出版发行** | **中国言实出版社** |

地　　址：北京市朝阳区北苑路 180 号加利大厦 5 号楼 105 室

邮　　编：100101

电　　话：64924716（发行部）　　64924735（邮　购）

　　　　　64924880（总编室）　　64928661（二编部）

网　　址：www.zgyscbs.cn

E-mail：zgyscbs@263.net

| | |
|---|---|
| **经　销** | 新华书店 |
| **印　刷** | 三河市佳星印装有限公司 |
| **版　次** | 2013 年 4 月第 1 版　　2013 年 4 月第 1 次印刷 |
| **规　格** | 787 毫米×1092 毫米　　1/16　　27.5 印张 |
| **字　数** | 587 千字 |
| **定　价** | 45.00 元　　ISBN 978－7－80250－938－2 |

# 目录

# 第一章　公司设立与变更文书

## 公司设立登记申请书

### 概念

公司设立登记申请书是申请人依据国家相关法律规定,将公司申请事项呈报国家相关主管部门审核登记,并由其发放营业执照的申报请求性文书。

### 格式与内容

1. 标题

标题通常由公司名称加"设立登记申请书"组成。

2. 正文

(1)顶格写明送达机关;

(2)公司名称、登记事项、法定地址、企业类型以及经营期限等;

(3)内容不要求面面俱到,但主要内容必须表达明确;

(4)结束语通常为"请核准予以登记"。

### 范文

#### 公司设立登记申请书

编　　号:＿＿＿＿＿＿＿＿＿＿

注册号:＿＿＿＿＿＿＿＿＿＿

公司名称:＿＿＿＿＿＿＿＿＿＿＿＿

## 敬　告

　　1. 在签署文件和填表前,申请人应当阅读《中华人民共和国公司法》、《中华人民共和国公司登记管理条例》和本申请书,并确知其享有的权利和应承担的义务。

　　2. 申请人必须对其提交文件、证件的真实性、有效性和合法性承担责任。

　　3. 申请人提交的文件、证件应当是原件,确有特殊情况不能提交原件的,应当提交加盖公章的文件、证件复印件。

　　4. 申请人提交的文件、证件应当使用16开纸。

　　5. 申请人应当使用钢笔、毛笔或签字笔工整地填写表格或签字。

中华人民共和国

国家工商行政管理总局制

### 公司设立登记应提交的文件、证件

| 序号 | 文件、证件名称 | 提交文件的公司类型 |
|---|---|---|
| 1 | 公司董事长签署的设立登记申请书 | 有限、股份 |
| 2 | 全体股东指定代表或者共同委托代理人的证明 | 有限 |
| 3 | 法律、行政法规规定设立有限责任公司必须报经审批的、国家有关部门的批准文件 | 有限 |
| 4 | 国务院授权部门或者省、自治区、直辖市人民政府的批准文件 | 股份 |
| 5 | 国务院证券管理部门的批准文件 | 募集设立的股份有限公司 |
| 6 | 创立大会的会议记录 | 股份 |
| 7 | 公司章程 | 有限、股份 |
| 8 | 筹办公司的财务审计报告 | 股份 |
| 9 | 具有法定资格的验资机构出具的验资证明 | 有限、股份 |
| 10 | 股东的法人资格证明或者自然人身份证明 | 有限 |
| 11 | 发起人的法人资格证明或者自然人身份证明 | 股份 |
| 12 | 载明公司董事、监事、经理的姓名、住所的文件以及有关委派、选举或者聘用的证明 | 有限、股份 |
| 13 | 公司法定代表人任职文件和身份证明 | 有限、股份 |
| 14 | 企业名称预先核准通知书 | 有限、股份 |
| 15 | 公司住所证明 | 有限、股份 |
| 16 | 经营范围中有法律、行政法规规定必须报经审批的、国家有关部门的批准文件 | 有限、股份 |

注：①本表右侧栏内"有限"、"股份"分别为"有限责任公司"、"股份有限公司"。

②住所证明系指房屋产权证或能证明产权归属的有效文件。租赁房屋还包括使用人与房屋产权所有者直接签订的房屋租赁协议书或合同。

## 公司设立登记申请书

| | | | | |
|---|---|---|---|---|
| 名　　称 | | | | |
| 住　　所 | | | 邮政编码 | |
| 法定代表人 | | | 电　话 | |
| 注册资本 | | （万元）　企业类型 | | |
| 经营范围 | | | | |
| 营业期限 | 自　　年　　月　　日至　　年　　月　　日 | | | |
| 审批机关 | | | 批准文号 | |
| 有关部门意见 | （专项审批）： | | | |
| 谨此确认，本表所填内容不含虚假成分。 | | | | |
| | | | 董事长签字：<br>　　　　年　　月　　日 | |

注：①法律、法规规定设立公司必须报经审批的，申请人应填写"审批机关"和"批准文号"栏目。

②"企业类型"填"有限责任公司"或"股份有限公司"。

## 填写要点

公司设立登记申请书是公司向登记机关申请设立登记时提交的书面文件。

在填写公司设立登记申请书及附属文件时应注意的问题是：

第一，申请人应认真阅读"敬告"提示，这是填写申请书时需特别注意的事项。

第二，按公司类型提交不同的文件、证件。这些文件、证件应当齐全、合法有效。

第三，填写申请表及其他文件时，要事先了解表中注解的提示，并保证其真实性，需要盖章或批注意见的地方一定要齐备。

除上述问题外，还应注意下列几点：

第一，关于设立登记的申请人。设立有限责任公司，应当由全体股东指定的代表或者共同委托的代理人向公司登记机关申请设立登记。设立国有独资公司，应当由国家授权投资的机构或者国家授权的部门作为申请人申请设立登记。设立股份有限公司，由董事会申请设立登记。

第二，申请时限。法律、行政法规规定设立有限责任公司必须报经审批的，应当自批准之日起 90 日内向公司登记机关申请设立登记，逾期申请的，申请人应当报审批机关确认批文的效力或另行报批。设立股份有限公司，董事会应当于创立大会结束后 30 日内申请设立登记。

第三，申请时应按登记管辖的规定向有管辖权的公司登记机关申请登记。具体讲，经国务院或者国务院授权部门批准的全国性公司、企业集团、经营进出口业务的公司，由国家工商行政管理局核准登记注册。中外合资经营企业、中外合作经营企业、外资企业由国家工商行政管理局或者国家工商行政管理局授权的地方工商行政管理局核准登记注册。全国性公司的子（分）公司，经省、自治区、直辖市人民政府或其授权部门批准设立的企业、企业集团、经营进出口业务的公司，由省、自治区、直辖市工商行政管理局核准登记注册。其他企业，由所在市、县（区）工商行政管理局核准登记注册。

第四，公司申请登记的经营范围中有法律、行政法规规定必须报批的项目，应在登记前报批并提交批文。

第五，经公司登记机关核准设立登记并发给《企业法人营业执照》，公司即告成立。公司凭执照刻制印章、开立银行账户，申请纳税登记，开展经营活动。

# 办理企业法人登记申请报告

## 概念

企业法人登记申请报告，是指根据具体情况，如某一企业或个人欲开办具体工商实体，向工商部门递交的申请企业法人登记的书面报告。

## 格式与内容

**1.标题**

标题通常直接写"办理企业法人登记的申请报告"即可。

**2.正文**

(1)企业的详细信息,如企业名称、经济性质、法人姓名、注册资金、企业地址、开业日期;

(2)企业的核算形式、企业规模、产品对口部门、经营方式、批准机关;

(3)从业人员、经营范围、附属分支机构。

**3.落款**

(1)负责人的单位地址、名称、盖章;

(2)申请日期。

## 范文

### 企业法人登记申请报告

××××(输入申请行政管理局名称)行政管理局:

为发展第三产业,搞好商品流通,方便人民生活,安置下岗人员,××(输入区域)已批准成立××××(输入企业名称)。现将该公司主要情况申报如下:

一、企业地址:××(输入具体地址)

二、注册资金:总额×××万元(人民币)

三、从业人数:××人

四、法定代表人:×××(姓名)

五、经济性质:

六、经营范围:主营相关项目;兼营相关项目。

七、经营方式:××××

××(输入企业名称)现已筹备就绪,拟于20××年××月××日正式开业。特申请办理企业法人登记注册。请审查核准予以登记。

附件:××(输入企业名称)《关于成立××××(输入公司名称)的批复》(输入批准文件字[20××]××号)

××(公司名称负责人)

签字盖章

20××年××月××日

# 企业法人资格公证书

## 概念

企业法人资格公证是指公证机关根据企业的申请,依法证明申请人符合法律规定的法人条件,具有法人资格及相应的民事权利能力和民事行为能力的活动。公证机关在此活动中制作的具有证明效力的文书即是企业法人资格公证书。

## 格式与内容

1.标题

标题直接写"企业法人资格公证书"即可。

2.正文

(1)注明资格编号;

(2)写明具体事项。

3.落款

(1)写明有效期限;

(2)公证处盖章、公证员签名;

(3)署明公证书签发日期。

## 范文

### 企业法人资格公证书

( )××字第××号

兹证明××××(单位全称)于20××年××月××日经×××工商行政管理局核准登记,取得工商××字第××号《企业法人营业执照》,具有法人资格。[其法定代表人是××(职务)×××(姓名),注册资金××元,法人住所在××××××,其经营范围是_____,经营方式是××××。]

本公证书有效期至20××年××月××日。

中华人民共和国××省××市(县)公证处

公证员: (签名)

20××年××月××日

注:①括号中内容可根据当事人要求证明。

②有效期截止日期应为当地工商行政管理机关规定的年检截止日。

# 商标注册申请书

## 概念

商标注册申请书是企业向商标管理局递交的要求注册其商标的一种法律性文书。商标注册申请书必须有当地商标管理局核转或商标组织代理。

## 格式与内容

1.标题

标题直接写"商标注册申请书"即可。

2.正文

(1)申请日期,编号;

(2)申请人名称、地址;

(3)公司性质、营业执照号;

(4)商标注册规费;

(5)商标种类;

(6)商标设计说明;

(7)其他应载明的事项。

## 范文

### 商标注册申请书(格式一)

国家工商行政管理局商标局:

现拟以＿＿＿＿＿＿＿＿＿＿商标,使用于商品分类表第＿＿＿＿类的下列商品,申请注册。

| 商品名称 | 商品用途 | 主要原料 | 技术标准 | | | |
|---|---|---|---|---|---|---|
| | | | 国家 | 部颁 | 行业 | 自定 |
| | | | | | | |

申请人:＿＿＿＿＿＿＿＿＿＿(章戳)

地址:＿＿＿＿＿＿＿＿＿＿

营业执照号:＿＿＿＿＿＿＿＿＿＿

附送：

| | |
|---|---|
| 商标图样十张（指定颜色的，送着色图样）和黑白墨稿一张。其他＿＿＿＿＿＿＿ | 申请费＿＿＿＿＿＿元<br>注册费＿＿＿＿＿＿元<br>地方工商行政管理部门商标注册费用收讫专用章 |

地方工商行政管理局核转意见：

（章戳）

年　　月　　日

## 商标注册申请书（格式二）

申请日期：＿＿＿＿＿＿＿＿＿＿＿＿＿

申请编号：＿＿＿＿＿＿＿类别：＿＿＿＿＿

申请人名称：＿＿＿＿＿＿＿＿＿＿＿＿

申请人地址：＿＿＿＿＿＿＿＿＿＿＿＿

联　系　人：＿＿＿＿＿＿＿＿＿（章戳）

电话号码：＿＿＿＿＿＿＿＿＿＿＿＿

经济性质：＿＿＿＿＿＿＿＿＿＿　　　商标规费：

邮政编码：□□□□□□

证件名称：＿＿＿＿＿＿＿＿＿＿＿＿

证件号码：＿＿＿＿＿＿＿＿＿＿＿＿

发证机关：＿＿＿＿＿＿＿＿＿＿＿＿

代　理　人：＿＿＿＿＿＿＿＿＿＿＿＿

地　　　址：＿＿＿＿＿＿＿＿＿＿＿＿

年　　月　　日

　　将一张商标图样贴在格内，另附十份图样（指定颜色的附着色图样十份）和黑白墨稿一份，商标是否指定颜色。

　　商标种类：＿＿＿＿＿＿＿＿＿＿＿＿＿

　　商标设计说明：＿＿＿＿＿＿＿＿＿＿＿

　　是否是第一次申请：＿＿＿＿＿＿＿＿＿

　　在其他哪类上已注册了相同商标：＿＿＿＿

　　类别：＿＿＿＿＿＿，同时在哪些类提出申请＿＿＿＿＿

| 服务项目 | 备　　注 |
|---|---|
| | |
| | |
| | |

## 说　明

商标是企业、事业单位和个体工商业者,在其生产、制造、加工、拣选或者经销的商品上使用的,用以区别商品来源的独特标志。商标由文字、图形或者它们的组合构成,具有显著特征以便于识别。商标标志着商品的来源,表明该商品的生产者或经营者,体现着商品稳定的质量水平和商品的信誉,具有宣传、推销商品的作用,有利于开辟和巩固市场,发展对外贸易和经济技术合作。上述两种表格,是申请人注册商标时应当填写的。格式一为商品商标,格式二为服务商标。

(1)商标注册程序包括:

①申请。商标注册申请人向商标局申请商标注册,填写《商标注册申请书》。申请注册商标变更注册、商标续展注册的,应提交《注册商标变更注册人名义申请书》、《注册商标变更注册人地址申请书》、《商标续展注册申请书》。

②审查。包括 a. 形式审查。即关于商标申请人申请权、文件是否齐备等事项的审查。b. 实质审查。即关于商标注册申请是否属于商标法禁止或是否与先已注册的、初步审定的商标相冲突而进行的审查。c. 初步审定。经形式审查、实质审查通过后,作出合乎商标法的判定,给予初步审定编号,建立审查检索卡片,并将有关材料存档。

③公告。将初步审定的商标注册申请刊登在国家发行的专门刊物(商标公告)上,公布于世,接受公众监督,征求公众对初步审定商标的异议以及利害关系人对商标的争议。

④驳回申请。商标注册申请经商标注册管理机关审查,认为违反商标法规定,不应予以注册的,由商标注册管理机关书面通知商标申请人或其代理人,即为驳回申请。

⑤驳回商标的复审。对驳回申请、不予公告的商标,申请人不服的,可以在收到通知后15 天内申请复审请求,商标评审委员会就此进行重新审查。经审查后,评审委员会认为该项申请应予审定的,应将有关材料移交商标局办理初步审定并予公告;认为仍应驳回的,要作出驳回决定。两种情况均应书面通知申请人。商标评审委员会的决定是终局决定。

⑥异议。对初步审定、予以公告的商标,自公告之日起 3 个月内,任何人均可提出异议。商标局根据异议人的异议书和申请人的陈述书,经调查核实后,作出裁定。

⑦终局决定。商标评审委员会对不服商标局驳回和异议裁定而提出的复审申请。对不满 1 年的新注册商标发生的争议申请,对不服商标局撤销商标的行政处理的复审申请,作出的决定、裁定,是终局决定,商标局必须执行,当事人不得上诉。

⑧核准注册。对合乎商标法规定,经初步审定,异议期间无异议或有异议经裁定为不能成立的,由商标局在商标注册簿上登记,刊登公告并发给商标注册证。

(2)商标注册申请书是商品生产者或经营者为了取得商标专用权,将其使用的商标,依照法律规定的注册条件、原则和程序,向商标局提出注册的法律文件。办理商标注册应注意的问题有:

①商标注册的申请人和申请条件。注册商标申请人必须是依法登记的企业、事业单位和个体工商业者,或者是《商标法》第 9 条规定的外国人或外国企业。申请商标注册必

须具备以下 4 个条件：商标应有显著特征，便于识别；商标不能违反禁用条款，不能使用《商标法》第 8 条规定的禁用文字、图形；商标不得混同。凡申请注册的商标，不论其构成的文字或图形，如发现其与已注册商标和申请在先经初步审定的商标相同或者近似，则不能取得商标注册；按照商品类别提出申请。商品分类表是划分商品类别和进行商标注册管理的重要依据。过去，我国根据商品用途、性能、原料、生产、销售等条件规定的商品分类表共分 8 类。随着我国商品经济的发展，国际经济贸易往来的扩大，该商品分类表已不能适应形势的需要。1988 年 9 月 15 日，国家工商行政管理局颁布了《关于实行商标注册用商品国际分类的通知》，决定从 1988 年 11 月 1 日起，实行《商标注册用商品和服务国际分类表》，该表共包括商品和服务两项 42 类。

②如何填写商标注册申请书。第一，确定自己所要申请注册商标的商品属于商品分类表划定的哪一类商品范围内。如果所申请的商标使用于几种商品上时，而这些商品都属于商品分类表划定的那一类商品范围内，就可作为一个商标提出申请；如果是属于不同类别，应当分别提出注册申请。第二，每一个商标注册申请应当向商标局交送商标图样 10 份（指定颜色的彩色商标，应当交送着色图样 10 份）、黑白墨稿 1 份。商标图样必须清晰、便于粘贴，可用光洁耐用的纸张印刷或者用照片代替，长和宽应当不大于 10 厘米、不小于 5 厘米。第三，商标注册申请等有关文件，应当使用钢笔、毛笔或者打字机填写，字迹必须工整、清晰。第四，商标注册申请人的名义、章戳，应当与核准或者登记的企业名称一致。申报的商品不得超出核准或者登记的企业经营范围。第五，申请人用药品商标注册，应当附送卫生行政部门发给的《药品生产企业许可证》或者《药品经营企业许可证》。申请烟草制品的商标注册，应附送国家烟草主管机关批准生产的证明文件。

③商标注册申请书分为国内厂家商标注册申请书和专供外国人或外国企业使用的申请书两种。格式一是国内厂家所使用的格式；格式二主要用于服务商标的注册申请书。服务商标是指企业的名称等服务标志作为注册内容的商标。服务商标在国际商标分类中从 32 类到 40 类，注册某类商标就填某类类别号并注明服务项目的内容。申请注册时每类商标填写 1 份申请书。

# 股份有限公司创立大会议事录

### 概念

股份有限公司创立大会议事录是记录创立大会会议过程及决议情况的重要法律文书。

### 格式与内容

1. 标题

标题直接写"股份有限公司创立大会议事录"即可。

2.正文

（1）写明创立大会召开的时间、地点、出席人数（包括代理人），出席人数占认股人总数的比例，是否符合法定要求；

（2）要对创立大会所讨论的议题逐次作出完整的笔录。

3.落款

（1）议事录最后要有会议主席、发起人、记录人签名；

（2）注明记录日期。

## 范文

### 股份有限公司创立大会议事录

×××股份有限公司创立大会于20××年××月××日××时在×××地召开。

出席大会的认股人有××名（含代理人××名），占认股人总数（××名）的××％，代表股份××股，占股份总数（××股）的 ××％，符合法定要求。

××时整，发起人代表×××宣布大会开始，并请求大会选举会议主席。会议采取举手表决方式，一致推举发起人×××为会议主席。之后，发起人×××在主席席就座，宣读了会议议程。会议依次讨论了下列议题，并以举手方式进行了表决。

第1号议题：讨论通过公司筹办报告。

发起人代表×××向大会作了公司筹办情况报告，之后进行了讨论、表决。全体与会者一致同意这个报告，对发起人工作表示满意。

第2号议题：讨论、修改、通过公司章程。

发起人代表×××向与会者介绍了公司章程（草案）的起草经过和主要内容，与会者进行了讨论，一致通过这个章程（在将××条×××修改为×××后，一致通过了这个章程）。

第3号议题：选举董事会成员并决定其报酬。

发起人代表×××向大会介绍了董事候选人名单。与会者经讨论，以无记名投票（举手）方式选举下列××人为公司董事：

姓名　得票

×××全票

×××全票

×××全票

×××票（占总票数××％）

×××票（占总票数××％）

……

上述××人已书面承诺就任。

与会者一致同意，公司每年向全体董事支付报酬××元。

第 4 号议题：选举监事会成员并决定其报酬。

发起人代表×××向大会介绍了监事候选人情况，与会者讨论后，用无记名（举手）投票方式，选举下列×××人为公司监事：

姓名　得票

×××全票

×××全票

×××票（占总票数×××％）

……

上述×××人已书面承诺就任。

与会者一致同意，公司每年向全体监事支付报酬××元。

第 5 号议题：审核公司设立费用。

发起人代表×××向大会介绍公司设立费用预算及设立费用计算书，设立费用预算××元，实际支出××元（实际支出比预算超出××元）。与会者经过讨论后，一致同意（××票同意、××票反对、××票弃权）对实际支出费用××元计入公司创办费（将实际费用××元计入公司创办费，××元由发起人自负），在公司成立后××月内如数偿还。

第 6 号议题：审核发起人实物出资。

发起人代表×××向大会介绍了发起人现物出资情况，现物出资者××名，出资标的为实物（专利权、非专利技术、土地使用权），折价为××元，折合普通股××股。与会者经过讨论后，一致同意（××票同意、××票反对、××票弃权）上述现物出资事项（同意×××事项，但××票不同意上述折价，认为折价应为××元，差价由发起人连带补足）。

会议主席：×××（签字）

出席发起人：×××（签字）

记录人：×××（签字）

20××年××月××日

# 技术持股协议

## 概念

技术持股协议指真正出资者和技术持股者双方之间就达成的权利和义务进行约定的一种协议类的文书。

## 格式与内容

1. 首部

（1）标题通常直接写"技术持股协议书"即可。

（2）首部通常先写明订立协议各方的名称。

2.正文

（1）合作宗旨和目的；

（2）企业概况、出资方条件；

（3）技术人相应的权利和义务及双方违约时的责任；

（4）提出解决纠纷的建议。

3.落款

（1）签订协议的各方盖章，各方代表签字；

（2）签订协议的日期。

## 范文

### 技术持股协议

甲方：×××教授

乙方：×××公司

一、合作宗旨和目的。

为了促进高科技生物技术的推广应用，推动高技术产业化经营和乙方公司上市工作，现甲方和乙方充分利用各自科技优势、投资优势、融资优势和品牌优势，共同进行×××的开发和应用推广工作，共同成立生物技术研究所。

二、拟成立研究所的基本情况：

1.研究所名称；

2.组织形式；

3.注册资金；

4.注册地；

5.法定代表人；

6.职能和经营范围。

三、甲方出资条件及享有的权益条件约定如下：

1.甲方无须进行实物、土地使用权、货币、有价证券的投入。

2.甲方以其专有的技术投入研究所，如系专利或专利技术则需办理转移手续。

3.乙方同意甲方技术折成研究所股份××％，即乙方拥有研究所的×××％的股权。

4.甲方投入的技术必须达到以下条件：

（1）……（略）

（2）……（略）

（3）……（略）

（4）……（略）

5.如甲方的技术无法办理转移手续，则乙方需为研究所工作满3年以上才可以拥有本条第三款规定的完全股权,否则,依年份的长短计算,即甲方在研究所工作第一年实现股权拥有率比例为研究所总股权的1/3,第二年、第三年依此类推,未满一年以实际月份计算。

6.甲方每满一年,于该年的会计年度末的最后两天可以依据其拥有的××‰股份权享有研究所的利润分成。如不参加研究工作或拒绝参加工作则不能参与分成。

四、乙方以现金××万美元出资,占有研究所××‰的股份。如果甲方根据本协议第三条第5项规定,乙方将拥有甲方依约减少的股份。乙方××万元注册资金于20××年××月××日到位。

五、甲方应根据勤勉原则以其拥有的技术为研究所工作。甲方到研究所工作的基本要求为:

1.组织×××技术的研究开发工作,以能适应甲方生产经营的需要;

2.组织乙方为研究所招聘的技术人员进行相关技术的培训工作,使其掌握相关技术(3年内完成);

3.甲方在经营生产中需积极配合乙方;

4.甲方拥有的技术描写(略)。

六、乙方拟将乙方公司上市,如乙方公司能够上市,乙方也同意将公司股份的10%送给甲方参股的研究所;如乙方公司未能申请上市,乙方也同意依前述比例赠送给研究所;甲方据其在研究所持有的股权比例享有相关权利。

乙方将本条规定10%的公司股权赠送给研究所,需甲方达到以下条件,否则,乙方无须承担上述义务:

1.甲方必须为研究所工作满3年,实现乙方拥有总股权的5%,满6年后,实现总股权的10%。

2.甲方由乙方聘任为研究所的主任,副主任由乙方委托,主任缺位工作时,由副主任行使主任之职。前述工作的年限以聘书为准。聘任的工作为本协议第五条规定的内容。

七、甲乙双方同意研究所租用乙方的场地为工作场地,乙方以市场价格为准收取租金。

八、乙方负责研究所的成立注册事宜。研究所最迟不得迟于20××年××月××日注册成立。

九、研究所为营利性机构。甲乙双方对研究所的分红依据《公司法》的会计制度执行。

十、研究所的会计由乙方委派,出纳由双方共同聘任。乙方有责任要求其委派的会计每月出具一份研究所的会计报表供甲方查阅。

十一、当本协议第六条规定的条件满足后,乙方必须依法对研究所进行分红和依法享有相关的股东权益(以整体的研究所作为股东)。

十二、研究所股份的转让需对方同意。乙方不能在5年内要求退股或转让研究所的股份。

十三、甲方不能以其技术入股要求研究所或乙方折成现金退出或者要求乙方强制收购。

十四、甲方不得从事下列工作和进行其他同业竞争：

1. 不得利用其技术与其他机构进行合作或进行营利性的工作；

2. 甲方不得免费为其他营利性机构做相关技术性工作。

十五、违约责任：

任何一方违约将向对方支付××元的违约金。

十六、纠纷的解决途径：

出现纠纷，任何一方均可在××法院起诉。

十七、本协议于20××年××月××日生效。

　　　甲方(签字)：×××　　　　　　　乙方(盖章)：×××

　　　　　　　　　　　　　　　　　　代表(签字)：×××

　　　签订日期:20××年××月××日　　签订日期:20××年××月××日

# 招股(募股)说明书

## 概念

招股(募股)说明书是经国家有关管理部门批准,经企业董事会讨论通过的,并按《中华人民共和国公司法》和国家有关规定严格办理的,向全社会募集资金的招股文件。

## 格式与内容

1. 标题

标题通常由公司名称加"招股(募股)说明书"组成。

2. 正文

(1)公司基本情况、股本与注册资本、企业资产注册情况；

(2)股票发售情况、发起人简介、资金投向、盈利预测；

(3)投资者的范围及股东的权利和义务；

(4)公司筹委会的组成、备查文件等；

(5)释义和序言。

3. 落款

(1)发行股票企业的全称。

(2)说明书编制日期。

(3)企业的详细信息,如地址、邮编、电话、传真等。

## 范文

# 招股(募股)说明书

**一、释义**

在本招股说明书中,下列简称意义如下:

本公司:指_____股份有限公司。

筹委会:指_____股份有限公司筹备委员会,在公司董事会成立之前,本筹委会行使董事会职能。

股票:指记名式普通股权证。

元:指人民币元。

**二、序言**

本公司是为适应改革开放和市场经济发展的需要,由_____等几家单位发起,经_____批准组建的股份制企业。本招股说明书经中国人民银行_____分行批准,旨在为本公司此次定向募集股份及今后上市提供本公司的基本资料,以告投资者。

本公司筹委会深信本说明书并无遗漏任何事实以致本说明书有误导成分,公司筹委会就本说明书所载资料之准确性、完整性负共同及个别之责任。

**三、股本与注册资本**

若本公司此次募集股份达到预期目的,则本公司股本构成为:

公司注册资本_____万元,每股等额1元。通过发起人认购和向境内社会法人及本企业内部职工发行股票募集资金。

发起人认购_____万股,占股本总额_____%。

其中:(略)

向其他法人募集_____万股,占股份总额_____%。

向本企业内部职工募集_____万股,占股份总额的_____%。

**四、股票发售**

1. 发售条件

(1)本公司筹委会申请,已经_____省_____市第_____号文件批准。

(2)本公司股票发行已获_____批准。

(3)本公司筹委会已与承销团达成股票承销协议。

2. 发售规则

(1)本公司发售股票为记名式股权证的形式。

(2)本公司发售的股票为普通股,以人民币计值。

(3)本公司股票每股面值_____元,溢值发行每股价格为_____元。

(4)认购工作采取时间优先、数量优先原则。本公司首次发行股票中,每一法人认购数额起点为_____万股,认购数额必须是_____万股的整数倍,最高不得超过

_____万股;每一自然人认购数额起点为_____股,认购数额必须是_____股的整数倍,最高不得超过_____股。

(5)本公司此次募集的股份以人民币购买,红利以人民币或股票支付。即每年股利(红利)于次年____月____日前发放完毕。

(6)本公司发行的股票不得退股,可以赠与、继承和抵押。根据国家有关法律、法令,经批准上市后,将委托本次承销团办理转让、过户、清算和交割。

3.发行办法

(1)本公司采用定向募集设立方式。

本次股票发行对象为境内企事业法人、社会团体法人和本企业内部职工。

(2)市内法人单位认购须填写"股票认购书",并经所在单位盖章生效,经办人携带本人身份证和单位营业执照影印件,到各承销成员单位办理认购登记手续,同时按所认购企事业法人股和社会团体法人股总股数一次交齐股金,各承销单位按实收股金金额为法人单位开具股金收据。

(3)市外法人单位认购须填写收到的"股票认购书",并加盖单位公章于_____年____月____日前将应交股金以加急电汇方式汇入相应承销成员账户,同时将认购书和汇款凭证传真或特快传送给相应承销单位。承销单位按实收金额开具股金收据,特快传送给认购单位。

(4)企事业法人、社团法人和自然人在取得正式股金收据后,成为正式股东享受股东权益。

(5)法人股东凭单位介绍信和股金收据,个人股东凭身份证和股金收据于通知日期换取股权证。

(6)本次股票发行期于_____年____月____日起至_____年____月____日止。

4.股票发售有关当事人(略)

(1)股票承销团:(略)

(2)资产评估机构:_____市会计师事务所

**五、发起人简介**

(略)

**六、公司资料**

1.公司名称:_____股份有限公司

2.经营范围:(略)

**七、资金投向**

本次股票发售所得收入额共_____万元。主要用于_____
_____等。

**八、盈利预测**

本公司预测,若无不可预见事件发生,其盈利及分配情况如下:_____
_____。

九、本公司筹委会

（略）

十、备查文件

（略）

　　　　　　　　　　　　　　　　_____股份有限公司筹委会

　　　　　　　　　　　　　　　　____年___月___日

地址：____省____市____路

邮编：_____

电话：_____

传真：_____

# 股票上市公告书

## 概念

　　股票上市公告书是股份公司在股票上市前，必须向社会公众公开披露其股权结构、财务状况、经营业绩、盈利预测等情况的一种公告类文件。

## 格式与内容

　　1. 标题通常由公司名称加"股票上市公告书"组成。

　　2. 正文

　　（1）上市推荐人；

　　（2）股份登记机构；

　　（3）公告日期；

　　（4）上市日期等。

## 范文

### ××股份有限公司股票上市公告书

重要提示：

　　本公司对以下刊出的资料的真实性、准确性负全责。以下资料如有不实或遗漏之处，本公司当负由此而产生的全部责任。××证券交易所对本公司股票上市申请及有关事项的审查，均不构成对本公司的任何保证。

　　每股面值1元人民币的普通股票××××万股和人民币特种股票××××万股，在

××证券交易所正式挂牌交易。

　　上市推荐人:招商银行(证券营业部)

　　股份登记机构:××证券登记有限公司

　　公告日期:20××年××月××日

　　上市日期:20××年××月××日

　　一、释义(略)

　　二、序言(略)

　　三、股票发行情况和股权结构(略)

　　四、公司创立大会与相应决议(略)

　　五、董事会、监事会和公司高级管理人员(略)

　　六、主要经济指标(略)

　　七、本公司董事会承诺(略)

　　八、特别事项说明(略)

　　九、备查文件(略)

　　十、附录(略)

# 企业兼并协议

## 概念

　　合并协议是公司合并的基础,是参加合并的各方在平等协商的基础上,就合并的有关事宜如合并的方式,存续或创立公司的组织,各方债权、债务的安排等达成的书面协议。合并协议缔结后,并非即刻发生效力,必须经过股东会议通过。

## 格式与内容

　　1.首部

　　(1)标题一般为双方兼并企业名称。

　　(2)协议双方的信息,如公司全称和地址。

　　2.正文

　　(1)术语的解释;

　　(2)兼并方式及有关债权、债务的处理;

　　(3)有关合同的处理等。

　　3.尾部

　　(1)双方公司签字盖章;

　　(2)署上签约日期。

## 范文

# ××股份有限公司兼并××厂的协议

本协议在以下当事人之间签署：

甲方：××股份有限公司

地址：××省××市××路××号

乙方：××市经济贸易局

地址：××省××市××路××号

鉴于：

(1)甲方为经省人民政府批准以社会募集方式设立的股份有限公司；拟兼并乙方下属的××厂。

(2)××厂为乙方所属的国有企业，与乙方具有资产产权关系。

(3)双方经过友好协商，乙方同意甲方兼并乙方下属的××厂。

(4)本兼并事项已征得政府有关部门的同意。

为了明确甲、乙双方的权利义务，保证本次兼并的顺利进行，根据有关法律、法规的规定，甲、乙双方当事人本着平等自愿、公平等价的原则订立本兼并协议，以资共同遵守。

1. 有关词语的解释

除非本协议书中另有约定，以下词语具有下列含义：

(1)××厂：是指乙方所属国有企业，与乙方具有资产权属关系，其地址为××省××市××路××号，营业执照注册号为×××，注册资金为××万元。

(2)资产评估报告：是指为了实施资本兼并，由双方共同选订的具有相关资格的资产评估机构出具的××厂的资产评估报告。

(3)有关资产：是指依本协议书甲方所接收的××厂的经营性资产及相关负债。其详细资料请见《资产评估报告》。

(4)有关合同：是指××厂签订的，并由甲方所认可的贷款合同、抵押合同及各种生产经营合同。

(5)有关业务：是指××厂依法从事的生产经营业务。具体以营业执照上登记的为准。

(6)有关职工：是指与被兼并的经营性资产相对应的××厂的所有在册职工。

2. 兼并方式

(1)甲、乙双方同意，甲方以承担债务的方式兼并××厂，即甲方以承担与资产评估报告基准日当日××厂的经营性资产所对应的全部债务所应支付的对价作为本次兼并的价格。

(2)本次兼并的资产评估报告，应由甲、乙双方共同聘请有相关资格的评估机构评估，并经国有资产管理部门确认。

(3)甲方在兼并××厂后，其有关业务由甲方经营管理，并由甲方享有和承担相关的权利及义务。

3.有关债权、债务的处理

甲方在兼并××厂后,其相关债权、债务均由甲方承担。

4.有关合同的处理

(1)甲方在兼并××厂后,其依法签订的有关合同,均由甲方继受。

(2)上述合同主体需要变更时,乙方应协助甲方完成变更登记手续。

5.兼并事宜

(1)甲、乙双方确认,在本协议书生效后10日内办理××厂有关资产、业务及文件、资料的移交手续。

(2)在办理移交手续时,乙方应给予甲方以必要的协助。

(3)××厂的有关业务,在被甲方兼并以后,甲方可以继续从事此类业务。

6.承诺

(1)乙方与××厂的承诺

①乙方与××厂有权处置××厂的资产,且该等资产合法、有效、真实。

②乙方与××厂保证在本协议签订之日起至兼并完成前,企业生产经营照常进行而且不得擅自调进、调出有关职工。

(2)甲方的承诺

①甲方保证及时接收××厂的相关资产和业务,并承担其有关债权、债务。

②甲方保证接收××厂的有关职工。

(3)甲、乙双方保证,互不作出有损于对方利益的行为。

7.甲方的权利义务

(1)甲方的权利

①甲方有权根据本协议接收××厂的资产,并在兼并完成后有权处置其资产。

②甲方有权要求乙方将与××厂经营性资产有关的全部文件完整地移交给甲方,上述文件包括但不限于:所有各种账目、账簿、设备技术资料等。

(2)甲方的义务

①按本协议的约定支付有关对价的义务。

②与乙方共同聘请资产评估机构并负担所有资产评估费用。

8.乙方的权利和义务

(1)乙方的权利

①乙方有权向甲方收取有关对价。

②乙方有权监督甲方在兼并活动中是否损害乙方××厂及其职工的利益。乙方还有权监督甲方在兼并后的活动是否损害××厂职工的利益。

(2)乙方的义务

①乙方有义务与××厂一起将所有经营性资产及相关文件资料根据本协议移交给甲方。

②乙方有义务协助甲方办理有关本次兼并的手续。

9. 违约责任

（1）任何一方违反本协议的规定，均构成违约，均应承担违约责任；给对方当事人造成损失的，应给予赔偿；双方均有过错的，按双方过错大小确定赔偿额。

（2）因不可抗力以及国家有关立法、产业政策的调整，致使无法履行本协议书的，双方均不承担违约责任。

10. 纠纷的解决

（1）甲、乙双方因本协议的解释或履行发生争议时，双方应首先通过友好协商来解决。

（2）甲、乙双方在友好协商开始 20 日后还未达成一致的，任何一方均有权向市中级人民法院提起诉讼。

11. 附则

（1）本协议书未尽事宜，甲、乙方可以签订补充协议，补充协议与本协议具有同等法律效力。

（2）本协议书甲、乙双方法定代表人或授权代表签名、盖章后生效。

（3）本协议书一式四份，甲、乙双方各执两份，具有同等法律效力。

甲方：××股份有限公司（盖章）　　　乙方：省市经济贸易局
法定代表人（或授权代表）：（签字）　　法定代表人（或授权代表）：（签字）

20××年××月××日

# 企业法人破产还债申请书

## 概念

企业法人破产还债申请书，是指申请人在申请宣告企业法人破产时向人民法院提交的书面法律文书。

## 格式与内容

1. 标题

标题名称通常是"企业法人破产还债申请书"或是"企业法人要求破产还债申请书"。

2. 正文

（1）当事人的基本情况；

（2）请求事项，表述清楚即可；

（3）事实与理由。

3.落款

申请人签字并写明日期。

## 范文

**企业法人破产还债申请书**

申请人：(基本情况)

被申请人：(基本情况)

请求事项：(写明请求人民法院裁决被申请人破产还债)

事实与理由：

(应当写明并证明债权数额,有无财产担保,以及债务人不能清偿到期债务的有关证据,包括有关的合同文本、公正文书、担保协议、往来账目以及债务人不能清偿债务的事实等。)

此致

人民法院

申请人：

20××年××月××日

# 企业名称申请不予受理通知书

## 概念

企业名称申请不予受理通知书是指企业申报的名称由于种种原因不能被受理的一种通知类文书。

## 格式与内容

1.标题

标题直接写"企业名称申请不予受理通知书"即可。

2.正文

(1)提交的企业名称；

(2)首先写明申请的材料已经收到,再写明处理的结果；

(3)处理结果的理由。

3.落款

(1)署明机关名称并盖章；

(2)署明编制通知书日期。

**范文**

### 企业名称申请不予受理通知书

提交的_____企业名称

预先核准申请材料收悉,经审查,决定不予受理,特此通知。

不予受理理由如下:

（企业名称核准机关名称专用章）

20××年××月××日

# 股份有限公司解散登记申请书

## 概念

股份有限公司解散登记申请书是公司因各种内部或外部原因终止公司的权利义务而导致法人资格消失时,向原设立登记的工商行政管理局递送的一种申请类文书。

## 格式与内容

1. 首部

(1)标题一般为解散登记申请书前加公司名称。

(2)顶格书写机关名称。

2. 正文

(1)原设立登记的时间和营业执照号;

(2)表示解散登记的请求。

3. 落款

(1)法人、董事长、董事、监事签章;

(2)公司名称、地址并加盖公章;

(3)申请日期。

## 范文

### ×××股份有限公司解散登记申请书

_____工商局:

一、本公司于_____年____月____日奉准设立/变更登记、领到工商局新/设字第

_____号执照。

二、兹经股东会议决议解散，遵照公司法的规定，检具有关文件，缴销原领执照，请准予解散登记。

申请人：×××股份有限公司（盖章）

地址：××××××

董事长：×××（盖章）

董事：×××（盖章）

监事：×××（盖章）

20××年××月××日

附：

1.公司解散，是公司注销登记的法定事由之一。公司解散的情形是：

（1）公司章程规定的经营期限届满，属于正常终止的情况；

（2）股东会议决定解散，股东大会随时可以通过决议的形式终止公司经营，解散决议作出后，即应由公司法人注销登记手续；

（3）公司因合并、分立而解散的，也需要股东会作出决议；

（4）公司被执法机关责令解散。

2.公司解散登记适用公司注销登记的规定，应当提交下列文件：

（1）公司股东会依照《公司法》作出的解散公司决议；

（2）公司清算组织负责人签署的注销登记申请书；

（3）行政机关责令关闭的文件；

（4）股东会或者有关机构确认的清算报告；

（5）《企业法人营业执照》；

（6）法律、行政法规规定应当提交的其他文件。经公司登记机关核准注销登记的，公司终止。

# 企业变更登记申请书

## 概念

企业变更登记申请书，是指企业出现有关重大事项改变时，申请企业依照国家相关规定向原登记机关提出变更登记事项的请求性文书。通常来说，企业的变更主要指的是公司名称、公司住所、公司法定代表人、公司注册资本、公司经营范围、公司经营期限、公司类型等事项的变更。公司变更登记申请书是专用文书，应由专业人员负责撰写。

## 格式与内容

**1. 标题**

(1)标题要写明公司名称和文种。

(2)正文开头顶格书写送达机关。

**2. 正文**

写明公司名称、需要变更的事项、法定地址、企业类型、注册资本、经营范围、股东以及经营期限等。

**3. 结束语**

(1)结束语另起一行空两格书写,常为"请核准予以登记"。

(2)落款必须载明申请公司名称、法定代表人签字以及成文日期。公司名称必须写原登记公司的全称,加盖公章,并要有法定代表人签字。

## 范文

**企业变更登记申请书**

××市工商行政管理局:

根据《中华人民共和国公司法》、《中华人民共和国公司登记管理条例》的有关规定,经过我公司股东大会审议通过,变更我公司之注册资本、经营范围和股东等项目,请予以审核。

一、公司名称:＿＿＿＿＿＿＿＿＿＿有限责任公司

二、法定代表人:＿＿＿＿＿＿

三、变更登记事项:

1. 变更注册资本:原核准登记注册资本为人民币 500 万元,大写:伍佰万元整;现申请变更增加注册资本为人民币 1000 万元,大写:壹仟万元整。

2. 变更经营范围:原核准登记的经营范围为家用电器批发、零售,服装鞋帽批发、零售,装饰材料、家具批发、零售;现申请在原经营范围基础上,增加五金、建材批发、零售,家电维修。

3. 变更营业期限,原核准登记的营业期限为 20 年(2000 年 1 月 4 日至 2020 年 1 月 4 日);现申请延长营业期限为 30 年(2000 年 1 月 4 日至 2030 年 1 月 4 日)。

4. 变更股东:原核准登记的股东为 12 人:

| ××公司: | ××公司: | ××公司: |
|---|---|---|
| ××公司: | ××公司: | ××公司: |
| ××公司: | ××公司: | ××公司: |
| ××公司: | ××公司: | ××公司: |

现变更增加股东 5 名,共计股东 17 名:

××公司：　　　　　××公司：　　　　　××公司：

××公司：　　　　　××公司：

以上变更登记项目，请予以审核批准登记。

××市××有限责任公司（公章）

法定代表人：　　　（签字）

20××年1月1日

附件

1.《××市××有限责任公司章程》（修订）；

2.××市××有限责任公司第二届股东大会决议；

3.《××市工商银行××支行关于××市××有限责任公司增加注册资本的验资报告》；

4.新增股东法人资格证明（1份）；

5.新增股东自然人身份证明（4份）。

# 企业法人申请变更登记注册书

## 概念

　　企业法人申请变更登记注册书，是指具备法人资格的企业由于原登记事项发生重大变化，需要向工商行政管理部门申请变更所用的文书。企业法人申请变更登记注册书是专用文书，应由专业人员负责撰写。通常来说，变更主要指的是公司名称、公司住所、公司法定代表人、公司注册资本、公司经营范围、公司经营期限、公司类型等事项的变更。

## 格式与内容

1. 企业法人名称；
2. 企业法人开业登记时经工商行政部门核准的事项；
3. 申请变更登记的事项；
4. 申请变更的事由。

## 范文

企业法人申请变更登记注册书

企业名称：（盖章）

法定代表人签字：（盖章）

申请日期：　　　年　　月　　日

## 中华人民共和国国家工商行政管理局制

一、企业法人申请变更登记事项

| 项 目 | 原核准登记事项 | 申请变更登记事项 |
|---|---|---|
| 企业法人名称 | | |
| 住 所 | | |
| 经营场所地址 | | |
| 法定代表人 | | |
| 经济性质 | | |
| 从业人数 | | |

| 从业人数（人） | 合计 | 其中： | | | |
|---|---|---|---|---|---|
| | | 管理人员数 | 技术人员数 | 生产（业务）人员数 | 其他人员数 |
| | | | | | |

| 注册资本（万元） | 合计 | 其中： | | |
|---|---|---|---|---|
| | | 固定资金 | 流动资金 | 其他 |
| | | | | |

| 经营方式 | | | | |
|---|---|---|---|---|
| 经营范围 | 主营 | | | |
| | 兼营 | | | |

| 经营期限 | 自 年 月 日至 年 月 日 |
|---|---|

| 主管部门 | | 批准文件文号及日期 | |
|---|---|---|---|

| 经营场所面积（平方米） | 合计 | 其中： | | |
|---|---|---|---|---|
| | | 生产加工占用 | 营业占用 | 仓库占用 | 其他 |
| | | | | |

| 企业主要设备和主要设施 | 名称 | 单位 | 数量 |
|---|---|---|---|
| | | | |
| | | | |
| | | | |
| | | | |
| | | | |

| 增(减)分支机构简况 | 名称 | 地址 | 负责人 | 执照注册号 |
|---|---|---|---|---|
| | | | | |
| | | | | |
| | | | | |
| | | | | |
| | | | | |
| | | | | |

二、提交文件、证件及有关部门意见

| 申请开业登记提交文件、证件 | | | | |
|---|---|---|---|---|
| 企业申请变更理由 | 法定代表签字： | | 年 月 日 | |
| 企业电话 | | 联系人 | | |
| 主管部门 | | 批准文件、文号及日期 | | |
| 审批机关 | | 审批文件、文号及日期 | | |
| 有关部门签署意见 | | | 年 月 日(公章) | |

注：企业法人申请开业登记时，填写、提供一、二两表的内容。

# 公司注销登记申请书

**概念**

公司注销登记申请书，是公司在国家相关法律规定的注销条件下，按规定程序注销工商登记事项，终止公司法人资格和营业资格的法律行为。通常来说，公司如有下列情形之一，应从清算之日起 30 日内向原登记机关申请注销登记。

1. 公司营业期限届满；

2. 公司被依法宣告破产；

3. 公司被依法责令关闭；

4. 公司因为分离而解散；

5. 经股东大会决议公司解散。

**格式与内容**

1. 标题

(1)标题要写明公司名称和文种。

(2)正文开头顶格书写送达机关。

2. 正文

写明公司名称、注销事由、公司发起人、法定地址、企业类型、注册资本和经营范围等事项。

3. 落款

落款必须载明申请公司名称、法定代表人签字、成文日期以及附件组成。

**范文**

## 公司注销登记申请书

××市工商局：

一、本公司于_____年____月____日奉准设立(变更)登记,领到工商局设(新)字第_____号执照。

二、兹经全体股东同意解散,依照公司法有关规定,简附有关文书,缴销原领执照,请准予注销登记。

此致

敬礼

申请人:××有限责任公司(盖章)

地址:_____

董事长:(盖章)

董　事:(盖章)

董　事:(盖章)

_____年____月____日

附件1：

### ××股份有限公司股东会议记录

一、时间:_____年____月____日____时

二、地点:_____

三、出席股东人数及代表已发行股数:计_____人,代表已发行股数_____股。

四、主席:_____记录:_____

五、报告事项:_____

六、讨论事项:解散公司案

本公司因业务关系,拟予解散,选任××为清算人办理清算。决议:通过。

七、散会。

主席：＿＿＿＿＿＿＿＿＿

记录：＿＿＿＿＿＿＿＿＿

附件2：

### ××有限责任公司股东同意书

一、本公司因业务关系，经全体股东同意拟予解散。

二、本公司解散后拟选任＿＿＿＿＿＿＿＿＿为清算人。

以上经全体股东同意无误。

××有限责任公司全体股东签章

年　　月　　日

# 破产原因分析报告

**概念**

破产原因分析报告是破产清算组向破产案受理法院所递交的说明破产原因的书面材料。

**格式与内容**

破产原因分析报告由标题、送达机关、前言、正文与落款组成。

**范文**

### ××公司破产原因分析报告

××市人民法院：

贵院于20××年××月××日依法受理×××公司申请破产，经公开审理于20××年××月××日以×中法经字第×号民事裁定书裁定，宣告××公司破产还债，根据贵院规定，本清算组于20××年××月××日临时接管该破产企业并开始清算工作，具体工作如下：

一、接管破产企业，审查申报债权人资格、债券数额及有无财产担保

自20××年×月×日开始，由律师和会计师根据清算工作计划，全面接管破产企业财产、账册、文件、印章等，收缴工商营业执照，进行实物盘点，至20××年×月×日出具了会计查账报告、资产评估报告，为开庭审理做好准备工作。在法定申报期内申报债权的共计6家债权人，其中一家有财产担保债权，具体情况如下表：

单位：人民币元

| 序号 | 债权人名称 | 申报数 | 有无担保 |
|---|---|---|---|
| 1 | ××银行 | ×××万元及利息 | 有厂房做抵押 |
| 2 | ××××公司 | ××× | 无担保 |
| 3 | ××××公司 | ××× | 无担保 |
| 4 | ××××公司 | ××× | 无担保 |
| 5 | ××××公司 | ××× | 无担保 |
| 6 | ××××公司 | ××× | 无担保 |

二、进行财产变现，召开债权人会议，公布分配方案

××公司所有财产为：位于××区××路××号工业区厂房1幢，面积×××平方米，国产微型货车一辆，空调1部，冰箱2台。根据《×××破产条例》第51条第3款规定："已作担保物的财产不属于破产财产。"该房产抵押合同符合《×××经济特区抵押贷款管理规定》，并在主管部门进行了登记。因此，该公司破产财产仅剩下微型货车一辆，空调1部、冰箱2台，总计评估价为人民币1.56万元。经过清算组在"公开、公平、公正"的原则下进行资产变现，共计变现为人民币1.5万元，按《破产条例》规定优先支付法院诉讼费700元，公告费7700元，清算开支3000元，支付拖欠的员工四个月生活费1600元，工商注销登记费用2000元。破产财产明显不足以支付破产费用，清算组根据《破产条例》第76条规定，提请法院依法裁定终结本案破产程序。

三、破产原因分析

从××市××会计事务所第××号的验资报告书中可以看出，该公司流动负债为：

1. 银行贷款　　　　　　×××××万元
2. 短期其他借款　　　　×××××万元
3. 应付款　　　　　　　×××××万元
4. 累计负债　　　　　　×××××万元

而固定资产账面价值×××××万元，长期投资×××××万元，应收账款×××××万元。从资产方面来看，长期投资包括购买厂房及对公司展销部的投资，但因房产抵押及公司破产，该项投资无法收回，应收账款部分多发生在20××年 — 20××年，多数已过诉讼时效，部分账款是空挂账，从验资报告和公司现有财产状况来看，××公司破产原因主要表现在以下几个方面：

1. 公司从设立之初起投资结构即不合理。公司注册资金×××××万元，公司成立后先贷款×××××万元购买厂房及其他固定资产，经营过程中归还贷款×××××万元，至今仍欠×××××万元，造成公司流动资金紧张，到处借款经营，该公司到破产申请之日已处于长期停产状态。

2. 设立下属企业××公司投资项目不合理。下属企业××实业公司投资生产冷柜，由于该项目投资占有率低，加上许多货发出后无法收回货款，致使××实业公司也因无法

清偿到期债务而被宣告破产,投资也就化为乌有。

3. 经营过程中决策失误。该公司在生产经营上缺乏资金,造成数次违约,以至产生诉讼,生效的法院民事裁定二宗,这样,导致该公司无法再继续经营下去。

综上所述,造成该公司破产原因是由于投资结构不合理,加之公司生产经营不适应市场经济的发展,造成巨额负债,无法清偿到期债务而导致破产。

特此报告

×××公司清算组

20××年×月×日

# 破产申请书

## 概念

破产申请书是债务人(包括自然人和法人)的全部财产不能清偿债务时,当事人或利害关系人请求法院宣告债务人破产而呈递的文书。

## 格式与内容

通常来说,破产申请书要包括以下主要条款:

1. 债权人(代理人)的姓名、性别、年龄、职业、工作单位和住址,法人、非法人团体的名称、所在地和法定代表人的姓名、职务;债务人名称、所在地,法定代表人的姓名、职务。

2. 债权数额及性质,即金钱债权的数量(外汇要换算为人民币,统一以人民币计值),其他债权财物数量、价值以及债权有无担保、产生的原因与时间、有无定期等。

3. 申请目的及请求破产程序开始的原因、事实和理由。破产申请书的写作必须实事求是,不能伪造各种数据。

4. 证据与证据来源。对证据和证据来源要有明确的规定。

破产申请文书在写明上述四项基本内容的前提下,其具体结构方式又可分别从债务人破产申请书,债权人与准债权人破产宣告申请书两个方面进行考察。

## 范文

### 破产申请书

| | |
|---|---|
| 债 务 人: | ××贸易公司 |
| 营业地址: | ××市××大街××号 |
| 申 请 人: | 李××,上述债务人公司经理 |
| 申请目的: | 请求决定××贸易公司为破产人 |
| 事实和理由: | |

一、债务人公司是以经营五金交电产品为主的贸易公司，创立于19××年。由于经营不善，迄今已负担有附录记载的16.3万元债务，而本公司资产只有财产目录中记载的不动资产37万元，流动资产25万元，商品25万元，合计157万元，实际债务已超过财产，故不能清偿全部债务。

二、继续经营只能增加债务，经本公司上级主管部门××贸易公司的同意，申请破产。

附录：（略）

1.商业登记簿抄本，不动产登记表抄本；

2.资产负债对照表；

3.财产目录；

4.债务与债务清册；

5.××贸易总公司同意破产证明书；

6.本公司工会及职工代表大会申请破产意见书。

此致

××市××区人民法院

申请人：××贸易公司（章）

法定代表人：王××（章）

20××年××月××日

# 破产宣告裁定书

## 概念

破产宣告裁定书是债务人依法破产时宣告的书面材料。

通常来说，破产宣告裁定书应明确记载如下主要条款：

1. 要载明债务人的基本情况；

2. 要着重写明债务人的破产原因和法院的审理结果，并应明确表示破产宣告和破产宣告的法律依据，如"债务人因……根据《中华人民共和国企业破产法》第××条，依法宣告×××破产"的字样；

3. 要说明破产人的一切债务人应当停止向破产人履行义务，被其他企业或个人占用持有的属于破产财产范围的财产不能交付破产人，待破产清算组成立后，破产人的债务人与破产财产的持有人再向破产清算组履行义务或归还财产；

4. 要明确破产开始时间，即为破产宣告之时，破产宣告在宣告之后即具有法律效力。

## 格式与内容

通常来说，破产宣告裁定书由标题、首部、裁定结论、裁定理由、附属决定、签署六部分

组成,其具体内容如下:

1. 标题

标题写明:"破产宣告裁定书"即可。其位置应当居中,字体稍大于正文。

2. 首部

首部要写明债务人的名称或姓名,法定营业地址,法定代表人姓名及其职务。

3. 裁定结论

结论部分通常应分成两自然段书写。第一自然段主要用以写明裁定案件的文号和案件名称,如"对上述债务人的 20××年(破)字第××号破产申请案件,法院作出以下裁定"。第二自然段为裁定结论,如"债务人为破产人"。在格式上须空四格开始书写,便于突出主文。

4. 裁定理由

理由部分是裁定书的主体,通常由三个方面的内容构成:

一是受理破产申请时的资产总额和负债总额,宣告破产裁定时的负债额和清偿能力的判定;

二是破产申请受理后所进行的各项工作程序及其结果的概述,其中需要重点说明的是达成和解协议后的整顿过程中的财务恶化状况;

三是写明裁定所依据的法律及其具体条文。

5. 附属决定

附属部分是记录法院就破产宣告裁定书签发后,按法律程序必须进行的重大事项作出的决定,如成立破产清算组,指定该机构的负责人,确定债权申报的期限,宣告首次债权人会议日期和债权调查日期等。并应说明作出上述决定所依据的法律及其条文。本部分的写作多采用条文结构,一事一项,前面标明序号。

6. 签署

破产宣告裁定书的签署和破产申请裁定书、受理破产案件通知书的签署有同有异。相同的是它们都由三项组成:一是签发裁定书的法庭名称,并加盖公章;二是审判员依次签署;三是标明裁定书签发时间。不同的是对标明签发时间的要求,破产申请裁定书和受理破产案件通知书只要求记明年、月、日,而破产宣告裁定书不仅要记明年、月、日,而且还要求准确到小时,即 20××年×月×日×时。

## 范文

### ××破产宣告裁定书

债务人:×××××厂

营业地点:××市×××路×××号

法定代表人:黄××,该厂厂长

对上述债务人的 20××年(破)字第××号破产申请案件,法院作出以下裁定:债务人为破产人。

理由：自债权人××化工一厂提起破产申请以来，经本院查明债务人全部资产收入仅136万元，而受理破产申请时负债总额已有356万元，已不能清偿债务，现债务人负债总额已增至361万元。本院受理本案后，经债务人上级主管部门××市××××集团总公司申请整顿，债务人与债权人会议已于20××年××月××日达成和解协议。但在整顿期间，债务人财务状况继续恶化，债权人会议重新申请终结整顿宣告债务人破产。本院确认债权人会议申请理由充分，适用《中华人民共和国企业破产法》第21条和第23条的规定，作出如上裁定。同时，对本案件，依照《中华人民共和国企业破产法》第24条、第22条、第9条和第14条的规定，决定如下：

一、成立破产清算组，该机构负责人为×××。

二、重新申报债权，债权申报日期定为20××年×月×日至20××年×月××日；地点为本庭。

三、破产宣告后首次债权会议日期定为20××年××月××日；地点为本庭。

四、债权调查日期定为20××年××月××日至20××年××月××日。

××市×××人民法院××庭（章）

审判员：×××　　　×××

20××年××月××日××时

# 企业合并新设公告

## 概念

企业合并新设公告是重组后的当事各方在重组完成后，向社会公开发布的告知性文件，用来说明原各方法人资格的消失和新法人的成立。

## 格式与内容

1. 标题

标题由各联合企业原名称、新组建企业名称和文种三部分组成。

2. 引言

引言用来说明发布新的企业集团公司成立的声明。

3. 正文

正文部分要明确资本和资产负债及各项权利义务的承担等。

4. 签署。

范文

**甲公司**
**乙公司 合并新设××公司公告**

20××年×月×日×合字第×号

两公司业务性质相同,为促进经营合理,经双方多次协商,并报请各有关方面批准,合并成"×××(集团)公司"继续经营。

现特将有关事项公告如下:

一、兹订20××年×月×日为合并基准日。

二、自该日起原两公司因合并而削减,甲公司原有股本总额×××××万元,乙公司原有股本总额××××万元;以1:1之比例实行合并,设立丙公司,股本总额定为×××万元,原两公司所有资产负债均按账面价值合并列账,不另重估,连同一切权利义务悉由合并后新设的"××××(集团)公司"承受。

三、兹依公司法的规定公告,各债权人如有异议,请自公告日起3个月内向本公司提出,逾期视为无异议,特此公告。

甲公司(公章)　　　　　　　　乙公司(公章)

地　　址:　　　　　　　　　　地址:

董事长:×××(签章)　　　　　董事长:×××(签章)

# 企业兼并公告

## 概念

企业兼并公告是兼并企业和被兼并企业初步确定后,兼并方和被兼并方在当地主要媒体上发布的兼并信息。

## 格式与内容

1. 标题

标题由发布公告的单位、兼并事由和文种三项组成。

2. 正文

3. 签署

签署必须是发布公告单位各方的法人和法人代表双重签署。

### 范文

××公司
××公司 合并经营联合公告

20××年×月×日

(××)联字第×号

为促进经营合理化,经双方商定,并报请各有关方批准,以×××公司为存续公司,×
×××公司为解散公司,现特将有关事项公告如下:

一、兹订于 20××年×月×日为兼并基准日。

二、自该日起,×××公司的一切权利义务悉由×××公司概括承受。

三、兹依公司法的规定公告,凡××××公司的债权债务人,如有异议,请自公告之日
起 3 个月内提出,逾期视为无异议,特此公告。

| | |
|---|---|
| ×××公司 | ××××公司 |
| 地　　址: | 地　　址: |
| 董事长:××× | 董事长:××× |

# 企业合并契约

### 概念

企业合并契约是指确认企业产权有偿转让关系的契约性文件。合并企业和被合并企
业初步确定后,合并方和被合并方在当地主要媒体上发布的合并信息。

### 内容

1. 被合并企业的权限及地位;

2. 被合并企业的名称和经营活动等;

3. 被合并企业的债权债务处理;

4. 被合并企业的员工安排;

5. 其他事项。

**范文**

甲股份有限公司　合并契约
乙股份有限公司

合并契约公司　甲股份有限公司
　　　　　　　乙股份有限公司

兹为强化公司组织，经共同洽商同意合并经营，特订立合并契约条款如下：

一、甲股份有限公司（以下简称甲方）为存续公司，乙股份有限公司（以下简称乙方）为解散公司。

二、甲、乙双方经洽商同意除甲方原投资乙方×××股，按乙方××××年×月×日结算净值折算收回外，其余股份均愿以持有乙方股份每2股折换甲方普通股股票1股，但不得超过双方公司的净值（双方股份每股面额均为10元），其折算不足1股部分，由甲方职工福利委员会按面额以现金承购之。

三、甲方截至20××年×月×日已发行的普通股×××股，与乙方合并案内应增发的普通股×××股，于合并完成后的已发行股份合计为普通股×××股。因合并增加发行的普通股除不得享受甲方20××年度盈余及资本公积的分配，并不得于20××年×月×日以前自由转让外，其余权利义务与甲方原股份相同，并自20××年度起与其余股份同享盈余分配。

四、本契约所定的双方股票折换比例，经双方股东会分别议决同意后生效，直至合并完成为止。乙方于20××年×月×日以后发生的资本净值变动及甲方股票市价在合并进行期间的变动均不影响本契约所订的双方股票折换比例。自双方董事会提报股东临时会议决议通过之合并日起，乙方的一切权利义务悉由甲方概括承受，但甲方可以自签订本契约日起派员监管。

五、乙方股东如有对合并案表示异议者，乙方董事会应依照公司法的规定，以公平价格收买其持有的股份，并按本契约所订折换比例折换甲方普通股股票。

六、本合并契约经由甲、乙双方董事会分别通过后签订之，并分别提经各该公司股东临时会议议决后发生效力，并即由双方依照奖励投资条例的规定，共同向工商局申请本案的核准专案合并，由甲方向有关政府主管机关申请核准增加股本发行上市。倘上述申请经过相当期间后未获核准，应由各该公司董事会拟订办法，分别报请各该公司股东会办理。

七、甲、乙双方于股东临时会通过后应即编造截至20××年×月×日的资产负债表、财产目录等，向各债权人分别通知并公告于3个月限制内表示异议。

八、本合并案经证券管理委员会核准后，应即择定一合并日，并由甲方召集合并后的股东会进行合并事项的报告与决议。

九、本合并契约未尽事宜，依有关法令办理，法令未规定者，由双方董事会会同商决办理。

十、本契约正本一式两份，双方各执一份，副本若干份备用。

立合并契约公司

甲方（存续公司）：甲股份有限公司

董事长：×××

乙方（解散公司）：乙股份有限公司

董事长：×××

年　　月　　日

# 重组新设公司申请书

## 概念

重组新设公司申请书是重组新设公司发起人向国家有关管理部门提交的发起创立新股份公司的一种上报性书面材料。

## 内容

重组新设公司申请书通常由以下几部分组成：

1. 新设公司的名称、住址和法定代理人等；

2. 新设公司的目标、宗旨、经营范围以及经营方式等；

3. 股份的设置和发起人的概况；

4. 其他事项。

## 范文

### 股份公司设立申请

×××体改委：

×××工商局：

中国人民银行××分行：

从有助于探求建立规范的股份经济形式的愿望出发，经×××公司批准，由××公司设计以生产新型聚乙烯催化剂为主体建立一个股份有限公司，进行小规模的试点工作。

一、发起人的名称、住所、法定代表人

（一）发起人名称：

1. ××公司设计院

2.××研究院

3.××总公司

4.××公司

(二)发起人地址:

1.××公司设计院:××市××区××路2号

2.××研究院:××市××区××街北口

3.××总公司:××市××路8号

4.××公司:××市××区××路1号

(三)发起人法定代表人:

1.××设计院:×××

2.××研究院:×××

3.××总公司:×××

4.××公司:×××

## 二、股份有限公司的名称、目的及宗旨

(一)股份有限公司的名称:××股份有限公司

(二)股份有限公司的目的及宗旨

1. 自主经营、自负盈亏、股权平等、同股同利、利益共享、共担风险、照章纳税、遵纪守法。

2. 股份有限公司严格遵守、贯彻国家关于《股份制企业试点办》的通知精神和有关股份制的规范意见、企业会计制度、劳动工资管理制度、企业有关税收制度、物资供应管理规定、土地管理规定的文件精神。

## 三、股份有限公司的资金投向、经营范围

(一)资金投向

1. 新型聚乙烯高效催化剂生产装置(股份有限公司的重点项目)。

2. 经营其他项目(见经营范围),暂投入资金1000万元。

(二)经营范围

研究、生产、加工、销售:

1. 石油化工催化剂、精细化工产品;

2. 塑料、橡胶加工应用;

3. 石油化工技术开发、咨询、转让,工程技术咨询,项目承包;

4. 计算机应用与通信技术;

5. 节能技术及产品。

## 四、股份有限公司的设立方式、总投资、股本总额、发起人认购比例、股份募集范围及募集途径

(一)股份有限公司的设立方式

1. 由××公司设计院、××研究院、××总公司、××公司联合发起组建××股份有限公司。

2. 股份有限公司实行董事会领导下的总经理负责制。

3. 组织机构设立：股东大会、董事会、监事会。

（二）股份有限公司的总投资、股本总额、发起人认购比例

1. 总投资：6000 万元。其中：××公司设计院：100 万元，××研究院：500 万元，××总公司：1550 万元，××公司：100 万元。

2. 资本总额：6000 万元。

3. 发起人认购比例：2250 万元，占总投资的 37.5%。

4. 股份募集范围：发起人企业自筹资金、企业法人、社团法人、职工内部股募集。

5. 募集途径：向发起人和定向从企业、社会团体及股份有限公司员工内部募集，暂不向社会发行股票。

**五、股份有限公司的股份总数、每股面值及股权结构**

（一）股份有限公司的股份总数：60 万股。

（二）每股权证面值及股权结构。

1. 股权证面值：分为 100 元、1000 元两种。

2. 股权结构：均采取内部记名发放。

**六、发起人基本情况**

（一）××设计院

××设计院取得中石化乙级设计证书，有各种不同专业的设计力量，先后参与苯酚丙酮、聚苯乙烯等工程的设计工作，对聚乙烯催化剂生产装置的设计有充足的技术力量。

（二）××研究院

××研究院是××部重点科研生产型直属企业，建院 30 多年，技术力量雄厚，工程技术人才密集，设备齐全，在同行业中处于领先地位，多次完成重大科研项目，为国家填补高科技项目的空白，并为国家节约大量外汇，是一个科研、生产型研究单位。

（三）××公司

××公司是××总公司化工二厂出资兴办的，主要经营××公司生产的化工产品。该公司以化工二厂为依托，有雄厚的经济实力及大批管理人员，并有充足的化工产品，经济效益逐年提高。

（四）××公司

××公司是中国建设银行××支行出资兴办的，为工程建设提供配套服务的经济实体，具有较雄厚的资金实力，具备较高层次的工程、财务、经济、技术等管理人才。

**七、其他需要说明的事项**

聚烯烃树脂是合成树脂中最通用的品种，其原料丰富，生产工艺简单，产品综合性能优异，并且价格低廉，因而受到普遍重视，已在合成树脂中占据最主要地位。

我国的聚烯烃生产增长速度快，聚烯烃产量约占合成树脂总产量的 40%，××公司所属××公司、××总公司、××公司生产的聚丙烯和聚乙烯产量近 100 万吨。目前合成树脂所用的高效载体催化剂大部分依靠进口，每年需花费近 1000 万美元。因此，在国内

建立聚烯烃高效载体催化剂工业生产基地,生产合格的催化剂以代替进口,是当前聚烯烃生产中的紧迫任务,势在必行。近年××公司和××总公司由国外引进的两套高密度聚乙烯装置所用的催化剂是国外专利产品,由于进口价格昂贵和其他原因,聚乙烯装置的生产能力受到了一定的限制。为了尽快使催化剂实现国产化,××总公司委托××研究院进行了开发研究工作,在工艺流程和部分技术上取得了有价值的研究结果。

为了尽早建成催化剂生产装置,为国家节约外汇,在××总公司领导和××公司倡导下,由××公司设计院牵头和××研究院等单位联合组建××股份有限公司。以××总公司化工二厂雄厚的技术力量为依托,利用化工二厂的系统公用工程,建立新型聚乙烯高效催化剂生产装置,尽快生产出合格的催化剂,为国家作出贡献。

**八、提出申请的时间、发起人的法人代表、发起人单位签章**

(一)申请时间

20××年×月×日

(二)发起人签字及单位

××股份有限公司筹备组

筹备组负责人:_____单位公章(××设计院)

××股份有限公司筹备组

20××年×月×日

# 第二章　经营企划文书

## 创业计划书

### 概念

创业计划书是指企业或企业家在创业的初期,编写的企业创立和运营的整体规划方案;它是创业者在准备创业或创业之初对所创建的企业发展方向和经营管理的基本设想。

### 格式与内容

1. 标题页

(1)标题一般为公司名称加"创业计划书"即可;

(2)企业的基本信息。

2. 目录页

3. 正文页

(1)企业的基本情况;

(2)财务情况;

(3)风险分析等。

### 范文

**××公司创业计划书**

(标题页)

| | |
|---|---|
| | 编号: |
| | 密级: |
| **××产业公司创业计划书** | |
| 地址: | |
| 网址: | |
| 电话: | 年　月　日 |

# 目　录

（正文）

# 创 业 计 划 书

## 一、发展计划摘要

××产业有限责任公司向医院和实验室引进各种革新的、艺术等级的新产品的使用。它的总部在××市，它的产品是通过直销的方式与顾客进行面对面的接触来进行销售。

获取成功至关重要的因素依其重要程度进行排列，主要有以下几点：

（1）在医疗保健及相关产业中用高质量的新颖产品来满足需求。

(2)提供高于行业平均水平的技术和顾客服务。

(3)财务控制和现金流量计划。

基于我们对未来2年中财务方面的规划和设计,销售收入将突破××万美元,净利润将达到××万美元。

1.目标

(1)向太平洋沿岸的西北部地区介绍××牌产品生产线;

(2)保持30％的利润增长率;

(3)到20××年年底销售收入达到每月××万美元,到20××年年底达到每月××万美元。

2.任务

××产业有限公司的任务是向××行业推出革新的产品,同时稳步提升自身利润和公司价值。

## 二、公司情况

××产业有限责任公司向××行业推出革新的产品。同时稳步提升自身利润和公司价值。

1.公司所有权(略)

2.公司历史(略)

3.公司产品(略)

4.公司地址及设施(略)

## 三、产品和服务

××有限责任公司向西北部地区的医院和实验室销售产品。它也服务于消防和公安部门、急诊救助服务和看守所。

1.产品及服务说明

(1)产品简介(略)

(2)产品用途(略)

(3)产品原材料(略)

(4)工艺特点(略)

(5)生产线介绍(略)

2.重要特点(略)

3.销售艺术(略)

## 四、市场分析

根据医疗仪器公告中心的数据,20××年市场对于此类产品的需求按其最终价值计算大约是××万美元。在美国,保健器材行业正处于变化阶段,但对实验室诊断测试的销售量仍能达到××亿美元左右。

1.行业分析

保健器材行业是一个极为集中的市场,从服务的角度而言,仅有几家主要的企业能维持。这些大的公司每年公布的年度收入也不过几百万美元,尚不足整个市场的1%,这主要是由于他们过高的经营费用及开支。为了在这一行业中生存,将自己的公司建成一个具有创新精神、良好信誉和服务导向的公司,从而跻身于世界企业之列是至关重要的。我们将尽量减少与大型企业的竞争,提供与他们不同的产品,从而降低我们的经营风险。

(1)市场参与者

在诊断品行业出现了以下几家市场领导者:(略)

(2)市场划分

现今市场中有5~6家大型企业居于统治地位(占有65%的市场份额);有6~8家中等规模的制造商和分销商,占据另一重要部分(22%的市场份额);余下的13%在小型企业中进行划分,例如像××有限公司这样的企业。

2.成功的关键

在这一行业中成功的关键在于:

(1)营销。抓住新产品的投放、商业展览和顾客的反馈。

(2)产品的质量和承受力。

(3)服务。货物的按时运送,具有专业知识的人才,全心全意为顾客服务以赢得顾客的满意和信赖。

**五、企业营销策略及实施计划**

我们的企业策略将立足于服务恰当的市场。在诊断品行业充斥着如此之多相类似产品的同时,××产业有限责任公司力图通过自己与众不同的产品服务而与其他企业区别开来。

同时,以一种独一无二的产品作为开始,占据一定的市场,并且最终找到恰当的产品定位,以能够在全国范围内更好地满足顾客的需要。我们将集中于蓝色附加保护手套这一相当狭窄的市场,并主要服务于诊所实验室及医院部门。

我们的顾客往往希望买到高技术、高质量的最为出色的产品。我们则为他们带来了各种现实可行的解决办法,使他们既削减了预算又很好地控制了污染。

1.营销的目标和对象(略)

2.定价策略

一个合理的价格将反映产品的质量和价值。

价格问题是××产业公司所面临的最为重要的问题。我们从卖方那里获得最好的转让价格并将这一价格维持下去,也是我们决定引进这一产品的关键,我们首先要保证成本与售价成一定比例,因此必须使进口的产品有利可图,这才能使我们始终保持合理的售价和较高的利润。

3.促销策略

短期目标是制造足够的影响并使之日益显著,这将通过以下几种方法做到:

(1)注意临床教学实验室产品的销售,临床教学实验室新闻节目和美国临床实验杂志将刊登介绍这一生产线的内容。

（2）××公司也将介绍我们的器械生产线。

（3）我们还将向全国各实验室的有关卫生工作人寄发产品的有关材料。

（4）商业展览：10月份的××地区医疗设备展，11月份的××地区展，都将使我们的产品向相关地区推广。

4.营销计划（略）

5.销售策略

（1）短期目标是尽快地获得订单。

（2）长期目标是通过聘请销售人员，采用任务销售的方式使我们的业务向各地扩展。

（3）3年后的目标是聘请一位电子市场代表和一名技术销售业务代表。

6.战略联盟

我们与制造商的关系对我们的生存至关重要。与他们保持经营的联系，以获得最新的产品信息，每年至少进行一次会面。

六、组织管理概要

××产业有限责任公司目前还是一个很小的企业组织，仅由××人构成。从现在起3年之内，我们的人事计划要求从目前的××人增加至××人。

1.组织管理人员（略）

2.其他一些关于组织管理的意见

目前的人员队伍对××市场了解较多，还需要更多地关注于××市场以便实现既定目标。

七、财务分析

（略）

# 经营计划书

## 概念

经营计划书是企业建立初期，在确定了经营目标、经营目的和经营观念的基础上，进一步规则和落实企业各种经营计划的工作文书。

## 格式与内容

1.标题

标题名称通常是公司名称加"经营计划书"或"发展计划书"均可。

2.正文

（1）提高企业经营业绩；

（2）开发潜在市场；

（3）可持续性经营；

（4）企业发展壮大。

## 范文

# ××公司十年发展计划书

**一、基本任务和总目标**

未来十年是中国经济稳步发展的十年，根据本企业产品在市场中的地位和作用，制订20××年至20××年愿景规划，使之成为公司各项工作的指导。

十年内的奋斗目标和重点是：研制尖端产品，赶上国际先进水平；进行部分产品的更新换代；新建和扩建部分生产车间；大量培训员工，促进技术进步；提高企业经营管理水平和经济效益。

**二、十年内发展规划**

1. 企业发展规划：新建××车间，进行××产品的生产；扩建××车间，使××种产品的生产到20××年比现在提高××倍，年产量达到××万只；增加工程技术人员、技术工人和部分管理人员，使之从现有的××人，增加到××人。

2. 产品发展方向：与××研究所合作，积极研制××、××等新产品，其中××新产品要达到国际先进水平。以提高质量为中心，对现有的××等产品进行技术改造，使之符合国内和国际市场的需要。

3. 主要技术经济指标

（1）提高劳动生产率：随着新技术设备的应用和工人生产技术的提高，到20××年全年劳动生产率要比现在提高××％左右。

（2）增加总产值：在××车间的扩建和××车间的新建工程完成投产后，年总产值可达××万美元，比现在提高××倍。

（3）降低同类可比产品成本：通过提高劳动生产率，节约原材料、燃料等消耗，使同类可比产品成本到20××年比现在减少××％左右。

（4）加速资金周转：在产品增加的情况下，做到不增加流动资金，使流动资金的周转天数从现在的××天，降低到××天。

（5）提高盈利水平：在增加生产、降低消耗的基础上，力争20××年的利润从现在的××万美元，增长到××万美元。

**三、为实现目标而采取的措施**

（1）举办各种培训班，提高员工文化水平，学习先进技术，改善人员素质，使之符合企业发展的要求。

（2）加强企业文化的渗透，正确贯彻经济责任制。严格执行奖惩制度，切实做到权、责、利相结合。调动全体员工的积极性，不断提高生产技术和经营管理水平，实现各项技术经济指标。

# 商业计划书

## 概念

商业计划书是公司、企业或项目单位为了达到招商融资和其他发展目标的目的，在经过前期对项目科学地调研、分析、收集与整理有关资料的基础上，而编辑整理的一个向读者全面展示公司和项目目前状况、未来发展潜力的书面材料。

## 格式与内容

1. 标题页

2. 目录页

3. 正文

(1) 执行摘要

(2) 公司概述

(3) 行业分析

(4) 产品与风险

(5) 竞争分析

(6) 市场与销售战略分析

(7) 风险与机遇

(8) 管理团队与所有权

(9) 资金需求及财务计划

## 范文

### 商业计划书

一、标题页

把你产品的一幅颜色图像放在首页。但需留出足够的版面排列以下内容：

1. 公司名称；

2. 注册年月；

3. 公司性质；

4. 公司地址；

5. 融资负责人姓名；

6. 职务；

7. 电话；

8. 传真；

9. E-mail；

10. 公司主页；

11. 报告机密性密级；

12. 创业计划书编号。

公司名称：

签字：

日期：

**二、目录页**

初步定出商业计划书后，注意确认目录页码同内容的一致性。

**三、执行摘要**

1. 计划书的目的

(1)为有意的 VC 提供信息；

(2)为本计划未来的经营活动提供基本数据和原则。

2. 公司概述

(1)成立日期；

(2)从事行业，例如婴儿产品制造商，铅笔的分销商，医药服务的供应商；

(3)公司合法成立的形式，例如有限责任公司、股份有限公司、合伙制；

(4)出资所有权构成；

(5)我们的主要办公地点。

3. 业务

(1)描述产品或提供的服务，公司处于××(种子、启动、成长)期，刚××(开发了我们的第一个产品，雇用了我们的第一位售货员，签了我们的第一张订单)。

(2)在近期，我们公司完成了(××)的销售额，并且显示出××(利益、亏损、盈亏平衡)。考虑到资金问题，我们期望完成(××)的销售额，在(××)年完成(××)的税前利润。在下一年完成(××)税前利润。

如果资金充足我们将(××)(描述你利用资金做的事情，例如①新产品的营销；②制造或补充设备满足增长的市场需求；③增加零售点或采用其他方法完善分销渠道；④增强新产品的研发或改进现有产品)。

4. 产品与服务

(1)陈述你的产品或服务以便让别人能够看懂。公司生产下列产品(××)(这里简短列出产品，主要强调生产线的意义和它能带来的最高销售量)。

(2)当前我们的产品或服务处于(××)(导入、成长、成熟)期。我们计划扩大我们的生产线用于完善我们的产品或服务，包括(××××)。

(3)我们产品的生产或配送等方面的关键特征有(××××)。

(4)我们的产品或服务的独特性是因为(××××)。

（5）我们的市场定位优势是因为我们的（××）（专利、销售速度、商标名字等）。

5. 管理团队

（1）我们的团队由下列成员组成（××）男性和（××）女性，他们有（××）年的合作经验；有（××）年的销售经验。

（2）有（××）年的产品开发经验，并且有在（××）（其他方面）（××）的经验。

6. 营销概述

7. 竞争环境

（1）分析与我们直接竞争的（××）（公司名称），或我们没有直接的竞争对手，但在市场上有我们产品或服务的替代品或相关产品。

（2）我们的产品有独特性是因为如果我们能（××），或我们有竞争优势，因为我们的（××）（销售的速度、已建立商标品牌、低成本制造）。

8. 资金需求

（1）我们寻求（××）作为追加投资，用于（××），它将使我们能（××）（描述你为什么需要资金，这机会为什么鼓舞人心）。

（2）（××）年内我们将利用剩余的利润分红或者再次融资，或者公司的出售，或者上市融资退出。

9. 风险与机会

我们经营的最大风险是（××）（市场风险、定价风险、产品风险、管理风险）。

我们感到我们能克服这些风险，因为我们能（××）。

我们面前的商业机会对我们非常有意义；如果我们能做到（××）我们就有机会将市场上的局部优势，变为整个行业的巨大优势。

四、公司概述

1. 愿景目标

（1）我们的目标是成为（××）（描述你的最终目标，例如，要成为低脂肪奶酪的第一品牌）。

（2）我们渴望在市场中保持良好信誉，并且为市场提供（××）（节省时间、更好的生产方法、合理的价格）。我们能实现这些是因为采用了（××）（优异产品的开发、掌握市场发展趋势和需求、赋予创新精神并且采用有效的分销和包装）。

（3）为了实现我们的目标，我们应该感谢那些关注我们发展的人士、客户和公众（××）（描述你们所追求的荣誉），以下这些人为我们的成功提供了帮助（××）（描述每一个群体对你公司的相关帮助）。

2. 愿景

3. 公司成立于（××）（日期），并且（××）（描述你的产品或服务。例如，铅笔的分销商，医药服务的供应商）。

4. 公司全称（××）符合法律规定。公司合法形式，如有限责任公司、股份有限公司、合伙制、个人独资，主要负责人的办公地点（××）。给出办公地点距离厂房和仓库的距离。

5.按月统计我们近来的生产量,如果我们希望月产量达到(××)就需要更大的(××)(厂房、研发队伍……)。在得到资金帮助后,我们估计现有的设备能够满足今后(××)(某年某月某日)的需求。

6.如果公司从事(××)(污染水源、军备武器、遗传工程、爆破工程以及在生产和服务中使用国家禁止的资源),营业执照就会马上被吊销,同时从事政府授权以外的活动也是不允许的。

7.公司符合一切运营规定,拥有最新的检查纪录。这些记录包括(主要几项)。这些机构负责管理我们业务的(××)(哪些方面),我们必须确保我们员工的责任心。

8.公司的战略合作伙伴。如何保持与战略伙伴的关系很吸引投资者的注意,解释你是如何和他们一起工作并提高你的工作成绩。在即将建立的更大规模的合作过程中,你的公司可以为合作伙伴提供重要并且是有利可图的自身发展。描述关于你的每一个合作伙伴在市场中位置的细节,并且说明你们之间的合作最大的隐患是什么。举例来说,我们与(××)建立了市场协议,与橡皮擦领域的市场领导者建立了联盟,有利于我们销售学生用铅笔。供需方共同分割零售业同样可以占领市场,这可以帮助我们快速地切入市场。合作关系的风险在于合作者可能选择自己销售(铅笔)将我们排除在外。

9.另一种对公司有利的战略关系是同(××)共同建立合资企业。我们从不投资于研究的初始阶段,我们可以把研发时间一分为二,我们充分利用那些没有被充分利用的人力和设备,这可以有效避免支出(员工工资、设备购买),我们愿意为此支付一笔提成费,以感谢我们的发展伙伴为我们的最终成功所作出的贡献。

10.我们与供应商有着紧密的联系,批量采购时价格降至市场价的80%,并且他们同意6个月内不把产品大批量投放市场,或者是给我们一个特惠的价格。

11.我们还有一些OEM战略合作伙伴,假如我们是生产滑冰轮的,那么生产长靴的几乎是靠我们才卖出他们的滑冰鞋附件。这些关系保证了我们有一个巨大且稳定的市场,这些环节使我们占据市场,尽管这对我们来说市场份额很小,并且没有商标。

五、行业分析

1.我们将进入何种行业

2.行业

(1)历史

(2)现状

3.客户分析

4.竞争分析

(1)海外

(2)本地

5.原材料的供应

6.新入者的威胁

(1)海外

（2）本地

7. 替代产品

8. 结论

（1）进入时机

（2）成功因素

六、产品与风险

1. 产品介绍

（1）研发历史

（2）技术规格

（3）实践证明

2. 产量目标

（1）规模经济

（2）公司的使命和销售预测

3. 运作流程和功能设置

4. 运作方式

（1）理由

（2）可行性

5. 选址

（1）原则

（2）比较

6. 劳动力需求

7. 研发

8. 物流管理

（1）原材料及设备的供应和采购

（2）运输

（3）其他

（4）质量控制

（5）产量计划

七、竞争分析

1. 描述你在产品、管理、价格、厂址、财务计划上的核心竞争力是什么。错误和不明确的信息都会被认为是对投资者的不诚实和忽视。不要让你或 VC 在你的竞争优势上感到迷惑。通过电话黄页书、当地图书馆里的行业目录、在线的数据库，了解其他公司的竞争力。看一下行业的有关杂志，寻找刊登行业广告者。

2. 我们没有直接的竞争对手，但我们有生产我们产品替代品的竞争对手。或者我们产品的竞争对手有（××），给出你的每一个竞争对手的详细分析，要很详细[比如，董氏公司是东北地区的铅笔制造商，其销售额有 300 万元，它是（××）集团的下属公司，全公司的销售额有 800 万元,包括生产铅笔、钢笔及其他书写绘画用的文具。子公司目前发展停滞,因为总公司没有提供改进机器设备的运营资金,该子公司由一位副总裁负责,他上任已经 6 个月了,前一任管理者负责了 11 个月。]

3. 你和你的竞争对手是否采用了相同的分销渠道,借助相同的商业杂志宣传促销。

4. 我们的产品是独一无二的原因(××),我们为什么具有领先的竞争优势(××)(低成本、快速进入市场、已有的品牌)。

## 八、市场与销售战略分析

### 1. 市场分析

对于大多数的创业计划书来说,这部分至关重要同时也最难准备。

(1)定义目标市场

我们希望可以在行业中明确的市场环节中展开竞争,参考相关的地理条件,在(××)以前这个市场在(批发/零售)已经接近(××元)。未来市场的发展趋势会是关注产品的环保性、价值性、高质量、小型化等因素。市场研究的数据报告(提供数据来源)显示市场将会于(××)(年)出现(××)(上涨,萎缩)至(×%)。我们希望在这一段时期业务(××)(上涨/萎缩/保持/停滞)。对业务变化产生影响的主要因素是(××)(电脑产品的降价、基于家庭消费的发展等),行业成长的最大规模将是(××)。鉴别一下你的信息来源,以及它是否是及时更新的。

(2)市场环节

我们定义我们的市场环节(为家庭/学校/公司提供文具的生产商、食品领域内的低脂肪奶酪生产者),这个市场环节在过去的几年里是(××)(稳定/不稳定)。行业专家(姓名),预言在未来的几年中(××)。简要的列举市场的主要环节(××),你想要争取到的客户的类型(××)(电子产品的订货商/目录手册的购买者/零售商)。在(××)市场环节中(××)产品依据(产品型号),它的零售价格一般在(××)这个范围。这一市场环节中产品销售的配送是通过(××)(零售商/制造商/原材料提供者)。我们的典型客户目前正在使用我们产品的替代品,什么原因促使他们想要购买我们的产品(××)(价格/性能/质量)。我们如何知道这些主要的(××)(客户反馈/广告咨询/商业展览)。我们感觉顾客关注我们的产品的(××)(价值/性能/品味)。尽管我们的产品存在(价格高/品牌保护不足)等问题,我们正努力明确我们的产品在市场上的(××)定位,以克服我们的弱点。

### 2. 市场营销

(1)我们的营销计划是根据以下条件制订的(××)。我们希望成功渗透到(××)市场的(××)部分,因为我们将(××)(零售/分销/邮寄/互联网)作为我们产品的主要销售渠道。我们预计会取得(×%)的市场份额。

(2)市场定位。我们将把我们的产品定位为(××)(低价/高质/物美价廉),这些将是我的竞争对手当前所不能企及的。我们根据不同类型的顾客,比如(××)(国籍/生活的年代/老年人等)对产品的不同需求适当地调整产品。

(3)价格。我们的价格(××)(战略\策略)是依据成本、毛利润、还是市场。我们达到这个价格是根据(毛利润、市场上的价格、成本,或可被感知的产品价值)。我们每月、每季、每年都观察我们的价格,以保证不丧失市场上的潜在价值。客户愿意为我们的产品支付多少钱? 为什么?

(4)分销渠道。我们产品的分销渠道有(××)(批发、商场零售或其他方式)。(××)(季节的变化、地理的位置、客户的特征等)这些都将决定我们是否将产品送达最终用户的手中。市场上的竞争采用这些途径(××)(批发、商场零售或其他方式),但我们的优势在于(××)。

(5)列举你的主要顾客(前5位),用一两句话描述他们。详情可见附录,展示我们是如何将产品延伸到消费者手中的。

(6)广告、促销、商业展览,你的目标是在市场上介绍、促进、支持你的产品,尽管合适的广告设计、商业的促销活动需要花费资金。公司已有了全面的广告策划和促销战略。当资金到位后,就会实施。我们希望在全国范围内的商务杂志上登广告。我们策划我们自己的广告,并把它作为我们原料提供商和合作伙伴的整体战略广告之一。我们的公关计划是保持与商务期刊记者和编辑之间的良好关系,并且提供报道素材以提高我们在市场上的信誉,让客户了解我们。

我们通过多种渠道促销我们的产品(现场制作样品/展示产品不同的侧面)或其他的方式,我们的目标是扩大我们的客户群,提升我们产品的品牌知名度,加强我们与公众之间的联系。公司参与了那些商业展览,列举主要的几个:主办者,参加的厂商,参展的位置以及展位的标准,这些有利于我们推介新产品。或者我们参加了几个展览,我们只对那些对我们的产品感兴趣的购买者展示产品。展览对于我们介绍公司的产品给目标顾客是否有利,展会的地点是否合理,时间是否合理,它是否是一个我们必须去的展会。

九、风险与机遇

1.创业风险

(1)这一点对于整个计划书来说也是至关重要的,VC对于你的企业所面临的挑战和应对的措施都很感兴趣。把你在企业发展过程中遇到的问题和应对的策略记录下来。

(2)我们成长过程中所遇到的主要问题有(××)(有限的运营历史,资源的短缺,管理经验的不足,市场和产品的不确定性,对于关键管理的依靠)。

(3)企业弱点的评估。

(4)应急计划

(5)新技术

2.机遇

(1)这一点对于整个计划书来说也是至关重要的,它将给整个商业计划带来闪光点,使人为之激动。

虽然我们的经营伴随有风险,我想我们能够战胜这些困难,因为(××)。我们将展开广泛的学习,或者和一个了解市场的更大的公司合作。我们将会集中精力于(××),解决在市场、产品、管理等方面的问题。

（2）如果我们能够战胜风险，我们就将在某一市场领域占据优势，成为行业的主要力量。我们的品牌将被客户和 VC 所认识，我们能够实现这个目标在（××）年，特别是我们的领先产品将有机会在某些领域影响人们的生活状态，改变生产，提高性能。我们因此也可以进军我们以前未涉足的领域（国际市场/不同年龄段的市场）。

十、管理团队与所有权

1. 管理

（1）公司类型

（2）结构

（3）管理者职责和简历

（4）员工

（5）不仅要说明你的管理者，更要阐明他们是怎样作为一个团队共同工作的。我们的团队由以下一些人员构成（××）。（××）男性、（××）女性，他们已经有了（××）年的共同工作经验，（××）对市场有了（××）年的经验，（××）在产品研发方面有（××）年的经验，其他一些人在（××）领域有（××）年的历史。坦率地讲，如果你有更多的人从事管理，将会很好。总裁/财务副总/市场副总/运营副总/销售副总/研发副总/法律顾问，说明他们是谁，多大，他们的公司股票所有权是多少。

2. 所有权结构

| 姓　名 | 股　票 | 所占比重 |
| --- | --- | --- |
| ［A、B 创建者］ | 52 | ［52％］ |
| ［C、D 投资者］ | 22 | ［22％］ |
| ［管理团队］ | 10 | ［10％］ |
| ［种子期投资者］ | 10 | ［10％］ |

3. 专业机构

财务公司、法律顾问、其他咨询机构。

4. 其他指导

我们还有一些其他的帮助，用于协助我们进行决策，把握商机。列举这些人或机构的帮助，他们有什么样的经历，可以为公司的订单作出什么贡献。他们在什么地方，以及为什么会为我们的战略带来益处。

十一、资金需求

1. 需求量

（1）金额

（2）时间

（3）资金类型

（4）资金来源

2. 其他资金需求

3. 资本金的使用

我们寻求资金作为追加投资(净资产,重组债权,或其他形式的更高级投资),它将是我们能(××)(描述你为什么需要资金,并且你为什么为这机会激动不已)。

最初的投资将会被用于(员工的工资/项目的开发/市场的推介/获得竞争者的信息/购买设备)列表如下:

| | | | |
|---|---|---|---|
| 完善发展 | ($×) | 购买设备 | ($×) |
| 市场及新生产线 | ($×) | 运营资金 | ($×) |

(××)年我们将利用剩余的利润分红或者再次融资,或者公司出售,或上市融资退出。这些为什么会实现。

### 十二、财务计划

1. 损益预估表

2. 现金流预测

3. 资产负债预估表

4. 盈亏平衡分析

5. 资金的来源和应用

收入预估表。我们建议前两年以月为单位统计,如果有以年为单位尽量将它变为多少天。在新产品或改进的产品推出后,销售预计会增长。在以下的计划中我们简要地介绍一下我们的产品(详细的情况)。我们希望在推介的每个月销售额的增长率在(××)个月之内,会达到(××)。

我们将会在市场上购买更高效的原料或者利用新的设备减少生产环节,降低损耗。这样就可以减低我们的消耗比例(×%)。

毛利润将保持不变(新的产品推介将等到具有更多的盈利空间的时候)。出售和管理的费用将提高,但所占成本的比例会减小(列举最大的一些订单,以及它们的意义),因为我们会拥有更高的市场回报。

早期的销售中所占的比例较大的研发将随着百分比的变化而减少。投资于(××)(代理商/研发/其他的销售渠道后)我们将会得到更大的价值。

你组织这些数据的依据,以及你面临这些数据时的冷静态度,对于投资者来说非常重要。讨论一下市场大小、市场的容量,把握市场的时机,以及你的竞争压力对于这些数据的影响。

谈一下,其中一些数据从某段时间到某段时间变化的重要意义,包括你的业绩之所以会上升的原理,和企业扩张的原因。

收支平衡表。对一些项目作出标注,比如(××)(现金/支付能力/增长的债务)。

现金流和盈亏平衡分析。这比收支平衡表还重要,在最终的日子里你将会有多少钱的盈余是投资者很关心的问题。

我们估计我们每个月所消耗的资金达到(××)%时,我们的供给就将满足我们的需求区间[x],这时,我们估计我们的需求量将会增加。我们估计我们可以在[x]时间内聚集资金,因为我们拥有(××)(大客户的特殊付款方式,货到付款的方式,信用卡的收费方式)等。

我们预估我们的第一笔投资将用于(××)年(××)月,收支平衡于(××)年(××)月。我们将于(××)年(××)月盈利,赢利点时的价格是多少。

附录

1.信件

2.市场研究数据

3.协议或合同

4.供应商的报价单

附1:行业分析中的关键问题

1.在过去的5年中该行业的销售总额?

2.该行业预计的增长率?

3.在过去的3年中,该行业有多少新加入的公司?

4.最接近的竞争者是谁?

5.该行业最近有什么新产品?

6.你的企业如何经营才能超过该竞争者?

7.你的每个重要竞争者的销售额是在增长、减少还是持平?

8.你的主要竞争者的优势和劣势是什么?

9.你的客户的特点?

10.你的客户与你的竞争者的客户有什么区别?

附2:风险企业分析中的关键问题

1.你的产品或服务是什么?

2.产品或服务的具体描述包括专利、版权、商标的情况?

3.公司将建于何处?

4.你的建筑是新的还是旧的? 需要整修吗?(列出成本)

5.该建筑物是租赁的还是自己拥有的?

6.为什么该建筑物或地点适合你的企业?

7.企业的运营需要什么额外的技能和人员?

8.需要什么办公设备?

9.这些设备将购买还是租赁?

10.你的商务背景是什么?

11.你具有什么管理经验?

12.叙述个人资料,如教育程度、年龄、特长及爱好。

13.你参与这个企业的原因?

14.为什么你会在这个风险企业中获得成功?

15.到目前为止有什么开发工作已经做完?

附3:生产计划关键问题

1. 你将负责全部还是部分制造产品?

2. 如果某些制造工序被分包,谁将成为分包者?(给出分包者姓名和地址)

3. 为什么选择这些分包者?

4. 分包制造的成本怎样?(包括几份书面合同)

5. 生产过程的布局怎样?(如果可能应列出步骤)

6. 产品的制造需要什么设备?

7. 产品的制造需要什么原材料?

8. 原材料的供应商是谁? 相应的成本怎样?

9. 产品制造的成本是多少?

10. 该风险企业将来的资本设备需求怎样?

如果是零售或服务型企业:

1. 货物将从哪里购买?

2. 储存控制系统如何运营?

3. 存货需求怎样? 存货如何被促销?

附4:组织计划关键问题

1. 组织的所有制形式是什么?

2. 如果是合伙制企业,谁是合伙者以及合伙协议的条款是什么?

3. 如果是股份公司,谁是主要的股票持有者以及他们拥有多少股票?

4. 发行什么类型的股票? 以及发行了多少有表决权股票和非表决权股票?

5. 谁是董事会成员?(给出姓名、地址和简历)

6. 谁有支票签字权和控制权?

7. 谁是管理小组的成员? 他或她的背景怎样?

8. 管理小组的每个成员的角色和责任是什么?

9. 管理小组的每个成员的薪水、红利或其他形式的工资怎样?

# 技术改造计划书

## 概念

技术改造计划书是企业就需要技术改造的项目,统筹安排、分段实施的比较长远的计划类文书。

## 格式与内容

1. 标题

标题由计划企业名称加计划时间加计划名称组成。

2.正文

(1)简要概述基本情况及计划的指导思想;

(2)具体说明计划事项的任务、目标、措施、方法与步骤等。

3.落款

署明制订计划的日期并加盖公章。

## 范文

### ××市电器工业公司近远期技术改造规划

本公司拥有 37 家工厂、一个研究所和一所职工大学,职工 35000 人,其中工程技术人员近 3000 人、工程师 800 余名。全公司生产的产品共有 25 个大类、800 多个系列、2950 个品种,为国民经济各行各业提供各种电器,是全国电器行业中规模较大,产品门类比较齐全的一个工业公司。

党的十一届三中全会以来,本公司认真贯彻国民经济调整的方针,开展了一系列改革:有步骤地从国外引进技术,改革传统的生产方式,组织流水生产线,不断改善经营管理,抓好职工培训,大大提高了生产效率和产品质量。

本公司根据新形势的要求和试点单位的经验,提出了分阶段实现全面改革生产组织形式的规划设想:

1.20××年,在抓好已建立的 5 条生产流水线的完善、巩固的基础上,通过鉴定验收,进一步在 16 个厂选择设计可靠、工艺稳定、批量较大的 20 种产品,先从装配部分着手,组织生产流水线,同时对加工装备、测试设备和管理技术进行改革,以达到能稳定生产符合国内外先进标准要求的产品,并为今后几年内行业生产每年递增 8％的速度创造良好的条件。

2.“××”期间,设想每个厂都有 1～2 条完整的生产流水线。这样,全公司就有 40～50 条流水线。流水线要从装配发展到加工,标准要更进一步提高,使全行业年产 10 万只以上的近 60 种电器元件,多数实行流水生产。

3.“××”期间,也就是在 20××年前,全行业大批量的产品,争取全部形成流水生产。并力争有几条线达到自动化、半自动化的要求。这样,就从根本上改变全行业大批量产品装配上的小生产方式,向现代化大生产迈进,为生产总值提前实现翻一番打下扎实的基础。

4.到 20××年前,根据发展情况,流水生产线进一步采用新技术,大幅度提高流水线的生产效率,主要产品质量达到国际先进水平。

为了切实实现这一改造规划。我们采取以下主要措施:

(1)做好产品的选择。上流水线的产品,要求:设计定型,正在发展期的产品,批量在 10 万件以上,加工不很复杂,工序不太多,工位在 15 个以下。

（2）做好可行性分析。对流水线的技术经验水平，产品生命状况，投入产出情况，以及安全操作，工作条件等都要进行有根据的分析、论证，不能一哄而起。

（3）做好相应的生产手段的配套，实现专用工具和测试手段的相应配套。

（4）资金和技术力量。资金以自筹为主，技术力量以厂为主，厂、所、校协同作战。

（5）做好验收条件的制订。对生产流水线要做到建成一个，验收一个，成功一个。

××电器工业公司

20××年××月××日

# 广告计划书

## 概念

广告计划是为实现广告目标而采用的方法和步骤。广告计划的书面材料就是广告计划书。广告计划按时间来分，可分为长期、中期和短期计划。广告计划按广告媒体来分，可分为媒体组合计划和单一媒体计划。

## 格式与内容

1. 标题

标题由公司名称加产品名加"广告计划书"组成。

2. 正文

（1）说明广告计划的目的、主要营销策略；

（2）市场分析；

（3）广告战略；

（4）广告对象；

（5）投放地区；

（6）媒介选择、费用分配以及效果预测等。

3. 落款

计划书编制者的签章及计划书完成时间。

## 范文

### ××男性化妆品上市广告计划草案

一、广告目的

谋求××男性化妆品，在上市初期4个月中（本年3～6月），以52万余元广告预算，造成很高的知名度，并能有良好的指名购买率，普遍受消费者欢迎。

## 二、市场分析

男性化妆品（发胶、发蜡、面霜、刮胡泡、刮胡水等），一向被认为是大众化的消费品。大众化的产品，在市场中销售时，首重普及知名度，次为创造知名度。

在当前市场中男性化妆品，有下列 10 余种品牌知名度较高。

1. 品牌名及产品内容（略）

2. 各品牌市场占有率分析（略）

上列各种品牌的知名度均很高，如果与此 10 余种同类产品竞销，必须先从打开知名度做起，使消费者深切明了产品的名称与内容，进一步改变消费者的使用习惯，而渐渐改用××。

××在国际市场中，虽已具有深厚的地位，但在××地区一般消费者对之尚陌生。在运用广告后，其知名度当较一般在国际市场中无名的产品，容易打开。

此外，当地市场中，一般的男性消费者，对化妆品的使用尚不普遍，若能采取教导性的广告方法，配合销售广告，则有益于促使消费者增加。

## 三、广告重点

以"××××××××，×××××××××"两句为主题，并配合显示男性优美风采的图片，以求吸引消费者的注意力。

以"××××××××××××××××"一句为副题，说明此种产品在国际市场已有很高价值，以增加消费者对产品的信任。

第一个月的广告（上市最初的广告）拟普遍运用报纸、电视两大类媒体。

从第二个月起，即减少运用报纸，着重运用电视、电影两类媒体。

## 四、诉求对象

以 25～45 岁男性消费者为主，并促使其妻子及女友们，为其丈夫或男友购买此种化妆品。

根据调查统计，20××年年初，25～45 岁之男性人口数字如下：

| 年龄（岁） | 人数（人） |
| --- | --- |
| 25～29 | 490935 |
| 30～34 | 441439 |
| 35～39 | 446446 |
| 40～45 | 406962 |

再根据较保守的估计，此列数字中，已婚男性及拥有女友的男性，当占 3/4；因此诉求对象中，又可增加 10％之女性消费者，合计占当地总人口的 23％。

## 五、诉求地区

以当地大城市为重点。

消费力量较弱的乡镇为次要地区。

## 六、广告进行方法

1. 上市之初，选择 14 家发行量高的报纸在第一版刊登半版或者 1/3 版广告，在各报轮流刊登,连刊14天。第二个月起,每月只选择最主要的报纸,刊登3次或4次1/3版广告。

2. 自上市之日起,选择两家电视台,在黄金时段,每周作5次插播,每次30秒,连播4个月。

3. 自上市之日起,在××市选择票房纪录最高的4家电影院;在另三大城市,各选择两家电影院,每日各放映两场短片(60秒钟),连映4个月。

4. 选择两家发行量最大的杂志,《××周刊》及《××月刊》,在最重要销售期中(如中秋节及郊游季节)刊登全页广告,以求配合发挥效果,杂志广告预定刊登6次。

(注:该项如加上详细战术步骤,内容将更加生动。)

七、广告预算分析

1. 报纸广告

上市之初的广告方面,所选择7家报纸名单如下:(略)

(以上7家每一家各刊半版,10批一次,第一版)

此部分小计广告费用为××元。

第二个月至第四个月报纸广告方面,选择《××日报》、《××报》,轮流在第四版,再刊半版,10批10次。预定第二个月刊出4次,第三、第四两个月各刊出3次。

此部分小计广告费用为××元。

报纸广告的费用预算,合计为××元。

(详见附表1和附表2)

附表1

报纸广告

| 报纸名称 | 版 位 | 篇 幅 | 广告费实价(元) |
|---|---|---|---|
| 《××日报》 | 第一版 | 1/3版 | ×××× |
| 《××报》 | 第一版 | 1/3版 | ×××× |
| 《××时报》 | 第一版 | 1/3版 | ×××× |
| 合 计 | | | |

(注:表格不够可另加)

附表2

报纸广告

| 报纸名称 | 版 位 | 篇 幅 | 第二个月刊出 | | 第三个月刊出 | | 第四个月刊出 | |
|---|---|---|---|---|---|---|---|---|
| | | | 次数 | 广告费实价(元) | 次数 | 广告费实价(元) | 次数 | 广告费实价(元) |
| 《××日报》 | 第四版 | 1/3版 | 1 | ××× | 1 | ××× | | |
| 《××报》 | 第四版 | 1/3版 | 1 | ××× | | | 1 | ××× |
| 合 计 | | | 4 | ××× | 3 | ××× | 3 | ××× |

(注:表格不够可另加)

2.电视广告

所选择的两家电视台,名单如下:

(1)××电视台(创立已有多年,是拥有极高收视率的商业电视台),每周在黄金时段插播 30 秒的广告 3 次。

(2)××电视台(创立时间虽不长,但也是在节目表现方面初具竞争力的商业电视台),每周在黄金时段插播 30 秒的广告 2 次。

此部分本年度 3—6 月的 4 个月中,共插播 87 次,费用预算合计为××元(详见附表 3)。

附表 3

电视广告

| 电视台名称 | 时段 | 时长 | 每周次数 | 四周次数 | 广告单价<br>(元) | 广告费小计<br>(元) |
|---|---|---|---|---|---|---|
| ××电视台 | 甲 | 30 秒 | 3 | 12 | ××× | ××× |
| ××电视台 | 甲 | 30 秒 | 18 | ××× | ××× | ××× |
| 合　计 |  |  |  | 20 |  | ××× |

3.电影院广告

在前述大城市中,选择 10 家票房纪录最高的电影院,每天放映 1 分钟广告影片两场,3—6 月共 4 个月。每月需费×××元,此部分小计广告费用为××元(详见附表 4)。

附表 4

电影院广告

| 放映地点 | 放映家数 | 每家每日<br>放映场数 | 每家每月<br>单价(元) | 广告费每月<br>小计(元) |
|---|---|---|---|---|
| ××市 | 4 | 2 | ×× | ××× |
| ××市 | 2 | 2 | ×× | ××× |
| ××市 | 2 | 2 | ×× | ××× |
| ××市 | 2 | 2 | ×× | ××× |
| 每月合计 | 10 |  |  | ××× |
| 4 个月合计 |  |  |  | ××× |

4.杂志广告

所选择的两家杂志如下:

××周刊(当地杂志中,发行量最高的一种,每周都超出××万份),在此杂志刊出广告 4 次。

××月刊(读者多为知识分子),在此杂志刊出广告两次。此部分小计广告费用为×

××元（详见附表 5）。

附表 5

### 杂志广告

| 杂志名称 | 版  位 | 次数 | 广告费单价（元） | 广告费小计（元） |
|---|---|---|---|---|
| ××周刊 | 内页全页 | 4 | ×× | ××× |
| ××月刊 | 内页全页 | 2 | ×× | ××× |
| 合  计 | 内页全页 | | | ××× |

5. 4 个月广告预算费用合计：

报纸广告为×××元（约占总预算的 32.6％）；

电视广告为×××元（约占总预算的 52.6％）；

电影广告为×××元（约占总预算的 11.0％）；

杂志广告为×××元（约占总预算的 3.8％）。

合  计：×××元。

6. 预定的广告预算为×××元，本计划所拟的预算略超出×××元。

**八、效果预计**

此 4 个月的广告计划在执行后，预计可收获三种具体效果：

1. ××男性化妆品的知名度定可在全××地区的诉求对象中普遍打开，此种男性化妆品的知名度绝不低于其他任何品牌的男性化妆品。

2. ××男性化妆品指名购买率将不断提高，且能使一般消费者渐渐养成使用××的习惯，进而使若干使用其他品牌化妆品的消费者改用此种品牌。

3. 能增进男士们修饰自己的心理，使××产品的销路逐步打开。

# 营销计划书

## 概念

营销计划书是企业按照预先计划的经营目标，对商品销售活动从时间、空间、人力、财力等方面上具体安排时所形成的文字材料。

## 格式与内容

1. 标题

标题一般由公司名称加"营销计划书"组成。

2. 正文

（1）计划概要；

（2）当前经营情况；

（3）威胁与机会；

（4）营销目标；

（5）营销策略；

（6）营销方案；

（7）活动预算；

（8）营销监控等方面。

## 范文

# ××公司营销计划书

为帮助分销商迎接新的挑战，全面推进分销商的生意，公司在20××年××月推出了"分销商20××计划"。20××计划指明了分销商的生意定位和发展方向，详细地介绍了公司帮助分销商向生意定位和发展方向过渡的措施。

### 第一章 分销商的定位和发展方向

一、现代化的分销储运中心

分销商是其零售和批发客户提供宝洁产品与服务的首要供应商，由于提供有价值的产品和服务（产品储运、信用等），分销商从客户处赚取合理的利润。未来分销商将具备完善的基础设施、充足的奖金、标准化的运作、高质量的管理，能够向其客户提供更新鲜、更稳定、更及时的产品。

二、向厂商提供覆盖服务的潜在供应商

分销商向厂商提供覆盖服务，根据覆盖服务水平，相应地获得厂商提供的覆盖服务费。分销商负责招聘、培训、管理覆盖队伍。

三、向中小客户提供管理服务的潜在供应商

分销商将通过向中小客户提供电子商务管理、店铺宣传、品类管理、促销管理等服务，收取相应管理服务费。

### 第二章 20××分销商的特点

四、规模。在分销和覆盖生意领域，规模的竞争是显而易见的。

五、效率。效率是利润的来源。技术的运用和生意方式的变革是效率提高的主要途径。降低成本，提高劳动生产率是每日功课。

六、专业服务。建立专业形象，提供专业服务，让商店、公司满意是分销商的工作目标。

七、规范。规范是长期、健康发展的保证。

### 第三章　分销商转变为公司覆盖服务供应商

八、覆盖是分销商提供的服务,根据覆盖目标及其完成情况,公司提供覆盖服务费。这种以覆盖商店为基数,以覆盖方法和结果为衡量方法的覆盖服务体系,具有公开、透明、公正的特点。分销商有更大的支配权,除支付覆盖人员的工资、奖金、福利外,剩余部分分销商可自主支配。分销商是覆盖人员的雇主,负责招聘培训和管理覆盖人员的工作。

这一变革,为分销商开辟了第二财源,既增加了分销商收入,又明确了分销商的角色定位,确立了分销商的发展方向。它极大地提高了分销商做好覆盖服务的积极性,减少了低于成本价竞争行为。由于覆盖人员与分销商签订了劳动合同,从而提高了工作安全感和工作积极性,保证了覆盖人员的稳定。

### 第四章　分销商网络结构优化

九、公司的策略是建设由战略性客户组成的分销商网络。分销商除具备规模、效率、专业服务和规范的特点之外,还需要有很强的融资能力。分销商必须将本公司生意置于优先发展的地位。战略性一致是分销商与本公司共同发展的关键。

十、根据以上原则,在 2009 年上半年,公司将分销商数目削减了 40%,推出 14 天付款优惠条款,推出 600 箱订单优惠条款,又在 2009 年 11 月,推出核心生意发展基金(CB-DF),以这些措施改善分销商生意环境,使公司战略性客户获得极大信心。

十一、减少分销商的措施为现有分销商的生意拓展提供了空间。自 2006 年 7 月到 2009 年 6 月,在全国范围内,分销商一共建立了 70 个分公司。

十二、分销商权利公开招标,此举受到分销商的广泛欢迎。通过竞标,使分销商更加关注自己的竞争力,促进分销商的改革。同时,分销商也认识到公司分销权力是极大的无形资产,是必须通过竞争才能获得的。

### 第五章　分销商管理和覆盖方式实现初级现代化

十三、公司投资 1 亿元人民币,用于分销商电脑系统建设和车辆购置,资助分销商购买汽车约 400 辆,在全国的分销商总部以及其分公司基本完成电脑系统的安装。覆盖服务费、车辆销售、IDS 和掌上电脑构筑起分销商对二级客户的标准化、机械化、简单化的覆盖体系,分销商与客户实现初级的电子商务。

### 第六章　向分销商提供全方位、专业化的指导

十四、公司已建立多部门工作组,开始向分销商提供有关财务、人事、法律、信息技术、储运等方面的专业化指导,以全面提高分销商的管理水平和运作效率,从而提高分销商的竞争力。

十五、公司认为,在过去的一年,分销商和公司一道经历了深刻的变革,分销商生意取得了突破性进展。变革也不可避免地带来震荡和阵痛。重要的是分销商与公司达成战略性共识和协作,这将帮助公司实现最终的胜利——实现分销商管理和运作的全面现代化,全面提升分销商的市场竞争力。

# 市场推广方案

## 概念

市场推广方案是企业营销部门在某一特定时期内向某些或某个特定消费市场推广服务或产品的一种计划类文书。

## 格式与内容

1.标题

标题由企业名称加项目名称加"推广方案"组成。

2.正文

(1)消费群分析；

(2)营销策略；

(3)现场促销等。

## 范文

### ××集团农村市场推广方案

### 一、消费群分析

#### 目标消费群构成

1.有一定经济收入者,购车的目的是改善交通条件,方便工作。

2.城镇与乡村的公务人员,如行政、税务、公安、邮政人员,一般由单位或共同出资购买,其目的是方便工作。

3.从事贸易、贩运的个体户,购车的目的是节约时间,方便运输,提高工作效率。

4.追求时尚的青年男女,购车的目的是享受生活,方便工作。

#### 农村市场消费群心理分析

1.有明显的从众心理和趋同性,听熟人介绍或看他人购买。

2.购买前是理性的,但由于受自身经济收入及对摩托车的知识了解程度的限制,在购买过程中容易因营业员的介绍而被诱导,所以又是感性的。

3.影响产品购买因素的排序依次是价格、款式、质量、品牌、服务。

4.选购时喜欢找已有摩托车的用户或懂摩托车、汽车维修的技术人员陪同挑选。

#### 对摩托车的需求特征

1.价位及排量:

跨骑式:3000～4000元,90～100CC四冲程;

5000～6000 元,125CC 四冲程。

坐骑式:2000～4000 元,50～60CC 小踏板;

3500～5000 元,90～100CC 大踏板。

2. 性能:

结构简单、坚实耐用、操作简单、外观华丽。

问题点:

1. 消费观念、消费习惯很难改变。

2. 信息量少,且分散,信息传播慢。

3. 密集县镇网点要耗费较大人力、物力和财力。

营销状况分析

1. 优势(机会点):

(1)品牌知名度,品牌价值 31.02 亿元,居行业之首。

(2)网络全,60 个异地业务部,621 个专卖店,4500 余个销售网点,2800 余个服务网点。

(3)品种多,100 余个品种。

2. 劣势(问题点):

(1)由于产品结构的原因,以往只重视在重点地区城市市场的宣传推广,品牌并没有深入人心,特别是农村市场知之甚少,甚至产生误解。

(2)产品价格、政策、分销策略变化太快,网络不稳定,网点虽多,但至少有一半作用很小或不发挥作用(包含专卖店)。

(3)产品虽多,但真正的品牌产品并不多,除了个别产品在全国有些影响外,在西北、华北等地某个品牌如今已落得和杂牌车相提并论。

二、营销策略

营销模式:消费者购买的心理过程,是一个信息获取、理解、比较、判断的过程。据调查,目前至少有 70% 的农村消费者对××(品牌名称)不甚了解,××(品牌名称)在农村消费者心目中没有一个固定的、鲜明的、良好的形象,所以很难产生联想、记忆。找到一种简单易行、花钱少、见效快的让农民直接获取信息的营销策略,已成为第一个需要解决的重要问题。通过调查了解到,70% 以上的农民购车是通过熟人介绍的。由此推论,如果这个熟人是一位有一定声望、较有影响力的人,由这个人进行信息传播,将会对购车者产生极大的影响。初步设定营销传播步骤如下:

××(品牌名称)产品——村长——村民——××(品牌名称)产品。

实战经验:1999 年 1 月某业务部实现销售回款 640 万元,2 月份 480 万元,该业务部刚成立时回款不足 100 万元。经验在于"拉网式宣传,地毯式销售"。

具体方法:(略)

三、具体操作

设定范围:以全国 72 万个村计算,除去:

（1）西藏、云南、贵州、四川、广西等山高路远，不适合摩托车骑乘及不懂汉语的少数民族地区。

（2）内蒙古、新疆、远离经销点的地区。

（3）甘肃、陕西、宁夏、青海等没有能力购买的穷困地区。

（4）广东、浙江、苏南等不宜采用这种营销方式推广的经济发达地区。选择所在的县和邻近地方有××经销点或专卖店的 20 万个村，通过邮局，给这些村的村长（书记）寄关于××的资料。

资料内容：寄给村长、书记的××（品牌名称）集团的资料包括：

（1）品牌内涵诠释：中国驰名商标证明复印件；四连冠金桥奖证书复印件；世界名牌消费品证明复印件；20××年实际购买品牌第一证明复印件；20××年购物首选品牌复印件；连续三年产销量、出口量全国第一证明复印件；售后服务全国优秀单位，全国首推 0 公里服务证明复印件。

（2）企业发展历程，所获荣誉。

（3）产品介绍，几个典型的适合农村市场的车型。

（4）服务宗旨、措施：0 公里服务、巡回检修、上门服务等。

（5）导购手册：摩托车有关知识如选购、驾驶维修保养等，并巧妙地联系到本品牌产品。

资料形式：

（1）企业介绍。

（2）各种设计新颖的宣传海报（带年历、老皇历），注重装饰性、实用性。

（3）导购手册。

（4）企业画册（精美，有保存价值）。为了使更多的农村消费者对邮寄的宣传资料感兴趣，增加对信息的接受量，采用有奖问答形式，具体办法如下：①在海报的一角印上设计统一的问答题（10 题左右），并注明答案在企业介绍综合折页和导购手册中，请向村长（书记）借阅查询。村民可另附纸回答问题，寄往××集团，参加抽奖。②农村一般以村（组）为最小单位混合居住，由于劳动协作关系，彼此都很熟悉，喜欢互相走动，且农民有串门的习惯，所以在同一个村信息传播很快。③海报数量少，村长一般会将资料首先借给和自己关系较好的人，采用这种办法是为了让更多的人留心阅读海报的有关信息，寻找答案，此方法会在村中形成一个热点。

奖项设置：（略）

**四、网点建设**

网点建设的关键是重点捕捞，树立典型，制造热点。根据每个地区的销售情况建立××（品牌名称）村、××（品牌名称）乡、××（品牌名称）县。目前情况：已有业务部 60 个；专卖店 621 个，118 个在县镇。20××年准备建立 300 多个××（品牌名称）县，上半年建成 100 个，第三季度建成 100 个，第四季度建成 100 个。销售网点增加至 4500 余个，服务网点 2800 余个。

成为××(品牌名称)县的必要条件：

1. 市场占有率在30％以上，并且逐年增加。

2. 市场占有率在20％以上，但通过一系列促销，使该县××车的认知率明显提高，且增长率在10％以上。

3. 该县有3个村被确定为××(品牌名称)村，引起邻近乡村的注意。

以上满足一条，均可发展为××(品牌名称)县。

成为××(品牌名称)县的充分条件：

1. 该县(含县级市、地级市周边)有××(品牌名称)经销店，且经销店对经销××(品牌名称)很有信心。

2. 该县所属××(品牌名称)业务部工作认真，热心组织或全力支持总公司的促销活动。

3. 最好能得到该县领导的重视，对此事感兴趣。

成为××(品牌名称)村的条件：

1. ××(品牌名称)车市场占有率在40％以上，且逐年增加。

2. ××(品牌名称)车市场占有率在30％以上，但通过搞活动，××(品牌名称)车销量倍增。

**实施方法**

1. 选择重点开发的农村市场，如山东、江苏、浙江、安徽、河北、山西、甘肃、宁夏、湖北、湖南、辽宁、吉林、黑龙江等，由业务部选择有市场潜力、重点开发的县镇，集中兵力，重点攻破。

2. 销售总部和代理广告公司组织促销服务人员，分成小组同业务部工作人员到重点开发建设的××(品牌名称)村，开展全方位地宣传促销活动。

方法有：

(1)媒体以县镇(转播台)的电视为主，选择当地农民喜好的电视剧(农村人多喜欢港台武打片或言情片)，在片头中打出"赞助播出"字幕及企业形象、产品广告。

(2)在经销店、摩托车销售集中地方、维修店，悬挂××(品牌名称)彩色横幅、彩旗，张贴宣传画。

(3)组织大篷车到各村镇进行展示宣传，介绍新产品，巡回服务。

(4)组织各业务部、经销单位拜访县、镇、村有关领导，宣传介绍产品及本企业。

(5)让乡长在镇上播放××(品牌名称)的电视广告，在村上播放××(品牌名称)的广播广告。

**五、现场促销**

联合所有的××品牌专卖店开展"百城千店××(品牌名称)"活动。具体做法如下：

1. 悬挂统一的"百城千店赞××(品牌名称)"的彩色横幅2～3条(店外1条，店内1～2条)。

2. 店内张贴"传播摩托知识，推荐国优名牌，服务千家万户"的海报2～3张。

3. 每个星期天确定为"服务咨询日"。

4. 每个星期六定为"巡回服务日"，有条件的专卖店可在各镇上开展宣传活动，也可以到××(品牌名称)车比较集中的村上开展上门服务。

5. 在销售现场，在较大的专卖店(含店中店)安排两名小姐佩戴"百城千店赞××(品牌名称)的绶带，进行导购。

6. 为营造气氛，还可搞游戏活动。

以上方式由专卖店进行细化管理、组织实施。

### 其他宣传方法

1. 增加刷墙广告，20××年要再刷写1000条。必须统一形式，提高档次，统一宣传口号，在一些国道、省道由总公司统一组织人员刷写。

2. 通过在各乡镇的中巴车体上做车体广告，车内派发××(品牌名称)的宣传资料。

3. 在各县镇的"摩的"(乡镇常用的摩托出租车)上刷写××(品牌名称)广告，向"摩的"司机赠送印有"××(品牌名称)"字样的××(品牌名称)文化衫(赠送)。

4. 通过《摩托车商情》网络给各地经销单位寄企业宣传画册，加深其对××(品牌名称)的全面了解。

5. 有条件的专卖店可配置电视、VCD机，现场播放××(品牌名称)的广告介绍，VCD光盘由总公司统一制作。

### 资金预算

不超过500万元。

### 效果评估

销售收入同比增长30％以上，市场占有率提高3％～5％；××(品牌名称)的知名度提高一倍上下；全面提升了品牌形象。


# 促销计划书


## 概念

促销计划书是指企业为了促使目前既有客户以及潜在客户的购买而制定的一种方案文书。

## 格式与内容

(1)组成一个专门小组，决定计划原则、计划进度等事项；

(2)要加强纵向及横向的沟通；

(3)由专门小组进行各子计划的书面审核，并提出建议；

(4)对促销计划进行修改、定稿。

## 范文

### 促销计划书

第一条　为促使既有客户及未来预定客户的购买,以董事长名义向客户寄发委托函。

1. 函件内容须依收件人的具体情况而决定。

2. 函件内容包括介绍公司的现状、未来的发展前景,等等。

第二条　常务董事及经理须拟定日程,拜访主要客户,并借机了解市场情况及抱怨问题,加强彼此的联络与友好关系。

1. 了解客户的不满,听取意见以设法改善现状;

2. 访问之前,应先与负责人员进行讨论以研究访问方法。

第三条　邀请主力客户及购买能力可能增加的客户,举行洽谈会,以促成交易。

1. 洽谈会以董事长或常务董事为主体;

2. 问候方式须巧妙得当,掌握销售计划的根本主题;

3. 洽谈会应依地区、产品种类,分别举行。

第四条　开拓新交易或提高现有的交易额,除要积极实行计划外,还要致力于设置有一定基础条件的代理店。

1. 通过工商名录、专业厂商名录、电话簿或其他方式取得批发商、销售店、加工业者等的名单资料后,应立即制订开拓计划;

2. 有效地与协会、交易银行、相关公司往来,凭借其帮助拓展交易;

3. 对于新开发的客户,应事先进行充分的信用调查;

4. 确立代理店的交易规定,以充实代理店的体制。代理店体制应依据商品的种类来建立。

第五条　销售设有特卖制,采取自主诱导购买的方式。这种方式应在交易的清淡时期及产品推出太慢时采用。

1. 特卖的对象区分为零售商与代理店,并设定特卖期间;

2. 对于特卖地区、特卖品种、数量及奖励内容都须仔细研究。

第六条　对交易客户设立交易奖励制度,以此促进购买欲望。

1. 实施时,先以特定地点为主,接着再依顺序逐渐对外扩大。

2. 将每个客户的平均购买额区分等级,再依等级发给奖金或按比例退还部分金额。奖励期间以一个月左右为主,每段期间再各自制定截止日期。

3. 交易方式另采用预约制度,利用预约方式进行交易者,届时可依比例退还部分优待额。不依规定时间交接货品时,依本公司的另行规定处理。

4. 对于销售业绩良好的交易客户,公司将为其负担半额的广告费,或另外赠送其他商品,以示奖励。

第七条　对于新闻发布或新产品推广,公司将举行单独或联合展示会、样品展示会,

以扩大宣传。原则上按下列四点实施:

1.展示会由公司单独举行,或借助其他单位的帮助,或协同批发商共同举行,也可由业务部负责举办;

2.会场展示适用于本公司的新产品;

3.举行展示会时,除了要选择会场场地之外,对于展示内容也须加以考虑;

4.样品展示会及展示会中,可直接接受订单或预约。

第八条 对于销售人员应依开拓新市场、提高销售额等绩效加以区分,发给奖金,以示激励。

1.本奖励以一定期间为限。

2.对于开发新客户一项,必须令其事前提出有关对方的调查资料。奖金应于交易拓展成功后的第3个月,以不同等级的平均额作为激励奖金。

3.当过去3个月的平均额超过上年度同月份一个月平均额的3成时,则视为对提高销售有贡献,并依据一定的比率(或一定的金额)发给奖金。

第九条 业务部应根据客户别(或商品别),将销售额、收款、销路不佳商品与畅销商品等,做成当月份的合计,并累计、增减统计资料,再将此统计数字与过去实绩进行比较,以掌握销售额及回笼资金的情况。预估确定后,指示给各负责人并进行督促(在每月例行销售会议上,也应督促要求)。

第十条 业务部须就各地区、客户及业界的需求动向等状况进行调查,以便修正自己的销售计划并督促、指示销售人员增加销售。

第十一条 业务部须针对各销售人员的活动及实绩,制作有关其能力与实际绩效的比较统计表,同时提出批评与检查,借此提高销售人员的效率及业绩。

# 新产品开发计划书

## 概念

新产品开发计划书是以新产品研究开发、生产营销为对象,进行一系列计划和安排,所形成的文字文案。

## 格式与内容

1.标题

标题通常直接写"新产品开发计划书"即可。

2.正文

(1)新产品的选择研究;

(2)市场计划;

（3）消费行为研究；

（4）竞争和环境研究。

3. 落款

（1）署上制订计划的部门名称或人的姓名；

（2）署上制订计划的日期。

# 范文

## 新产品开发计划书

### 一、内部考虑因素

1. 选择新产品

（1）市场情报；

（2）新产品性质（组合、改良、新用途或是新发明）；

（3）估计潜在市场；

（4）消费者接受的可能性；

（5）获利率的多少。

2. 新产品再研究

（1）同类产品的竞争情况；

（2）预估新产品的成长曲线；

（3）产品定位之研究；

（4）包装与式样的研究；

（5）广告的研究；

（6）销售促进的研究；

（7）制造过程的情报；

（8）产品成本；

（9）法律上的考虑；

（10）成功概率。

3. 市场计划

（1）决定产品定位；

（2）确立目标市场；

（3）品质与成分；

（4）销售区域；

（5）销售数量；

（6）新产品销售的进度表。

4. 产品

（1）产品的命名；

(2)商标与专利；

(3)标签。

5.包装

(1)与产品价值相符的外貌；

(2)产品用途；

(3)安装的式样；

(4)成本。

6.人员推销

(1)推销技巧；

(2)推销素材(DM、海报、标签)等；

(3)奖励办法。

7.销售促进

(1)新产品发表会；

(2)各种展示活动；

(3)各类赠奖活动。

8.广告

(1)选择广告代理商；

(2)广告的诉求重点；

(3)广告预算与进度表；

(4)预测广告之效果。

9.公共关系

(1)与有关机构的公共关系；

(2)与上下游厂商的公共关系(供应商与经销商)；

(3)公司内员工与管理者的关系；

(4)与各传播媒体的关系。

10.价格

(1)制定新产品的价格；

(2)研讨公司与消费者的利润；

(3)研讨合理的价格政策。

11.销售渠道

(1)直销；

(2)经销商；

(3)连锁商店；

(4)超级市场；

(5)大百货公司；

(6)零售店。

12. 商店陈列

(1)商店布置；

(2)购买点陈列广告（POP，包括海报、橱窗张贴、柜台陈列、悬挂陈列、旗帜、商品架、招牌等）。

13. 服务

(1)售中服务（销售期间的服务）；

(2)售后服务；

(3)投诉的处理；

(4)各种服务的训练。

14. 产品供给

(1)进口或本地制造；

(2)品质控制；

(3)包装；

(4)产品的安全存量；

(5)产品供给进度表。

15. 运送

(1)运送的工具与制度；

(2)运送过程维持良好品质的条件；

(3)运费的估算；

(4)耗损率；

(5)耗损产品的控制与处理；

(6)退货的处理。

16. 信用管理

(1)会计程序；

(2)征询调查；

(3)票据认识；

(4)信用额度；

(5)收款技巧。

17. 损益表

(1)营业收入；

(2)营业成本；

(3)营业费用；

(4)税前纯益与税后纯益。

二、外部考虑因素

1. 消费者的行为研究

(1)购买者的需要、动机、认知与态度；

(2)购买决策者、影响决策者、产品购买者、产品使用者；

(3)购买时间；

(4)购买地点；

(5)购买数量与频率；

(6)购买者的所得。

2.与消费者的关系

(1)产品特点与消费者的利益；

(2)消费者潜在的购买能力。

3.与竞争者的比较

(1)公司规模与组织；

(2)管理制度；

(3)推销员的水准；

(4)产品的特色与包装；

(5)产品的成本；

(6)价格；

(7)财务能力与生产能力。

4.政府、社会环境与文化背景

(1)法律规定；

(2)经济趋势；

(3)社会结构；

(4)人口；

(5)教育；

(6)文化水准；

(7)国民收入与生活水准；

(8)社会风俗与风尚。

××公司企划部

20××年××月××日

# 新产品推广宣传策划书

## 概念

新产品推广宣传策划书,是企业推广新产品或服务的一种营销宣传策划文书。

## 格式与内容

1. 标题

标题由产品名称加"宣传策划书"组成。

2. 正文

(1)前言,面对社会问题新产品的好处或妙处;

(2)消费者的分析;

(3)产品分析;

(4)产品定位策略;

(5)广告诉求策略;

(6)广告媒介策略。

## 范文

### ××红酒的宣传策划书

前　言

我们知道,摇曳灯光下,沉醉在葡萄酒那殷红的色泽里,是一种惬意的心理享受,而饮用葡萄酒,更是一种排毒养颜、健胃活血的生理享受,其营养成分更胜于牛奶。对一般人来说,每天饮用200ml左右的红酒,益处多多。

红酒虽好,但每日都喝一点的人却不多,主要原因在于红酒的保鲜比较差,一旦开了就必须在三天之内喝完,否则容易变质。

现在随着"××红酒"的到来,这个问题迎刃而解,它采用的是21世纪新专利技术(专利号:××)"盒中袋"式包装,有效阻止空气进入和阳光照射,能长久保鲜。开启后保鲜期长达6个月,使您每天喝一点的愿望轻松实现。

本策划书主要侧重在××红酒的包装功能的诉求,强调其"保鲜"特点,以迎合顾客每日喝一点的需求。

消费者分析

1. 目标消费群体以中年为主,其具有中等以上收入,有保健养颜的需要,平常有喝红酒的习惯。

2. 潜在消费者:以中老年女性为主,有中等以上收入,这些人还没有喝红酒的习惯,但是却有保健养颜的需求,我们需要做的就是对她们宣传每日喝点红酒的好处,以及我们××红酒包装上的"保鲜"功能,以引导她们成为我们的目标消费群体。

3. 现有红酒消费群体的消费行为:主要在超市、酒店、酒吧购买,具有比较高的指名购买率,品牌忠诚度比较低。

4. 现有红酒消费者的态度:对红酒一旦打开不能长久保鲜存在明显的不满,这就成为我们××红酒打开市场的契机。

## 产品分析

**1.优势**

(1)××红酒的最大优势在于其包装的独特性,不同于市场上任何一款产品,其具有长久保鲜的功能,开启后保鲜期长达 6 个月! 满足每日喝红酒的消费者的需求。

(2)口感较好,能满足一般消费者的需求。

**2.劣势**

(1)产品形象模糊。

(2)产品包装没有现代感,不够美观大方。其包装明显显得档次不够,不符合产品的价格定位。建议改进产品的包装档次,以符合其价格形象。

(3)价格较高,不能满足很多较低收入的消费者每日喝一点的需求。建议降低售价,以争取更多的潜在消费者。

## 竞争环境分析

随着国内红酒消费浪潮的兴起,红酒以一种独特的品位吸引了广大的消费群。众多企业纷纷看中了葡萄酒市场这块蛋糕,使得红酒市场的竞争空前激烈,目前在国内市场,长城、张裕、王朝等国内红酒企业控制着全国超过 80％的市场份额。在重要的红酒消费市场华南地区,长城、张裕和王朝三个品牌市场综合占有率之和超过 60％。长城红酒在华北、华南、西南、西北 4 个地区市场综合占有率均名列第一。其中在西南地区,长城红酒市场综合占有率达到 66.13％。张裕和通化红酒则分别在华东、东北地区占据榜首。

竞争对手的广告表现策略多为情感诉求,渲染一种喝红酒的情调,××红酒在广告表现方面应该另辟蹊径,采用以功能诉求为主的广告表现策略,重点宣传××红酒的保鲜功能。

## 产品定位策略

价格定位:××红酒的价格定位不宜过高,因为我们的目的是让××红酒成为人们每日都能方便饮用的红酒,但是由于××红酒在包装功能等方面有其附加值,它的价格定位在中高价位比较合适。

功能诉求:××红酒与其他市场上的同类产品与众不同点在于其包装上的保鲜功能,开启后易于保存。

综上所述,我们把××红酒定位为中高档易保鲜红酒。

## 广告诉求策略

**1.广告诉求对象**

目标消费群体以中年为主,其具有中等以上收入,有保健养颜的需要,平常有喝红酒的习惯。

**2.诉求重点**

广告诉求从消费者喜欢喝红酒,但是红酒却不容易保鲜,一旦开启就很容易变质入手,来突出××红酒不同于一般的红酒,其有长期保鲜的功能,适合存于家庭饮用。

2.诉求方法

感性诉求策略是同类产品常用不衰的诉求方法,它能够包含丰富的生活和情感内容,对诉求对象起到比较好的效果,因此建议"××红酒"广告也以感性诉求为主要的诉求方法。具体可以通过生活场景、处于日常生活中的人物形象和生活场景来表现。

### 电视广告文字脚本1——保鲜篇

场景一:

1.一男子在经过精心布置的家中苦苦等待自己的女朋友;

2.快到约会时间的时候男子打开了一瓶红酒;

3.这时候男子接到女朋友的电话说今天有事来不了了;

4.因为酒已经开了,怕变质,男子只能独自把红酒喝了(表情沮丧)。

场景二:

1.与上面同样一个场景,另一名男子也在家中等待自己的女朋友;

2.快到约会时间的时候男子打开了一瓶红酒,只是男子打开的是××红酒;

3.这时候男子接到女朋友的电话说今天有事来不了了;

4.挂了电话,男子微笑着自言自语道:"下次等你来的时候,我们一起来喝这瓶××红酒。"(画外音)"××红酒"——常饮常"鲜"。

### 电视广告文字脚本2——美容保健篇

思路:采用蒙太奇的手法,虚拟地来表现××红酒的美容功效。

场景:

1.在一个布置得温馨浪漫的环境下,一女孩与一男孩正在约会;

2.女孩子的脸色显得不好,但是男孩子透过盛红酒的杯子看去,女孩子的脸色就显得很好,如此反复几次;

3.等女孩子喝了一点××红酒以后,即使不透过盛红酒的杯子,女孩子的脸色也变得出奇的好了。(画外音)"××红酒"——常饮常"鲜"。

拍摄重点:

1.场景的布置,要带点梦幻情调;

2.女孩子脸色的变化要处理得当。

### 公益活动

思路:要与众不同,用支持国防作为企业长期的公益活动。

主题:心系国防××有责

活动方式:消费者每购买一瓶"××红酒",××企业就拿出一元钱来支持国防事业。××企业还将不定期组织一些爱国主义教育,比如组织贫困地区儿童参观军事基地,为退伍军人提供就业机会等。

## 现场品酒活动

思路:采用举行露天酒会的形式,让××红酒在较短时间内为人们所熟识。并利用特殊形式,向消费者展示××红酒的长久保鲜功能。

主题:常饮常"鲜"——"××红酒现场品酒会"

活动方式:在较繁华地带举行现场品酒会,将××红酒做成较大的模型(质地与商品一样,大小相当于普通饮水机)放置于现场,供消费者任意享用,并在现场派发一些××红酒的宣传资料。为了吸引人群,我们还可以在现场搭台,与消费者进行一些互动活动。

特别活动:为了证明××红酒的保鲜功能,并制造新闻亮点,我们还可以现场打开一瓶××红酒模型,先请消费者品尝里面倒出的红酒。接着我们将这瓶红酒放置于现场,一个月后,在新闻媒体的监督下,我们再次从这瓶红酒里倒出红酒请消费者品尝。如果红酒依然新鲜,那么××红酒的保鲜功能也将被消费者牢牢记住。可以利用这个亮点,邀请一些新闻单位进行现场报道,以达到很好的宣传效果。

## 广告媒介策略

1. 媒介策略

由于本次广告活动是"××红酒"首次开展广告活动,而且企业准备投入较多的费用,所以我们建议采取全方位的媒介策略。

(1)以电视广告为主导,向目标消费者做重点诉求以争取电视广告达到最广泛的覆盖面。

(2)以报纸、电台广告为补充,向目标消费者传达关于产品的更丰富信息,同时将各种促销活动的内容及时告知消费者。

(3)以张贴广告(吊旗等)、邮报等形式在各大超市、商场进行品牌宣传。

(4)用公交车体广告进行宣传。

(5)在超市各大门店进行大型户外广告宣传。

2. 媒介选择的标准

(1)选择对消费者生活最有影响力的媒介。

(2)选择消费者接触最多的媒介。

(3)选择最家庭化的媒介。

(4)选择最有亲和力的超市、商场。

3. 所选媒介

(1)电视媒介选择最深入家庭的频道。

(2)报纸方面选择大众报纸。

(3)公交车体广告选择繁华地段的车等。

(4)广告发布频率:各媒介在广告发布的时间和频率上互为补充。在广告开始的一个月内采取集中发布的策略,即在各媒介上持续发布广告,以节省广告费用,保持广告的持续性,起到持续的说服和提醒作用。

#### 4. 整体传播策略

因为本次广告活动是"××红酒"的首次广告活动,需要迅速地打开市场,因此除广告之外,还需要促销活动的配合。通过广告来促使消费者产生购买欲望,通过促销促使消费者直接产生购买行为。整体传播活动由下面的内容构成:

(1)媒介广告:通过上诉大众传播媒介发布广告。

(2)售点广告:在××红酒的所有售点张贴各种宣传资料。

(3)售点促销活动:在各售点派出促销人员,直接开展促销。

①现场品尝:请消费者现场品尝××红酒。并发放企业制作的一些小册子。

②赠品促销:向购买一定数量产品的消费者赠送小型礼品或者采取买几送几的方式赠送。

③加大包装促销:制作特别的包装以优惠价格出售。

(4)各种主题促销活动:与报纸广告相配合,开展大型的促销活动,以吸引更多的消费者购买本产品。(比如在部分商品包装中加入幸运兑换券,消费者凭兑换券可以免费兑换一定数量的商品)。

(5)产品本身的配合

①由于本产品的重点诉求就在于其"保鲜"功能上,所以在包装上一定要进一步改善其保鲜功能,如果连这一点都不能过关,那做以上的广告就等于搬起石头砸自己的脚。在保鲜功能能够保证的前提下,进一步增加其包装的美观性。因为喝红酒的人具有一定品位,希望在包装上也能满足他们的需求。

②改善其红酒的口感。

# 增产节约计划书

### 概念

增产节约计划书是企业挖掘其自身潜力的行动方案。它是指企业按厂部、车间、科室、小组并按时间编制和执行的计划。

### 格式

1. 标题

标题由单位名称加"增产节约计划书"组成。

2. 正文

(1)指导思想;

(2)提出明确的任务指标;

(3)为实现任务指标所采取的具体步骤措施;

（4）任务指标的完成时间等。

3. 落款

署明制订计划日期。

## 范文

### ××变压器厂20××年增产节约计划书

为了增强本公司产品的竞争力，最大限度地降低产品的成本，力求以最少的物化劳动，创造更大的经济效益，要发动全公司员工深入、广泛地开展增产节约运动。

我们的奋斗目标是：全年变压器比去年增产28％以上，费用节约25万元。

**一、努力增加生产** 变压器是发展电力工业，关联工农业生产的重要产品。

我们决心努力增加生产，发挥规模经济效益。去年完成了变压器140万千伏安，今年计划生产180万千伏安，增产40万千伏安，增长率为28.5％。具体措施是：

1. 加强对经济工作的领导。特别要加强对技术工作、企业管理和生产指挥系统的领导。

2. 加强科学管理，按照工时定额、设备能力、工艺装备组织生产，充分发挥生产能力。

3. 狠抓关键，集中力量攻克高电压、大容量变压器。安排生产，坚持易难结合，做到均衡生产。

4. 深入开展以优质、高产、低耗、安全、多积累为主要内容的劳动竞赛，严格奖惩制度，做到多贡献多得奖。

**二、进一步提高产品质量**

1. 组织全体员工学技术、学管理，提高技术水平，使每个操作人员能掌握现代化生产的技术，以适应生产发展的需要和提高产品质量的需要。

2. 健全产品工艺，保证产品质量的提高，全年减少返工工时5000个，节约返工成本2万元。

3. 在质量管理中做好三接三检工作，做到不合格零件不到下道工序，不合格产品不出厂。进行用户访问，实行三包，不断改进产品设计，不断提高质量，稳定一等品水平，争取创优等品。

**三、努力降低消耗**

从我公司变压器成本的构成因素来分析，20××年原材料比重已占83.19％。因此，20××年我们把降低消耗节约原材料作为增产节约的一个重要方面来抓。

1. 提高钢材、矽钢片利用率，加强材料套裁利用，做到投料算了用，大小套了用，余角边料综合用。我公司钢材利用率去年为93.71％，今年争取提高到94％；矽钢片利用率由去年的95.39％提高到95.5％。全年预计用钢材2000吨。从利用率提高上节约7.5吨，节约额1万元。

2. 建立第一车间和第一仓库，即修旧利废车间和仓库。修复利用已损坏的开关、闸刀、电气设备、电动机、工具等，使用价值2万元。

3. 做好废旧物资回收工作，全年回收废钢材 70 吨，有色金属 10 吨，废料加工改制回收金额 10 万元。

4. 进行产品设计改革，从改进产品设计中要效益。

5. 逐步做好辅料的定额管理工作，试行辅料限额发放。

四、努力节约用电

去年我公司变压器每万元产值用电量由 20×× 年的 1398.8 度降为 973.94 度；今年计划再降低 23.94 度。使每万元产值用电量降到 950 度，全年节约用电 4 万度。

1. 采用新技术，在上漆炉和有关方面推广远红外线工艺，以节约用电。

2. 加强用电最高负荷的控制，力争做到均匀用电，每月平均最高负荷掌握在 880 千瓦以内，比 20×× 年 ×× 月平均 899.17 千瓦每月降低 19.17 千瓦，节约 1400 元。

3. 做好有功和无功用电的力率调整工作，力争全年获得奖金 2000 元。

4. 加强节约用电的宣传教育工作，做到不开空车，不开无人灯，严格控制电炉的使用。

5. 加强电力的管理工作，合理调整输入电线路，消灭漏电，确保安全，每天抄表加强记录，及时分析执行情况，采取有效措施，降低用电量。

五、节约费用 14000 元

贯彻好勤俭办企业的精神，做到少花钱，多办事，办好事，千方百计节约支出。

1. 节约利息支出。去年变压器方面每月支出利息 22700 元，今年要加强资金管理，合理调度资金，把资金搞活，减少积压物资。加速产品配套，努力发运产品，减少银行贷款，每月节约利息支出 700 元，全年节约 8400 元。

2. 节约旅差费。加强外地出差和市内交通费的审核，去年变压器方面旅差费支出为 88397 元，今年节约 2%，全年节约 1768 元。

3. 节约办公费。加强长途电话的控制，节约使用办公印刷品。去年支出办公费 19184 元，今年节约 2%，计 384 元。

4. 节约仓库费用。加强仓库管理，减少消耗材料的领用。去年支用 47740 元，今年计划降为 47000 元，降低 740 元。

六、挖掘劳动潜力

1. 全面修订工时定额，以工时定额测定劳动力，调动劳动力，不断提高企业科学管理水平。

2. 发动群众深入开展双革四新，成立双革四新办公室，抓大型变压器关键项目，扩大生产能力。

3. 提高工时利用率，减少非生产工时；加强设备的维护保养，减少停台；添置必要的工模具，提高工效；及时保证生产所需要的原材料，消灭停工待料等，全年工时利用率争取达 80% 以上，每月增产工时 80 个。

4. 贯彻预防为主，医疗为辅的医疗方针，做好职工保健工作，使全年出勤率达 95% 以上。

七、搞好安全生产，加强安全生产的教育，采取必要措施，消灭隐患。

20×× 年 ×× 月

# 利润分配计划书

## 概念

利润分配计划书是指按照国家和企业的利益分配关系所确定的利润分配数额的一种计划方案文书（包括应上缴国家的利润、所得税等利税和留归企业自主分配的利润数额）。

## 格式与内容

1. 标题

标题由计划单位加"利润分配计划书"组成。

2. 正文

（1）简要说明计划单位的基本情况；

（2）制订本计划的指导思想；

（3）利润分配指标及其分配方法。

3. 落款

署明计划日期。

## 范文

### ××公司利润留成分配计划

为了促进各企业关心生产，增加盈利，提高经济效益，做好利润留成再分配，在董事会的指导和大力帮助下，于20××年×月制订了如下计划：

盈余公积金：按税后利润的10％提取，主要用于保证重点项目、改造和扩大生产，也可用于弥补亏损或用于转增资本金。此外，当盈余公积金已达注册资金的50％时可不再提取。

公益金：在公司分配当年税后利润时，按照利润的5％～8％提取，主要用于企业员工的集体福利设施支出。

利润指标的确定和考核：

1. 由计划部按各分公司生产能力，结合各类品种的安排，提供年度品种产量。

2. 由财务部根据上年实际利润，计算出各品种利润和全部产品利润总额；并在适当考虑营业外支出的条件下，确定年度利润定额，以此作为奖励基金分配的依据。

3. 利润定额确定后，遇有产品结构变化时，如内销品种改出口或安排新产品，影响利润部分，利润定额予以调整，不让企业受损。

总之，按各类品种单位利润计算出的利润定额，主要是解决安排品种时"挑肥拣瘦"的弊病和"苦乐不均"过大的问题，以促使企业充分挖掘内部潜力，增产适销对路的产品和促进节约、扩大盈利。

奖金分配办法：各分公司必须完成总公司下达的各项指标（产量、质量、品种、利润等），接每月每人×元返回企业，以保证生产奖的发放。四项计划指标中，每少完成一项，扣减 25％。

公司统一计提的奖励基金，减去每月返回企业的数额后，除留少量作为调剂使用外，结余部分根据企业完成利润定额的情况和半年预分、年终算总账的办法，按照超利润的比例，结合员工人数进行分配。即该公司员工人数乘以超利润定额比例，变成分数，以各分公司分数之和，去除公司结余奖励基金，得出每分的分值，再乘以该公司分数，即为该公司应得的奖励基金。

计算公式如下：

实现利润－调整后利润定额＝超定额利润

规定额利润÷调整后利润定额＝超额率

超额率×平均员工人数＝该公司分数

总公司结余奖基金÷各分公司分数＝每分的分值

该分公司分数×每分分值＝该公司应得奖励基金

浮动嘉奖：公司根据上级部门的要求及不同时期，有不同的工作重点，结合奖励，确定浮动嘉奖条件。例如，为了奖励巩固提高和创新名牌产品，经××部门鉴定，凡漏验率在 1％以下，符标率在 95％以上，每个名牌产品，增加超额利润率 2％，银牌加 3％，金牌加 4％。

经济惩罚：

1. 重大事故造成死亡、火灾等，使国家财产遭受重大损失的，扣罚奖金。

2. 违反财经纪律问题较严重的，扣罚奖金。扣罚办法，视情节严重程度，由公司董事会研究决定。

20××年××月××日

# CI 企划发展战略报告

## 概念

CI 企划发展战略报告是根据市场变化和自身实力对企业的未来发展进行总体规划时形成的书面材料。

## 格式与内容

1. 企业宗旨与企业经营目标；

2．企业战略目标的具体任务；

3．战略目标实施的步骤及方法；

4．战略目标的可行性分析。

## 范文

### CI 企划发展战略报告（大纲）

**一、企业发展战略目标**

（一）定性目标

1．目标方向：＿＿＿＿＿＿＿＿＿＿＿＿＿＿＿＿＿＿＿＿＿＿＿＿＿＿。

2．目标状态：＿＿＿＿＿＿＿＿＿＿＿＿＿＿＿＿＿＿＿＿＿＿＿＿＿＿。

（二）定量目标

1．产值：＿＿＿＿＿＿＿＿＿＿＿＿＿＿＿＿＿＿＿＿＿＿＿＿＿＿＿＿。

2．销售额：＿＿＿＿＿＿＿＿＿＿＿＿＿＿＿＿＿＿＿＿＿＿＿＿＿＿＿。

3．利税指标：＿＿＿＿＿＿＿＿＿＿＿＿＿＿＿＿＿＿＿＿＿＿＿＿＿＿。

4．产品系统定量指标：＿＿＿＿＿＿＿＿＿＿＿＿＿＿＿＿＿＿＿＿＿＿。

5．人才定量指标：＿＿＿＿＿＿＿＿＿＿＿＿＿＿＿＿＿＿＿＿＿＿＿＿。

**二、实现战略目标的关键**

1．科技革命点：＿＿＿＿＿＿＿＿＿＿＿＿＿＿＿＿＿＿＿＿＿＿＿＿＿。

2．技术创新点：＿＿＿＿＿＿＿＿＿＿＿＿＿＿＿＿＿＿＿＿＿＿＿＿＿。

3．文化支撑点：＿＿＿＿＿＿＿＿＿＿＿＿＿＿＿＿＿＿＿＿＿＿＿＿＿。

4．品牌形象点：＿＿＿＿＿＿＿＿＿＿＿＿＿＿＿＿＿＿＿＿＿＿＿＿＿。

5．产品特征点：＿＿＿＿＿＿＿＿＿＿＿＿＿＿＿＿＿＿＿＿＿＿＿＿＿。

6．人才投资点：＿＿＿＿＿＿＿＿＿＿＿＿＿＿＿＿＿＿＿＿＿＿＿＿＿。

7．营销能力点：＿＿＿＿＿＿＿＿＿＿＿＿＿＿＿＿＿＿＿＿＿＿＿＿＿。

8．行为规范点：＿＿＿＿＿＿＿＿＿＿＿＿＿＿＿＿＿＿＿＿＿＿＿＿＿。

**三、战略方针**

1．战略思路：＿＿＿＿＿＿＿＿＿＿＿＿＿＿＿＿＿＿＿＿＿＿＿＿＿＿。

2．运作原则：＿＿＿＿＿＿＿＿＿＿＿＿＿＿＿＿＿＿＿＿＿＿＿＿＿＿。

3．操作步骤：＿＿＿＿＿＿＿＿＿＿＿＿＿＿＿＿＿＿＿＿＿＿＿＿＿＿。

**四、战略行为**

1．投资发展战略手段：＿＿＿＿＿＿＿＿＿＿＿＿＿＿＿＿＿＿＿＿＿＿。

2．人才战略手段：＿＿＿＿＿＿＿＿＿＿＿＿＿＿＿＿＿＿＿＿＿＿＿＿。

3．管理战略手段：＿＿＿＿＿＿＿＿＿＿＿＿＿＿＿＿＿＿＿＿＿＿＿＿。

4．营销战略手段：＿＿＿＿＿＿＿＿＿＿＿＿＿＿＿＿＿＿＿＿＿＿＿＿。

5．财务战略手段：＿＿＿＿＿＿＿＿＿＿＿＿＿＿＿＿＿＿＿＿＿＿＿＿。

# CI 理念系统报告

## 概念

CI 理念系统报告是企业用来解释、推广企业先进理念的一种建设性文件。

## 格式与内容

1. 企业理念的内涵与外延；
2. 企业理念系统的基本功能；
3. 企业理念系统的内容及构成；
4. 企业理念系统的应用；
5. 其他事项。

## 范文

### CI 理念系统报告

**一、企业理念系统的概念与涵义**

1. 企业理念的概念：_____。
2. 企业理念的基本要素：_____。
3. 企业理念的内容构成：_____。
4. 企业理念的涵义：_____。
5. 企业理念的表现及形态：_____。

**二、企业理念系统的基本功效**

1. 导向功能：_____。
2. 凝聚功能：_____。
3. 识别功能：_____。
4. 激励功能：_____。
5. 规范行为功能：_____。
6. 辐射功能：_____。

**三、企业理念系统的设计宗旨**

1. 高品位：_____。
2. 务实性：_____。
3. 系统性：_____。

四、企业理念系统的内容构成

_____。

五、企业理念系统的内容表述及论证

_____。

六、附于理念系统的应用方案

_____。

# CIS 手册

## 概念

CIS 手册是企业为逐步加强企业整体形象和强化营销而采取的标准化、科学化、系统化的视觉设计规范，从而引起受众对象认知和识别而形成的书面材料。

## 格式与内容

1. 引进介绍；
2. 基本要素构成；
3. 应用要素构成；
4. 要素组合形态；
5. 标志；
6. 其他事项。

## 范文

### ××公司CIS手册

**一、企业形象和员工形象**

企业形象和员工形象通常包括以下几个方面：

1. 总述：提出为什么要对员工形象提出要求，员工形象将对企业造成怎样的影响以及员工形象对外传播的意义等。

2. 语言素养：对员工日常交流提出具体要求，如见面语言、服务语言、询问语言、电话用语等。

3. 着装要求：对员工工作时的着装提出具体要求，尤其对负责公关和礼仪的员工要重点强调。

4. 日常礼仪规范：要明确对企业内日常礼仪进行规定。如见面与介绍礼仪、握手规则、来访接待规则、电话接待等。

二、员工管理规程

1. 总则：说明员工管理规程的总体要求；

2. 对员工的任免：包括对员工的任用、解职（辞职、解雇、停薪留职、退休）等要求；

3. 考绩：说明考绩的具体要求与奖惩的具体要求；

4. 工作时间：上班时间的各种要求；

5. 请假与节假日：对员工请假制度作出详细规定，员工休假要严格按照国家规定执行；

6. 薪金供给：薪金规定、加班待遇、津贴等必须作明确的规定；

7. 安全卫生：要有明确的安全卫生管理条例。

三、人力资源管理规则

1. 总则：提出人力资源管理的范围，从业人员的职责以及从业人员的总体规定；

2. 任用：从业人员的任用条件、任用制度、任用规程等；

3. 服务：提出各项职务的说明及服务范围、服务规则、工作要求等；

4. 抚恤：提出抚恤的具体条件及规定；

5. 保险：提出保险的规则及权利；

6. 出差：提出出差的具体规则；

7. 福利及建议制度：提出对企业从业人员的福利待遇及相关事项，向企业提供意见与建议采纳后的奖励规定等；

8. 其他规定：除以上各项以外的其他规定。

四、员工出勤管理办法。

五、员工教育培训管理办法。

六、新进员工考核办法。

七、员工建议提案规程。

# 第三章　投资决策文书

## 项目投资建议书

### 概念

项目投资建议书是企业通过调查研究后提出的拟建项目的大致构思。项目投资建议书是以项目的投资背景、投资基础、投资条件为依据，对投资项目进行必要的和可能性的分析后写成的一种申请类的文书。

### 格式与内容

1. 标题

标题通常由项目名称加"项目投资建议书"组成。

2. 正文

(1)拟建项目的意义；

(2)市场需求预测；

(3)项目建设方案；

(4)相关配套安排；

(5)项目预计进度；

(6)项目投资金额及筹措来源；

(7)技术经济评价分析。

3. 落款

(1)编制提报单位署名盖章。

(2)相关附件，如合资各方的意向书，关于外商资信情况的调查报告等。

### 范文

#### 铝合金加工材料项目投资建议书

一、项目技术状况与产业化基础

热交换器是对汽车热交换器和民用空调的总称。热交换器铝合金材料在本项目中包括两大类材料：一是汽车热交换器用三层复合铝合金材料；二是民用空调亲水性涂层铝合金散热翅片。

汽车热交换器用三层复合铝合金材料是制造水箱散热器、汽车空调的冷凝器、蒸发器、中冷器、暖风机等部件的关键材料，也是国际上自 20 世纪 80 年代后发展起来的高性能铝合金新材料。该类材料包含铝合金 5 个系列（1×××，3×××，4×××，6×××，7×××系列），10 余种牌号，形成了 16 种牌号的三层复合铝合金材料。

民用空调铝合金散热翅片是影响空调热交换效率的关键材料，通常是在 1××× 系铝合金箔材表面进行亲水性涂层处理技术，以提高铝箔的耐蚀性能和热传导性能。

1. 产品用途和性能

汽车热交换器用三层复合铝合金材料主要用于制造汽车两大冷却系统的关键部件——水箱散热器和汽车空调器。散热片和水箱高频焊管坯料通常是用三层复合铝合金带材，呈卷料供货；侧板和端头使用复合板。

复合带常用的芯材是 Al—Mn 系合金，包覆层（皮材）Al—Si 系合金，包覆率在 10% 左右，芯材和皮材在热轧机上经高温、高压焊合在一起。双面包覆钎焊料的复合带材具有良好的加工性能和钎焊性能，其最大的优点在于钎焊时无须再施加焊料，从而简化了水箱散热器、冷凝器和蒸发器的制造工艺，减低了生产成本，为汽车铝制散热器的普及创造了条件。

2. 技术特点

汽车热交换器用三层复合铝合金材料的工艺技术特点是采用轧制复合工艺，1×××系防锈铝的双面包覆上 4××× 系铝合金钎焊料，在热轧机上经高温、高压焊合轧制在一起，随后冷轧至成品，这一生产工艺技术难度很大，在国内铝加工业属首创。目前只有美国、日本和北欧等少数几个工业发达国家拥有该材料的成熟生产技术。

民用空调亲水涂层铝箔的工艺技术特点是采用双涂双烘的先进生产工艺，在 1×××系铝箔上，双面涂覆两层有机或无机防腐层和亲水层，达到耐蚀和防水珠在散热翅片上搭桥而影响热交换频率的目的。这一先进工艺技术是国际上近 10 年来开发成熟的技术，亲水涂料大多采用从日本、意大利进口解决，国产涂料仍在研制开发阶段。

3. 技术先进性

汽车热交换器用三层复合铝合金材料是国际上铝加工业公认的高技术产品。该产品生产工艺比较复杂，合金成分涉及范围广，热轧复合、包覆率控制、热轧——冷轧板形控制以及剪切精度等是生产的关键。

××大学汽车材料研究所对三层复合铝合金箔的生产技术进行了全面的研究开发，在基础理论和工艺研究上取得了创新性的科研成果，为生产汽车热交换器铝合金复合带箔提供了可靠技术保证。该成果在基础理论研究方面获得多项创新，其技术内涵包括九大关键技术：

（1）芯材与皮材的成分调整与控制。

（2）复合轧制前的表面预处理。

（3）芯材与皮材的复合工艺与包覆率的控制。

（4）加工工艺参数的优化与控制。

（5）芯材与皮材界面组织的控制。

（6）成品的最佳综合性能控制。

（7）成品状态及尺寸公差精度控制。

（8）复合箔性能检测技术。

（9）复合箔废料回收与再利用。

三层复合铝合金材料产品性能与××大学产品达到的实际水平详见表1。

表1 三层复合铝合金带材产品性能水平

| 性能指标 | 日本 JIS Z3263－1992 标准 | ××大学产品达到的水平 |
|---|---|---|
| 化学成分 | 芯材：3003、3N03 合金<br>皮材：4343、4045、4004、4N43、4N45、4N04 合金 | 满足日本 JIS Z3263－1992 技术标准要求 |
| 固液相线温度 | 各合金固液相线温度满足不同钎焊方式的要求 | 满足日本 JIS Z3263－1992 技术标准要求 |
| 机械性能 | $\sigma b$：$135mm^2 \sim 195mm^2$，$\delta \geqslant 1\%$ | 各牌号复合带均达到和超过日本 JIS Z3263－1992 技术标准 |
| 包覆率 | 包覆层均匀、包覆率波动范围在 2% 以内 | 满足日本 JIS Z3263－1992 技术标准要求及用户使用要求 |
| 厚度及公差 | 厚度≤0.25mm，公差±0.03mm | （0.14mm～0.20mm）±0.01mm |
| 宽度及公差 | 宽度≤150mm，公差±0.3mm² | （2mm～88mm）±0.2mm |
| 钎焊性能 | 满足使用部门钎焊方式要求 | 满足使用部门钎焊方式要求 |
| 耐蚀性 | 未要求 | 经 96 小时盐雾腐蚀加速实验未穿孔 |
| 耐下垂性 | 未要求 | 下垂值＜5mm～10mm |
| 成型性 | 未要求 | 满足使用部门轧制波浪散热带要求 |
| 剪切质量 | 未要求 | 带材无塔形、卷边及毛刺，剪切质量满足用户使用要求 |

1996 年 8 月 20 日由××计委、科委组织对本项目进行了科学技术成果鉴定，并颁发了××号《科学技术成果鉴定证书》。1999 年通过了国家攻关项目验收与鉴定，2000 年申报了国家科技成果奖励。

专家鉴定意见认为："研制的汽车热交换器用三层复合铝合金带材，其性能达到了国外同类产品先进技术性能指标；丰富了该学科的理论内容，有较高学术价值⋯⋯该成果具有国际先进水平。"

### 4.产业化基础

××大学汽车材料研究所于 1993 年与××计委签订了汽车热交换器用铝合金材料技术开发的项目专题合同,组织了长期从事铝合金材料研究和开发的专家、教授、研究人员组成的科研队伍,发挥了人才、知识、基础理论研究和测试检测方面的优势,全面地完成了专题合同要求的任务。1996 年,该项目作为国家"九五"攻关项目,为进一步全面、系统、深入研究汽车热交换器用三层复合铝合金带材,提供了有利条件,其技术性能达到了国外同类产品的先进指标,确定了铝合金带材生产的工艺流程和工艺规范,在产品系列化方面做了大量的工作。至今,通过 7 年多的研制与开发,历经了小试、中试和工业化试验,已具备了成果产业化的技术条件,表明我国已拥有独立知识产权的三层复合铝合金材料的全部生产技术。

至今已累计生产复合带 3000 余吨,应用于国内 20 余家汽车空调和散热器制造厂家,已与国内外轻、微型车部分配套,共计生产各类散热交换器 60 余万台套,从而得到了国内多家用户的好评与支持,为汽车热交换器用铝合金复合箔的工业化生产打下了坚实基础(详见用户使用报告)。

### 二、市场需求分析

#### 1.项目产品特色

热交换器铝合金材料是铝加工产品中最高档次的一类新型高性能铝合金,属于国内首创,具有技术含量高、附加值高的特点。

由于我国是铝资源大国,其产品技术属国内首创,达国际先进水平,因此,其性能价格比要优于国外同类产品。

本项目产品已达到或部分超过国际最新的技术标准(日本 JIS Z3263－1992 标准)。

本产品三层复合铝合金箔目前国内市场价为 4.5 万/吨～5 万/吨(随铝锭价格的波动而变)。与国外同类产品价格比较,进口国外产品到岸价为 6.2 万/吨(不含关税)。因此,本产品售价较国外产品低,表明在国际市场竞争力强。

#### 2.国内外同类产品市场状况

(1)国外市场

国外汽车年产量达 1000 万台左右的国家有美国、日本、德国、韩国等工业发达国家,世界汽车用三层复合铝合金箔材年需求量达 100 万吨左右。三层复合铝合金的生产国家主要有日本、美国、瑞典和德国等工业发达国家,占据了国外市场,并出口中国。

国外空调制造业对空调铝箔的年需求量达 300 万吨左右,空调铝箔的生产国家主要有日本、美国、意大利等,占据了国外绝大部分市场。

(2)国内市场

国内汽车制造业为国家重要支柱产业,由于我国轿车工业起步晚,汽车制造业目前仍处于幼稚民族工业,因此为我国大步发展汽车工业创造了广阔的发展空间。据 2000 年资料统计,我国汽车年产量为 270 万台,需三层复合铝合金 12000 吨。目前国内尚无专业生产厂家生产该类材料,对此材料基本依赖进口解决,已成为我国汽车国产化的瓶颈,制约了我国汽车工业的发展。

国内空调制造业 2000 年生产空调 900 万台,需空调箔 4 万余吨。国内可生产空调用铝素箔,但高档的亲水性涂层铝箔的亲水涂料尚需进口,国内引进生产线生产亲水性涂层铝箔尚处于成长期阶段,其市场空间依然很大。

3.本产品的市场分析

(1)三层复合铝合金带材市场分析

汽车热交换器铝合金复合带箔在国内铝加工业属新开发品种。目前,国内尚无专业生产厂家生产,只有一两家企业试生产,且仅限于小批量供应,远未形成规模生产。国内热交换器制造厂家使用的复合带箔 90％为进口产品。

市场调查显示,对于管带式汽车热交换器,铝制散热器平均每台耗用铝带箔 2.8kg 左右;汽车空调平均每台耗用铝带箔 2.5kg,蒸发器每台用量 1.5kg。详见表 2 和表 3。

表 2　汽车铝水箱散热器用三层复合铝合金带箔材情况

| 部件 | 材质及规格(mm) | 单台用量(kg/台) |
| --- | --- | --- |
| 波浪带 | 三层复合箔带材 0.1×34×L | 0.9 |
| 冷却管坯带 | 三层复合带 0.35×65×L | 1.4 |
| 主片 | 双层复合带 1.52×78×L | 0.22 |
| 侧片 | 双层复合带 2×40×L | 0.23 |
| 拉条 | LF21 带 1.52×L | 0.02 |
| 合计 | | 2.77 |

表 3　汽车空调冷凝蒸发器用三层复合铝合金带箔材情况

| 部件 | 用途 | 材质及规格(mm) | 单台用量(kg/台) |
| --- | --- | --- | --- |
| 波浪带 | 冷凝器 | 三层复合带(0.1~0.20)×19(22,32,44)×L | 2.5 |
| 波浪带 | 蒸发器 | 三层复合带(0.1~0.20)×84.98×L | 1.5 |
| 合　计 | | | 4 |

按保守估计,2000 年汽车水箱散热器铝化率为 40％,汽车空调铝化率为 55％,二者 2000 年在国内需汽车热交换器铝带箔材共计 12000 吨左右。根据汽车工业产业发展政策,未来我国汽车产量按每年 10％以上的速度递增,2005 年汽车热交换器铝化率整体提高 10％左右,则年需求铝带箔材约 18000 吨,2010 年需求铝带箔材共 30000 吨。以上预测尚未考虑维修市场需求。2000 年和 2010 年汽车热交换器用三层复合铝带箔材需求情况详见表 4。如果实现汽车铝材出口东南亚地区,则市场前景更为广阔。

（2）民用空调铝带箔市场前景分析

我国空调生产厂家的现有生产能力为1500万台/年,2000年全国实际销售量为860万台,按每台空调用铝箔5公斤计,2000年实际用铝箔43000吨。随着人民生活水平的提高和国家刺激消费政策的逐步出台,伴随空调器产量的迅猛增加,我国空调工业仍为朝阳工业,整个空调市场正处于高速成长期,估计8～10年内空调需求每年以15%左右的速度递增。据预测,我国民用空调铝带箔的需求见表5。

表4　2000年和2010年汽车热交换器三层复合铝带箔材需求分析

| 生产规模及铝化率 车型 年份 | 2000 | | | 2010 | | |
|---|---|---|---|---|---|---|
| | 生产规模（万辆） | 散热器铝化率（%） | 空调器铝化率（%） | 生产规模（万辆） | 散热器铝化率（%） | 空调器铝化率（%） |
| 汽车 | 270 | 42 | 65 | 600 | 60 | 80 |
| 其中 轿车 | 120 | 65 | 100 | 400 | 70 | 100 |
| 其中 轻型汽车 | 70 | 35 | 55 | 100 | 40 | 60 |
| 其中 其他 | 80 | 15 | 20 | 100 | 25 | 30 |
| 铝带箔用量（吨） | 12000 | | | 30000 | | |

表5　民用空调铝带箔用量市场预测

| 年份 | 空调产量（万台） | 空调铝带箔需求量（吨） |
|---|---|---|
| 1999 | 750 | 37500 |
| 2000 | 860 | 43000 |
| 2001 | 990 | 49500 |
| 2002 | 1140 | 57000 |
| 2003 | 1300 | 65000 |
| 2004 | 1490 | 74500 |
| 2005 | 1700 | 85000 |

我国是铝资源大国,本项目产品除解决替代进口,满足国内重大需求外,在国际市场上,由于产品的性能价格比有竞争优势,还可出口创汇。

综上所述,本项目产品在国内尚处于成长阶段,有着广阔的市场前景和国际竞争优势。

三、项目经济效益和社会效益分析

1. 产品方案

本项目建设定位为我国热交换器铝合金材料专业生产的基地,具有鲜明的有色金属加工特色。确定设计规模为年产 60000 吨铝及铝合金带箔,其中利用热轧机的过剩加工能力生产热轧铝卷坯带 40000 吨,生产铝及铝合金箔材 20000 吨。项目主导产品为汽车铝质热交换器用三层复合箔 8000 吨(约占 2005 年全国市场的 45%),其次为空调用亲水涂层铝箔 10000 吨,PS 板和民用建筑装潢用铝塑复合板板基带材 2000 吨,产品方案详见表 6。

表 6　产品方案

| 序号 | 产　品 | 合金牌号 | 规格(mm) | 年产量(吨) | 占全国需求比例(%) |
|---|---|---|---|---|---|
| 1 | 热轧铝卷坯料 | 1×××,3×××系列 | (6~8)×1250×L | 40000 | 2 |
| 2 | 三层复合箔带 | 3×××,4×××,7×××系列 | (0.10~0.35)×1250×L | 8000 | 45 |
| 3 | 亲水涂层空调箔 | 1×××,8×××系列 | 0.10×1250×L | 10000 | 15 |
| 4 | PS 板、建筑装饰及其他箔 | 1×××,3×××系列 | (0.10~0.30)×1250×L | 2000 | 5 |
| 5 | 合计 | | | 60000 | |

2. 项目投资估算

三层复合铝合金箔带材在国际上于 20 世纪 80 年代已商品化,我国 90 年代才研制开发成功的新产品,其生产工艺的关键是三层铝合金坯料,需要热轧机轧制复合,且单锭重 6 吨以上,其铝卷带外径范围在 1200mm~1800mm,才能保证替代进口的三层复合铝带卷材,为了投资项目产品三层复合铝合金卷材的规格与质量在全国处于领先水平,达到国际上 20 世纪 90 年代的先进水平,引进一台热轧机是项目能否发挥优势立于不败之地的关键所在。

项目固定资产投资估算范围及内容包括熔铸车间、热轧车间、冷轧车间、亲水涂层车间、实验室、供配电设施、给排水设施、厂区管网、总图绿化等建筑工程费、设备购置费、安装费等工程费用及其他基本建设费用、工程预备费、固定资产投资方向调节税、建设期利息等。

3. 生产成本与销售收入

根据产品方案、生产过程中的实际消耗和有关规定项目的产品成本进行估算,参照目前国内铝板带箔的市场价格,确定项目各产品的销售收入共计 15.4 亿元,其中热轧卷料 8 亿元,三层复合带 3.6 亿元,亲水涂层铝箔及其他铝板带箔 3.8 亿元。生产成本与销售收入估算详见表 7。

表 7　生产成本与销售收入估算

| 序号 | 产 品 | 年产量（吨） | 单位成本（万元/吨） | 总成本（万元） | 单价（万元/吨） | 年销售收入（万元） | 毛利（万元） |
|---|---|---|---|---|---|---|---|
| 1 | 热轧铝卷坯料 | 40000 | 1.7 | 68000 | 2.0 | 80000 | 2000 |
| 2 | 三层复合箔带 | 8000 | 2.5 | 20000 | 4.5 | 36000 | 16000 |
| 3 | 亲水涂层空调箔 | 10000 | 2.0 | 20000 | 3.3 | 33000 | 13000 |
| 4 | 其他铝箔 | 2000 | 2.0 | 4000 | 2.5 | 5000 | 1000 |
| 5 | 合计 | 60000 | | 112000 | | 154000 | 32000 |

本项目成果主导产品三层复合箔为高新技术产品,吨产品附加值为 3 万元(在铝锭的基础上),是民用铝材产品毛利润的 20～30 倍。此外,亲水涂层空调箔也属于高新技术产品,吨产品附加值为 1.8 万元,其利润约为民用铝材的 10 倍。仅此两项主导产品就相当于年产 30 万吨普通铝板带产品的获利总和。

4.财务分析

经初步测算,各项经济指标如下:

投资利润率　　　　　75.9%

投资利税率　　　　　86.9%

全面投资回收期　　　5.5 年(包括建设期)

5.社会效益

本项目具有高新技术示范带动作用,产品关联度大,对于有色加工行业结构调整与提升,迎接加入 WTO 的挑战,增加就业机会,变资源优势为经济优势,满足汽车工业铝材国产化、轻量化的要求,替代进口,年节汇达 6000 万美元,具有重大社会效益。此外,以铝代铜,热交换器可减重 20%～40%。众所周知,汽车轻量化能为社会带来一系列效益:汽车重量减轻 1kg,每运行 10000Km 就可节油 0.7L;汽车重量减轻 50%,二氧化碳排放量可减少 13%。如果按轿车重量减轻 25%计算,全年可减少二氧化碳排放量 1 亿吨,氮化物、硫化物等有害物质的排放量也会相应减少,环保效益显著。

综上所述,本项目建设能带来一系列的重大经济效益和社会效益。因此,创造我国热交换器用铝材专业生产基地,加速我国汽车热交换器等专用铝合金材料的研究、开发和规模生产至关重要,尽快实现其国产化,可推动铝加工行业的技术进步,提高我国铝加工技术水平,缩短与发达国家的差距,使我国铝材品种、质量和档次向高技术、高起点方向发展,解决国家的重大需求,其战略意义十分深远。

四、项目合作方式

技术成果转让或股权融资以及其他商定的合作方式。

# 项目投资(融资)计划书

## 概念

项目投资(融资)计划书属可行性研究报告类,是项目开发人为获取投资资金而向风险投资人或其他投资人推荐自己项目的文书。

## 格式与内容

1. 标题

标题由项目名称加"投资(融资)计划书"组成。

2. 正文

(1)项目背景;

(2)指导思想;

(3)项目概况;

(4)主要任务;

(5)效益分析;

(6)风险预测;

(7)项目实施单位情况。

3. 落款

署明制订计划的单位及日期。

## 范文

### 组建××拍卖网站的投资(融资)计划书

一、项目背景

20世纪对新世纪的最大奉献之一,也是新世纪的主要特点之一,就是全球网络化。

在世纪交替之际,如何更好地建设、发展和应用以因特网为代表的全球网络体系,使之在社会生活特别是在经济领域内发挥更有效的作用,是摆在我们面前的历史重任。

经验告诉我们,任何新的技术和事物不可能超越历史和脱离现实而取得发展。我国的现实情况是:网络应用体系正在逐步形成并继续高速发展,上网人数自1997年年底的62万人增加到1998年年底的210万人,据国外权威机构估计,1999年年底可能达到990万人,可谓发展形势喜人,网络大有作为。

尽管如此,我国网络事业的发展与国内信息产业其他领域的发展相比,以及与国外同行业的发展相比,在网络规模、上网人数、服务质量以及电子商务应用等各方面的差距仍然很大。究其根源,除了总体投入不足、电信资费过高等客观因素外,关键在于网络业界没有能够实现与(以买方和卖方为代表的)经济活动主体的广泛、深入、有效的相互渗透和全面融合。

尽管许多网络服务商和发展商都在大力宣传、推广和探索以网络购销及网络结算为主题的电子商务体系,但是纵观我国现有的网上购物网站,几乎都是雷声大,雨点小,收效甚微,吸引不了更多的厂商和顾客。关键原因在于对客观经济规律特别是价值规律在现实经济活动中的作用分析不够、认识不足、运用不力、缺乏有效的手段,没有找到正确的切入点和牵引点。

"网络拍卖"正是这样一种符合价值规律的、易于操作的有效手段。

近一两年来,发达国家的网络拍卖业务异军突起,发展迅猛。据不完全统计,目前包括"YAHOO"等知名网站在内的大型拍卖网站已有 150 多家。网络拍卖品种也早已突破了传统拍卖概念,几乎涵盖了所有商品种类。例如著名的 eBay 公司,经它的网站拍卖出售的产品就有 1086 类 90 万种以上,该公司的网址一个星期收到的查询达 1.4 亿次。

国外评论家是这样说的:"想一下你以前购买的一切物品,其中有多少是通过讨价还价买到的,将来你对自己想买的几乎所有物品都可以讨价还价。网络将使几乎所有物品的实时拍卖成为可能。"

拍卖是商业运作的一种特殊形式,它与常规商业形式的最大区别在于:它把商品的定价权由卖方交到了买方手中,从而极大地调动了买方的购物积极性。

网络拍卖形式与传统的拍卖形式相比,最大优势在于它打破了空间与时间的限制,使拍卖市场乃至整个拍卖行业得到了无限的扩展,产生了质的变化和飞跃。

网络拍卖要求所有的参与者具有较高的商业信用等级,从而能够通过生动活泼的交易过程,潜移默化地培育和提高参与者的社会道德和商业信誉水准。

网络拍卖不仅是一种购销形式,同时又是极佳的广告形式,可以充分满足厂商及其产品的宣传要求,从而拉动网上购物和其他购销业务的同步发展。

我国目前尚无长期开通的大型网络拍卖网站。

二、指导思想

努力建设和完善以高新科技为基础的、适合中国国情并具有中国特色的电子商务体系及其应用平台。

认真探索和开拓以网上拍卖为先导的、适应买方市场形态的、以社会协作和代理制为基础的远程购销形式以及与之配套的远程售后服务系统。

积极推动和发展国际间的经济、科技、文化交流,创建以信息高速公路为依托的跨国零售通道及与之配套的快速反应机制,以满足国内外消费者日益增长的需求。

充分运用和发挥客观规律特别是价值规律的杠杆作用,以生动新颖、丰富多彩且简单易行的形式,汇集和调动购、产、销乃至金融、储运、邮政等各方面的积极性,以达到沟通、拉动内需、市场增温的目的。

有效拉动和催化信息产业与国民经济其他行业乃至上层建筑的相互渗透和融合,加速信息产业化和产业信息化进程,以期互相促进、共同繁荣。

三、项目概况

1. 项目名称:商业性拍卖网站。

2. 网站名称:中国公众网络拍卖交易网。

3. 国内域名:(略)

4. 国际域名:(略)

5. 主办单位:(略)

6. 协办单位:(略)

7. 投资总额:人民币 100 万元。

8. 投资形式:现金、实物及各种服务功能。(详见协议书)

9. 投资比例:由各参加单位商定。(详见协议书)

四、主要任务

20××年的主要任务如下:

(1)建立、调试中国公众网络拍卖交易网站;

(2)配合中关村电脑节,试验性拍卖少量电脑类产品;

(3)组织实施首届"电子商务杯"网络拍卖交易会活动(国内);

(4)组织实施首届"中华杯"网络拍卖交易会(国际);

(5)下半年开通每年 365 天,每天 24 小时连续运行的常规拍卖业务。

(6)联合各界同仁,积极研讨、发起组织并向国家申报成立"中国电子商务促进会"和"中国电子商务发展基金"。

五、效益分析

1. 社会效益

增强全民用网意识;促进电子商务发展;刺激社会消费需求;扩大国产商品出口。

2. 经济效益

总收入＝拍卖佣金＋广告收入＋部分赞助资金

预计 20××年网络常规拍卖销售总额不少于 3000 万元,两场大型网络拍卖活动销售总额不少于 5000 万元,合计销售总额约为 8000 万元。按 3％计算,可分配利润预计可达 240 万元(8000 万元×3％＝240 万元)。

六、风险预测

本项目遵循"联合社会力量,满足社会需求","充分发挥高新科技的引导作用,充分运用价值规律的杠杆作用","不等、不靠、可大、可小"和"少花钱、多办事,有什么条件打什么仗"的运营原则。因此,初始投资规模为 100 万元,且由多家分担,大部分投入又是投资人已经拥有的设备和功能,现金投入较少。

本项目将抢占多项全国第一,如开办第一个大型专业网络拍卖网站、组织第一次大型网络拍卖活动等,十分有利于吸引国内外销售商、广告商、赞助商、服务商和广大消费者。

本项目的特点是准备时间长、拍卖周期短、参加人员多、成交数量大,只要事先做好安排,坚持"不打无准备之仗"的原则,一般不会出现意外。

本项目是以提供网络拍卖平台和相关服务为主的中介服务业,并不参加风险较大、竞争较激烈的商品经营活动。在拍品交割时采用先收款、后付货的结算形式。这种经营方式和收入构成实际上已规避了主要经营风险。

结论:投入小、风险小、利润也较小,但是周转快,见效快;宜早下手、早准备、早开张。

七、项目实施单位情况

名称:×××公司。

成立时间、地址、团队情况、财务状态。(略)

# 企业项目投资申请

## 概念

企业项目投资申请是企业的下属分公司、部门或项目研讨组就项目的投资能否实施等相关事宜,向总公司呈交并请求批准的一种上报性文书。

## 格式与内容

1.首部

(1)标题通常由公司名称加项目名称加申请组成;

(2)顶格书写总公司尊称。

2.正文

(1)项目投资事因;

(2)项目投资金额及其来源;

(3)项目投资的配套工作及相关装备;

(4)项目投资的时间安排;

(5)相关附件。

3.落款

署明公司名称及申请日期。

## 范文

### 关于××公司增加生产能力进行技术改造的申请

××集团总公司:

自从本公司并入集团公司协同发展以来,本公司生产形势一直处于高峰状态,生产能力已达极限。原有的老设备多数已超过使用年限,虽经多年革新改造,但仍属于修补替换范围,总体潜力已挖掘殆尽。面对钢铁市场日益增长的需要,我们必须在进一步挖掘改造的同时,增加新的生产能力。

对此,我公司在经过行业领导、技术专家和工程设计人员的充分论证后认为,目前资金虽然很紧,但新增生产能力上去以后,便可为本公司打下良好基础,生产的稳定增长既可满足市场需要也可增加利税,提高员工生活水平。这已成为大势所趋。

经过可行性研究,我公司申请的项目是:××。拟新建的××系统是××公司系统技术改造的重大配套项目,是整个规划的重要组成部分,这个改造计划如能实现,可以说是企业生产发展的一个里程碑。为了与新增的生产能力相配套,大幅度提高利税水平,还必须相应新建××系统和机组,搞好上述配套项目的技术改造。

这项连续配套工程的总投资约为××亿元,投资构成为:××系统投资××亿元,××投资××亿元,××系统××亿元,××系统××亿元。

投资来源:银行借款××亿元,自行筹资××亿元,在××亿元中包括××亿元外汇。除本公司外汇留用外,缺乏部分拟由中行调剂贷款解决。

设备来源:大部分设备由国内订购,少数高、精、尖电器设备由国外引进。××系统拟从德国购进二手设备,并请外国专家指导安装调试,争取按计划试车投产。

工程设计:以××设计院、本公司设计院为主体,全力以赴,共同承担。

施工队伍:由××冶金建设公司、××建设公司、××矿建公司承包,分工合作。

时间安排:争取在报告批准之日起,用三年半时间完成并交付使用。

这些连续配套项目工期长、困难大、资金少、风险多,我们虽然感到担子很重,但从本公司及集团公司今后长远发展来看,一旦建成,必是劳在今日、多年受益、功遗后世。因此,我们宁可现在紧一些,也要把公司的技术改造搞好。只有这样,本企业的生产能力和集团公司的实力才能保持稳定的增长。

上述报告如无不妥,请批准施行。

附:可行性研究报告三份(略)

××分公司财务部

20××年××月××日

# 项目可行性研究报告

### 概念

项目可行性研究报告是企业在不动产投资决策前,对拟建项目的技术先进性、经济合理性、工程实用性、财务盈利性等方面所进行的调查研究,是为投资决策从技术经济方面提供科学依据,以提高项目决策的成功率,提高项目的综合效益,为编制设计任务书提供依据,作为筹集开发建设执照、签订协议和合作以及项目前期准备工作等的一种依据性的文书。

## 格式与内容

1.标题

标题由项目名称加"项目可行性研究报告"组成。

2.正文

(1)项目概况;

(2)市场调查与市场需求预测;

(3)开发文案;

(4)项目实施进度;

(5)投资估算;

(6)资金筹措及使用计划;

(7)现金流量分析;

(8)经济效益评价;

(9)社会、环境评价;

(10)对开发项目的可行性作出结论。

## 范文

### 工业项目可行性研究报告

#### 第一章　项目总论

总论作为可行性研究报告的首章,要综合叙述研究报告中各章节的主要问题和研究结论,并对项目的可行与否提出最终建议,为可行性研究的审批提供方便。总论章可根据项目的具体条件,参照下列内容编写。

1.项目背景

(1)项目名称。企业或工程的全称,应和项目建议书所列的名称一致。

(2)项目承办单位。承办单位系指负责项目筹建工作的单位,应注明单位的全称和总负责人。

(3)项目主管部门。注明项目所属的主管部门,或所属集团、公司的名称。中外合资项目应注明投资各方所属部门、集团或公司的名称、地址及法人代表的姓名、国籍。

(4)项目拟建地区、地点。

(5)承担可行性研究工作的单位和法人代表。如由若干单位协作承担项目可行性研究工作,应注明各单位的名称及其负责的工程名称、总负责单位和负责人。如与国外咨询机构合作进行可行性研究的项目,则应将承担研究工作的中外各方的单位名称、法人代表以及所承担的工程、分工和协作关系等分别说明。

(6)研究工作依据。在可行性研究中作为依据的法规、文件、资料,要列出名称、来源、发布日期。并将其中必要的部分全文附后,作为可行性研究报告的附件,这些法规、文件、资料大致可分为四个部分:项目主管部门对项目的建设要求所下达的指令性文件;对项目承办单位或可行性研究单位的请示报告的批复文件,可行性研究开始前已经形成的工作成果及文件;国家和拟建地区的工业建设政策、法令和法规;根据项目需要进行调查和收集的设计基础资料。

(7)研究工作概况及项目建设的必要性。简要说明项目在行业中的地位,该项目是否符合国家的产业政策、技术政策、生产力布局要求;项目拟建的理由与重要性;项目发展及可行性研究工作概念。叙述项目的提出及可行性研究工作的进展概况,其中包括技术方案的优选原则,厂址选择原则及成果,环境影响报告的撰写情况,涉外工作的预备及进展情况等,要求逐一简要说明。

2.可行性研究结论

在可行性研究中,对项目的产品销售、原料供给、生产规模、厂址技术方案、资金总额及筹措、项目的财务效益与国民经济、社会效益等重大问题,都应得出明确的结论,本节需对有关章节的研究结论作简要叙述,并提出最终结论。

(1)市场预测和项目规模市场需求量简要分析

①计划销售量、销售方向。

②产品定价及销售收入预测。

③项目拟建规模。

④主要产品及副产品品种和产量。

(2)原材料、燃料和动力供给

①项目投产后需用的主要原料、燃料、主要辅助材料以及动力数量、规格、质量和来源。

②需用的主要工业产品和半成品的名称、规格、需用量及来源等。

③进口原料、工业品的名称、规格、年用量、来源及必要性。

(3)厂址地理

①位置、占地面积及必要性。

②水源及取水条件。

③废水、废渣排放堆置条件。

(4)项目工程技术方案

①项目范围,即主要的生产设施、辅助设施、公用工程、生活设施内容。

②采用的生产方法、工艺技术。

③主要设备的来源,如需向国外引进,则简要说明引进的国别、技术特点、型号等。

(5)环境保护

①排放污染物的种类、数量,是否达到国家规定的排放标准。

②主要治理设施及投资。

(6)工厂组织及劳动定员,工厂组织形式和劳动制度。

①全厂总定员及各类人员需要量。

②劳动力来源。

(7)项目建设进度

(8)投资估算和资金筹措

①项目所需总投资额。分别说明项目所需固定资产投资总额、流动资金总额,并按人民币、外币分别列出。

②资金来源。贷款额、贷款利率、偿还条件。合资项目要分别列出中外各方投资额、投资方式和投资方向。

(9)项目财务和经济评论

①项目总成本、单位成本。

②项目总收入,包括销售收入和其他收入。

③财务内部收益率、财务净现值、投资回收期、贷款偿还期、盈亏平衡点等指标计算结果。

④内部经济收益率、经济净现值、经济换汇成本等指标计算结果。

(10)项目综合评价结论

3. 主要技术经济指标表

在总论章中,可将研究报告各章节中的主要技术经济指标汇总,列出主要技术经济指标表,使审批和决策者对项目全貌有一个综合了解。

主要技术指标表根据项目有所不同,一般包括生产规模、全年生产数、全厂总定员,主要原材料、燃料、动力年用量及消耗定额、全厂综合能耗及单位产品综合能耗,全厂占地面积、全员劳动生产率,年总成本、单位产品成本、年总产值、年利税总额、财务内部收益率、借款偿还期、经济内部收益率、投资回收期等。

4. 存在的问题及建议

对可行性研究中提出的项目的主要问题进行说明并提出解决的建议。

## 第二章　项目背景和发展概况

这一部分主要应说明项目的发起过程、提出的理由、前期工作的发展过程、投资者的意向、投资的必要性等可行性研究的工作基础。为此,需将项目的提出背景与发展概况作系统的叙述。说明项目提出的背景、投资理由、在可行性研究前已经进行的工作情况及其成果、重要问题的决策和决策过程等情况。在叙述项目发展概况的同时,应能清楚地提示出本项目可行性研究的重点和问题。

1. 项目提出的背景

(1)国家或行业发展规划

说明国家有关的产业政策、技术政策、分析项目是否符合这些宏观经济要求。

(2)项目发起人和发起缘由

①写明项目发起单位或发起人的全称。如为中外合资项目,则要分别列出各方法人代表、注册国家、地址等具体情况。

②提出项目的理由及投资意向,如资源丰富、产品市场前景好、出口换汇、该类产品可取得的优惠政策、利用现有的基础设施等。

2.项目发展概况

项目发展概况指项目在可行性研究前所进行的工作情况。如调查研究、试制试验、项目建议书的撰写与审批过程、厂址初选工作以及筹办工作中的其他重要事项。

(1)已进行的调查研究项目及其成果

①资源调查,包括原料、水资源、能源和二次能源的调查。

②市场调查,包括全国性和地区性市场情况的调查;出口产品国际市场供需趋势的调查。

③社会公用设施调查,包括运输条件、公用动力供给、生活福利设施等的调查。

④拟建地区环境现状资料的调查,包括拟建地区各种主要污染源以及其排放状况,大气、水体、土壤等目前环境质量状况等。

说明:环境现状资料的取得途径、提供单位,以及当地环保治理部门的意见和要求,取得的环境现状资料及文件名称。

(2)试验试制工作情况

已完成及正在进行的试验试制工作的名称、内容及试验结果。这些实验包括建筑材料的试验、拟采用的新工艺技术的试验。对采用的新工艺技术必须有国家有关部门的认证。

(3)厂址初勘和初步测量工作情况

①各个可供选择的建设地区及厂址位置的初勘、测量、比选等工作情况。

②初步选择意见和资料。

③遗留问题。

(4)项目建议书的撰写、提出及审批过程

①项目建议书的撰写、提出及审批过程。

②项目建议书所附资料名称。

③审批文件文号及其要点。

3.投资的必要性

一般从企业本身所获得的经济效益及项目对宏观经济、对社会发展所产生的影响两方面来说明投资的必要性。包括下面这些内容:

(1)企业获得的利润情况。

(2)企业可以提高产品质量,加强市场竞争力。

(3)扩大生产能力,改变产品结构。

(4)采用新工艺,节约能源,减少环境污染,提高劳动生产率。

(5)产品进入国际市场的优越条件和竞争力。

(6)对当地经济、社会发展的积极影响。包括增加税收,提高就业率,提高科技水平等。

## 第三章　市场分析与建设规模

　　市场分析在可行性研究中的重要地位在于，任何一个项目，其生产规模的确定、技术的选择、投资估算甚至厂址的选择，都必须在对市场需求情况有了充分了解之后才能解决，而且市场分析的结果，还可以决定产品的价格、销售收入，最终影响项目的盈利性和可行性。在可行性研究报告中，要具体阐述市场需求预测、价格分析，并确定建设规模。

　　1.市场调查

　　(1)拟建项目产出物用途调查

　　本产品的主要用途，可否有替代其他产品的用途，假如产品是工业基本原料，应分别说明本项目产品在主要使用行业的用途及单位消耗量。

　　产品经济寿命期论述。调查本产品目前处于经济寿命周期的哪一个阶段，更新换代的可能时间。

　　(2)产品现有生产能力调查

　　①本项目产品国内现有生产能力总量，现有生产能力开工率；主要生产厂家生产能力利用率。

　　②国内现有生活能力总量在本地区的分布数量与比例。

　　③本产品目前在建项目的生产能力及其在地区间的分布、数量与比例。

　　④已批拟开工建设项目的生产能力，预计投产年月。

　　⑤在建设项目和已批待开工建设项目，目前虽然没有形成综合生产能力，却是生产能力的组成部分。

　　(3)产品产量及销售量调查(全国或地区目前的产量总数)。

　　①本产品一段时期以来的产量变化情况。

　　②本产品国内保有量与国外有关国家保有量的分析比较，以了解国内保有量是多还是少，说明本产品市场需求满足程度。

　　③本产品一段时期以来的进口量及进口来源，主要来自哪些国家或地区；占国内生产量或销售量的比例；进口产品的价格等。

　　④本产品一段时期以来的出口量及出口去向，占国内生产量的比例；主要向哪些国家或地区出口，出口产品的价格。

　　(4)替代产品调查

　　①可替代本产品的产品性能、质量与本产品相比的优缺点。

　　②可替代产品的国内生产能力、产量；可作替代用途的比例；价格分析。

　　③可替代产品的进口可能性及价格。

　　(5)产品价格调查

　　①产品的定价治理办法，是由国家控制价格，还是由市场定价。

　　②产品销售价格，价格变动趋势，最高价格和最低价格出现的时间、原因。

　　(6)国外市场调查

　　①产品在国外的主要生产国家和地区。

②国外主要生产厂的生产技术、生产能力、销售量。

③产品的国际市场销售价格及其变动趋势。

④我国进口该种产品的主要进口国的生产能力及变化趋势。

2. 市场预测

市场预测是市场调查在时间和空间的延续,是利用市场调查所得到的信息资料,根据市场信息资料分析报告的结论,对本项目产品未来市场需求量及相关因素所进行的定量与定性的判定与分析。在可行性研究工作中,市场预测的结论是制订产品方案、确定项目建设规模所必须的依据。

(1)国内市场需求预测可行性研究工作中,应对下述各项与市场预测有关的因素加以说明:

①本产品的消费对象。

②本产品的消费条件。消费条件因产品特点性能而异,如汽车的消费需要具备相应的道路交通条件;电视机、电冰箱的消费需要有电等。预测某一种产品的市场需求量时,应将那些不具备消费条件的消费领域从消费对象总量中剔除掉。

③本产品更新周期的特点,说明本产品有效经济寿命的长短。

④可能出现的替代产品,即代用品。

⑤本产品使用中可能产生的新用途。产品新用途的出现,意味着扩大了本产品的消费领域,扩大了市场需求量。

根据以上分析,提出预测的本产品国内需求量及与现有生产能力的差距。

(2)产品出口或进口替代分析

①替代进口分析。将本产品与目前进口产品从性能、重量、价格、配件、维修等方面进行比较,说明本产品的优势和有利条件。

②出口可行性分析。假如拟建项目的产品在质量和技术等方面,具备在国际市场上进行竞争的能力,则应考虑国外市场对本产品的需求。分析国家对该种产品的出口有何限制条件或鼓励措施,该产品进口国的贸易政策,该产品出口流向,出口价格是否有利。

通过以上分析,预测本项目产品可能的替代进口量或出口量。

(3)价格预测

进行产品价格预测,要考虑产品产量、质量、同类产品目前价格水平,还要分析国际、国内市场价格变化趋势,国家的物价政策变化、产品全社会供需变化等因素;产品降低生产成本的措施和可能性;为扩大市场需采用的价格策略等,综合以上因素,预测产品可能的销售价格。

对拟增加出口的产品或替代进口产品,还要参照国际市场价格及变化趋势定价,如产品外销,应附有有关方面承诺外销的意向书。

3. 市场推销战略

在商品经济环境中,企业不可能仍然依靠国家统购包销完成销售额。企业要根据市场情况,制定合适的销售战略,争取扩大市场份额,稳定销售价格,提高产品竞争力。因此,在可行性研究中,要对市场推销战略进行相应研究。

(1)推销方式

①投资者分成。

②企业自销。

③国家部分收购。

④经销人代销及代销人情况分析。

(2)推销措施

①销售和经销机构的建立。

②销售网点规划。

③广告及宣传计划。

④咨询服务和售后维修措施。

(3)促销价格制定

促销价格制定可根据市场销售预测情况确定,一般用于产品投产初期,以较低价格、同等质量、优良的售后服务扩大市场占有份额。

投产初期产品以较低价格出售,会对销售收入产生影响,因此价格制定要合理,并应采取相应的成本控制措施。在一定时期后,可根据产品销售情况逐渐将产品价格提高到一定水平。

(4)产品销售费用

预测产品销售费用包括建立销售机构、销售网点、培训销售人员、产品广告宣传、咨询及售后维修服务费用,在可行性研究中,应根据制订的产品销售计划,分别估算产品销售费用。对某些产品,销售费用在成本中占很大比例的,不可忽略不计。

4.产品方案和建设规模

(1)产品方案

①列出产品名称。有多种产品时,应逐一列出主产品和主要副产品名称。

②产品规格标准。说明产品规格、标准选择依据。

(2)建设规模

①建设规模又叫设计生产能力,是指项目生产一定质量标准的产品的最大能力。一般用实物单位或标准实物单位来计量。

②建设总规模。说明主要产品年产量,主要副产品年产量,主要设备装置。

③主要生产车间的生产能力,生产线数量。

④说明项目经济规模,不同规模下,项目效益与费用的比较分析,说明本项目确定的建设规模的合理性。

⑤假如项目采用分期建设方法,应说明项目总规模、分期建设规模并说明分期建设的起止时期、各期建设的主要内容。

5.产品销售收入预测

根据确定的产品方案和建设规模及预测的产品价格,可以估算产品销售收入。

产品销售收入可以分别计算主要产品和副产品的年销售总收入,并计算销售收入和计算期内销售总收入,销售收入一般列表表示。

## 第四章　建设条件与厂址选择

根据前面部分中关于产品方案与建设规模的论证和建议,在这一部分中按建议的产品方案和规模来研究资源、原料、燃料、动力等的需求和供给的可靠性;并对可供选择的厂址作进一步的技术与经济比较,确定新厂址方案。

1.资源和原材料

(1)资源评述

资源系指项目需要利用的自然资源,如矿藏、森林、生物、土壤、地面或地下水资源等。项目所需资源的来源、数量、运输方式、供给条件以及今后发展和开发趋势等,均是项目建设的前提条件。在可行性研究报告中,对项目在有效期间所需资源及其来源的可靠性,应作深入调查和科学论证,并就下列内容进行说明分析:

①项目需用的资源名称、经全国储量委员会正式批准的储量、品位、成分、产地或供给点。

②资源品位、成分与需用要求的适应性。

③资源开采方式。要说明自行开采、计划供给、市场供给或合资开发等不同方式。

④本项目年最大需用量、资源的可能供给量及今后生产发展所需资源扩大供给的可能性。

⑤在已有资源不能满足拟建项目生产规模需求时,提出相应的措施,如增加进口、调整建设规模或分期建设等。

(2)原材料及主要辅助材料供给

①原材料、主要辅助材料需用量及供给。

按项目的生产要求,分别叙述所需的原材料及主要辅助材料的名称、品种、规格、成分、质量以及年需用量,并分别撰写:

• 原材料及主要辅助材料需用量表。

• 有害有毒、易燃易爆材料、物料需用量表。

• 需进口的原材料表。

说明进口原材料的理由和一旦来源有变化时的应变措施,分析预测原材料国产化前景及分年度国产化的提高幅度。

对季节性生产的原料,如农、林、水产品等,需说明短期进货数量。

②燃料动力及其他公用设施的供给。燃料、动力及其他公用设施是指生产需用的煤、电、水、汽、气、油等,在可行性研究报告中,需说明生产所需燃料、动力及公用设施的数量和需由项目自建的种类和规模以及可以利用的现有的燃料、动力数量。

• 燃料品种的选择,应说明其依据,如执行国家能源政策、适应地区条件、满足生产特殊要求等。分别列出燃料需用量、来源、运输方式,进行燃料成分分析。

• 电力最大需用负荷,供电来源及其稳定性,需要自建电力设施和投资估算。

- 最大需水量、水源及其供给可能性。是否需增加供水设施。
- 热源及供热要求。
- 其他设施,如油、气、汽需用量、供给量及需要增加设施的情况。

③主要原材料、燃料动力费用估算。

将主要原材料、零配件和外购燃料动力分别计算费用,其他材料可合并估算。

(3)需要作生产试验的原料

生产特定产品的某些原料因尚无生产实践经验;或使用指定的原料而尚无成熟的生产和工艺;或使用原有的生产方法生产新产品还缺乏必要的生产数据等各种原因,需要对原料进行生产试验,以确定技术参数和消耗指标,测定产品质量,取得主要设备类型的各项数据。在可行性研究中需说明:

①需要试验的原料名称、试验目的和要求。

②试验或试生产方法。

2.建设地区的选择

选择建厂地区,除须符合行业布局、国土开发整体规划外,还应考虑资源、区域地质、交通运输和环境保护等四要素。其原则是:

自然条件适合于项目的特定生产需要和排放要求;合理地靠近原料和市场;具有良好的投资环境和公共政策;运输条件优越;有可供利用的社会基础设施和协作条件;土地使用有优惠条件,可不占或少占良田,地质条件符合要求。在作方案比选时,应着重论证所选地区在行业政策上的正确性、技术上的可行性和经济上的合理性。

(1)自然条件

①拟建厂地区的地理位置、地形、地貌基本情况和区域地质、地震、防洪等历史数据。

②水源和水文地质条件调查分析。包括地面水或地下水量和水质的分析,在枯水期的可能供给量及水质变化,地区今后水源开发和可利用水量增长情况。

③气象条件。收集分析地区气温、湿度、降水量、日照、风等资料,对需要增设防风沙、抗高温、改善光照等设施的地区,需进行费用估算。

(2)基础设施

叙述拟建地区与项目直接有关的公用事业及基础设施的情况和可供利用的条件,从不同地区、不同条件中选取最有利的地区。

①供电。电源情况;近远期可能的供电量及电压;费用及计费方式;供电部门的要求。

②供水。水源情况;近远期可能的供水量及水质;费用及计费方式;供水部门的要求。

③运输。地区内各种运输线路的分布;站库码头的位置和地形;运输费用;运输能力及其发展规划等。

④排水。排水条件;容污水能力;当地环保部门对污水排放的要求等。

⑤电讯、供热、供气等公用设施及可利用的种类、容量、技术特征等。

⑥施工条件。包括建筑材料及制品的供给条件;施工劳动力来源;施工运输条件;施工用动力来源等。

⑦市政建设及生活设施。包括当地的卫生、邮电、文化教育。

（3）社会经济条件

社会经济条件主要指地区的工农业生产水平及近远期发展规划，与本项目有关的现有企业、技术工人来源等在项目建成后所需社会协作的条件。

（4）其他应考虑的因素

项目选择建厂地区还应考虑其他的要求。在选择下列地区建厂时应非常慎重，要取得有关部门和群众的认可。

①风景区、名胜古迹、自然保护区。

②水土保持禁垦区。

③矿山作业等爆破危险区。

④有放射污染或有害气体污染严重的地区及传染病、地方病流行或常发区。

⑤军事设防区。

⑥生活饮用水源的卫生防护地带。

⑦民族宗教风俗有特殊要求的地区。

3. 厂址选择

在实际工作中，具体厂址的选择不一定要与建设地区的选择分开，往往是厂址选择与建厂地区的选择合并进行。两者通常是相辅相成、相互牵扯地交叉进行的。在可行性研究报告中，假如需要，可以分别叙述。

选择厂址通常是随基本建设程序的各个工作阶段逐步深入的。项目建议书阶段需提出厂址初选意见；进行可行性研究时，应提出具体厂址的推荐建议；进行初步设计阶段时，对厂址的各种条件需作具体勘查和落实，最终确认厂址，标定四面界址。

（1）厂址多方案比较

建设地区选定以后，就在这个地区内选择若干个可供建厂的地段，作具体分析比较，从中选取一个比较理想的厂址。并编写厂址选择报告作为可行性研究报告的附件，研究报告中仅需叙述选择要点和厂址的主要优缺点。有关选厂所需的调查资料、勘察和测量资料、取舍理由、论证等均应写入厂址选择报告内。确定厂址，须作多方案比较，一般可按下列内容进行。

①地形、地貌、地质的比较。

• 工厂出入交通线、供电、取水、排污等与外界产生直接关系的方位、地形。

• 平整土地、防水、防洪、废渣堆置、四邻地物。

②占用土地情况的比较。比较占用耕地、林地、荒地、山坡等面积的比例，以尽可能少占耕地、林地为原则，作出占地用地情况的评价。

③拆迁情况的比较。包括原有地面建筑物需拆除的数量、原有居民需迁移的人数及拆迁安排等条件和难度的比较。

④各项费用的比较。由于各个可供选择地段条件不同，在费用上会产生较大差别，需作多方案比较。

- 土地费用。如土地购置、拆迁、场地整治、青苗赔偿以及土方处理等费用比较。
- 交通运输整治费。如需要建设或整治的运输线路，转运场站等费用比较。
- 基础处理费。如不同工程地质需用不同地基和基础处理的费用比较。
- 取水、防洪、排污设施所需费用比较。
- 抗震所需费用比较。
- 环境保护、生活设施等费用的比较。

（2）厂址推荐方案

①绘制推荐厂址的位置图。在有等高线的地形图上标明厂址四面界址、厂址内生产区、生活区、厂外工程、取水点、排污点、堆场、运输线等位置及四邻居民点和主要生产企业的相互位置。说明对生产要求的适应性和合理性。

②叙述厂址地貌、地理、地形的优缺点和推荐理由。说明工程地质、水文地质、气象等自然条件符合建厂要求的理由。

③环境条件的分析。

④占用土地种类分析：

- 占用耕地面积占总占地量的比例；
- 占用林地面积占总占地量的比例；
- 利用荒地面积占总占地量的比例；
- 利用山坡面积占总占地量的比例；
- 需要拆迁的面积和估计所需的费用；
- 推荐厂址的主要技术经济数据。

## 第五章　工厂技术方案

技术方案是可行性研究的重要组成部分。

主要研究项目应采用的生产方法、工艺和工艺流程、重要设备及其相应的总平面布置、主要车间组成及建筑物结构型式等技术方案。并在此基础上，估算土建工程量和其他工程量。在这一部分中，除文字叙述外，还应将一些重要数据和指标列表说明，并绘制总平面布置图、工艺流程示意图等。

1. 项目组成

凡由本项目投资的厂内外所有单项工程、配套工程，包括生产设施、生产后勤、运输、生活福利设施等，均属项目组成的范围。

各单项工程和配套工程需按其性质加以分类，一般可分为生产车间或工段；辅助生产车间或配套工程；厂外工程；生产后勤车间或设施；生活福利设施；其他单项工程。

如有自成体系需单独撰写分项可行性研究报告的配套工程，如自备热电厂、水厂、铁路、专用线等，应列出工程的名称、分项可行性研究报告的编号。并将工程的投资列入项目总投资内，分项研究报告列为附件。

2. 生产技术方案

生产技术方案系指产品生产所采用的工艺技术、生产方法、主要设备、测量自控装备等技术方案。选择技术方案必须考虑:技术是否是先进成熟的;是否适合所用的原料特性;是否符合产品所定的质量标准;能否适应拟建地区现有工业水平;在维修、操作、人员培训等方面是否有不能克服的障碍;所需投入物的规格和质量能否满足生产要求,并与地区的技术吸收能力、劳动力来源相适应等。

(1)产品标准

叙述本项目主要产品和副产品的质量标准。如国家一级标准、行业标准等。并将选定的标准与国家标准、国际常用标准作比较说明。

(2)生产方法

使用同一种原料生产同一种产品,如有不同的生产方法时,在可行性研究阶段需要作方案性选择,根据产品用途、质量和成本等因素择优确定。对选定的方法需要说明生产方法的名称及主要特征、选用的理由以及与其他生产方法比较的利弊。

在选用专有技术、专利技术时,应说明取得的技术来源、专利号、技术特征,还需说明专利和技术转让费的金额及支付方式。

(3)技术参数和工艺流程

工艺流程系指投入物经有次序的生产加工成为产出物的过程。在生产过程中规定的各种技术条件和数据,统称为技术参数。工艺流程和主要技术参数,在可行性研究阶段需要结合产品质量、生产成本、各种消耗等要求,选取最佳方案。

在可行性研究阶段只叙述若干主要车间的工艺流程,一般车间可从略。

(4)主要工艺设备选择

主要工艺设备系指工艺流程中的重要设备,应按车间、工段分别叙述所选取设备的名称、规格、型号、数量和来源。需要从国外引进的设备,则应具体论述引进的必要性,引进方向和选择方案比较。主要设备选型是生产的技术水平和经济合理性的具体表现,必须作多方案比较后,确定主要设备的规格型号与来源。

①按车间、工段编列主要工艺设备一览表。需要引进的设备应单独列表。引进设备还要说明引进的必要性、备品备件的来源、国内分交方案、引进设备外汇来源及引进计划。

②一般设备在可行性研究阶段一般不作具体选择,但需按车间参照现有同类型、同规模生产厂所用的一般设备估算本项目应予装备的设备数量,或采用行业中惯用的比例指标推算出本项目、本车间所需一般设备的数量。

③全厂计量设施的配置原则和要求。

④设备费用估算。主要设备可根据询价、协议意向书中的价格等分别估算,一般设备可综合估算。

(5)主要原材料、燃料、动力消耗指标

单位产品所用材料、燃料、动力等的消耗指标选取的来源有:

①现有生产厂的消耗定额高低值的平均数。

②同型号设备实际运转时的消耗值。

③通过生产试验测定及分析推算。

④设备出厂时的说明或订货合同规定值。在可行性研究中，可结合本项目技术方案特征，确定主要原材料、燃料、动力消耗指标值。

⑤撰写主要原材料、燃料、动力消耗指标表。消耗指标不同于前面所列的原材料、燃料及动力需用量，消耗指标纯属生产过程中需要的或消耗的数量，不包括其他因素如运输、储存的损耗。消耗指标与所用生产技术的先进程度有关；同一种设备不同型号的，又同生产治理和操作水平直接有关，因此常被用作企业间衡量经营治理水平的指标。

（6）主要生产车间布置方案

在工艺流程、技术参数和主要设备选择确定以后，应就设备的外形、前后位置、上下位差以及各种物料的输入和流向、操作要求等作通盘的研究，选择车间布置方案。车间布置方案要求达到物料流向最经济，操作控制最有利，检测维修最方便。

主要生产车间布置方案要求给出车间布置简图、主要标准尺寸和技术说明。

非主要车间布置方案要求给出建筑面积、平面尺寸、层高等估算和建筑物特征。

3. 总平面布置和运输

（1）总平面布置原则

总平面布置应根据项目各单项工程、工艺流程、物料投入与产出、废弃物排出以及原材料储存、厂内外交通运输等情况，按厂地的自然条件、生产要求与功能以及行业、专业的设计规范进行安排。达到工艺流程顺畅、原材料与各种物料的流送线路最短、货流人流分道、生产调度方便，并考虑用地少、施工费用节约等要求。总平面布置还应考虑到企业今后发展的方向、与外界的交通联系线路等外部因素的合理安排。在确定了总平面布置原则并绘制总平面布置图后，需估算厂区场地平整、建、构筑物基础、管沟、路槽地下工程等全厂土石方量，并说明余缺量的走向与来源。

（2）厂内外运输方案

根据工厂的投入物、产出物与废弃物的总量，按其不同种类、不同运输方式与运输工具分类说明，从运量、运距、运输成本、运输负荷变化以及投资与经常费用等方面加以分析。确定和推荐经济、实用的运输方案。运输方案的确定要包括全厂运输量分析、运输设备选择和厂外、厂内运输方案的说明，其中厂内运输方案要求做到与生产有机配合。

（3）仓储方案

论述原材料、燃料、主要辅助生产物料，主副产品的年周转次数；储存期；储存方式；装卸及搬运方式等方案的设想和要求，对用量较大的大宗货物以及易燃易爆危险物品的仓储方案，应专题叙述。

（4）占地面积及分析

建设项目用地，应遵循保护、开发土地资源、合理利用土地的方针，尽量少占耕地，在可行性研究报告中，要估算占用土地数量，并分别估算生产区、生活区、原料基地占地面积，计算土地利用系数、生产区场地利用系数、全厂绿化系数、占地用地面积等指标。

在占用土地分析中，还需同时说明需要拆迁的原有建筑物、构筑物的数量、面积、建筑类型；可利用的原有建、构筑物的面积，拆迁后原有人员及设施的去向，项目需要支付的赔偿费用。并对可能的不同拆迁方案进行拆迁费用及征地费用的比较。

### 4. 土建工程

土建工程是指工厂所有建筑物、构筑物的建筑与结构设计。在可行性研究阶段仅需对主要生产厂房、重要构筑物以及特殊基础工程作原则性的叙述和方案选择建议，如采取的建筑形式和标准、结构造型、基础类型和需要采用的重要技术措施等。对一般建筑物只作综合说明、估算工程量、选取单位造价指标等即可。对全厂所有建筑物的工程量、造价以及三材用量，视单项工程的大小，可采用不同方式进行估算。

（1）主要建、构筑物的建筑特征与结构设计

按生产流程顺次列出主要建筑物名称、建筑面积；建筑形式和标准、建筑材料的选用要求；非凡要求；消防及报警设施选用标准和要求，应遵守的设计规范名称。

对一般建筑物可以列出工程量、对建筑面积作综合性说明。

结构设计的依据，主要是建、构筑物的结构造型、地基处理方案、建构筑物基础造型及对施工的特殊要求。

对需要进行抗震设计的，要有地震烈度确定依据、地震设防标准及设防方案的选择及说明。

（2）特殊基础工程的设计

遇有不良地质条件的项目或重要建构筑物与大型工艺设备的基础工程，应进行非凡基础工程设计，提出设计方案的选择建议。

对需要防震动、防腐蚀及其他有特殊要求的建筑物以及对基础沉降有严格要求的工艺设备的基础工程，需作专题研究，提出设计方案的选择建议。

（3）建筑材料

分析拟建地区可以提供的建筑材料名称、规格、运输条件、预制构件的最近供给点和可提供的最大构件规格及制作能力。需由外地供给的应说明主要建筑材料名称及供给点。对项目施工时需要解决的主要问题要单独说明，如需说明非凡工程的施工组织与机具、大型或大宗预制构件的来源等。

进行三材用量估算，制作建筑材料用量估算表。

## 第六章　环境保护与劳动安全

在项目建设中，必须贯彻执行国家有关环境保护和职业安全卫生方面的法规、法律，对项目可能对环境造成的近期和远期影响，对影响劳动者健康和安全的因素，都要在可行性研究阶段进行分析，提出防治措施，并对其进行评价，推荐技术可行、经济、布局合理、对环境的有害影响较小的最佳方案。按照国家现行规定，凡从事对环境有影响的建设项目都必须执行环境影响报告书的审批制度。同时，在可行性研究报告中，对环境保护和劳动安全要有专门论述。

### 1. 建设地区的环境现状

（1）项目的地理位置；

（2）地形、地貌、土壤和地质情况；江、河、湖、海、水库的水文情况，气象情况；

（3）矿藏、森林、草原、水产和野生动物、野生植物、农作物等情况；

（4）自然保护区、风景游览区、名胜古迹、温泉、疗养区以及重要政治文化设施情况；

（5）现有工矿企业分布情况；

（6）生活居住区分布情况和人口密度、健康状况、地方病等情况；

（7）大气、地下水、地面水的环境质量情况；

（8）交通运输情况；

（9）其他社会经济活动污染、破坏现状情况。

2. 项目主要污染源和污染物

（1）主要污染源分析车间产生污染物的装置、设备、生产线及其投入物、产出品和排出物的品种、数量、排出方式，产生振动和噪声、粉尘、恶臭、有毒气体的装置和车间；易燃、易爆、剧毒物料的运输线路、储存库站位置；放射性物料及放射性废弃物的运输线路、储存和使用场所及其位置。

分析污染物的性质、成分、数量、危害程度。

（2）主要污染物

①主要污染物依向厂外排放的性质可分为烟尘、粉尘、废气、恶臭气体、工业废水、生活污水、废液、废渣、噪声、放射性物质、振动、电磁波辐射等。

②主要污染物所含有害物质分析，列举污染物所含主要有害有毒物质。

③排放量。污染物经处理后最终排入四周环境的含有有害物质的混合物的数量，注明混合物中所含有害物质的含量或浓度，并列出国家或地区规定的排放标准。

3. 项目拟采用的环境保护标准

采用的环境保护标准是指国家及项目所在地区环保部门颁发的标准，如大气环境质量标准、污染物排放标准、噪声卫生标准、生活饮用水卫生标准及有关法规、规定等。如地区规定严于国家规定时应执行地区规定；地区没有特定要求的执行国家规定。个别目前国家和地方尚未制定标准的由可行性研究单位与当地环保部门协商确定。

4. 治理环境的方案

（1）项目对四周地区的地质、水文、气象可能产生的影响，如地下水位下降、地面沉降等。制定防范和减少影响的措施。

（2）项目对四周地区自然资源可能产生的影响。如森林和植被破坏影响野生动物、植物繁殖和生存等，制定防范和减少这种影响的措施。

（3）项目对四周自然保护区、风景游览区、名胜古迹、疗养区等可能产生的影响，如土壤污染、水源枯竭等，制定防范和减少这种影响的措施。

（4）各种污染物最终排放量对四周大气、水、土壤的破坏程度及对居民生活区的影响范围和程度，制定对污水、废气、废渣、粉尘及其他污染物的治理措施和综合利用方案。

（5）噪声、振动、电磁波等对四周居民生活区的影响范围和程度，制定消声、防震的措施。

（6）制定绿化措施，包括防护地带的防护林和建设区域的绿化。

5. 环境监测制度的建议

①监测布点原则;

②监测机构的设置和设备选择;

③监测手段和监测目标。

6.环境保护投资估算

环境影响经济损益简要分析。对可以量化的环境影响,可将其计算并列入经济评价中的现金流量表内进行分析。

7.环境影响评论结论

8.劳动保护与安全卫生

建设项目必须确保投产后符合职业安全卫生要求,保障劳动者在劳动过程中的安全与健康。在可行性研究报告中,应根据国家有关规定进行分析和评价。

(1)生产过程中职业危害因素的分析

①生产过程中职业危害因素的分析;

②生产过程中的高温、高压、易燃、易爆、辐射、振动、对噪声等操作者健康影响的分析;

③生产过程中危害因素较大的设备、分布点及其危险程度。

④可能受到职业危害的人数及受害程度。

(2)职业安全卫生主要设施

①危险系数较大的生产点、拟采取的防护方案及安全检测设施;

②生产过程中的自动报警、紧急事故处理等安全设施的初步选择方案;

③对高温、高噪声、高振动工作环境拟采用的防护、检测和检验设施。

(3)劳动安全与职业卫生机构

①机构设置及人员;

②保健人员和保健制度;

③日常监测检验人员。

(4)消防措施和设施方案建议

## 第七章 企业组织和劳动定员

在可行性研究报告中,根据项目规模、项目组成和工艺流程,研究提出相应的企业组织机构、劳动定员总数及劳动力来源及相应的人员培训计划。

1.企业组织

企业组织机构包括生产系统、治理系统和生活服务系统的划分,其设置主要取决于项目设计方案和企业生产规模。

企业组织机构设置要符合现代化大生产治理的要求,保证多个部门、多个环节以及全体成员之间能协调一致地配合,以完成企业的生产经营目标。

(1)企业组织形式

部门、行业不同,生产规模不同,企业组织机构可采用不同的形式。最通用的形式是采用金字塔式、中层经营治理和基层现场治理等三个层次。一般来说,企业治理层次与治理幅度成反比关系,幅度越大,层次越少。中小型项目可采用两级治理,大型项目可采用三级治理。

(2)企业工作制度

根据各车间和设施的工艺特点和生产需要，可分别采用连续工作制或间断工作制。个别项目采用季节性生产，每年可分为生产期和停产期。

2.劳动定员和人员培训

(1)劳动定员

一般来说，企业所需人员按其工作岗位和劳动分工不同，可分为四类人员：

①工人：是指在基本车间和辅助车间中直接从事工业性生产的工人及厂外运输与厂房建筑物、构筑物大修理的工人；

②工程技术人员：是指担负工程技术工作并具有工程技术能力的人员；

③治理与经营人员：是指在企业各职能机构及在各基本车间与辅助车间从事行政、生产治理、产品销售的人员；

④服务人员：是指服务于职工生活或间接服务于生产的人员；

在可行性研究中，分别估算各类人员需用量，并说明其来源，制作劳动定员汇总表。

企业所需人员，有一部分必须参与建设过程、设备安装调试，对这部分人员的来源及进厂时间要单独说明。

(2)年总工资和职工年平均工资估算

分人员类别估算年工资总额，并计算职工年平均工资。

(3)人员培训及费用估算

①人员来源分析，需培训的人员总数。

②培训方式：

· 派往类似厂矿的生产现场和设备制造现场，通过实习培训生产、维修和治理人员，部分生产维修人员可参加本项目施工现场的施工，设备安装、调试、运转。引进国外新工艺、新技术、新设备，必要时派往国外生产现场和设备供给厂实习。

· 在厂区举办各种类型的培训班，按照生产和业务工作的具体内容，分专业、分工种进行培训。

③培训计划。国内培训人员数量、专业、时间、方式和国外培训人员数量、国别、专业、方式、时间及国外培训的必要性。

④培训费用。国外培训的，要单独说明外汇来源。

## 第八章 项目实施进度安排

项目实施时期的进度安排也是可行性研究报告的一个重要组成部分。所谓项目实施时期可称为投资时期，是指从正式确定建设项目到项目达到正常生产这段时间，这一时期包括项目实施预备、资金筹集安排、勘察设计和设备订货、施工预备、施工和生产预备、试运转直到竣工验收和交付使用等各个工作阶段。这些阶段的各项投资活动和各个工作环节，有些是相互影响、前后紧密衔接的；也有些是同时开展、相互交叉进行的。因此，在可行性研究阶段，需将项目实施时期各个阶段的各个工作环节进行统一规划、综合平衡，作出合理而又切实可行的安排。

1.项目实施的各阶段

(1)建立项目实施治理机构

根据项目不同,新项目可以由业主指定项目实施治理机构;改扩建和技改项目可在老企业内专门成立筹建小组,筹建小组的任务是办理勘察设计和施工的委托手续及签订相应的合同和协议;参加厂址选择;提供设计必需的基础资料;申请或订购设备和材料;负责设备的检验和运输;承担各项生产预备工作。

(2)资金筹集安排

项目资金的落实包括总投资费用的估算基本符合要求和资金来源有充分的保证。在可行性研究阶段要撰写投资估算报告,并在考虑了各种可行性的资金渠道的情况下,提出适宜的资金筹措规划方案。在正式确定建设项目和明确了总投资费用及其分年度使用计划之后,即可立即着手筹集资金。

(3)技术获得与转让

技术获得和转让是实施时期的一个关键要素,选择的技术将涉及法律、经济、财务和技术等许多方面。当从国外引进专有技术时,与国外供给商的谈判有时需要较长的时间,有时还要解决法律问题,例如专利权的限制或者技术转让的限制等。假如技术供给商标的合同责任中含培训,那就应该包括在培训计划中。可行性研究中应包含与项目选择有关的技术获得及与转让有关的计划时间和费用。分配给项目具体工程设计的计划时间,将取决于技术种类及其复杂性。

(4)勘察设计和设备订货

在设计工作开展的过程中,要委托进行必要的现场勘测工作。要提出设备、材料订货清单和非标准设备制造图纸。勘测精度要与设计阶段相适应,设计阶段的划分可根据不同项目区别对待。大中型项目一般采用两阶段设计,技术复杂或行业有特殊要求的项目或其中某些采用新工艺技术的车间,可能在施工图设计之前,再增加一个技术设计阶段。

安排大型建设项目的设计进度要充分考虑设备问价和大型设备的预订货时间以及取得设备资料的时间。

订购设备要考虑设备到达时间和安排顺序。当引进国外设备时,要考虑到向国外有关公司进行询价、谈判、比选和签订合同所需要的时间,以及办理各种审批手续所需的时间。

(5)施工预备

项目初步设计的总概算一旦批准之后,即可着手进行施工预备,施工预备包括的主要工作内容有:选定施工单位签订施工合同。

一般是通过投标确定施工单位。此外,还需进行如征购和拆迁安排;组织设备和材料订货;完成施工用水、用电和道路等工程;进行临时设施建设和代替临时工程的住宅建设以及报批开工报告等。

(6)施工和生产预备

①施工。施工阶段是项目实施时期的主要阶段。安装大型复杂项目,施工单位要根

据施工图撰写具体的施工组织设计方案,根据工厂生产系统投产次序安排车间和设施的施工顺序,主体车间及其相应的辅助公用设施的配套要完整。土建施工和设备的验收、发运、运输以及设备的安装都要作出适当的安排,保证合理交叉进行。

②生产预备:

• 建立治理机构,企业治理方式在项目实施过程中逐步形成、扩大和健全。

• 招收和培训职工。对职工的调集、招聘和必要的培训要作出适当的时间安排,使其和生产经营需要相衔接。

• 组织收集生产技术资料,制定必要的治理制度和各种操作规程。

• 组织生产物资供给。落实原材料、燃料、协作产品、水、电、汽和其他配合条件,签订有关协议。

• 组织工具、器具、模具、备品、备件等的计划、制造和订货。

• 生产前推销。投产前后应制订具体的销售计划,并进行销售市场的预备工作,包括广告宣传、培训销售人员和推销人员等。

(7)竣工验收

这个阶段通常包括以下各项活动:

①生产前检查;

②试运转;

③负荷试运转;

④竣工验收、交付使用。

建设项目按批准的设计文件规定的内容建完,并经生产前检查、试运转、带负荷试运转合格后,形成生产能力,能正常生产合格产品时,应及时验收。这时,生产人员进驻现场,由施工单位向建设单位办理移交固定资产手续,交付使用。

国外引进成套设备项目和大型联合企业可安排试生产阶段,试生产时间一般不应超过三个月。

建设项目验收前,建设单位应组织设计、施工等单位进行初步验收,提出竣工验收报告和竣工决算,系统整理技术资料,提交竣工图。

2.项目实施进度表

在可行性研究报告中,根据分别确定的项目实施各阶段所需时间,撰写实施进度表,项目实施进度表有多种表示方法。在我国,多年来一直采用的方法是横道图。近年来,网络图在一些行业中也开始应用。

简单项目的实施进度可用横道图,复杂项目的实施进度可用网络图。为避免项目实施工程中费用和时间的浪费以及各项作业活动能前后左右协调配合,利用网络图可以模拟实施项目的各种不同方案发便进行筛选。

(1)横道图

横道图是一种最简单的方法。它可适用于各种项目,这种图表可以表示建设项目的计划任务、计划进度和实际记录等具体内容。它是把项目实施计划分为若干项,用横坐标表示时间,纵坐标表示各项作业活动,每项工作用一横道表示,横道两端表示该项作业活动的起止时间;其长度即是完成该项作业活动所需时间。

(2)网络图

对于包括许多相互关联并连续活动的大型复杂的综合建设项目和对实施进度有特殊要求的项目,需要用网络图。它是应用统筹方法对项目实施进度作出安排。网络的定义是一组节点(圆圈)用一组带方向弧所连接,关键路线法和项目评审技术是应用网络图的两种方法,网络图多用于施工阶段的项目规划与控制。目前在可行性研究阶段,一些行业也有所应用。

3. 项目实施费用

项目实施费用是指项目从筹建开始直到项目竣工投产以前整个实施时期的筹建费用。这部分费用应包括在项目固定资产投资估算的第二部分,即其他建设费用中。项目实施费用按以下各项分别估算。

(1)建设单位治理费

建设单位治理费是指筹建单位为进行项目筹建、建设、联合试运转、验收总结等工作所发生的治理费用,不包括应计入设备、材料预算价格的建设单位采购及保管设备、材料所需的费用。可以"单项工程费用"为基础,乘以按照工程项目的不同规模分别制定的建设单位治理费率计算。

(2)生产筹备费

生产筹备费是指生产筹备人员费和投产前进厂人员费用。

(3)生产职工培训费

生产职工培训费用是指项目在竣工验收、交付使用之前拟建企业自行培训或委托其他厂矿培训技术人员、工人和治理人员所支出的费用,以及生产单位为参加施工、设备安装、调试、熟悉工艺流程机械性能等需要提前进厂人员所支出的费用。该项费用可根据规划的培训人员数、提前进厂人数、培训方法、时间和职工培训费定额计算。

(4)办公和生活家具购置费

办公、生活家具购置费是指为保证项目初期正常生产、使用和治理必须购买的办公和生活家具、用具的费用及设计规定必须建设的托儿所、医院、招待所、中小学等的家具、用具费用。该项费用可按有关定额计算。

(5)勘察设计费

勘察设计费是指:

①委托勘察设计单位进行可行性研究、勘察设计,按规定应支付的费用。

②在规定范围内由建设单位进行勘察设计所需的费用。此项费用可按国家颁发的工程勘察设计收费标准和有关规定进行制定。

(6)其他应支付的费用

## 第九章　投资估算与资金筹措

建设项目的投资估算和资金筹措分析,是项目可行性研究内容的重要组成部分,要计算项目所需要的投资总额，分析投资的筹措方式，并制订用款计划。

1. 项目总投资估算

建设项目总投资包括固定资产投资总额和流动资金。

（1）固定资产投资总额

固定资产投资总额由固定资产投资、投资方向调节税和建设期利息组成，在可行性研究报告中要分别估算，并汇总为固定资产投资总额。

①固定资产投资。根据前述各部分中估算的费用额，估算固定资产投资。

· 工程费用。

分为建筑工程、设备购置、安装工程、其他四项费用，可按主要生产车间、辅助生产车间、公用工程、服务及生活福利设施、厂外工程等分别计算，以人民币、外币分别表示。

主要生产车间是指生产主要产品的车间，辅助生产车间指为主要生产车间配套的工程项目。

公用工程是指为本项目生产服务的工程，如循环水场、给排水管网、给水泵站及水池、消防设施、三"废"处理、输变电工程、电信工程、供热电汽线路等。服务及生活福利工程包括办公楼、试验楼、职工宿舍、食堂、学校等。厂外工程主要是指本项目外围的输水管线、排水系统、高压输变电、物料管线、通信管线、专用码头、专用公路、铁路专用线、销售仓库、货物转运站等。

· 预备费。

分为基本预备费和涨价预备费两部分。分别计算列出，涨价预备费以年度投资中第一部分费用为基础，按国家计委发布的费率计算，同时需考虑外汇部分的限价因素。

· 其他费用。

除了将前几章中已估算的费用进行汇总分类外，还应将未估算的费用项目作出具体的估算。

其主要费用项目有：A. 建设单位治理费；B. 职工培训费；C. 办公和生活家具购置费；D. 土地征用费；E. 外籍技术人员来华费用；F. 出国人员培训考察费；G. 进口设备材料国内检验费；H. 工程保险费；I. 大件运输措施费；J. 大型吊装机具费；K. 项目前期工作费；L. 设计费；M. 其他费。

费用估算时，应说明各种费用的取费标准、定额，一般按国家和地区有关规定执行。估算中有外汇费用时，以外币表示。

②固定资产投资方向调节税，按国务院第 82 号令的有关规定执行。

③建设期利息应根据提供的项目实施进度表，已研究确定的基本建设投资来源及资金筹措方式、各种贷款的利率及分年度用款计划表计算得出。当项目投资来源为多种渠道时，应分别计算各种贷款资金的建设期利息。

在可行性研究中，建设期利息均按年计息。利息的计算，分为单利和复利，计息方法及年利率视项目实际情况而定。

利息计算中，假定借款发生当年在年中支用，按半年计息；还款当年也在年中偿还，按半年计息;其余各年按全年计息。按国家规定,建设期利息当年付清。

人民币和外币贷款分别计息,汇总于固定资产投资总额中。

以上各项计算完成后,制作固定资产投资估算表。

(2)流动资金估算

①流动资金的组成。项目流动资金按其在生产过程中的作用,可以分为:

• 储备资金。即为保证正常生产需要而用于储备原材料、燃料、备品、备件等的资金。

• 生产资金。即在正常生产条件下处于生产过程中的生产品占用的资金。

• 成品资金。即产成品入库后至销售前这段时间中产成品占用的资金。

除此之外,还有应收应付账款、现金等组成的流动资金。

②流动资金估算。可行性研究报告中流动资金的估算,按项目具体情况,可采用扩大指标估算法或分项具体估算法。

扩大指标估算法为:参照同类生产企业流动资金占销售收入、经营成本、固定资产投资的比率,以及单位产量占用流动资金的比率来确定流动资金。

分项具体估算法为:按项目占用的储备资金、生产资金、成品资金,分别按年需用额及周转天数估算定额流动资金,按项目占用的应收应付账款、现金等估算非定额流动资金。

按具体估算法估算流动资金后,可列流动资金估算表。

2.资金筹措

一个建设项目所需要的投资资金,可以从多个来源渠道获得,项目可行性研究阶段,资金筹措工作是根据对建设项目固定资产投资估算和流动资金估算的结果,研究落实资金的来源渠道和筹措方式,从中选择条件优惠的资金。在可行性研究报告中,应对每一种来源渠道的资金及其筹措方式逐一论述,并附有必要的计算表格和附件。在可行性研究中,应对下列内容加以说明。

(1)资金来源

筹措资金首先必须了解各种可能的资金来源,假如筹集不到资金,投资方案再合理,也不能付诸实施,可能的资金渠道有:

①国家预算内拨款;

②国内银行贷款:包括拨改贷、固定资产贷款、专项贷款等;

③国外资金:包括国际金融组织贷款、国外政府贷款、赠款、商业贷款、出口借贷、补偿贸易等;

④自筹资金:包括部门、地方、企业自筹资金;

⑤其他资金来源。

在可行性研究中,要分别说明各种可能的资金来源、资金使用条件,利用贷款的,要说明贷款条件、贷款利率、偿还方式、最大偿还时间等。

(2)项目筹资方案

筹资方案要在对项目资金来源、建设进度进行综合研究后提出。为保证项目有适宜的筹资方案,要对可能的筹资方式进行比选。

在可行性研究中，要对各种可能的筹资方式的筹资成本、资金使用条件、利率和汇率风险等进行比较，寻求财务费用最经济的筹资方案。

3. 投资使用计划

（1）投资使用计划

投资使用计划要考虑项目实施进度和筹资方案，使其相互衔接。撰写投资使用计划表时，其中固定资产投资按不同资金来源分年列出年用数额；流动资金的安排要考虑企业的实际需要，一般从投产第一年开始按生产负荷进行安排，并按全年计算利息。

（2）借款偿还计划

借款偿还计划是通过对项目各种还款资金来源的估算得出的，借款偿还计划的最长年限可以等于借款资金使用的最长年限，制订借款偿还计划，应对下述内容进行说明。

① 还款资金来源、计算依据；

② 各种借款的偿还顺序；

③ 计划还款时间。

国外借款的还本付息，要按借款双方事先商定的还款条件，如借款期、宽限期、还款期、利率、还款方式确定，与国内按借款能力偿还借款不同的是借款期一般是约定的。还本付息的方式有两种：

• 等额偿还本金和利息，即每年偿还的本利之和相等，而本金和利息各年不等。偿还的本金部分逐年增多，支付的利息部分逐年减少。

• 等额还本，利息照付。即各年偿还的本利之和不等，每年偿还的本金相等。

利息将随本金逐年偿还而减少。

国外借款除支付银行利息外，还要另计治理费和承诺费用等财务费用。为简化计算，也可将利率适当提高进行计算，对此，可行性研究报告中要加以说明。

## 第十章　财务与敏感性分析

在建设项目的技术路线确定以后，必须对不同的方案进行财务、经济效益评价，判定项目在经济上是否可行，并比选推荐出优秀的建设方案。本章的评价结论是建设方案取舍的主要依据之一，也是对建设项目进行投资决策的重要依据。

本节就可行性研究报告中财务、经济与社会效益评价的主要内容作一概要说明。

1. 生产成本和销售收入估算

为了确定项目未来的生产经营和盈利情况，对项目的生产成本作出接近实际的预测是可行性研究的重要内容。生产成本是指生产一定种类和数量的产品所发生的经常性费用，它包括耗用的原料及主要材料、燃料、动力、工资、固定资产折旧费用及大修理费、低值易耗品、推销费用等。在成本估算时，其精确度要与投资估算的精确度相当。

（1）生产总成本估算

生产总成本是指项目建成后在一定时期内为生产和销售所有产品而花费的全部费用。

① 生产总成本的构成有：

- 外购原材料及辅助材料。
- 外购燃料动力。
- 工资及福利基金。
- 折旧及摊销费。
- 大修理基金。
- 其他费用,包括成本中列支的税金以及不属于以上项目的支出等。
- 流动资金利息,按流动资金贷款额和贷款利率计算。
- 销售及其他费用,包括教育费附加,计入成本的技术转让费等。

以上各项费用总额构成项目生产总成本。总成本扣除折旧及大修理基金和流动资金利息为经营成本。

②列表表示生产总成本。

(2)单位成本

单位成本是将总成本按不同消耗水平摊给单位产品的费用,它反映同类产品的费用水平。

生产单一产品的项目以总成本除以设计生产能力即是单位产品成本,生产多种产品的项目,也可按项目成本计算单位成本。

列表表示单位成本。

(3)销售收入估算

根据预测的产品价格及设计生产能力,逐年计算产品销售收入,当有多种产品时,可分别计算多种产品的年销售收入并汇总计算年总销售收入。

2.财务评价

财务评价是根据国家现行财务和税收制度以及现行价格,分析测算拟建项目未来的效益费用。考察项目建成后的获利能力、债务偿还能力及外汇平衡能力等财务状况,以判定建设项目在财务上的可行性,即从企业角度分析项目的盈利能力。财务评价采用动态分析与静态分析相结合,以动态分析为主的办法进行。评价的主要指标有财务内部收益率、投资回收期、贷款偿还期等。根据项目特点和实际需要,有些项目还可以计算财务净现值、投资利润率指标,以满足项目决策部门的需要。

财务评价指标根据财务评价报表的数据得出,主要财务评价报表有:财务现金流量表、利润表、财务平衡表、财务外汇平衡表。

用财务评价指标分别和相应的基准参数——财务基准收益率、行业平均投资回收期、平均投资利润率、投资利税率相比较,以判别项目在财务上是否可行。

3.国民经济评价

在对建设项目进行经济评价时,除了要从投资者的角度考察项目的盈利状况及借款偿还能力外,还应从国家整体的角度考察项目对国民经济的贡献和需要国民经济付出的代价,后者称为国民经济评价。它是项目经济评价的核心部门,是决策部门考虑项目取舍的重要依据。

**4.不确定性分析**

在对建设项目进行评价时,所采用的各种数据多数来自预测和估算。由于资料和信息来源的有限性,将来的实际情况可能与此有较大的出入,即评价结果具有不确定性,这对项目的投资决策会带来风险。为了避免或尽可能减少这种风险,要分析不确定性因素对项目经济评价指标的影响,以确定项目在经济上的可靠性。这项工作称为不确定性分析。

根据分析内容和侧重面不同,不确定性分析可分为盈亏平衡分析、敏感性分析和概率分析,盈亏平衡分析只用于财务评价、敏感性分析和概率分析,可同时用于财务评价和国民经济评价。在可行性研究中,一般都要进行盈亏平衡分析、敏感性分析和概率分析,可视项目情况而定。

**5.社会效益和社会影响分析**

在可行性研究中,除对以上各项经济指标进行计算、分析外,还应对项目的社会效益和社会影响进行分析。

项目社会分析方法,除可以定量的以外,还应对不能定量的效益影响进行定性描述。内容包括:

(1)项目对国家政治和社会稳定的影响。包括增加就业机会、减少待业人口带来的社会稳定的效益,改善地区经济结构,提高地区经济发展水平等。

(2)项目与当地科技、文化发展水平的相互适应性。

(3)项目与当地基础设施发展水平的相互适应性。

(4)项目与当地居民的宗教、民族习惯的相互适应性。

(5)项目对合理利用自然资源的影响。

(6)项目的国防效益或影响。

(7)对保护环境和生态平衡的影响。

可行性研究人员可以根据项目的不同特点,对项目的主要社会效益或影响加以说明,供决策者考虑。

## 第十一章 可行性研究结论与建议

**1.结论与建议**

根据前面各节的研究分析结果,对项目在技术上、经济上进行全面的评价,对建设方案进行总结,提出结论性意见和建议。主要内容有:

(1)对推荐的拟建方案建设条件、产品方案、工艺技术、经济效益、社会效益、环境影响的结论性意见。

(2)对主要的对比方案进行说明。

(3)对可行性研究中尚未解决的主要问题提出解决办法和建议。

(4)对应修改的主要问题进行说明,提出修改意见。

(5)对不可行的项目,提出不可行的主要问题及处理意见。

(6)可行性研究中主要争议问题的结论。

(7)可行性研究报告附件。

凡属于项目可行性研究范围,但在研究报告以外单独成册的文件,均需列为可行性研究报告的附件,所列附件应注明名称、日期、编号。

2.附件

(1)项目建议书;

(2)项目立项批文;

(3)厂址选择报告书;

(4)资源勘探报告;

(5)贷款意向书;

(6)环境影响报告;

(7)需单独进行可行性研究的单项或配套工程的可行性研究报告;

(8)重要的市场调查报告;

(9)引进技术项目的考察报告;

(10)利用外资的各类协议文件;

(11)其他主要对比方案说明;

(12)其他。

3.附图

(1)厂址地形或位置图;

(2)总平面布置方案图;

(3)工艺流程图;

(4)主要车间布置方案简图;

(5)其他。

# 企业投资价值分析报告

### 概念

企业投资价值分析报告是顾问公司和咨询人员就某公司的投资价值进行准确的分析,向投资者或社会大众递交或公布的对该公司投资价值的分析性文书。

### 格式与内容

1.标题

标题由项目名称加"投资价值分析报告"组成。

2.正文

(1)公司概况;

(2)前景分析；

(3)财务状况；

(4)发展潜力。

## 范文

### 某中药企业投资价值分析报告

★ 资产负债率连年保持在较低水平,财务基础坚实稳健,盈利能力从 2000 年以来稳步提升,已处于国内中药行业上市公司中上等水平。

★ 目前共有 57 个产品进入国家基本医疗保险目录。安神补脑液竞争优势明显,后续提升产品也已问世;心脑血管产品系列,如血府逐瘀等,其活力将被逐步激发,新产品增长势头良好,新的亿元产品梯队正在构建中;预计销售额突破千万元的新产品也将推出。

★ 2002 年以来重建了营销体制,带动了经营效率的提高,应收账款大幅下降,存货周转率也持续提升,并保证了今后公司生产、研发能力的充分利用。

★ 公司对外投资在战略上处于主动地位。在政府主导下投资、控制"延边公路",其风险相对可控,IPO 的停止也凸显了延边公路的"壳"价值,延边公路的重组或出售,给市场较大的想象空间;广发证券经营稳健,短期内对公司的负面影响非常有限,长期内将产生较大的投资收益。

★ 股价目前静态市盈率及市净率均低于行业平均水平,相对低估。预计 2005 年和 2006 年的每股收益为 0.38 元和 0.45 元,即使当前 19 倍市盈率水平不变,2005 年相对应的股价为 7.30 元,2006 年相对应的股价为 8.68 元。而按缩股后相对应的股价应为 8.90 元、11.60 元。因此对目前股价我们给出"持有"的投资评级。

### 一、概况

××药业集团股份有限公司是一家以医药生产、医药销售、医药科研开发为主体的控股型集团公司。公司注册地址为××省××大街××号,法定代表人×××。公司于 1992 年 3 月经省体改委批准组建了药业集团股份有限公司,1996 年 10 月 28 日在深交所挂牌上市。公司共投资控股一家上市公司、八家医药制造子公司、三家医药销售子公司、三家医药配套子公司和广发证券、建筑安装两家参股公司,拥有参、控股公司 16 家。截至 2005 年 3 月 31 日,公司总资产 262993.12 万元,净资产 139101.77 万元,银行信用等级为 AAA 级,资产负债率为 34.59%。2004 年度实现销售收入 82078 万元,利润总额 18069 万元,净利润 11684.85 万元。

1. 行业发展概况

(1)药品工业是永久的朝阳产业

①药品需求源于人们对健康的渴望,这种需求是永久存续的,尽管人们日益重视健康问题,通过努力也使许多疾病得以治疗并使其发病率降低,但是一些新的疾病不断发生,特别是由环境破坏和污染造成的疾病近几年大幅增加,抵消了由于科技进步、人们生活水

平提高等因素造成的疾病减少;药品本身也随着科技发展的日新月异而持续更新、升级。药品工业是永久的朝阳产业。

②随着经济的发展,消费水平的提高,人们用药数量和质量将进一步提高。美国、日本等西方发达国家的药品消费量远远大于发展中国家。2003年全球药品市场中,北美、欧洲(欧盟15个成员国)和日本的销售额合计占88%。

③全球人口的老龄化和对创新疗法的不断需求也是药品市场增长的强劲推动力。

④药品消费受经济周期以及通货膨胀等因素影响较小。

⑤医药行业也被称为"无烟工业",能耗低,环境污染小,医药产品原材料较易获取。

⑥世界制药工业从20世纪70年代起进入快速增长阶段,70年代年均增长13%,80年代为8.5%,90年代为7.5%,远高于世界工业同期经济增长速度。2000年全球药品销售约为3680亿美元,预计今后几年全球销售每年将增长8%左右。

⑦中国医药行业正处于较高增长时期,近10年平均以17%~18%的速度增长。尽管这样,国内人均药品年消耗还不足200元,增长潜力很大。

(2)中医药是我国医药行业的特色

①在世界药品市场中,以天然物质为原料制成的药品已占30%,天然植物药的市场交易额近300亿美元,而且正以每年20%的速度增长,远远高于整个药品市场的发展速度。

②中国95%的化学药品都是仿制药,化学类创新药品的推出主要垄断在全球前20大的制药企业中。相比之下,中药是中国的特色产品,中药由于较低的毒副作用,易于被人们接受,回归自然成为潮流。

③现代技术应用到传统中药的研制和生产过程中,现代中药、数字化中药是一个趋势。中国的中药几十年来始终占全球药品市场不到2%的份额,中药行业将更多地利用新技术制定出产品的标准,同时通过基础研究来提升中药的国际竞争力。

④目前中药的消费主要在中国,但近几年随着中药现代化步伐的加快,中药出口连年增长,越来越多的人们开始消费中药。2004年我国中药消费量约为600亿元人民币,并且以每年15%的速度增长。

2.行业地位

(1)在全国医药企业百强中的地位

根据2004年7月20日中国医药企业管理协会公布的全国医药行业百强企业排序,排名第81位,医药工业企业利润总额排名第32位,产品销售收入排名第48位。

(2)在全国中药企业中的地位

在中药企业产品销售收入排名第18位,中药企业利润总额排名第14位,具有明显的竞争优势。

(3)新型数字化中药制造基地

目前公司在中国的中药现代化进程中,已经成为中国中医药行业内具有较强影响力的新型数字化中药制造基地。

### 3. 业务结构

公司目前虽然是医药＋公路＋证券的多元化控股型集团公司，但其立足点和长期发展战略仍是医药或中医药业务主营，未来延边公路极有可能重组。排除 2000 年广发高分红的影响，公司医药主业的利润贡献维持在较高的水平。2001 年开始，医药行业净利润贡献率始终维持在 80％以上。

### 4. 历年成长（略）

## 二、财务结构坚实稳健，盈利能力持续提升

### 1. 财务结构坚实稳健，为后续发展提供充足空间

历年均保持较低的资产负债率水平，流动比率、速动比率等短期偿债指标较高，财务结构坚实稳健。这一方面体现了公司注重安全性的财务战略，另一方面也为今后及时把握市场机会，保障后续发展提供了坚实的财务基础和充足的财务空间。

### 2. 盈利能力 2000 年以来持续提升

（1）收入的盈利能力——销售净利润率

2000 年以前，主要受药品毛利率下调，以及销售费用上升等影响，公司销售利润率水平一度从高位下降。2000 年后，随着公司销售体制改革完成，销售费用得到有效控制，加之利息支出进一步缩减，公司在药品毛利率进一步下调，大规模 GMP 改造增加折旧费用的不利条件下，成功实现了销售利润率企稳回升。同时，2004 年通过提高主导产品的批发价，制药业务毛利率相应提高。扣除投资收益、营业外收支、补贴收入等非经常性损益项目（作为认证的国家级农业产业化龙头企业、2004 年被批准为第一批振兴东北老工业基地项目，所得税优惠、财政贴息两类政策扶持具有长期可持续性，分析时未将这两类列入非经常性损益，下同），同时剔除 2004 年延边公路的影响，2004 年度销售净利润率为 15.48％，较 2000 年的 10.65％显著上升。

（2）资本的盈利能力——净资产收益率

我们可以用扩展的杜邦模型，将净资产收益率分解为五个指标的乘积，即（净利润／EBT）×（EBT／EBIT）×（EBIT／销售收入）×（销售收入／总资产）×（总资产／股东权益），分别代表税负水平、利息负担、销售利润率、资产周转率和财务杠杆水平。扣除非经常性损益，同时在分析 2004 年数据时剔除延边公路增加的净利润，分析显示，2000 年以来，公司净资产收益率水平已经连续 5 年呈上升趋势。

注：EBIT＝息税前利润，EBT＝税前利润。

（3）盈利能力已处于国内中药类上市公司中上等水平

经过近 5 年来的业绩提升，净资产收益率水平（扣除非经常性损益），已经达到国内中药类上市公司的中上等水平。

## 三、主打产品优势明显，后续产品前景广阔

### 1. 57 个产品进入国家基本医疗保险目录。

目前公司被国家医保甲类目录收入的产品包括血府逐瘀、香丹注射液、益肝灵等 20 多个品种，安神补脑液、利脑心胶囊、BP 素、心脑舒通、益血生、丹香清脂颗粒、金芪降糖颗

粒等 30 多个品种进入国家医保乙类目录,集团共有 57 个产品进入国家基本医疗保险目录。

销售额前八位的产品分析如下:(资料来源:据公司提供资料)

2. 一线产品安神补脑液优势明显

不寐类非处方药,主治由神经衰弱引起的失眠、多梦、头晕等症状。是 2004 年版《国家基本医疗保险目录》安神剂补肾安神类仅有的 3 个乙类中成药之一(无甲类),除了公司外,××制药集团××药业、广州××药业,也有该品种的生产批文,但销售额小于 0.5 亿元。

安神补脑液问世 22 年来销售额还能保持稳健增长,是中医药的一个奇迹,也是公司研发、营销能力的一个典范。目前该产品已建立了较强的品牌优势,在 OTC 安神药销售额排序中多年位居第一。2004 年该产品销售收入 3.5 亿元。由于采用专业化的营销方式,该产品的市场地位比较巩固,公司对销售网络的控制更加主动,目前公司缩短了销售通道,提高了安神补脑液的出厂价,取消了扣率,通过奖励性返点的方式意在统一全国零售价,为经销商创造较好的流通秩序。预计 2005 年销售额 3.9 亿元,未来 3 年复合增长率在 13% 以上,今后将成为集团稳健增长的现金牛。

公司通过不断运用新技术,如膜分离技术提升该产品质量,并针对市场需求变化,在外包装、剂型等方面不断改良,以实现产品提升。未来 10 年,随着生活节奏的加快,中青年人对睡眠药物的需求将稳健增长,而老年人口的增长也将扩大失眠药物的潜在市场。安神补脑液将面临持续、稳定上升的市场需求,其销售收入仍面临一定的上升空间。

3. 二线产品前景广阔,新的亿元梯队正在形成

(1)血府逐瘀口服液

当代中医学行气活血法的经典验方,被学术界给予很高的评价。公司采用擅长的口服液剂型生产该药。产品活血化瘀作用显著,用途广泛,市场空间巨大。2005 年起,公司处方药销售团队采取定位聚焦政策,突出该产品在缺血性心脑血管疾病(冠心病、中风)、神经外科(脑外伤、颅脑损伤及脑外伤后遗症)、眼科(眼底出血)方面的功效,重点开发医院市场,有望将其打造成集团第二个销售额过亿元的产品。该产品未来有望成为接替安神补脑液的产品,成为公司经济新的增长点和支柱。

(2)益血生胶囊

由 22 味中药组方而成,能增强免疫功能和骨髓造血功能,是××医药的主导产品,列入 2004 年《国家基本医疗保险目录》抗肿瘤辅助用药乙类目录,预计未来 3 年复合增长率为 10%。

(3)心脑疏通胶囊

组方从蒺藜中提取呋皂苷,活血化瘀,舒利血脉,用于痹心痛,中风恢复期的半身不遂,语言障碍和动脉硬化等心脑血管疾病,以及各种血液高黏症。列入 2004 年《国家基本医疗保险目录》祛瘀、温阳活血仅有的 4 个乙类中成药之一(无甲类)。预计未来 3 年复合增长率不低于 10%。

(4)核糖核酸注射液(BP 素)

适用于胰腺癌、肝癌、胃癌、肺癌、乳腺癌、软组织肉瘤及其他癌症的辅助治疗,对乙肝的辅助治疗也有一定疗效。在过去几年价格降幅较大的情况下,该产品仍取得销售额逐年增长的业绩,预计未来能够保持平稳增长。

(5)利脑心胶囊

该产品系治疗缺血性心脑血管疾病的纯中药制剂,2004 年《国家基本医疗保险目录》收录的主治祛瘀、温阳活血乙类中成药(无甲类)仅有 4 个,该产品位居其中。预计 2005 年产品销售额 0.45 亿元以上,未来 3 年的增速会加快。

(6)鹿胎颗粒

传统妇科用药,2004 年 9 月负责集团 OTC 药物销售的医药公司接手了该产品的销售,经过几个月的市场铺货,产品现已覆盖全国 1800 家连锁药店。2005 年一季度在央视广告和大型促销活动的配合下产品销售额达到 1000 万元以上,增长势头很快,预计全年能够实现 5000 万元的目标,成为 2005 年的成长动力之一,并有可能成为亿元销售产品。

4. 即将推出的新产品

(1)心脑舒通冻干粉针剂

公司控股子公司××药业研发 8 年的心脑舒通冻干粉针剂的图谱已经完成,2005 年年底完成临床总结,2006 年上半年可望取得新药证书。目前,国内中药的冻干粉针剂只有少数几种,价格昂贵,在市场也很受欢迎,我们预计这种剂型面市后,市场销售额能很快过亿元。

(2)其他

此外,集团 2005 年还将推出××补肾口服液、珍石烧伤膏(治疗小创面愈合)、少府逐瘀和小儿柴桂口服液等新产品,尿毒灵软膏(慢性肾衰竭)预计下半年拿到生产批文后才能上市。2005 年处方药团队还专门成立了妇幼组来启动今年重点推出的新品种少府逐瘀和小儿柴桂口服液,据了解,目前这两个产品的增长势头良好。

综合以上分析,我们认为,主打产品安神补脑液,未来仍然有足够的成长空间,随着公司研发、营销能力的提高,其他重要后续产品中也将出现销售突破亿元或五千万元的种类,公司产品线趋于完整,盈利稳定性提高。

四、全新营销模式、资产质量、经营效率的提高

1. 采用全新的营销模式

2000 年以前公司的营销模式是原来国企通用的"大包"模式,这种模式的弊端在于企业没有统一的销售策略,内部资源浪费,甚至发生企业内部相互竞争,而且对终端消费和现金流不太重视,在一定程度上造成收入和盈利的不实。2001 年年底,公司从××聘请了职业经理人出任集团市场总监,在 2002 年设立了医药公司,首先把安神补脑液和保益生化的泡腾片拿出来单独销售,现在主要负责安神补脑液、鹿胎颗粒、泡腾片等 OTC 产品及新产品的销售,将外企先进的营销模式和流程管理逐步嫁接到公司,激励机制也比较到位。OTC 队伍现已覆盖全国排名前 3 万家的 1.8 万家连锁药店。公司对安神补脑液基本上实行现款现货(预收一定比例的保证金,信用好的大客户最长 3 个月内必须回款),

其他产品的信用周期也控制在 3 个月内,近 3 年来应收账款大幅减少,逐步化解了公司原来积累的经营风险。新的营销模式带动了安神补脑液连续 3 年稳健增长。

2004 年,××公司还设立了医院队伍(内部虚拟的营销公司,便于考核)来负责处方药的销售,××药业也组建了 90 多人的处方药销售队伍,这两支队伍也都是从××聘来的职业经理人领军,执行新的销售模式。延边业务二部除了自己主销的新品种外还挑起了一部没有覆盖到的市场,运作 1 年来就已新渗透了 500 多家地级以上城市医院,一部和二部已建立了全国 1000 多家医院网络,主打品种血府逐瘀严格执行现款现货(同安神补脑液一样,预收保证金,最长 3 个月内必须回款)。

2005 年设集团公司市场总监,除直接管理商业公司的经营外还负责制定集团公司统一的商业政策。经过 3 年的营销改革,集团销售队伍的素质得到改善,新药的推广能力得到提高,广告投放经过科学的评估后节约了费用(集团 2002—2004 年广告投放分别为 6220 万元、4100 万元、4700 万元),但产品销售却保持了增长,经营效率有了明显提高。新的营销架构搭建的同时,原来老的销售模式下部分销售业绩较好的地区和小品种的承包制在其他子公司部分保留下来,主要是为了减缓营销变革对员工队伍的冲击力。因此,目前公司的营销处于整合阶段的多元化模式,新旧模式并存,主体企业已完全是新模式,职业经理人和商务代表占据主导地位,按产品线统一了销售队伍,严格执行公司的商业政策,主导产品出厂价也完全统一。

2005 年起,公司提高了主导产品的出厂价,取消了扣率,通过奖励性返点等 7 项考核指标来促使经销商统一全国零售价,为经销商创造较好的流通秩序,这将有利于公司的长远发展。医药公司 OTC 队伍也将从 400 人扩张到 600 人,处方药队伍要快速进入更多的目标医院。

据了解,整合阶段的多元化模式只是作为过渡阶段的销售模式,新销售模式在未来恰当的时机必将推广到整个集团,集团公司推进市场统一的思路正在酝酿之中。

我们认为,公司在 2002 年后顺应了我国医药生产和流通秩序的新形势,内生性的管理改革使得营销能力和盈利质量得到较大改善,并打下了下一步稳健发展的根基。

2. 新的营销模式带动资产与经营效率的提升

伴随营销模式的转变,公司存货和应收账款数量得到控制,资产质量优化。集团目前坏账计提比例是:1 年以内 5%,2~3 年 10%,4~5 年 50%,5 年以上 80%。这个计提比例比较保守,可以合理反映公司盈利质量。但目前 3 年以上应收账款比例达到 24.28%,公司必须计提较高的坏账准备。如果公司目前大力压缩 3 年以上应收账款计划顺利实现,公司资产质量将进一步优化。

五、投资:战略上的主动,想象空间巨大

1. 延边公路

2004 年,公司取得延边公路的实际控制权,持有延边公路 5030 万股,占总股本的 27%。

入主延边公路有地方政府的影响因素,也得到当地政府积极的政策支持。2004 年延边公路通过取消政府车辆免费证,提高了主业的盈利能力,新增加了工程建设业务,加上补贴收入得以扭亏,摘掉了 ST 帽子。目前,延边公路其他应收款总额从年初的 1.13 亿元大幅减少为 0.35 亿元,资产负债比例从 56.75％下降至 47.66％,资产质量有所提高。

不考虑补贴,2005 年延边公司的净利润估计为 1500 万元左右,合每股收益 0.08 元。2008 年左右,由敦化至延吉的高速公路开通,对延边公路造成很大的分流。因此,需要在 2 到 3 年的时间内对延边公路的主业进行重组,或者转让股权。我们认为,延边公路会对公司主业造成一定影响,但基本上是在可控的范围内。由于政府的支持,在延边公路上的投入获得了较多的财政上的补贴。

2004 年以来,国内 IPO 缓慢,目前,股权分置改革刚刚开始,因此,延边公路"壳"资源的意义非常重大。摘除 ST 后,在政府的支持下,完全有实力装入其他资产,彻底改变延边公路的主业,使其获得新生,并取得良好的投资回报。或者,由于上市公司"壳"的稀缺,直接出售所持股权,其回报也不可低估。

2.广发证券

目前,公司在广发证券投资总额接近 6 亿元,持股比例 27.14％,为其第二大股东。

据了解,广发证券 2004 年全年的利润为 1.2 亿元,带来 2500 万元以上的投资收益。目前广发证券的经营状况在全国的证券公司中排名前列,自营业务良好,资产管理规模较小,多次审计未发现问题。广发证券在行业内的地位和盈利前景是毋庸置疑的,前一段中信争夺广发证券的股权就充分说明了这一点。4 年的熊市当中,广发依然能提供投资收益。随着国内券商行业的整合和市场的扭转,我们认为,针对公司对广发的投资我们更应该持积极的态度。至少,公司持有广发证券的股权变现能力非常强。

六、影响投资价值的其他重要因素

1.公司治理结构完善

在公司内部的管理上,采取高度控股,各子公司分散经营的模式,但公司的财务、科研和营销又有统一的部署。公司管理总部与各子公司签订了严格的业绩考核目标,在全公司内运用了 ERP 系统,完全形成了标准化的流程管理,达到了节约高效的状态。2004 年,它的核心子公司延边药业一年的利润为 1.05 亿元,但招待费不足 50 万元。在营销方面,公司引进职业经理人队伍,效率大大提高。

2.未来几年资本性支出有限,投资回报逐渐显现

2000 年到 2004 年是在生产设备改造方面投入较大的几年,公司的 GMP 改造支出了 5 亿元,同时也进行膜分离技术改造、计算机自动控制提取等几项大的技术升级,目前公司拥有冻干粉针剂、大容量注射剂、小容量注射剂、口服液、胶囊剂、颗粒剂等生产线,全部通过了国家 GMP 认证。公司当前的生产能力已经完全满足了未来几年发展的需要,预期公司资本性支出会非常有限。经营的重点放在销售和科研方面,费用支出相对减少,股东能够享受前期投资所产生的回报。

3.资源和地域优势带来的垄断壁垒

公司地处长白山腹地林区,这里非常适合药材生长,药材种类多达 1400 种,公司用的

只有 90 多种,原料有充分保证,前景巨大。为了保证药品质量,公司建立了自己的药材种植基地,主要原料都是由基地生产。公司的鹿业公司梅花鹿存栏 6000 余头,是亚洲最大的梅花鹿养殖基地,按每头鹿 2 万元计算,价值达 1.2 亿元,远远超过账面价值(2004 年年底的账面价值仅为 306 万元)。公司主要产品大多含有鹿茸、人参等名贵药材。公司所用的长白山林蛙、雄性柞山蛾等为长白山独有。长白山药材的独特性和高质量在某种程度上也给药品生产形成了保护壁垒,受原料制约,公司生产的药品即使保护期满后也不会被其他公司仿制。

### 4. 品牌优势

公司经过了十几年的发展,形成了独具特色的品牌优势,"××"商标 1999 年被国家工商总局认定为中国驰名商标。主导产品"安神补脑液"、"血府逐瘀口服液"、"利脑心胶囊"、"心脑舒通胶囊"、"益血生胶囊"等多年来一直保持省优、部优和中国中药名牌产品称号。

### 5. 研发与生产的结合较为紧密

目前公司的研发主要是各子公司与各大医院、高校和科研机构进行的,公司设有一个国家技术中心和博士后流动站。在新药开发上,公司已经有 99 个药品可以生产。我国中药和日本、韩国的差距突出表现在生产工艺和各种剂型上,在这些方面它们做得较好。公司在生产上已经应用了计算机自动提取技术、口服液的膜分离技术,图纹图谱技术已在几个新药上开始应用。心脑舒通冻干粉针剂使公司在国内为数不多的冻干粉针剂占有一席之地。这些技术成果的应用并结合 GMP 改造,在生产工艺、剂型开发上已和国际同行站到同一水平线上。

目前,公司计划在北京建设研发中心,这也将在一定程度上扭转公司地理位置偏僻、人才吸引力不足的劣势。

### 6. 享受政策优惠

集团公司享受税收优惠政策,从 2002 年度起按 15% 税率征收企业所得税(执行到 2010 年)。2002 年起集团作为认证的国家级农业产业化龙头集团公司在农业项目上享受所得税免税的优惠政策。2004 年集团公司被批准为第一批振兴东北老工业基地项目,获得国债贴息贷款 1.35 亿元。

### 七、预测与估值

我们认为公司处于一个较稳健的发展轨道上,经营状况将会比较稳定。未来公司的主营将会有每年 20% 左右的销售和营业利润增长,另外我们预计持股的广发证券将会带来一定的投资收益,2005 年和 2006 年有 15.4% 和 18.9% 的净利润增长。

其在 2004、2005 两年的每股收益分别为 0.384 元、0.457 元,相当于缩股后的 0.470 元、0.558 元。

考虑到中药上市公司与国际成熟市场(如美国等)不具有直接可比性,我们直接选择国内 A 股市场中药类上市公司进行比较:

从行业估值情况看,股价目前静态市盈率及市净率均显著低于行业平均水平,相对低估。

2005年7月11日,股价收盘报6.07元,即使当前19倍市盈率水平不变,根据前述对2005年和2006年的每股收益预测(分别为0.38元和0.45元),2005年相对应的股价为7.30元,2006年相对应的股价为8.68元。而按缩股后相对应的股价应为8.93元、11.60元。因此对目前股价我们给出"持有"的投资评级。

### 八、缩股方案对二级市场股价的影响分析

#### 1.缩股提高了股票的内在价值

通过缩股方式解决股权分置、实现全流通,可以提高公司的内在价值和二级市场长期投资价值。一旦方案实施,由于总股本减少,以2004年度净利润为基准,每股收益由0.333元增加到0.407元,每股净资产由3.62元提高到4.16元,扣除本次派现,相应增加幅度为22%和15%。显然,关键财务的突出表现可以支撑并提高二级市场的长期投资价值。

#### 2.减持承诺与增持计划对流通盘的影响

控股股东的减持承诺和增持计划将极大地缓解全流通对市场的扩容压力。控股股东××实业目前补充承诺:一旦方案得以实施,其目前所持有的非流通股股份自获得上市流通权之日起,在36个月内不上市交易或者转让;在上述禁售期满后,如果减持,每年通过证券交易所挂牌出售其目前所持有股份的数量不超过总股本的2%。同时,××实业还承诺,在分置改革方案实施后12个月之内,××实业将通过证券交易所增持股份,增持比例不超过该公司总股本的10%,所增持的股份,在增持完成后36个月内不得出售。因此,股权分置改革方案实施36个月后,××公司每年通过证券交易所挂牌交易出售所持股份的数量(包括原持有部分和增持部分),不超过公司总股本的2%。同时,公司现有其他三家非流通股东也分别承诺,其持有的非流通股权在获得流通权后12个月内不上市交易或转让,上述期满后,如果减持,则12个月内通过证券交易所挂牌出售数量不超过公司总股本的5%,两年之内不超过10%。同时,持有公司流通股1200万股的广发证券也承诺,其持有股权36个月内不上市交易。

我们认为,上述承诺,大大减缓了全流通对市场的冲击,稳定了投资者预期。

首先,在方案通过的12个月内,非流通股东获得流通权的股份不会上市交易,同时,××实业有可能从二级市场增持公司股权,最大幅度为2800万股,同时,广发证券持有公司的流通股1200万股也处于锁定期,因此,可流通的股份相比改革前有所下降,最大下降幅度为22%。显然,××实业的增持计划以及其他股东的锁定承诺极大地缓解了全流通在短期内给二级市场的压力。

方案实施后的第12~36个月内,除××实业外,其他三家非流通股股东可以通过二级市场减持其获得流通权的股份,粗略计算,每年可减持的股份合计不超过公司总股本的10%,即使全部减持,累计不超过总股本的18%,分别相当于目前流通盘的15.6%和28%;但由于××实业和广发的持股锁定,以及××实业的增持,二级市场上的可流通股仍然维持在较低水平,其上限分别相当于改革前流通盘的93.6%和106%。显然,二级市

场所受的影响会非常有限。

方案实施 36 个月后,如果××实业减持股份,每年不超过公司总股本的 2%,相当于改革前流通盘的 3.1%,这种增加,对二级市场的影响也是非常有限的。

# 项目投资决算说明书

## 概念

项目投资决算说明书是企业在企业投资项目完成之后,在对投资项目工程质量以及产生的效用进行验收后,所做的有关项目实际投资额及其使用方向的一种说明性的文书。

## 格式与内容

1. 标题

标题由项目名称加"决算说明书"组成。

2. 正文

(1)项目投资概述;

(2)项目投资的依据;

(3)项目资金运用情况;

(4)结余资金及交付使用情况。

3. 落款

署明企业名称及制定决算说明书日期。

## 范文

### 工程竣工总决算说明书

本工程由××市第三建筑工程集团公司承建,于 20××年××月××日开工,20××年××月××日竣工,施工期为××年××个月,比原订承包合同提前××天。

这项工程 20××年××月×日至×日,曾经过初验,认为合格。工程验收领导小组又于 20××年×月×日开始进行最后的全面验收。在听取施工单位关于施工与技术管理情况介绍后,又查阅了施工质量检验记录和竣工图纸以及初验的有关记录资料,并对工程要害部位进行了复验。最后验收小组评价:"基本达到设计要求,工程质量为良,可以交付使用。"现对有关问题说明如下:

一、核算

本工程经省计委于 20××年×月×日以[×]字第××号文批准概算为××万元;而

后,又于20××年×月×日以[×]字第×号文批准追加概算××万元,总概算为××万元。

**二、项目资金运用情况**

1.历年投资拨款累计××万元,基本建设支出累计××万元,占投资拨款的99.7%,结余资金××万元。

2.历年投资完成额累计为××万元,占历年基本建设支出的90.5%,其他应该核销的支出累计××万元,占基本建设支出的9.5%。

3.在历年投资完成额累计中:建筑工程××万元,占投资完成额的80%;安装工程××万元,占2%;储备价值××万元,占10%;其他工程费用××万元,占8%。

**三、结余资金及交付使用的财产情况**

1.在验收中,如发现设计上有不足之处,虽然不影响工程整体要求,但应予以弥补。因此,验收小组决定将结余资金××万元,留给工程管理单位,以"预计未完工程投资"列入决算。

2.场地清理不彻底,施工用地赔偿仍有部分争议未决。验收小组决定将临时设施回收概算××万元,留作解决上述遗留问题之用,竣工决算中不作回收处理。

3.交付使用财产价值××万元,占投资总额的××%。详见附表(略)。

财产已经交给省冶金局(附交接书,略)。

××市××集团公司

20××年××月××日

# 筹资决策报告

## 概念

筹资决策报告是企业在对自身资金结构、资金使用等情况调查研究的基础上,通过科学论证而提出的不同筹资方案,并对各种可行性方案进行具体分析,找出经济上最合算的最佳方案的书面报告。

## 格式与内容

1.标题

标题直接写"筹资决策报告"即可。

2.正文

(1)筹资总体概况;

(2)当前企业的资金构成;

（3）筹资的几种可行性方案；

（4）可行性分析论证；

（5）筹资决策的结果。

3.落款

署明公司财务处名称及制作报告日期。

## 范文

<h2 style="text-align:center">筹资决策报告</h2>

董事会：

为适应本公司业务发展的需要，根据公司董事会提议、股东大会通过了于今年9月份追加筹资2000万元的决议。公司财务部对资金市场及其可能的筹资渠道和方式进行了广泛的调查研究和分析，认为可以采取向银行贷款、发行企业债券、增发普通股等方式分别筹资。根据三种筹资渠道可能筹集的资金额，提出了两种筹资方案可供决策。现将筹资方案的可行性分析论证情况及其结果报告如下：

一、本公司现有的资金结构

本公司现有的资金结构如表1所示：

表1　××公司现有资金结构表

| 筹资方式 | 金额（万元） | 资金结构（％） | 资金成本（％） |
|---|---|---|---|
| 银行借款 | 1200 | 30 | 8 |
| 发行债券 | 1200 | 30 | 10 |
| 发行股票 | 1600 | 40 | 15 |
| 合　　计 | 4000 | 100 | 33 |

二、可供选择的追加筹资方案

公司经过认真的调查，提出了两个追加筹资的方案。（略）

三、追加筹资方案的论证

由于追加了筹资，使得本公司的资金结构发生了变动，重新计算如下：（略）。

根据上表测算两方案的加权平均资金成本率如下：

追加筹资方案一的加权平均资金成本率为：

算式一：（略）

追加筹资方案二的加权平均资金成本率为：

算式二：（略）

根据以上两种计算结果，采取较低的第一种筹资方案。

四、追加筹资给企业带来的经济效益

通过上述比较分析表明,本公司采用第一种追加筹资的方案,能降低筹集资金的代价,并获得较为可观的经济效益。

×× 公司财务处

200× 年 × 月 × 日

# 关于追加经费的请示

## 概念

追加经费的请示是企业在上级部门已发放资金的情况下,由于内部或外部的某种原因,使企业资金实际需求超出上级部门已发放的资金,企业为了能顺利地开展已筹建的项目,请求上级再拨资金的一种请示性的文件。

## 格式与内容

1. 首部

(1)标题由企业名称加"追加经费的请示"组成。

(2)顶格书写上级部门尊称。

2. 正文

(1)存在资金缺口的原因分析;

(2)所缺数量等。

3. 落款

署明企业名称及制作报告日期。

## 范文

### ×× 厂关于追加经费的请示

×× 局:

今年,贵局给我单位维修费、工程款共计 ×× 万元,经公司基建处与财务部落实,实需经费 ×× 万元,尚缺 ×× 万元,为了确保工程建设的顺利进行,经厂长办公会议研究,拟自筹 ×× 万元;其余 ×× 万元,我们恳请贵局能在本年预算中给予安排。

不足的原因是:

1. 原来安排 ×× 万元用于 ×× 工程。施工前经有关部门检查鉴定,确认其不合格,仅此一项需追加 ×× 万元。

2.原来安排××万元建设××工程,由于原计划工程项目与市城建局的要求不符,需增加预算×万元,除自筹×万元外,尚需追加预算×万元。

以上两项共需追加预算××万元,请予批准。

××厂
20××年××月××日

# 第四章　商务往来文书

## 交易商洽函

### 概念

交易商洽函是交易双方就某项拟进行的买卖活动提出的，为达成交易而作的协商性函件。

### 格式与内容

1. 首部

(1)标题直接写"交易商洽函"即可。

(2)顶格书写受函公司名称或个人姓名。

2. 正文

就交易过程中可能遇到的问题，在商洽函中提出并发表自己的意见，包括商品的规格、运输方式、付款方式、赔偿办法等主要内容。

3. 落款

商洽函撰写机构或个人的名称，公章（签名）以及日期。

### 范文

交易商洽函

××省××公司：

贵公司要求与我公司建立业务合作关系的书面材料，我们已经收到。对于您的建议和意见，我们表示真挚的感谢！对于材料中提及的有关我公司产品的问题，现作如下回答：

1. 产品情况。我公司共生产四大系列 15 个种类的内存产品。主要使用于个人 PC、商用 PC、笔记本电脑以及服务器。其中除芯片外，产品的所有核心技术均为我公司掌握。目前产品主要为国内四大电脑生产商提供。具体技术参数和指标详见公司样品册。

2.包装和运输：我公司产品包装主要以纸盒为主，内用塑料纸包装，附有说明书。成批产品以纸箱包装，每箱内装 50 件产品，对于储运要求不高，可选择航空、铁路或公路等方式运输。

3.产品数量：我公司内存产品每次出货量不应低于 0.5K。

4.付款：在我公司发货前需要收到贵公司货款总额 25％以上的预付金。

5.保险：我公司按照中国人民保险公司的相关货物保险条款为准。

6.因非人为不可抗拒的外因，如战争、地震、自然灾害等导致货品延期交货或者无法交货的，我公司不承担责任。

7.索赔：凡是对装运货物质量提出索赔者，我公司负责产品的维修，若维修不好的产品，负责掉换。

8.仲裁：凡因执行合同所发生的或者与合同有关的一切事宜，双方应本着友好协商解决的原则。如协商不能加以解决的，应提交法院处理。

以上所列各项条款如有不当之处或疑问，请及时向我公司提出。

内存产品是近年来市场上的畅销品，技术更新快，市场周期短，但利润相对其他电脑配件要丰厚。我们相信，在双方互惠互利的基础上，加强配合和协助，我们的合作一定会取得令人满意的结果。

×××公司

20××年××月××日

# 希望建立贸易关系函

## 概念

希望建立贸易关系函是指企业为拓宽生产与销售，通过多种渠道了解客户，并经论证后认为值得与之建立贸易关系而发出的作为联系之用的信函。

## 格式与内容

1.首部

(1)标题直接写"希望建立贸易关系函"即可；

(2)顶格书写受函公司名称或个人姓名。

2.正文

(1)明确告诉对方自己是怎样获悉对方信息的，同时表示自己有意与对方建立业务关系，希望合作愉快。

(2)向对方介绍自身情况，包括企业性质、基本业务状况、经营范围、有哪些分支机构等。

（3）以礼节性的语言作为结尾。

3.落款

编制信函的公司名称及日期。

## 范文

**希望建立贸易关系函**

×××公司：

我们从×××博览会上看到了贵公司的名称及地址，得知你们有兴趣与中国的一些公司建立进出口业务联系。

如贵公司在本地尚无固定客户，希望考虑以本公司为交易伙伴。本公司主要经营×××在本国的批发零售业务。

本公司有多年的外贸经验，希望在世界各地建立适宜而持久的贸易关系。由于与生产厂家的长期直接联系，我们在许多行业中尤其是×××行业，是最有竞争力的。我们也愿意从贵公司进口一两种优良产品，以有竞争力的价格在我国销售，以期待能够持续、长期地占领市场。

我们希望聆听贵公司的意见、要求及建议，以及如何才能使双方协力合作、互惠互利。此外，本公司愿意以收取佣金为条件充当贵公司在我国的采购代理。

恭候回音。

×××公司

20××年××月××日

# 建立贸易关系答复函

## 概念

答复建立贸易关系函，是指企业收到希望建立贸易关系函后，按对方的要求完整地答复所用的商业信函。

## 格式与内容

1.首部

（1）标题直接写"答复客户建立贸易关系函"即可。

（2）顶格书写受函公司名称或个人姓名。

2. 正文

首先说明收到来函的日期,然后说明自己的态度、意愿及交代汇寄有关材料。如本方不能满足对方的要求,要及时、委婉地叙述原因,以便为以后可能的交往留有余地。

3. 落款

编制信函的公司名称及日期。

## 范文

### 答复建立贸易关系函

××经理:

×月×日来信暨附××推销方案一份均收到。为了打开中国××在美国市场的销路,贵公司已经进行了各项工作,并制订出了有关推销方案,对此我们表示赞赏。

对于贵公司推销我××的业务,我公司愿从多方面给予支持。首先在货源供应上,将尽力优先安排,以满足你方的销售需要。由于我们双方还没有当面洽谈的机会,因而不能立即达成交易。我方期待着您早日来访,共商发展业务大计。

××公司市场部

20××年××月××日

# 询价函

## 概念

询价函是由买方向卖方就某项商品交易条件提出的一种询问性的信函类文书。

## 格式与内容

1. 首部

(1)标题通常直接写"询价函"即可。

(2)顶格书写受函公司名称或个人姓名。

2. 正文

(1)首先要简要表明对所询价产品的兴趣;

(2)商品型号;

(3)规格;

(4)交易方式。

3. 落款

编制信函的公司名称及日期。

## 范文

### 询 价 函

×××先生/女士：

我公司对贵单位生产的××感兴趣,需订购××。

品质：一级。

规格：××。

望贵厂能就下列条件报价：

1.单价。

2.交货日期。

3.结算方式。

如果贵方报价合理,且能给予最优惠折扣,我公司将考虑大批量订货。

希速见复。

××副食品公司

20××年×月×日

# 报价函

## 概念

报价函是卖方向买方提供商品的有关交易条件的信函。

## 格式与内容

1.首部

(1)标题直接写"报价函"即可。

(2)顶格书写受函公司名称或个人姓名。

2.正文

(1)说明询价函已收到。

(2)产品概况。包括产品的价格、结算方式、发货日期、产品规格、可供数量、产品包装、运输方式等内容。

(3)以礼节性的语言作为结尾,如"恭候佳音"等。

3.落款

编制信函的公司名称及日期。

## 范文

**报 价 函**

××副食品公司：

贵方×月×日询价函收讫，谢谢。兹就贵方要求，报价详述如下：

商品：××
规格：一级
容量：××
单价：××
包装：标准纸箱，每箱××
结算方式：汇票
交货日期：收到订单 10 内发货

我方所报价极具竞争力，如果贵方订货量在××以上我方可按 95％的折扣收款。
如贵方认为我们的报价符合贵公司的要求，请早日订购。
恭候佳音。

××厂
20××年×月×日

# 还价函

## 概念

还价函是指接受报价的一方认为对方的报价中有些条款不能接受，提出自己的不同意见，供对方考虑的一种信函类的文书。

## 格式与内容

1.首部
(1)标题通常是还价原因加报价函。
(2)顶格书写受函公司名称或个人姓名。
2.正文
(1)通常先引出对方来函日期，然后表明本方的态度。
(2)相关产品信息。

（3）发表买方的意见。

3.落款

编制信函的公司名称及日期。

## 范文

### 卖方降低原报价函

××先生/女士：

贵方×月×日报价函获悉。我方不能接受贵方的报价，非常遗憾。

贵厂的一级××品质优良，但贵方的价格我方实在难以接受，我方认为贵方在现价基础上降低 15％比较合理。

盼复。

××副食品公司
20××年×月×日

# 订购函

## 概念

订购函是买卖双方经过反复磋商并接受了交易条件后，买方按双方谈妥的条件向卖方订购货物所写的信函。

## 格式与内容

1.首部

（1）标题直接写"订购函"即可。

（2）顶格书写受函公司名称或个人姓名。

2.正文

订购函包括商品名称、牌号、规格、数量、价格、结算方式、包装、交货日期、交货地点、运输方式、运输保险等内容。

订购函一般有两种方式：第一种是在接受函里说明所需订购货物；第二种是把订购函制成订单式，以表格的形式列明各项交易条件。

3.落款

编制信函的公司名称及日期。

## 范文

### 订　购　函

×××先生/女士：

贵厂×月×日的报价单获悉，谢谢。贵方报价较合理，特订购下列货物：

| ××（型号） | 数量 | 单价（元） | 总计（元） |
|---|---|---|---|
| ×××× | ×× | ×× | ×× |
| ×××× | ×× | ×× | ×× |

交货日期：20××年×月底之前

交货地点：××市××仓储部

结算方式：转账支票

烦请准时运达货物，以利我地市场需要。

我方接贵方装运函，将立即开具转账支票。

请即予办理。

××副食品公司

20××年×月×日

# 确认订购函

## 概念

确认订购函是买方在收到客户的订购后，予以回函确认，同时告之客户货物办理程度和货款支付等事宜，并询问客户是否还有其他要求的商务信函。

## 格式与内容

1. 首部

(1)标题直接写"确认订购函"即可。

(2)顶格书写受函公司名称或个人姓名。

2. 正文

(1)写明收到对方订购函的日期，然后告诉对方货物即将发出，希望对方查收。

(2)告知对方货款如何支付，最后简明扼要地询问客户是否还有其他要求。

(3)以礼节性的语言作为结尾，如"感谢贵方的惠顾，希望合作愉快"。

3. 落款

编制信函的公司名称及日期。

### 范文

**确认订购函**

×××先生/女士：

非常高兴收到贵方×月×日第×号订单。我方即速予以办理,货物将在贵方要求日期内运抵指定地点。

根据商业汇票的规定,我方通过××银行开出以贵方为付款人的银行承兑汇票,面额××××元,承兑期限为3个月。我们相信此汇票必得承兑。

贵方对此货还有何要求,请即函告。

感谢贵方的惠顾,希望我们能保持长久的贸易联系。

××副食品公司

20××年×月×日

# 回复商业询购函

## 概念

回复商业询购函是指收到询问(询价、询购)函后回复对方的商业信函。

## 格式与内容

1. 首部

(1)标题直接写"回复商业询购函"即可。

(2)顶格书写受函公司名称或个人姓名。

2. 正文

(1)说明收到对方信函的日期,然后对咨询的内容给予答复;

(2)以礼节性的语言作为结尾,如"如有问题,欢迎再提"。

3. 落款

编制信函的公司名称及日期。

## 范文

**回复商业询购函**

×××先生/女士：

×月×日的信函收讫,我们很高兴。随函附寄一份贵方索要的产品说明书和价目单。

在准备这份最新的说明书时,我们不惜费钱费时来力求这份说明书外形美观,信息性强。从封面内容里,您将找到有关我们营业折扣的详细说明。

我们建议您下次来时,允许我们带您参观一下我们的工厂,在这里您可以亲眼见到高质材料和精湛手艺是怎样融合进我们的产品制作之中的。同时您还能熟悉各种高档的羽毛制品,还可以带给你的客户那些令他感兴趣的有用信息。

希望我们能有机会在任何一方面给您提供服务,只要贵方愿意采用,我们将尽可能满足您的需要。

×××敬上

20××年×月×日

# 装运通知函

## 概念

装运通知函是说明货物装运日期、装运车号、所附的单据等以便买方提货的商务信函。

## 格式与内容

1. 首部

(1)标题直接写"装运通知函"即可。

(2)顶格书写受函公司名称或个人姓名。

2. 正文

(1)对方订货号、货物品种及数量;

(2)包装情况;

(3)装运时间及估计到达时间;

(4)装运单据名称。

3. 落款

编制信函的公司名称及日期。

## 范文

### 装运通知函

××先生/女士:

贵公司第××号订购函所订××台打印机,已于×月×日交付托运,预计一周后到达××市。

×台打印机分三箱包装,每箱上均标有标记。

兹随函附寄下列装运单据,以便贵公司在货物抵达时顺利提货:

1.我方第×号发票一份

2.第×号货运提单一份

3.第×号装箱单一份

4.第×号保险单一份

5.第×号检验单一份

感谢贵公司对我公司的支持,希继续来函询价、订购。

××电脑公司

20××年×月×日

# 包装磋商函

## 概念

包装磋商函是交易双方就产品的销售包装和运输包装进行磋商的一种信函文书。

## 格式与内容

1.首部

(1)标题直接写"包装磋商函"即可。

(2)顶格书写受函公司名称或个人姓名。

2.正文

(1)开头通常要引出对方来函日期,并说明需要磋商的内容;

(2)对品质规格、质量、包装方式、产品单价、交易方式的满意程度如何。

(3)对包装有无特殊要求;

(4)以礼节性的语言作为结尾,如"望鼎力合作,谢谢"。

3.落款

编制信函的公司名称及日期。

## 范文

**包装磋商函**

××先生/女士:

你方×月×日关于100公斤金华火腿的报价函收到,我方对产品质量、价格、支付条件、交货日期等均感满意,只是对包装有特别的要求。

我们希望将聚乙烯袋销售包装改成硬纸盒包装,运输包装则改用瓦楞板纸箱,以便于顾客携带和长途运输。

望鼎力合作,谢谢。

××副食品公司

20××年×月×日

# 索取样品函

**概念**

索取样品函是指要求对方提供样本及样品所写的信件。

**格式与内容**

1.首部

(1)标题由商品名称加"索取样品函"或加"销售事宜函"组成;

(2)顶格书写受函公司名称或个人姓名。

2.正文

(1)索取样本及样品的目的;

(2)索取样本及样品的要求。

3.落款

编制信函的公司名称及日期。

**范文**

**联系商品销售事宜函**

××先生/女士:

前一批货销售极佳,颇受好评,除传真中向您订购的数量外,公司意欲扩大经营范围,我想请您给我寄下述样品:

1. 6岁男式童装2套

2. 6岁女式童装2套

3. 5岁儿童套裙2套

并请附上有关资料与说明文字,供我们查看、宣传及倾听消费者的反应。我估计你们的产品是会受到欢迎的。一旦公司作出决定,我们将大批量向贵方订货。具体事宜日后联系,请你们从速寄上样品,谢谢您对此事的关照。渴望回复,在资料上请附上样品的价格和质量规格说明。

××百货公司

20××年×月×日

# 商品检验证明函

## 概念

商品检验证明函是交易双方就商检证书出具的结果及其效力等问题进行磋商所用的信函。

## 格式与内容

1.首部

(1)标题直接写"商品检验证明函"即可。

(2)顶格书写受函公司名称或个人姓名。

2.正文

(1)引述证明函的要求;

(2)表明本方的态度;

(3)提出处理意见。

3.落款

编制信函的公司名称及日期。

## 范文

**商品检验证明函**

××商贸中心:

　　××月××日的信函及第×号订单收到。对订单所载的产品——××牌 500ml 纯果汁的质量应具有商检证明,如发生索赔,以目的港公证机构的检验为依据的条文,现答复如下:

　　我方出口交易一般条款明确规定:由中国进出口商品检验局出具的有关商品品质和重量的证明书作为依据。至于你方需要复验到货,则可由你方决定。如发生异议要求索赔,则必须按照我方规定在货物到达目的港后 30 日之内提出,同时须提供经我方同意的公证机构出具的检验报告。

希洽并复。

××进出口公司

20××年×月×日

# 催款函

## 概念

催款函是指卖方在买方收到货物后，逾期未付款结算的情况下，所用的提醒买方及时付款结账的信函。

## 格式与内容

1. 首部

(1)标题直接写"催款函"即可。

(2)顶格书写受函公司名称或个人姓名。

2. 正文

(1)催款单位和欠款单位的全称和账号；

(2)双方交易往来的原因、日期、发票号码、欠款金额、拖欠货款等情况；

(3)处理意见。

3. 落款

编制信函的公司名称及日期。

## 范文

催　款　函

××市××商业中心：

贵中心于20××年×月×日向我公司定购了××牌舞台灯光设备12套，货款金额共计人民币75万元，发票编号为××××。也许因为贵公司业务较繁忙，或者一些其他因素，至今我公司还未收到货款。现特致函贵公司，请尽快将货款结算完毕，我公司在××市工商银行××区××分理处的账号是××××。逾期将按照双方协议中的有关规定，交纳0.2%的补偿金。

贵公司如有什么特殊情况，请收到此函件后立即与我公司财会室××联系，电话是×××××××，邮编：××××，地址：××市××区××路××号。

特此函告。

××公司

20××年×月×日

# 理赔函

## 概念

在贸易活动中，当合同一方就对方违约向其提出索赔时，对方用以接受索赔事实的专用复函，即为理赔书(函)。理赔书对于交易双方达成谅解和继续发展关系，具有积极的意义。

写作理赔书时，应认真阅读对方的索赔书，看看其索赔理由是否成立，索赔书中的证据是否有效，索赔金额是否合理，是否逾期，然后据此确定理赔策略。

## 格式与内容

1. 首部

(1)标题通常为产品名称或事由加"理赔函"；

(2)顶格书写理赔书送达单位名称。

2. 正文

(1)引叙索赔书(函)要点；

(2)说明已接受索赔事实并将进行相应赔偿；

(3)提出谅解请求和继续进行友好合作的希望。

3. 落款

编制信函的公司名称及日期。

## 范文

**质量不符理赔函**

××市××连锁超市有限公司：

贵公司于×月×日的来函已收悉。信中提到的6箱不合格啤酒问题，我公司立即进行了全面调查，发现是由于装箱时，工作人员误将次品当做合格品，从而造成这一事件的发生。这是我公司工作的失误造成的，对此我们向贵公司表示诚挚的歉意。

我公司对于贵公司在信函中提出的有关要求和处理意见完全接受。对于因此造成的贵公司不必要的损失，我公司将负责赔偿，我公司将在最快时间内责成当地办事处的有关人员协助办理此事。

这件事的发生给我公司的管理工作敲响了警钟。我公司将在生产管理中进一步强化责任意识,杜绝此类事件的再次发生。

特此函复。

××啤酒股份有限公司

20××年×月×日

# 索赔函

### 概念

索赔书(函)是商贸活动中的买方就卖方行为违背合同条款所造成的损失,向卖方提出经济赔偿所使用的信函或专用文书。写作索赔书要注意:反映事实要客观、真实;索赔理由要合理、充分;提出要求要以合同条款或国际惯例为准则。

### 格式与内容

1.首部

(1)标题通常为产品名称或事由加"索赔函"。

(2)顶格书写索赔书送达单位名称。

2.正文

(1)具体说明违约事实及结果;

(2)提出索赔的具体要求;

(3)对对方提出要求或希望。

3.落款

编制信函的公司名称及日期。

### 范文

**质量不符索赔函**

××啤酒股份有限公司:

我公司于本月×日从贵公司购买了200箱6000罐××牌纯生啤酒,等级为一级品。但到货后,我方质检人员发现该批货中大约有6箱啤酒的质量明显低于贵公司提供的样品标准。经××省××市××质量监督局抽样检验,这6箱啤酒中含有明显的沉淀物,而且部分抽检样品中大肠杆菌超标,属于不合格产品。随函寄上我公司出具的质检报告。

现特向贵公司提出这6箱不符合质量标准的啤酒按照《食品卫生法》的有关规定作销毁处理,同时贵公司需对我公司造成的损失作全部赔偿。

161

特此致函，盼复。

××市××连锁超市有限公司

20××年×月×日

附件：××市××质量监督局质量检验报告（略）

# 投诉回复函

## 概念

投诉回复函是指回复客户的投诉，并提出处理意见的信函。

## 格式与内容

1. 首部

(1)标题直接写"投诉回复函"即可；

(2)顶格书写受函公司名称或个人姓名。

2. 正文

(1)引述投诉要点；

(2)表明己方态度；

(3)提出处理意见。

3. 落款

编制信函的公司名称及日期。

## 范文

**投诉回复函**

××用户：

　　我公司于本月 12 日收到您给我公司寄来的信函，感谢您对我公司工作的批评和建议。您在信中提到家中部分新购的××家具出现脱胶、接缝不牢等现象，我们认为可能是由于您家中湿度过大的原因。

　　针对这一情况，我公司已经责成公司驻贵市办事处的工作人员去您家中作实际检查并作出处理意见。我公司将严格遵守《产品质量法》和我公司的销售承诺，妥善解决好您的问题，请您放心。

　　特此函复。

××省××家具制造有限公司

20××年×月×日

162

# 第五章　商务谈判文书

## 商务谈判方案

### 概念

商务谈判方案是指在谈判之前，根据谈判目的和要求预先以书面形式拟定的具体的内容、方法和步骤。

### 格式与内容

1. 标题

标题通常由谈判项目名称加"谈判方案"组成。

2. 正文

(1)谈判的总体构想、原则，说明谈判内容或谈判对象的情况。

(2)谈判主题、谈判目标、谈判程序、谈判组织等。

3. 落款

署上谈判单位及日期。

### 范文

**关于引进×××公司重型汽车及生产技术的谈判方案**

五年前我公司曾经经手×××公司的重型汽车，经试用性能良好，为适应我矿山技术改造的需要，打算通过谈判再次引进×××公司同类汽车及有关部件的生产技术。×××公司代表于 4 月 3 日应邀来京洽谈。

具体内容如下：

1. 谈判主题

以适当价格谈成 29 台同类重型汽车及有关部件生产的技术引进。

2. 目标设定

(1)技术要求

①汽车车架运押 15000 小时无开裂。

②在气温为 40 摄氏度条件下,汽车发动机停止运转 8 小时以上在接入 220V 的电源后,发动机能在 30 分钟内启动。

③汽车的出动率在 85％以上。

(2)试用期考核指标

①一台汽车试用 10 个月(包括一个严寒的冬天)。

②出动率达 85％以上。

③车辆运行 375h,行程×××km。

④车辆运行达×××km。

(3)技术转让内容和技术转让深度

①利用购 29 台车为筹码,×××公司无偿(不作价)转让车架、厢斗、举升杠、转向缸、总装调试等技术。

②技术文件包括:图纸、工艺卡片、技术标准、零件目录手册、专用工具、专用工装、维修手册等。

(4)价格

①20××年购买×××公司重型汽车,每台车单价为 23 万美元;5 年后的今天如果仍能以每台 23 万美元成交,那么定为价格下限。

②5 年时间按国际市场价格浮动 10％计算,今年成交的可能性价格为 25 万美元,此价格为上限。

小组成员在心理上要做好充分准备,争取价格下限成交,不急于求成;与此同时,在非常困难的情况下,也要坚持不能超过上限达成协议。

3.谈判程序

第一阶段:就车架、厢斗、举升杠、总装调试等技术附件展开洽谈。

第二阶段:商定合同条文。

第三阶段:价格洽谈。

4.日程安排(进度)

　　4 月 5 日上午 9:00—12:00

　　　　　　下午 3:00—6:00 为第一阶段

　　4 月 6 日上午 9:00—下午 2:00 为第二阶段

　　4 月 6 日晚上 7:00—9:00 为第三阶段

5.谈判地点

第一、二阶段的谈判安排在公司 13 楼洽谈室。第三阶段的谈判安排在×××饭店 2 楼咖啡厅。

6.谈判小组分工

主谈:×××为谈判小组总代表,为主谈判。

副主谈:×××为主谈判提供建议或见机而谈。

翻译：×××随时为主谈、副主谈担任翻译，还要留心对方的反应情况。

成员 A：负责谈判记录技术方面的条款。

成员 B：负责记录财务及法律方面的条款。

重型汽车引进小组

20××年×月×日

# 商务谈判纪要

## 概念

商务谈判纪要是指按照谈判的实际情况，将谈判的主要议程、议题、涉及的问题、达成的结论及存在的分歧等加以归纳总结，整理成书面材料，经双方代表签字确认后，便成为正式的谈判纪要，它对谈判双方具有一定的约束力，但没有法律约束力。

## 格式与内容

1. 标题

标题通常由事由名称加"谈判纪要"组成。

2. 正文

（1）开头，综述谈判情况，包括谈判双方当事人名称、谈判代表姓名、谈判时间和地点、谈判目的、谈判议题及谈判的总体评价等。

（2）主体，概括列出谈判的主要议题，并在议题下写明谈判双方（或多方）经谈判经商后取得的一致意见；如果一方提出意见，另一方未同意或有所保留，写出要求的内容，并说明另一方对此问题所持的态度。

3. 落款

署上谈判各方单位名称及代表人姓名，并签署日期。

## 范文

**补偿贸易谈判纪要**

××丝绸公司（以下简称甲方）代表×××、×××与香港××丝织品贸易公司（以下简称乙方）代表×××、×××于20××年×月×日到×月×日在上海××饭店就双方进行补偿贸易问题进行了初步会谈。

现将会谈主要内容记录如下：

1. 为了保证货源，扩大丝织服装贸易，甲乙双方经协商，一致同意在互惠互利基础上开展丝织服装补偿贸易。

2. 乙方要求甲方提供稳定的生产厂家,为乙方生产所需的丝绸服装。甲方同意乙方的要求,准备于近期内在××市投资 150 万元新建一家丝绸服装厂,并于 20××年 1 月 1 日前建成投产,生产乙方所需的以真丝为面料、不绣花的各式服装,年产量 30 万～35 万件。如乙方需要,产量还可逐年提高。

3. 会谈中乙方多次表示了对质量问题的关注,希望甲方在人员配置、职工培训、质量检验等方面加大投入,加强管理。甲方对乙方的要求表示理解,并表示在工厂筹建和投产后生产管理等方面愿意积极听取乙方意见,采取各种措施,保证产品质量。

4. 双方商定,乙方向甲方提供价值大约 10 万美元的丝绸服装生产专用设备和附属设备。应甲方的要求,乙方同意在双方正式签订补偿贸易协议后一个月内向甲方提交设备名称、价格说明文件,供甲方确认。购置设备所需款项全部由乙方垫付,不计利息;甲方分三年,即在 20××年、20××年、20××年内各归还三分之一;归还方式为在乙方来料加工的加工费中扣除。

5. 双方商定,甲乙双方的丝绸服装贸易和乙方的材料加工,其产品的规格、款式、质量要求、交货期限、付款方式等,应逐项签订合同。其中价格条款,原则上以双方签约时大陆的出品价格为标准协商确定。

6. 应甲方的要求,乙方同意派出技术人员来甲方投资新建的丝绸服装厂进行技术指导,帮助服装厂提高产品质量。同时乙方同意乙方技术人员前来服装厂进行技术指导时所发生的费用,全部由乙方自行承担。

7. 双方商定,甲方在本纪要签署后一个月内将投资新建丝绸服装厂的具体方案寄给乙方,由乙方确认后,双方约定适当时间,就补偿贸易问题进行进一步会谈,确定协议内容。

8. 本纪要用中文书写,一式两份,甲乙双方各执一份。

       ××××丝绸公司　　　　　　　　香港××××丝织品贸易公司(章)
      代表:×××(签字)　　　　　　　代表:×××(签字)
        20××年×月×日　　　　　　　　20××年×月×日

# 商务谈判备忘录

### 概念

商务谈判备忘录是在业务磋商过程中的一种提示或记事性文书,是在商务谈判时,经过初步讨论后,记载双方的谅解与承诺,为进一步洽谈时作参考。

## 格式与内容

**1. 标题**

标题直接写"备忘录"或谈判项目名称加"备忘录"即可。

**2. 正文**

（1）谈判双方情况，如单位、名称、谈判代表姓名、会谈时间、地点、会谈项目等。

（2）事项，各自作出的承诺。

**3. 落款**

双方谈判代表署名。

## 范文

**备 忘 录**

（20××年×月×日）

中国××公司××分公司（简称甲方）与××国××公司（简称乙方）的代表，于20××年×月×日在中国××市就兴办合资项目进行初步协商，双方交换了意见，达成了谅解，双方的承诺如下：

1. 依据双方的交谈，乙方同意就合资经营××项目进行投资，投资金额大约××万美元。投资方式待进一步磋商。甲方所用于投资的厂房、场地、机器设备的作价原则和办法，亦待进一步协商。

2. 关于利润的分配原则，乙方认为自己的投入既有资金，又出技术，应该占60％～70％。甲方认为应该按投资比例分成。双方没有取得一致意见。但乙方代表表示利润分配比例愿意考虑甲方的意见，并另定时间进行协商确定。

3. 合资项目生产的××产品，乙方承诺在国际市场上销售产量的45％，甲方希望乙方提高销售额，达到70％，其余的在中国国内市场上销售。

4. 工厂的规模、合营年限以及其他有关事项，均没有详细地加以讨论，双方都认为待第二项事情向各自的上级汇报确定后，其他问题都好办。

5. 这次洽谈，虽未能解决主要问题，但双方都表达了合作的愿望。期望在今后的两个月再行联系，以便进一步商洽合作事宜，具体时间待双方磋商后再定。

中国××公司××分公司　　　　××国××公司

代表：×××（签章）　　　　　　代表：×××（签章）

# 商务接待方案

## 概念

商务接待方案是指在生产厂家代表、客商或上级主管部门代表到来之前,企业的有关部门准备怎样做好接待工作,并事先拟出接待的安排日程、活动内容、参加者、次数、规格等书面材料,呈报单位主管领导,经审批同意后,即按安排进行,通常也称接待工作方案。

## 格式与内容

1. 标题

标题通常有三种写法:即接待××代表团前来洽谈业务的方案,××代表团前来洽谈业务的接待方案,对××代表团前来洽谈业务的接待方案。

2. 正文

(1)介绍来访缘由,需要说明是应我方邀请,还是来访者的要求。

(2)来访者的职务、共几人、负责人、访问时间、目的、对象、任务等。

(3)接待工作的原则及具体接待安排。

(4)接待方案需呈报上级审批,需以"以上安排妥否,请批示"等作结束语。

3. 附件

附件说明接待人员及客人名单。

4. 落款

署上编制方案的单位及日期。

## 范文

### ××酒业公司总经理前来洽谈业务的接待方案

应我公司邀请,××酒业公司总经理等一行3人,将于本月6日到达我公司洽谈业务,时间暂定3天。

该公司是我国西南地区的大型酒类生产厂家,产品在国内外市场上一直供不应求。该公司与我公司有多年的业务联系,系供应我××酒的唯一厂家,对我公司业务往来积极,态度友好,每年均与我公司有成交实绩。

对他们此次前来洽谈业务,我方拟本着友好、热情、多做工作的精神予以接待,望洽谈卓有成效。

具体安排如下:

1. 客人抵、离京时,由有关业务人员迎送。

2.由我公司总经理、副总经理会见并宴请两次。

3.由我方总经理负责与其洽谈。

4.客人在京期间适当安排参观游览、文化娱乐活动。

5.客人在京费用由我公司承担。

以上意见妥否，请公司领导指示。

附件：××酒业公司客人名单（略）

　　　本公司接待人员名单（略）

××百货公司公关部

20××年×月×日

# 第六章　人力资源管理文书

## 人力资源开发与管理计划书

### 概念

人力资源开发与管理计划书是企业的人力资源部拟定的该企业某一年度内涉及企业人力资源开发管理的一种计划类文书。

### 格式与内容

1. 标题

标题通常为公司名称加计划年度加"人力资源开发与管理计划书"。

2. 正文

（1）总体人员计划；

（2）招聘计划；

（3）人员调整方法；

（4）绩效考核计划与方法；

（5）培训计划；

（6）人力资源预算等。

3. 落款

编制计划书的公司名称及日期。

### 范文

#### ××人力资源开发与管理计划书

一、职务设置与人员配置计划

根据公司 20××年发展计划和经营目标，人力资源部协同各部门制定了公司 20××年的职务设置与人员配置。在 20××年，公司将划分为八个部门，其中行政副总负责行政部和人力资源部，财务总监负责财务部，营销总监负责销售一部、销售二部和产品部，技

术总监负责开发一部和开发二部,具体职务设置与人员配置如下:

1. 决策层(×人)

总经理×名、行政副总×名、财务总监×名、营销总监×名、技术总监×名。

2. 行政部(×人)

行政部经理×名、行政助理×名、行政文员×名、司机×名、接线员×名。

3. 财务部(×人)

财务部经理×名、会计×名、出纳×名、财务文员×名。

4. 人力资源部(×人)

人力资源部经理×名、薪酬专员×名、招聘专员×名、培训专员×名。

5. 销售一部(×人)

销售一部经理×名、销售组长×名、销售代表×名、销售助理×名。

6. 销售二部(×人)

销售二部经理×名、销售组长×名、销售代表×名、销售助理×名。

7. 开发一部(×人)

开发一部经理×名、开发组长×名、开发工程师×名、技术助理×名。

8. 开发二部(×人)

开发二部经理×名、开发组长×名、开发工程师×名、技术助理×名。

9. 产品部(×人)

产品部经理×名、营销策划×名、公共关系×名、产品助理×名。

**二、人员招聘计划**

1. 招聘需求

根据20××年职务设置与人员配置计划,公司管理层人员数量应为×人,到目前为止公司只有×人,还需要补充×人,具体职务和数量如下:

开发组长×名、开发工程师×名、销售代表×名。

2. 招聘方式

开发组长:社会招聘和学校招聘。

开发工程师:学校招聘。

销售代表:社会招聘。

3. 招聘策略

学校招聘主要通过参加应届毕业生洽谈会、在学校举办招聘讲座、张贴招聘海报、网上招聘等四种形式。

社会招聘主要通过参加人才交流会、刊登招聘广告、网上招聘等三种形式。

4. 招聘人事政策

(1)本科生:

①待遇:转正后待遇×××元,其中基本工资×××元、住房补助×××元、社会保障金×××元左右(养老保险、失业保险、医疗保险等)。试用期基本工资×××元,满半月

有住房补助；

②考上研究生后协议书自动解除；

③试用期三个月；

④签订三年劳动合同；

(2)研究生

①待遇：转正后待遇××元，其中基本工资××元、住房补助××元、社会保险金××元左右（养老保险、失业保险、医疗保险等）。试用期基本工资××元，满半月有住房补助；

②考上博士后协议书自动解除；

③试用期三个月；

④公司资助员工攻读在职博士；

⑤签订不定期劳动合同，员工来去自由；

⑥成为公司骨干员工后，可享有公司股份。

5. 风险预测

(1)由于今年本市应届毕业生就业政策有所变动，可能会增加本科生招聘难度，但由于公司待遇较高并且属于高新技术企业，可以基本回避该风险。另外，由于优秀的本科生考研的比例很大，所以在招聘时，应该留有候选人员。

(2)由于计算机专业研究生愿意留在本市的较少，所以研究生招聘将非常困难。如果研究生招聘比较困难，应重点通过社会招聘来填补"开发组长"的空缺。

**三、选择方式调整计划**

20××年开发人员选择实行了面试和笔试相结合的考查办法，取得了较理想的结果。

在 20××年首先要完善非开发人员的选择程序，并且加强非智力因素的考查，另外在招聘集中期，可以采用"合议制面试"，即总经理、主管副总、部门经理共同参与面试，以提高面试效果。

**四、绩效考评政策调整计划**

20××年已经开始对公司员工进行了绩效考评，每位员工都有了考评记录。另外，在20××年对开发部进行了标准化的定量考评。今年，绩效考评政策将作以下调整。

(1)建立考评沟通制度，由直接上级在每月考评结束时进行考评沟通；

(2)建立总经理季度书面评语制度，让员工及时了解公司对他的评价，并感受到公司对员工的关心；

(3)在开发部试行"标准量度平均分布考核方法"，使开发人员更加明确自己在开发团队中的位置。

(4)加强考评培训，减少考评误差，提高考评的可靠性和有效性。

**五、培训政策调整计划**

公司培训分为岗前培训、管理培训、岗位培训三部分。岗前培训在 20××年已经开始进行，管理培训和岗位培训从 20××年开始由人力资源部负责。今年，培训政策将作以下调整。

（1）加强岗前培训。

（2）管理培训与公司专职管理人员合作开展，不聘请外面的专业培训人员。该培训分成管理层和员工两个部分，重点对公司的管理模式、管理思路进行培训。

（3）技术培训根据相关人员申请进行。采取公司内训和聘请培训教师两种方式进行。

六、人力资源预算

1. 招聘费用预算

（1）招聘讲座费用：计划本科生和研究生各四个学校，共×次，每次费用××元，预算××元；

（2）交流会费用：参加交流会××次，每次平均××元，共计××元；

（3）宣传材料费：××元；

（4）报纸广告费：××元。

2. 培训费用

20××年实际培训费用××元，按 20％递增，预计今年培训费用约为××元。

3. 社会保障金

20××年社会保障金共交纳××元，按 20％递增，预计今年社会保障金为××元。

人力资源部

20××年×月×日

# 人员招聘方案

## 概念

人员招聘方案是企业就招聘员工所做的整体性的计划文书。

## 格式与内容

1. 标题

标题通常为公司名称加"招聘方案"。

2. 正文

（1）发布招聘信息；

（2）应聘人员报名及方式；

（3）初步甄选；

（4）面试；

（5）确定录用人员及报到。

**范文**

## ××物流有限责任公司人员招聘方案

**一、发布招聘信息**

1. 拟订"应聘要求",初步计划在《××报》、《××报》、《××网站》等媒体公布,同时在××官方网站公布。

2. 信息发布时间为×月×日至×月×日。

**二、应聘人员报名**

1. 应聘人员须到××网站下载并填写报名表,同时附带个人简历,通过邮寄、传真、E-mail 等方式报名。

2. 报名时间截止到×月×日。

**三、初步甄选**

1. 对报名表进行初步审查,确定面试入围人员并发放《面式通知书》。

2. 入围比例控制在 1∶5 左右。

3. 时间为报名结束后 3 天。

**四、面试**

1. 组成面试评选小组,邀请××领导小组有关领导参加指导。面试小组人员由以下三方面人士组成:

(1)××领导小组有关领导;

(2)公司领导班子成员;

(3)邀请部分专业人士。

2. 面试主要考查应聘者的以下知识和能力:

(1)应聘者对理论、实务以及应聘职位应当必备的专业知识的理解;

(2)应聘者个人管理能力、表达能力、组织能力、应变技巧以及个人魅力、气质风度方面的考核;

(3)应聘者对应聘职位相关知识的了解;

(4)应聘者思想政治素质考核。

3. 面试题目的设计

公司组成专门的命题组,共同讨论确定面试题目。

面试包括两道题:

第一题为命题组题目,由应聘者抽签选题;

第二题为随机题目,由面试组成员随机提问。

**五、确定拟录用人员**

1. 对准备录用的人员发放《录用通知书》,规定被录用者来公司报到的时间。

2. 时间:面试结束后一周内。

六、录用人员报到

1. 与拟录用人员订立《劳动合同》,规定相关权利义务及服务期、服务年限等。

2. 时间为发放录用通知书后一周内。

# 招聘启事

## 概念

招聘启事是指用人单位或组织向社会公开招收、聘用有关工作人员而使用的应用文体。

## 格式与内容

1. 标题

标题通常为公司名称加"招聘启事"。

2. 正文

(1)招聘单位的基本情况;

(2)对招聘对象的具体要求;

(3)报名方式、手续、时间、地点等。

## 范文

### 《××网》招聘启事

××网站(www. ××. com. cn)因业务发展需要,即将全面升级为一个专业网络科学新闻报道、提供科学信息资源共享平台和构建全球华人科学社区的全新综合类科学网站——××网。

因工作需要,《××网》现急需招聘 4 名工作人员。

一、中文编辑 2 名

职位描述:

负责网络科技新闻信息的采集与编辑、科技新闻专题的策划与制作、网络科学社区的管理与维护和科技信息资源库的建立、维护与推广。

岗位要求:

1. 理工科类专业毕业,大学本科及以上学历;

2. 知识面宽,有较强的文字驾驭能力,对科技发展及网络新闻行业有敏锐的洞察力和工作热情;

3. 有网站编辑或传统媒体经验或相关工作经验者优先。

二、英文编辑 2 名

职位描述：

负责网络科技新闻信息的采集与编辑、科技新闻专题的策划与制作、网络科学社区的管理与维护和科技信息资源库的建立、维护与推广。

岗位要求：

1. 大学本科及以上学历；理工科类专业毕业者需要有较高的英语水平，或者是英语专业毕业者需要有宽广的理工科知识背景。

2. 知识面宽，有较强的文字驾驭能力，对科技发展及网络新闻行业有敏锐的洞察力和工作热情。

3. 有科技翻译经验或网站编辑经验者优先。

以上招聘人员均需年龄 36 岁以下，条件优异者可放宽至 45 岁。三个月试用期，择优录用，待遇面谈。

有意者请于 20××年×月×日前将个人简历发邮件至××××@××或发传真至××××。

# 企业员工聘任书和录用通知书

## 概念

聘任书和录用通知书在写作方法上基本相同，其内容即是聘请或录用有关人员担任某种职务或从事某项工作的通知性质的文书。

## 格式与内容

1. 首部

（1）标题通常直接写"聘书"或"录用通知书"即可；

（2）顶格写被聘者的姓名。

2. 正文

（1）聘请、录用的原因；

（2）担任什么工作或职务及期限；

（3）希望和要求。

3. 落款

（1）署上发信人姓名或公司名称，并加盖公章；

（2）署明时间。

## 范文

### 企业聘任书

兹聘请××先生(小姐)为本公司××部(职称)：

在聘期间：××××××。

自20××年×月×日起到××××年×月×日止。

特聘

总经理：×××

20××年×月×日发

### 录用报到通知书

×××先生/小姐：

一、对于您应征本公司×××一职，经复审结果，决定录用，请于20××年×月×日(星期×)上午×时×分携带下列物品文件，到本公司人事部报到。

(1)居民身份证、最高学历证

(2)个人简历

(3)体检表

(4)一寸相片三张

二、按本公司规定新进员工必须先行试用三个月，试用期薪资××××元/月；

三、报到后，本公司会在愉快的气氛中，为您作职前介绍，包括让您知道本公司一切人事制度、福利、服务守则及其他注意事项，使您在本公司工作期间满足、愉快，如果您有疑虑或困难，请与人事部联络，电话：×××××××××。

特此通知

××公司人事部

20××年×月×日

# 员工培训管理方案

## 概念

员工培训管理方案是指企业人力资源部门制定的用于指导员工培训工作的公司规章文书。

## 格式与内容

**1. 标题**

标题通常为公司名称加员工"培训管理方案"。

**2. 正文**

(1)培训目标和要求；

(2)经费设计来源；

(3)训练的时间、方式安排；

(4)培训讲师、课程安排；

(5)效果评价与考核；

## 范文

### ××公司员工教育培训管理方案

**一、总则**

1. 本制度以系统性为特征，目的是完善本公司的员工培训。

2. 本公司为储备人才的长期培训或短期培训，均需依本章所列之条例进行。

**二、培训目标**

1. 本节所列培训目标，是为人事部门进行培训时提供一定的参考。

2. 凡计划培训时，首先确定这一培训是新进员工培训或在职培训。

3. 订立目标时应注意如下事项：

(1)是否希望改进在职人员的工作效率；

(2)是否希望通过培训改进员工工作表现；

(3)是否需要为在职人员未来发展或变动工作作准备；

(4)是否需要通过培训使员工有资格晋升；

(5)是否是为减少意外，加强安全的工作习惯；

(6)是否是为改善在职人员的工作态度，尤其是减少浪费的习惯；

(7)是不是需要改善材料处理加工方法，以打破生产技术上的瓶颈现象；

(8)是不是培训新进员工以适应其工作；

(9)是否需要教导新员工了解全部生产过程；

(10)是不是培养在职人员的指导能力，以便在工厂扩充时，指导新进员工。

**三、学习方针**

确定培训目标后，需确定学习的主题，下列各项可以帮助人事部门决定在职人员了解其义务、责任与学习态度。

(1)是否可以用工作分析来配合培训；

(2)是否有品质标准以供培训者学习之用；

(3)是否有某些技术或工作方法必须予以指导；

(4)是否在安全操作方面需予以指导；

(5)是否可建立一种方法使在职人员减少材料浪费；

(6)是否需要教导材料处理的方法；

(7)是否决定在学习时采用最佳机器设备操作方法；

(8)是否需要订立员工工作标准；

(9)是否期望改进或改变工作态度；

(10)是否需对业务员说明产品业务，以增进其工作成效；

(11)是否包括工具的使用方法及放置位置在内的训练项目；

(12)是否需教导业务员本身工作以外的业务。

### 四、培训形式

1.教育培训还需考虑培训形式，有了正确的培训形式，方可达到培训目标。

2.下列各条可提供一些参考：

(1)是否不脱产培训；

(2)是否需要一个教室和一个专职教师；

3.是否采用实地工作培训和教师授课相结合的方式；

4.是否采用实地工作培训和函授课程以达成培训目标。

### 五、教学方法

1.本公司业务员的教育培训的教学可采用授课或示范方法。

2.凡决定用授课方法时，须注意以下两点。

(1)授课是传授知识的最好方法。

(2)示范是教授技能的最好方法。

3.计划教学时，须注意下列各点：

(1)教学主题是否只需一次特别讲课或需一系列讲课；

(2)教学之后是否需要讨论；

(3)教学主题是否需要示范；

(4)操作上的问题能否在教室中解说明白；

(5)能否在工作中直接进行指导。

### 六、培训视听教具

1.视听教具可以帮助说明授课意图和使受训者了解把握学习重点。

2.采用视听教具应注意下列各点：

(1)是否需要一本教导手册；

(2)是否在培训时，发给一份计划大纲；

(3)除了课本外，是否发给其他的印刷教材；

(4)如果培训需要电影或幻灯协助，是否能获得此类所需的资料；

(5)是否能利用机器设备或产品的图片或照片，并将其放大作为教学之用；

(6)是否能利用机器设备的模型来做教学示范。

## 七、培训设备

1.凡决定培训设备时,应根据培训的内容及形式选用。

2.施教地点的确定(在确定培训设备时应同时完成)。

3.确定培训设备时也应注意以下几点:

(1)培训如果不能在工作场地进行时,是否有适当的会议室或餐厅可以利用;

(2)培训是否可以在邻近的学校、餐馆等地举行;

(3)培训需用的教学设备是否充足;

(4)是否要让受训者自带一些用具及设备,以降低培训成本。

## 八、培训时间

1.教学培训时间的长短,应根据业务需要而决定,并依学习资料、师资力量及学员素质而定。

2.确定培训时间应注意以下几点:

(1)是否必须在上班时间实施培训;

(2)应确定每次讲习时间长短和每周举行次数。

## 九、教师的选定

1.必须聘请一位以上的专家来执教。

2.师资优劣是决定培训工作成败的重要因素,所以师资必须是相应培训科目的专家或有经验者。

3.聘用教师必须注意下列几点:

(1)受训者所属的领导是否有足够的时间和能力来施行教学;

(2)是否可以由精良的技术工人来担当教学。

## 十、受训人员的选择

1.选择受训人员除了基于培训目标外,其他如受训人员的性向、体态、工作经验、态度都应加以考虑。

2.选择受训人员时应注意以下几点:

(1)对新进员工是否需施以培训;

(2)新进员工的培训是否可作为雇用的先决条件;

(3)是否希望受训者曾有一些工作经验;

(4)员工在换岗或晋升时是否必须施以培训;

(5)是否为因工作中受伤的人员,予以特设之培训来协助他们继续在原岗位服务;

(6)是否允许员工自动参加培训。

## 十一、培训经费

1.凡在培训计划实施前,应计算全部费用编列预算,以便有充足的培训费用,以利计划之推行和依照编列之预算来检验培训的成果。

2.培训经费的预算,应注意以下几点:

（1）是否在培训场地、器械、材料上需花费费用；

（2）受训时，受训工资是否计在培训费用之内；

（3）如若教师是本公司员工，其薪金是否列在培训费用之内；

（4）筹备培训计划阶段的费用是否计算在培训费用之内；

（5）由于培训而造成次品及误工费，是否应计算在培训费用中。

十二、培训计划的核验

1.培训的成果。必须核验是否达到原定目标。

2.核验培训计划必须注意以下几点：

（1）培训成果是否选原定目标；

（2）是否有标准学习时间，以供受训者完成学习进度；

（3）学员在受训前期与受训后工作能力的变动是否需要做成记录；

（4）学员进步情形是否需要做成记录；

（5）是否需对受训者所获知识与技能施以测定；

（6）是否应由受训者的直接主管对受训者进行长时期的定期性观察，判定其培训成效，并将结果反馈给培训部门。

十三、公布培训计划

1.培训计划完成后，须公开发布以便引发员工的进取意识。

2.计划公布时应注意以下几点：

（1）如果计划需向员工公布，是否准备在培训开始前或者是施行时宣布；

（2）培训时间、地点、方法是否形成制度性文件下发；

（3）培训结束后是否发给结业证书。

十四、附则

本教育培训计划如有未尽事宜，应随时作出修改。

# 员工培训计划

## 概念

员工培训计划书是企业人力资源部为对员工进行培训而专门设计的一类文书。

## 格式与内容

1.标题

标题通常是企业名称加"员工培训计划"。

2.正文

（1）训练目标；

(2)训练需要；

(3)训练企划的推动者；

(4)经费来源；

(5)训练时期及训练方式；

(6)课程设计；

(7)外聘讲师；

(8)训练场所；

(9)评估训练成果及奖励制度等。

## 范文

### ××公司 WTO 专题课培训计划

**一、培训内容与师资**

1. WTO 现状、基本规则和基本框架

主讲：××市经济管理干部学院副教授

2. 中央和部委领导关于加入 WTO 的基本思路

主讲：××大学教授

3. 入世对工商企业的影响以及对策

主讲：××省政府顾问教授

**二、时间安排**

定于×月份、×月份、×月份分别安排一次（于星期三下午××点～××点上课）。

**三、培训费用**

每人每次交听课费××元，共计××元。

**四、上课地点**

××国际股份有限公司

**五、培训单位**

××市经济管理干部学院培训部。

# 企业培训工作评估报告

## 概念

企业培训工作评估报告是对企业培训工作进行总结的一种报告类文书。

## 格式与内容

1. 标题

标题通常是企业名称加"培训工作评估报告"。

2. 正文

（1）培训取得的经验；

（2）培训存在的不足。

## 范文

××公司培训工作评估报告

20××年×月至20××年×月，我公司培训中心与××企业顾问公司与美国××学院合作，共同对本集团公司的中层管理领导及营销主管进行了为期××个月的培训。现对该次培训活动总结如下。

一、培训取得的经验

1. 内容设计系统而实用

课程内容设计上以专业营销理论和技能为核心，结合MBA工商管理基本知识，融入××行业的专业课程，并加入专题研讨，同时安排为期一个月的出国考察，理论与实践有效结合体现了培训内容的系统性。培训中融入职业心态和观念调整等方面的内容，增强了学员学习的积极性和乐趣。

2. 形式应用较为灵活

采用集中—分散—集中，面授与实践相结合的培训模式，并结合实战型营销专家、跨国公司老总、成功企业家的经验分享式讲座，专业培训顾问课程更是采用提高学员参与性的互动式、案例研习式的授课模式，真正使学员愿意学、学得到和会应用。

3. 培训对象选择较为适合

年龄：××岁以下。经过培训后他们能成为中流砥柱，且符合企业长远发展要求。

学历：大学本科。具备学习本次培训课程所需的知识基础。确保培训内容的难度适合学员水平。

工作：多年从事相关工作和即将从事相关工作的人员。确保培训的针对性。

4. 师资实力强大

部分基础课程和与××行业有关的课程充分利用该行业所属管理干部学院的授课资源；MBA工商管理相关课程、跨国公司老总、企业家、实战型营销专家，职业培训顾问的授课讲师从××培训顾问的资源中优中选优；合理整合双方师资资源，实现优势互补，保障了培训的师资力量。

5. 方案具有较强的操作性

因为方案在未进入执行阶段就组成××集团培训干部和××培训专家顾问组以及学员代表的论证组，经过多次论证和修改，不仅从执行的阶段时间、地点、课程、主要授课老师等实施的各项因素进行了反复修改，而且对培训中应用的学员手册、教师手册、系统评估工具、支持性工作的分工、主要教材的编写形式都作出了安排，在执行的过程中基本没有作大的调整，保证了培训方案的顺利实施。

6. 培训过程全程跟进，控制到位

在整个培训过程中，不仅在学员参与面授期间进行了评估调查、阶段性小测试，还对期间发现的有些不够实用的授课内容及时进行了调整，对掌握不够的内容配发了自学指导资料，而且在学员返回工作岗位进行实习过程中也进行了跟进和指导，做到了培训过程的全程跟进，从而大大提高最终的培训效果。

7. 考察与实习交流解决了企业实际问题

在学员参加完阶段性实习后，组织学员进行了集中性的培训实习交流活动，期间发现了许多企业的实际问题，针对这些问题，学员与专家进行了讨论，并制定了相应的整改措施，使培训不仅提高了员工素质，同时解决了企业长期存在的一些实际性问题，使培训的投入效益得到倍增，通过出国考察和海外培训，更使学员的思路得到拓展。

二、培训存在的不足

1. 培训需求分析不够

现代培训需求定位不仅仅要体现企业需求，了解学员的实际水平并因材施教，同时对学员的需求了解也是不可忽视的，有经验的学员与没有经验的学员不同，有专业知识基础的学员与没有专业知识基础的学员不同，只有充分了解了学员的全面需求才能够制订符合需要的培训计划。本培训因为学员范围分布的局限，在培训需求的研究方面只采用了需求调查的单一方法，而没能够发挥观察、访谈等培训需求信息的收集方法。

2. 每期参加培训的人数较少

培训资源共享，在不影响培训效果的情况下，降低单个人员培训成本，是培训效益控制的基本原则。而在本培训项目中每期的学员安排较少，从资源利用的角度来说，还不够经济。

3. 室内的培训即使是结合案例分析讲授课程，但给学员的多数都是理性认识；而在室外通过活动、游戏等形式的培训则可以给学员以感性的认识，对强化培训效果更加有利。在本培训项目中，室内培训几乎占98％以上，授课形式方面还没有达到最佳应用效果。

4. 培训效率较低，应该安排两个班交叉进行

按原方案的安排，每期计划招×××人参加培训，到20××年计划办×××期同样的培训，但以这样的培训产出效率是无法满足企业需要的。中国即将加入WTO，到20××年培养出的营销专家是否能够满足中国××集团发展的需要呢？如果安排两个同样的培训班交叉进行授课，一方面可以充分利用资源，另一方面也可以提高培训效率。

# 员工晋升管理文书

## 概念

员工晋升管理文书是人力资源配置管理的一项重要内容，也是激励员工的重要手段。

晋升某一位员工时必须有相应的考核制度及晋升程序为依据。

## 格式与内容

1.标题

标题通常为公司名称加"员工晋升管理办法"。

2.正文

(1)晋升的依据;

(2)晋升的程序;

(3)晋升的权限。

## 范文

### ××公司员工晋升管理办法

第一条 为提高员工的业务知识及技能,选拔优秀人才,激发员工的工作热情,特制定本晋升管理办法。

第二条 晋升较高职位依据以下因素:

1.具备较高职位的技能;

2.相关工作经验和资历;

3.在职工作表现与操行;

4.完成职位所需要的有关训练课程;

5.具备较好的适应性和潜力。

第三条 职位空缺时,首先考虑内部人员,在没有合适人选时,考虑外部招聘。

第四条 员工晋升分定期和不定期两种形式。

1.定期。每年×月和×月根据考核评分办法(另行规定)评审运营状况,统一实施晋升计划。

2.不定期。在年度进行中,对组织有特殊贡献、表现优异的员工,随时予以提升。

3.试用人员成绩卓越者,由试用单位推荐晋升。

第五条 晋升操作程序。

1.人事部门依据组织政策于每年规定的期间内,依据考核资料协调各部门主管提出的晋升建议名单,呈请核定。不定期者,另行规定。

2.凡经核定的晋升人员,人事部门以人事通报形式发布,晋升者则以书面形式个别通知。

第六条 晋升核定权限。

1.副董事长、特别助理与总经理由董事长核定;

2.各部门主管由总经理以上人员提议,并呈董事长核定;

3.各部门主管以下各级人员由各级单位主管提议,呈总经理以上人员核定,报董事长复核；

4. 普通员工由各级单位主管核定，报总经理以上人员复核，并通知财务部门与人事部门。

第七条　各级职员接到调职通知后，应在指定日期内办妥移交手续，就任新职。

第八条　凡因晋升变动职务，其薪酬由晋升之日起重新核定。

第九条　员工年度内受处罚未抵消者，次年不能晋升职位。

第十条　本文书自 20××年×月×日正式生效。

# 员工建议、意见管理方案(办法)

## 概念

员工建议、意见管理方案是指为了调动员工的能动性和积极性，鼓励员工多提合理化建议和意见，增强公司的凝聚力，而制订的奖励性文书。

## 格式与内容

1. 标题

标题通常为公司名称加"员工建议、意见管理办法"。

2. 正文

根据企业实际情况撰写，切忌照搬他人的激励方法。

## 范文

### ××公司员工建议、意见管理办法

第一条　本公司为倡导参与管理，并激励员工就其平时工作经验或研究心得，对公司业务、管理及技术，提供建设性的改善意见，借以提高经营绩效，特制定本办法。

第二条　本公司各级员工对本公司的经营，不论在技术上或管理上，如有改进意见，均得向人事部索取建议书，将拟建议事项内容详细填列。如建议人缺乏良好的文字表达能力，可请人事部经理或单位主管协助填列。

第三条　建议书内应列的主要项目如下：

1. 建议事由：简要说明建议改进的具体事项。

2. 原有缺失：详细说明在建议案未提出前，原有情形之未尽妥善处以及应予改革意见。

3. 改进意见或办法：详细说明建议改善的具体办法，包括方法、程序及步骤等项。

4. 预期效果：应详细说明该建议案经采纳后，可能获得的成效，包括提高效率、简化作业、增加销售、创造利润或节省开支等项目。

第四条　建议书填妥后,应以邮寄或面递方式,送交人事部经理亲收。

第五条　建议书内容如偏于批评,或无具体的改进或变革实施办法,或不具真实姓名者,人事部经理不予交付审议;其有真实姓名者,应由人事部经理据实委婉签注理由,将原件密退还建议人。

第六条　本公司为审议员工建议案件,设置员工建议审议委员会(以下简称审委会)由各单位主管为审议委员,经营会议经理为召集人,必要时,人事部经理得在与召集人洽商后邀请与建议案内容有关的主办单位主管出席之。

第七条　审委会的职责如下:

1. 关于员工建议案件的审议事项。

2. 关于员工建议案件评审标准的研订事项。

3. 关于建议案件奖金金额的研议事项。

4. 关于建议案件实施成果的检讨事项。

5. 其他有关建议制度的研究改进事项。

第八条　人事部收到建议书后,认为完全者,应即于收件三日内编号密封送交审委会召集人,提交审委会审议。如因案情特殊,得由审委会另行洽请与该建议案内容有关的人员先行评核,提供审委会作为审议参考。

前项审委会的审议除因案件特殊者得延长至 30 天外,应于审委会召集人收件日起 15 天内完成审议工作。

第九条　本公司员工所提建议,具有下列情事之一者,应予奖励:

1. 对于公司组织研提调整意见,能精简或强化组织功效者。

2. 对于公司商品销售或售后服务,研提具体改进方案,具有重大价值或增进收益者。

3. 对于商品修护的技术,提出值得实行的改进方法。

4. 对于公司各项规章、制度、办法提供具体改善建议,有助于经营效能提高者。

5. 对于公司各项作业方法、程序、报表等,提供改善意见,具有降低成本、简化作业、提高工作效率的功效者。

6. 对于公司未来经营的研究发展事项,提出研究报告,具有采纳价值或效果者。

第十条　前条奖励的标准,由审委会根据有关员工建议案评核表中各个评核项目分别逐项研讨并评定分数后,以总平均分数依下表拟定等级及其奖金金额。

| 等　级 | 奖　金 |
| --- | --- |
| 第一等 | 200 元 |
| 第二等 | 400 元 |
| 第三等 | 600 元 |
| 第四等 | 800 元 |

| 等　　级 | 奖　　金 |
|---|---|
| 第五等 | 1000 元 |
| 第六等 | 2000 元 |
| 第七等 | 3000 元 |
| 第八等 | 5000 元 |
| 第九等 | 7000 元 |
| 第十等 | 9000 元 |
| 特　　等 | 10000 元 |

第十一条　建议案经审委会审定认为不宜采纳施行者,应交由人事部经理据实委婉签注理由通知原建议人。

第十二条　建议案经审委会审定认为可以采纳并施行于本公司者,应由审委会召集人会同人事部经理于审委会审定后三日内,以书面详细注明建议人姓名、建议案内容及该建议案施行后对公司的可能贡献、核定等级及奖金数额与理由,连同审委会各委员的评核表,一并报请经营会议复议后由总经理核定。

经审委会定其等级在第四等以下者,得由审委会决议后即按等级发给奖金。经经营会议复议后认为可列为十等者,应呈请董事长核定。

第十三条　为避免审委会各委员对建议人的主观印象,影响评核结果的公平,人事部经理在建议案未经审委会评定前,对建议人的姓名应予保密,不得泄露。

第十四条　建议的案件如系由二人以上共同提出者,其所得的奖金,按人数平均发给。

第十五条　有下列各情形之一者,不得申请核奖:

1.各级主管人员对其本身职掌范围内所作的建议。

2.被指派或聘用为专门研究工作而提出与该工作有关的建议方案者。

3.由主管指定为业务、管理、技术的改进或工作方法、程序、表报的改善或简化等作业,而获致的改进建议者。

4.同一建议事项经他人提出并已获得奖金者。

第十六条　本公司各单位如有任何问题或困难,需求解决或改进时,经呈请总经理批准后得公开向员工征求意见,所得建议的审议与奖励,得依本办法办理。

第十七条　员工建议的最后处理情形,应由人事部通知原建议人,员工所提建议,不论采纳与否均应由人事部负责归档。经核定给奖的建议案,并应在公司公布栏及次月刊中表扬。

第十八条　本办法呈请总经理核准后公布施行,修订时同。

# 员工考勤管理制度

## 概念

员工考勤管理制度是指为了加强企业内部职工的组织纪律性而制定的管理性文书，严格的考勤管理对企业的发展、生产效率的提高起到重要的作用。

## 格式与内容

1.标题

标题通常为公司名称加"员工考勤管理制度"。

2.正文

(1)企业的作息时间；

(2)企业的休假规则；

(3)加班加点的规定；

(4)违纪现象的处理措施。

## 范文

### ××公司员工考勤管理制度

一、总则

第一条　为建立×××集团及所属公司正常的工作秩序，提高工作效率，特制定本制度。

第二条　本制度适用对象：

(1)集团及所属公司的正式员工；

(2)试用期的员工；

(3)有约定的返聘、兼职或临时工。

本制度不适于下列人员：

(1)集团高层领导；

(2)经集团领导批准不参加考勤的经理人；

(3)公司总经理批准不参加考勤的员工；

(4)其他打卡但不参与考勤的人员。

第三条　考勤的范围：

(1)集团规定的工作日；

(2)集团或公司组织的会议、培训、集团活动等。

第四条　考勤管理机构为集团人力资源部与办公室主任（或指定的考勤员）。

第五条　本制度由集团人力资源部负责制定、修订和解释。

第六条　本制度自公布之日起生效，集团及所属公司原执行的考勤制度自动失效。

二、考勤要求

第七条　集团总部职能部门，大区，公司（集团）员工每周工作时间为五天。星期六上午上班视为加班，加班费在本月工资中支付，占月工资的 10%；星期六下午各单位可以自行组织学习、组织活动等，不经请假不得擅自离开公司。

第八条　每天工作时间：上午 8：30—下午 17：30。

第九条　提倡各单位采用打卡考勤，没有考勤机的公司实行签到制。各公司的考勤员由办公室主任或相关人员兼任。

第十条　员工上下班都必须亲自打卡，不得委托他人打卡或代人打卡，一经发现，对双方各按照 500 元/次的标准扣罚，在两天内办理现金罚款手续，不得以任何理由拒交罚金，并各记警告一次。

第十一条　凡符合下列情况之一的：

（1）忘记打卡；

（2）忘记带卡；

（3）由于工作方面的特殊原因，如前天加班过晚（超过 22 点）等，不能正常到岗；

（4）由于非可控因素，如暴雨、地震等，不能正常到岗。员工可到公司总经理处签到，由公司总经理视实际情况，确定为迟到或早退或旷工或正常出勤，并出示书面处理证明，作为考勤统计的依据。

第十二条　员工上班前直接在外公干或上班后临时外出公干，均需主管领导批准或告知部门考勤员，否则按迟到、早退或旷工处理。

三、考勤标准

第十三条　凡未在规定的时间内到达工作岗位而未说明理由或理由不充分的，即被认定为迟到。

（1）每月迟到 2 次（15 分钟内）不予扣工资；

（2）从第 3 次起：

①迟到 1～15 分钟者，扣罚本人月工资的 1%，迟到 16～30 分钟者，扣罚本人月工资的 2%；

②迟到 31 分钟及以上者，视为旷工，扣罚本人月工资的 5%；

③凡 1 个月累积迟到 1～15 分钟 5 次或 16～30 分钟 3 次者，该半年不得上调工资，扣款处罚依据以考勤记录为准。

第十四条　凡在规定时间之前，未经许可离岗者，即被认定为早退。

从早退第 1 次起：

（1）早退 1～15 分钟者，扣罚本人月工资的 1%，早退 16～30 分钟者，扣罚本人月工资的 2%；

（2）早退 31 分钟及以上者，视为旷工，扣罚本人月工资的 5％；

（3）凡 1 个月累积早退 1～15 分钟 5 次或 16～30 分钟 3 次者，该半年不得上调工资。

有下列情况之一者，视为旷工：

（1）未事先办理请假手续而缺勤或未请假而擅自离岗者；

（2）各种假期逾期而无续假者；

（3）不服从工作安排及调动，不按规定时间到新岗位报到者；

（4）以上迟到或早退达到旷工程度者。

旷工的处罚标准：

（1）旷工 1 日，扣罚本人月工资的 5％；

（2）半年累积旷工 3 个工作日者，该半年不得上调工资；

（3）1 个月累积旷工 3 个工作日或一年累积旷工 6 个工作日者，予以辞退。

### 四、加班与调休

第十五条　员工未经上级批准，严禁在工作时间从事私人事务，一经发现，给予警告处分，并罚款 100 元。

第十六条　在没有突发性任务情况之下，不提倡员工加班。如果确系工作需要加班，必须填写加班记录。属于正常工作任务没有完成进行的加班，不支付加班费；由于突发性任务而进行的加班，可以酌情考虑项目性津贴，具体数额可由公司总经理视加班情况，自行处理。

第十七条　加班结束，离开公司时，须按下班要求打卡，未打卡者，视为旷工；如预计通宵加班者，请按正常下班打卡。

第十八条　由于工作原因，需要调休者，须向人力资源部或办公室主任说明情况，填写调休登记表。

### 五、考勤管理

第十九条　集团人力资源部在每月 26 日前，确定下个月参加考勤的名单。

第二十条　所有新员工到集团人力资源部或所在公司办公室主任处领取考勤卡，并按要求进行考勤；考勤卡遗失或损坏，须及时到集团人力资源部或公司办公室主任处补办新卡，交考勤卡工本费 30 元/卡。

第二十一条　刷卡员工如遇考勤机故障或其他设备原因，不能打卡时，必须到总经理或办公室主任处签到，未按规定签到者，视情况作迟到或早退或旷工处理。

第二十二条　员工请假、出差、公出者，在集团人力资源部或公司办公室主任处登记打卡的间断日期与恢复打卡的日期。

第二十三条　采用打卡或签到的公司，于每月 26 日前，完成本公司的《考勤月报表》，交人力资源部。

第二十四条　公司前台接待员或公司的办公室主任为员工考勤监督员，负责据实记录员工出勤情况，不得漏报、瞒报、弄虚作假，一经查实，扣罚本人月工资的 3％，并记过 1 次。

第二十五条　集团及所属公司任何人不得以任何理由为难考勤管理人员或考勤监督员，一经发现，视情况给予罚金、警告甚至记过处分。

第二十六条　考勤周期为上月的 26 日至本月的 25 日，由集团人力资源部统计，各单位总经理审核完毕，送财务中心和各公司财务执行，在本月工资中扣出考勤罚款。

第二十七条　对考勤工作中发生的显失公平、弄虚作假、假公济私现象等，可向集团管理中心负责人投诉、申诉。管理中心负责人须在 3 个工作日内答复；3 个工作日后没有答复，当事人可向董事长或总裁申诉。

# 薪酬管理计划书

## 概念

薪酬管理计划书是企业人力资源部制定的对于薪酬进行管理的一种计划类文书。

## 格式与内容

1. 标题

标题通常是企业名称加"薪酬管理计划书"。

2. 正文

(1)指导思想和工作原则；

(2)适用对象；

(3)年薪收入的确定；

(4)年薪的支付和管理；

(5)关于年薪收入计算的调整系数问题；

(6)年薪制试点考核结果；

(7)试行年薪制的评估。

## 范文

### ××集团公司实践年薪制计划书

**一、指导思想和工作原则**

1. 指导思想

企业经营者年薪制是深化企业工资制度改革，进一步加强企业经营者工资收入的管理，合理调节经营者工资收入水平，规范经营者工资性收入分配办法，建立现代企业制度的需要。其目的在于培养高素质、职业化的经营者队伍，调动经营者的积极性，提高企业的经济效益。

2.工作原则

经营者年薪制是以年为单位,依据经营者所承担的责任确定经营者的基本劳动所得(基薪)和依据其生产经营成果挂钩考核来确定效益工资相结合的工资分配制度。

在实践中我们遵循了以下几个原则:

(1)主体适用原则,即企业经营者是指厂长(经理)或合资企业中担任中方最高行政职务的高级管理人员。

(2)确定经营者年薪收入要贯彻按劳分配原则,坚持责任、利益、风险相一致的原则。

(3)不同机制相分离原则,即实行经营者工资分配办法与企业内部工资分配制度相分离的原则,建立企业自我约束机制。

(4)先考核后兑现原则,坚持严格的考核制度,使考核指标明确、公开,以先考核后兑现为原则。

(5)配套改革原则,经营者年薪制要同企业转换机制等诸项改革密切结合。

二、适用对象

年薪制的对象是指企业具有法人代表资格的,并且工资关系在本企业的厂长(经理)或董事长。总经理为外方人员的,适用中方最高行政经营者年薪制。企业其他领导成员不适用年薪制,由企业自主确定年度奖罚办法,奖励额度与工资收入之和应低于经营者年收入水平。

三、年薪收入的确定

经营者年薪收入由基薪和效益工资两部分构成,效益工资最高为基薪的一倍。

1.经营者年薪中基薪的确定

为区分不同规模企业经营者年薪的差别,体现按劳分配原则,坚持责任、利益、风险相一致原则,具体做法是建立企业分类定级考核评价体系。在此基础上,依据本行业和本企业的职工平均工资水平,适当考虑相关因素,确定经营者的年薪水平。基薪根据每年指标变化情况进行调整。

2.在基薪计算中应注意以下几个问题的处理:

(1)基薪水平计算公式中 C 值(经济效益)、D 值(经济规模)如何确定,直接影响基薪的水平。

(2)分类指标,采用企业总资产、实现利税、销售收入三大指标,各项权数分别设为0.4、0.3、0.3,合计为1。

(3)计算方法,我们设定总公司平均水平为 60 分。则:

企业分类得分=企业该项指标同总公司指标的平均值×60×权数

(4)分级指标,采用企业总资产利税率、工资利税率、人均利税率三大指标。各项权数分别设为 0.4、0.2、0.4,合计为1。

企业分级得分计算方法与分类计算方法相同。

3.根据企业生产经营规模大小得分

企业一般可分为三类,根据企业经济效益的高低,每类企业可分为三级,共计三类九级,见下表：

| 企业类别 | 类别分 | 企业级别 | 级别分 |
|---|---|---|---|
| 一 | 大于200 | 1 | ＞100 |
| | | 2 | 60～100 |
| | | 3 | ＜60 |
| 二 | 15～200 | 1 | ＞40 |
| | | 2 | 15～40 |
| | | 3 | ＜15 |
| 三 | 小于15 | 1 | ＞30 |
| | | 2 | 10～30 |
| | | 3 | ＜10 |

以企业类别、级别确定经营者的基薪，是为了促进企业资产的保值和增值，鼓励竞争，推动企业发展。

指标选定要体现从实际出发、着眼现状、兼顾长远的原则。在计算 C、D 值时，由于企业前一年指标带有偶然性，因此试点中是将企业 1996—1999 年 4 年平均值代入公式计算的。今后也可用前 2～3 年的平均值计算。

4.为了解决计算中 C+D 要大于等于 0.5，小于等于 1 和 C、D 为 6：4 的要求，制定了企业分类定级与 C、D 值对应表，使计算和计算方法公开明了。

制定方法是：设定一类一级企业，规模评价得分为 60，效益评价得分为 40，合计为 100；设定三类三级企业，规模评价得分为 30，效益评价得分为 20，合计为 50。这能够满足公式要求 0.5≤C/D≤1。然后根据规模评价一类一级 60 分和三类三级 30 分之差，除以 8，求出各类、各级的规模评价分数。

同理，依据评价一类一级 40 分和三类三级 20 分之差，除以 8，求出 C：D＝6：4。

将各企业测算的 C、D 值代入基薪计算公式，得出基薪计算结果。

| 企业分类 | 一类企业 | | | 二类企业 | | | 三类企业 | | |
|---|---|---|---|---|---|---|---|---|---|
| | 一级 | 二级 | 三级 | 一级 | 二级 | 三级 | 一级 | 二级 | 三级 |
| 企业经济效益评价（C）% | 60 | 56.25 | 52.5 | 48.75 | 45 | 41.25 | 37.5 | 33.75 | 30 |
| 企业经济规模评价（D）% | 40 | 37.50 | 35 | 32.50 | 30 | 27.50 | 25 | 22.50 | 20 |
| （C+D）% | 100 | 93.75 | 87.5 | 81.25 | 75 | 68.75 | 62.5 | 56.25 | 50 |

**四、年薪制考核与经营者效益工资的提取**

1.考核指标：以企业资产保值、增值率为考核指标，其他指标基本参照企业资产经营目标责任书所列指标执行。

2.考核办法：凡未实现企业资产保值的，经营者不能提取年薪中的效益工资，并按完成比例，相应扣减基薪，最多扣至本企业平均工资水平为止。实现企业资产增值的或完成总公司增值指标的，可提取30％～50％效益工资，超额完成增值指标的按照超额幅度可按1∶1或1∶2的比例提取效益工资。其他考核指标，也相应规定完成好坏与可提取或扣减的效益工资比例。提取和扣减都以核定的基薪为基数计算。

五、年薪的支付和管理

1.经营者年薪的支付办法是由企业预提上缴总公司，按基薪80％分月付给经营者作为基本生活费，基薪的20％按月转入风险抵押金，用于指标考核，不足扣罚额度转由第二年基薪中扣除。

2.经营者年薪收入按月平均计算，依法纳税和缴纳各项社会保险金。

3.总公司成立经营者年薪制考核小组，下达年度考核指标和进行考核、清算。经营者完成年度指标情况，须经社会中介机构出具审计报告确认和职能处室的考核，才能成为考核兑现年薪的依据。

4.适用年薪制的经营者，不能在企业中获取其他工资性收入，也不能享受企业承包兑现奖励。

六、关于年薪收入计算的调整系数问题

为更加合理地确定经营者的基薪，全面考核经营者的贡献，充分体现公平效益原则而对如何确定调整系数S专门制定了实施办法，作为年薪制的附件执行。由于D、C值的计算是以数据说话，摒弃了人为因素，因此S值也不能人为确定，否则基薪公式前半部分的计算就失去了意义，因此调整系数必须有原则、有依据。

在考核办法中，试点应依据以下内容进行加、减分。即：

1.产品质量方面，含实物质量、质量管理、存在问题。

2.结构调整方面，含产品结构调整、经济结构调整、技术改造。

3.技术开发方面，含新产品开发、新产品经济效益、技术开发能力建设。

4.人力资源开发方面，含人才规划、职工培训、调动职工积极性。

5.精神文明方面，含班子建设、党风党建、共青团建设、思想政治工作和职工队伍稳定。

七、年薪制试点考核结果

1.A公司考核后调整系数为1.29。

基薪按一类三级计算：效益工资提取比例经年末考核后确定为96.6％。

2.B公司考核后调整系数为1.39。

基薪按一类一级计算：效益工资提取比例经年末考核后确定为76.2％。

八、试行年薪制的评估

1.通过试点工作使工资管理在建立一种新的机制方面进行了新的、有益的探索。

年薪制的建立对不同企业经营者工资的确定提供了可操作性的依据，有利于体现经营者职业的特性；有利于增强经营者责任感，落实责任、利益、风险共担的原则，使经营者既有压力又有动力；有利于使经营者的收入逐步与企业一般职工工资收入的分离，建立企业内部的自我约束机制；也有利于企业经营者增强整体发展的集团意识。

2. 在年薪制方案的经营者基薪设计中，企业经济效益评价比例大于企业经济规模评价比例，既体现了按劳分配，又体现了效益优先、兼顾公平的原则。

同时，按规模和效益分类定级后，为主管组织部门对领导干部分级、分类管理提供了客观依据。

3. 实行经营者年薪制把国有资产保值、增值作为否定指标，能够达到促进国有资产保值、增值，提高企业经济效益的目的。

年薪制中风险抵押金制度的建立和经营决策失误、管理不善造成损失的扣罚补偿规定，使经营者既有动力又有压力，增强了风险意识。

4. 实行经营者年薪制有利于促进管理工作的加强。

经营者的年收入和经营指标直接挂钩，必然会促使主管部门和企业都严肃对待考核指标体系和考核办法设计，有利于使管理工作从上到下得到加强。

5. 实行经营者年薪制，经营者的收入由主管部门确定和发放，不再享受本企业的工资、奖金、补贴等。有利于对经营者工资外收入的管理和监督，有利于经营者在分配问题上廉洁自律。

6. 实行经营者年薪制，有利于企业主管部门加强对经营者的管理，全面实施对经营者的考查、任免、考核、分配、奖罚等管理权，同时有利于领导干部的行业内部流动，发挥行业经营者队伍的整体优势。

# 员工激励计划书

## 概念

员工激励计划书是企业根据具体情况对员工进行激励的一种计划。员工激励形式通常为增加工资和奖金。

## 格式与内容

1. 标题

标题通常为年度加公司名加"员工激励计划书"。

2. 正文

根据企业实际情况撰写，切忌照搬他人的激励方法。

## 范文

**20××年××公司员工激励计划书**

为了全面贯彻执行总公司及分公司20××年的经营方针,在追求公司价值最大化的基础之上实现个人的价值,充分调动团队及其内部每一位成员的积极性,层层落实责任,确保支公司完成分公司下达的各项经营指标,特制订本方案。

一、实收保费进度优胜奖

为促进业务的均衡发展,支公司将对各销售团队的实收保费进度按月度和半年进行考核。在完成自报保费收入计划的前提下,分月度和半年对销售团队给予奖励。

1. 月度奖:考核的办法是按百分制计算,以各团队的当月及累计实收保费分别与本团队自报保费收入计划的月度及累计进度和月均计划保费和平均累计进度进行计算得分。具体方法是:

(1)月度自报计划得分＝当月实收保费/当月自报计划×30

(2)累计自报计划得分＝累计实收保费/累计自报计划保费×30

(3)月度平均计划得分＝当月实收保费/月均计划保费×20

(4)累计平均计划得分＝累计实收保费/累计计划保费×20

上述四项得分合计最高的团队为当月的第一名,荣获流动红旗,支公司奖励该团队费用1000元。

2. 半年奖:以各团队上下两个半年的累计实收保费分别与本团队同期的自报计划及同期平均累计进度进行计算得分。(上半年计划不得低于全年计划的45%)具体方法是:

(1)半年自报计划得分＝半年实收保费/半年自报计划×30

(2)累计自报计划得分＝累计实收保费/累计自报计划×30

(3)半年平均计划得分＝半年实收保费/半年平均计划×20

(4)累计平均计划得分＝累计实收保费/累计平均计划×200

按得分的高低排序,奖励第一名5000元;第二名3000元;第三名2000元。

二、员工个人旅游奖励

1. 业务员:实收保费的1～3名(220万元以上)标准9000元;4～6名(180万元以上)标准3000元;10～15名(100万元以上)标准1000元。如果各名次员工的实收保费与规定的保费标准有出入,则按对应标准享受。

2. 团队主管:完成全年实收保费计划,享受业务员的第一档标准。

3. 内勤人员:年度综合考核的前两名标准3000元。

三、处罚

1. 未完成支公司下达的全年保费收入计划的团队,取消全年评优资格。

2. 业务员全年实收保费低于80万元者退为试用。半年考核未完成进度者,按有关规定给予处理。

# 员工调离管理方案

## 概念

员工调离文书是指一些员工有时是出于员工本人的要求,有时是由于不能适应公司的工作而不得不调离公司的一种管理办法文书。

## 格式与内容

1. 标题

标题通常为公司名称加"员工调离管理方案"。

2. 正文

(1)调离的手续;

(2)调离时工资的核发;

(3)私自离开公司的处理。

## 范文

### ××公司员工调离管理办法

第一条　为保证员工合理流动,同时保证公司利益不受损失,特制定本规定。

第二条　员工调离本公司系统审批权限按人事责权划分执行。

第三条　公司员工不适应现任工作岗位时,可申请掉换一次工种或岗位,掉换后如仍不适应,公司有权解除聘用合同,包括正式聘用合同和短期聘用合同。

第四条　员工要求调离公司时,应办理如下手续。

1. 向本部门提出请调报告;

2. 按人事责权划分表,请调报告获批后,请调人到人事部(或劳资部)填写员工调离移交手续会签表;

3. 按有关部门要求清点、退还、移交公司财产、资料;

4. 填写离调表及办理有关手续。

第五条　员工调离时,工资的发放按员工与本公司所签聘用合同书办理。

第六条　员工未经批准,私自离开工作岗位达 1 个月者,公司登报申请除名并停交劳动保险,将其人事关系退回劳动人事部门。

# 员工辞退与辞职管理方案

## 概念

员工辞退与辞职管理方案是指为了加强公司员工的劳动纪律,提高员工素质,增强公司活力,对一些不合格员工而制订的管理性文书。

## 格式与内容

1. 标题

标题通常为公司名称加"辞退与辞职管理办法"。

2. 正文

(1)制订的目的和意义;

(2)辞退员工的条件及程序;

(3)员工辞职的办理程序及条件。

## 范文

### ××公司辞退与辞职管理办法

**一、总则**

1. 为了加强本公司劳动纪律,提高员工队伍素质,增强公司活力,促进本公司的快速发展,特制定本办法。

2. 公司对违纪员工,经劝告、教育、警告,不改者,有辞退的权力。

3. 公司员工如因工作不适、工作不满意等原因有辞职的权力。

**二、辞退管理**

1. 公司对有下列行为之一者,给予辞退:

(1)一年内记过三次者。

(2)连续旷工三日或全年累计超过六日者。

(3)营私舞弊、挪用公款、收受贿赂。

(4)工作疏忽、贻误要务,致使企业蒙受重大损失者。

(5)违抗命令或擅离职守,情节严重者。

(6)聚众罢工、怠工、造谣生事,破坏正常的工作与生产秩序者。

(7)仿效领导签字、盗用印信或涂改公司文件者。

(8)破坏、窃取、毁弃、隐匿公司设施、资材制品及文书等行为,致使公司业务遭受损失者。

（9）品行不端、行为不检，屡劝不改者。

（10）擅自离职为其他单位工作者。

（11）违背国家法令或公司规章情节严重者。

（12）泄露业务上的秘密情节严重者。

（13）办事不力、疏忽职守，且有具体事实情节重大者。

（14）精神或机能发生障碍，或身体虚弱、衰老、残废等经本公司认为不能再从事工作者，或因员工对所从事工作，虽无过失，但不能胜任者。

（15）为个人利益伪造证件，冒领各项费用者。

（16）年终考核成绩不及格，经考查试用仍不合格者。

（17）因公司业务紧缩须减少一部分员工时。

（18）工作时期因受刑事处分而经法院判刑确定者。

（19）员工在试用期内经发现不符合录用条件者。

（20）由于其他类似原因或业务上之必要者。

2. 本公司按辞退管理办法之第 1 项规定辞退员工时，必须事前通告其本人，并由其直属主管向员工出具《员工辞退通知书》，其预告期依据下列规定：

（1）连续工作 3 个月以上，未满 1 年者，10 日前告之；

（2）连续工作 1 年以上，未满 3 年者，20 日前告之；

（3）连续工作 3 年以上者，30 日前告之。

3. 辞退员工时，必须由其直属主管向人事部门索取《员工辞退证明书》，并按规定填妥后，持证明书向公司有关部门办理签证，再送人事部门审核。

4. 被辞退员工要及时办理移交手段，填写移交清单。

5. 被辞退的员工对辞退处理不服的，可以在收到《辞退证明书》之日起的 15 日内，向劳动争议仲裁部门提出申诉，对仲裁不服者，可以向人民法院上诉。

6. 被辞退员工如果无理取闹，纠缠领导，影响本公司正常生产、工作秩序的，本公司将提请公安部门按照《治安管理处罚条例》的有关规定处理。

7. 人力资源部在辞退员工后，应及时登记《人员调整登记表》。

8. 本公司下属各分部、发展部辞退员工，必须经由公司人力资源部人事副总裁审核批准方可执行。

**三、辞职管理**

1. 本公司员工因故辞职时，应首先向人事部门索取《辞职申请书》，填写后交上级主管签发意见，再送交人事部门审核。

2. 公司员工无论因何种理由提出辞职申请，自提出之日起，仍需在原工作岗位继续工作一个月。

3. 员工辞职申请被核准后，在离开公司前应向人事部门索要《移交清单》，办理移交手续。

4. 员工辞职申请被核准后，人事部门应向其发出《辞职通知书》，并及时填写《人员调整登记表》。

**四、附则**

1.公司员工辞退、辞职手续未按规定程序办理的,公司相关部门将视其情况按有关规定作适当处理。

2.本办法的修改、解释权归公司人事处所有。

3.本办法自颁布之日起施行。

# 离职财务结算管理规定

## 概念

离职财务结算管理规定是指员工离开公司时,需就工资、股金、退休金、职工内部账户等有关问题办理财务结算手续而编写的管理性文书。

## 格式与内容

1.标题

标题通常为公司名称加"离职财务结算管理规定"。

2.正文

(1)财务结算的内容及手续;

(2)各类人员的补助或罚金。

## 范文

### ××公司离职财务结算管理规定

第一条　财务结算

员工办理完工作移交、离职结算手续后,凭工资科结算、人力资源总监批准的《离职手续表》到财务部相关部门办理安全退休金、股金、职工内部账户等结算手续,后转交财务部综合业务处,由其根据公司有关制度办理离职财务结算,结算办理完毕后,到职工全代会办理销户。

第二条　需离任审计者,财务部将其担保金额结算后全部转入内部基金会,并按银行的活期利息计息,待其审计期满,持审计部批准的《审计合格通知书》到职工基金会提取其担保金额,或财务部将此款转入其指定账号。

1.自动离职、除名

对于此类人员,公司不再为其结算奖金。股金按本人在公司的承诺自动转入其个人账户。

2.辞职、合同期满不再续签、劝退、辞退

按公司规定正常办理完离职手续，符合奖金评定条件者，由其离职前所在管理部在第二年奖金评定后，书面通知财务部，由财务部根据公司有关规定结算后，将其奖金转入其指定的银行账号。

第三条　各类人员的补助或罚金。

1.劝退、辞退

按公司规定办理完相关离职手续后，公司根据员工在公司的连续工作年限，不满半年者发给半个月工资的补助金；超过半年不到一年者，发给一个月工资的补助金；每满一年者，发给一个月工资的补助金，但最多不超过12个月工资。

包括公司有关部门及领导暗示，而员工自己提出辞职的，享有同等补偿金。

2.合同期满公司提出不再续签劳动合同。

按公司规定办理完相关离职手续后，公司可发给一个月工资的补助金。

3.辞职、合同期满员工提出不再续签劳动合同。

此类情况公司不发补助金，若辞职有违员工最初对公司的承诺，并对公司造成损失者，公司有权收取违约金，具体金额以员工当时所签合约为标准。

4.除名、自动离职。

此类情况公司不发补助金，并视造成的损失情况收取一定罚金。

# 人力资源部工作总结

### 概念

人力资源部工作总结，是人力资源部门根据其工作中取得的成绩和存在的不足，对一定时期内的工作进行总结性回顾的一种文书。意在不断总结经验，及时发现问题，肯定成绩，找出不足，迅速提高办事效率。

### 格式与内容

1.对人力资源部一定时期的工作情况进行总体介绍；

2.对取得的经验进行总结；

3.对存在的不足进行客观分析；

4.对本部门未来工作提出意见和合理化建议。

### 范文

**××公司人力资源部 2002 年度工作总结**

2002 年，是收获的一年，是我们飞速发展的一年。今年，本部门在公司领导的正确指导下,在全体员工的共同努力下,紧紧围绕公司创业、创新、创造的"三创"主线,努力学习,积极工作,同心协力,努力完成了上级和公司领导交给的各项工作任务。

一、积极学习,不断开拓

在思想上,我部同志积极学习了"三个代表"重要思想,积极参加了×委组织"植树"和中心组织的"两思"教育活动,并结合本职本岗的实际进行讨论,不断提高认识,做好工作;组织参加了"××市一年一小变"成果展览,参加了××市科委举办的纪念中华人民共和国建国 50 周年的文艺演出;出版了公司黑板报×期;组织公司的全体干部职工参加了全市的普法考试,全部成绩优良。

二、考核工作方面

认真做好公司干部职工的考核工作。在完成上年的年度考核后,继而进行了 2001 年第一季度的工作考核,在公司领导的带领下,参加了每个部室的工作小结,了解并掌握部门领导对职工的考核意见和对下一季度的工作要求,促进了各部室的工作开展。

三、人力资源的管理和调配方面

1. 为了实现中心对服务公司"减员增效"的目标,先后将摩托车、自行车保管站两幢大楼的清洁卫生工作转向由社会化服务机构承担,使服务公司的临时工大幅减少×人;同时重新调整核定临时岗位的设置,使原来×多人的临时工队伍减至×人,并与之签订了劳动合同;为了充实加强公司的综合档案室管理,返聘了一名优秀的退休档案管理员;及时为公司×名同志办理了调入公司一系列的手续;给××产业服务公司的×名职工签订了劳动合同,保证了公司为进驻科技企业服务的正常工作。

2. 草拟公司机构改革和部门调整的方案,制定了各部门和岗位的职责,在公司班子的领导下,组织实施双向选择上岗,一定程度上调动了职工的积极性和创造性。

3. 较好地完成了公司职工 2001 年度工资标准的调整和 1999—2000 年度职工正常晋升工资的工作,完成了 2001 年增加职工生活补贴的调整工作。

4. 制定实施《××公司引进奖的管理规定》、《×××公司安全防火管理规定》、《××公司劳保卫生用品管理规定》、《××公司办公用品管理规定》。

5. 在实施孵化服务项目逐步社会化中完成了中心摩托车、单车保管部和中心大院清洁卫生工作的对外发包工作,取得初步成效。

6. 加强了公司的安全防火工作,除由公司总经理与各部室领导签订领导防火安全责任书外,还与进驻的××多家企业签订了防火安全责任人书。组织实施了节假日的安全值班和定期的安全检查。两个领导干部和一个专职安全员参加管理培训班的培训学习。

7. 及时做好了公司和服务公司职工的社会养老保险、住房公积金的年度调整审核工作,职工的社会养老保险金、住房公积金比上年度有所提高,做好职工公费医疗的办证、补证、更改医院等手续。制定实施了《××公司公费医疗记账单的管理规定》,协助中心工会组织探访慰问困难、生病、生育的职工(家属)××人次。

8. 按照规定完成了公司的党务、廉政、干部、工资、财务、职工教育人员变动等一系列的月度、季度、年度统计报表。

9.参加了在上海召开的全国×××工作年会,并及时将年会的精神和××部×××副部长的重要讲话精神传达到公司每个干部、职工,以推进创新工作。

10.严肃认真仔细地做好文书工作,一年来,收文、送办、催办的文件×份。完成公司党务、政务等方面的会议记录、会议纪要共×份。严格执行公司用印批务的规定,为公司把好各种印章使用的关。

四、计划生育工作

建立了公司计生档案,组织育龄夫妇进行了一年一次的计划生育例检工作。办理了一名辞职职工的计生关系转移手续,并主动与街道沟通联系,共同做好计划生育的宣传教育。全年共出了挂图式的计划生育墙报若干期,确保了公司计划生育、晚婚、晚育、节育、独生子女办证率和投保率等 7 个指标全部 100％达标。

五、主要经验和教训

(一)经验:(略)

(二)教训:(略)

××××公司人力资源部

20××年×月×日

# 人力资源部工作职能说明书

**概念**

人力资源部工作职能说明书是为进一步明确人力资源部门工作人员职权范围和工作内容的说明性文书。说明书的制定要根据不同企业具体规定,不能一概而论,说明书的内容必须客观真实,具有可操作性。

**格式与内容**

1. 对各部门的职能规定要明确具体,不能模糊,互相交叉。
2. 要注意工作职能与工作责任的区别。

**范文**

**××公司人力资源部工作职能说明书**

第一条　人力资源部经理的工作职能

1.根据公司发展规划,合理制订人力资源部门的工作方案并负责实施。

2.制定人力资源部门管理制度及作业办法。

3.检查监督公司各项人力资源制度的执行以及各项工作计划的执行。

4.查核人力资源部员工的工作情况,并负责所属人员薪资、职位变动的初核。

5.依照人力需求,主持人力招募、到职准备、职前及在职培训等工作。

6.主持企业员工薪资审核以及配置管理。

7.编列部门预算并控制费用。

8.为各部门提供人力资源的良好服务,以协助提高各部门专业工作效率。

9.了解并掌握员工的思想状况。

10.对外建立与发展良好的公共关系。

11.签发人力资源部文件。

12.员工各类保险、福利及出国手续的办理。

13.人员离职解聘的处理。

第二条　人力资源部经理助理的工作职能

1.协助主管处理日常事务。

2.负责监管执行各项人力资源制度,并向经理汇报。

3.指导人力规划组起草人力资源部门有关文件。

4.收集各类资讯并及时提供给经理。

5.做好会议记录与资料整理工作。

6.外籍员工个人资料的建立。

7.文具物品的清购。

8.经理缺席时临时替代经理工作。

9.承办经理临时交代的事项。

第三条　人力资源部招聘专员的工作职能

1.各人才市场及一些大中专院校、技校、职业高中的人才渠道的联系以及公共关系。

2.各类人才信息情报的收集。

3.公司各部门储备人员的情况了解。

4.人力招募工作的资料汇集与整理。

5.人力招募工作笔试和初试的执行以及笔试的客观题的评卷。

6.人力招募后应聘人员的经验及证件的核实。

7.人力招募的各类报表的统计工作。

8.每月人员流动去向的收集及流失原因的分析。

第四条　人力资源部规划专员的工作职能

1.对公司人事规章制度、福利、户籍政策等进行规划与修订。

2.对公司的员工考核、激励机制进行规划与修订。

3.人力资源的补充、培训、晋升、配备的规划。

4.各类人事表、单、流程、制度修订及审核。

5.各种活动的规划与执行。

6.相关资料的收集、整理及归档。

7.承办经理临时交付的事项。

# 人力资源部工作条例

## 概念

人力资源部工作条例是企业为加强对各部门的规范化管理,提高工作效率而制定的制度化条例。人力资源部工作条例的制定要有明确的目的性,要对工作人员的权利义务有比较翔实的规定。

## 内容

人力资源部的管理,对人力资源规划、员工培训、招聘、薪酬体系设计、绩效核算、员工、劳动关系等介绍。

## 范文

### ××公司人力资源部工作条例

第一条 目的

为不断加强本公司人力资源管理,优化人力资源机构,提高公司综合实力,特制定本条例。

第二条 主办

(一)人力资源部隶属于管理部,设经理1人,承上级之命,负责下列全盘人事业务。

1.依据公司业务需要,研究组织职责及权责划分的改进方案。

2.配合公司经营目标,依据人力分析及人力预测的结果,拟订人力资源发展计划及人员编制数额,并根据人力发展计划,筹划各项教育及训练。

3.设计、推行及改进人力资源管理制度及其作业流程,并确保其有效实施。

4.经与各单位主管会商,拟定每一职位的工作标准及其所需资格、条件,以求适才适所。

5.依生活水准、薪资市场情况及公司政策,建议研订合理的员工待遇。

6.制定各项员工福利与工作安全措施,并维持员工与公司间的和谐待遇。

(二)人力资源部另设专员及办事员各若干名,分别负责下列工作:

1.专员

(1)行政公文处理;

(2)员工征信调查及劳保工作;

(3)招募行政工作;

（4）考绩行政工作。

2. 办事员

（1）资料档案管理；

（2）劳保行政工作；

（3）考勤行政工作。

（三）人力资源部组织关系

1. 受秘书处主任指挥及监督，并向其直接报告。

2. 以诚恳友善态度与其他单位协调、联系，并就其所提出的有关本单位工作的询问、质疑予以解答。

3. 在权限内督导各部门有关人事事宜。

4. 为达成本单位的任务，与其他有关方面建立并保持必要的联络。

第三条　组织

为了完成本公司的任务与目标，而将应处理的工作做适当分配安排，对所有员工有效运用，制定本公司的组织系统表，并视情况每年定期检查修订。

第四条　体制

区分组织中纵的性质与横的程度及其交错的结构体制，据此而设定本公司职位（等）及职称配置表作为人力资源管理基础。

第五条　工作分析

公司确立组织体制及人力资源措施实行前，须将各项工作职责的任务，以及工作人员的条件等予以分析研究，做成职务说明书作为人力资源行政的依据。

第六条　分层负责

为明确划分各层人员的人事权责，拟定人事权限划分表，表中所列的权责，各层人员均应切实负责办理，不得借词推诿，实施时如遇困难或特别事情发生，应向上一级人员请示后予以处理。

第七条　编制

本公司对人力资源预算控制，对各部门可设职称及可用员额予以规定，定立各单位员额编制表并视情况每年定期检查修订。

第八条　人力控制

（一）根据编制，本公司定期召开人力检查会，就现有人员适职与否、流动率、缺勤情况及应储备人力及需求人力作正确、客观的检查建议，作为人力资源部研订人力计划、办理开拓人力来源的参考依据。

（二）人员拨补申请作业程序如下：

1. 各单位如须增补人员，先至人力资源部领取人员拨补申请单填妥后，交人力资源部办理；

2. 人力资源部接到申请单后，应调查所申请人员是否为编制内所需求的，其职位薪资预算是否在控制内，其需要时机是否恰当等问题；

3.人力资源部调查后,即就申请人员的来源提出正确的拟办建议,呈总经理核准后,根据指示办理招募预备工作;

4.人员拨补申请单经批示完毕后,均应转回申请单位,人力资源部凭副本办理。

第九条　招募甄试

人员招募作业程序如下:

1.人力资源部收集人员增补申请单至一定时期,即进行拟订招募计划,内容包括下列项目:

(1)招募职位名称及名额;

(2)资格条件限制;

(3)职位预算薪金;

(4)预定任用日期;

(5)通报稿或登报稿(诉求方式)拟订;

(6)资料审核方式及办理日期(截止日期);

(7)甄试方式及日程安排(含面谈主管安排);

(8)场地安排;

(9)工作能力安排;

(10)准备事项(通知单、海报、公司宣传资料等)。

2.诉求:即将招募消息告诉大众及求职人。如下:

(1)登报征求。选拟广告稿,估计刊登费,决定刊登何报、何时,然后联络报社。

(2)同仁推荐。以海报或公告方式进行。

3.应征资料处理:

(1)诉求消息发出后,会收到应征资料,经审核后,对合格应征者发出初试通知单,通知前来本公司接受初试。

(2)不合格应征资料,归档一个月后销毁,但有要求退件者,应给予退件。为了给社会大众一个好的印象,对所有未录取者发出谢函也是应有的礼貌。

4.甄试:新进人员甄选考试分笔试及面谈。

(1)笔试包括:

①专业测验(申请单位拟订试题);

②定向测验;

③领导能力测验(适合干部级);

④智力测验。

(2)面谈:由申请单位主管、人力资源主管、核定权限主管分别或共同面谈,面谈时应注意:

①要尽量使应征人员感到亲切、自然、轻松;

②了解自己所要获知的答案及问题点;

③了解自己要告诉对方的问题;

④要尊重对方的人格；

⑤将口试结果随时记录于面谈记录表。

（3）如初次面谈不够周详，无法做有效参考，可再发出复谈通知单，再次安排约谈。

5.背景调查：

经甄试合格，初步决定的人选，视情况应作有效的背景调查。

6.结果评定：

经评定未录取人员，先发谢函通知，将其资料归入储备人才档案中，以备不时之需；经评定录取人员，由人力资源主管及用人主管会商选用日期后发给报到通知单，并安排职前训练等有关准备工作。

7.注意事项：

应征资料的处理及背景调查时应尊重应征人的个人隐私权，注意保密工作。

第十条　任用

（一）经核定录用人员，由人力资源部依据录用名单发给报到通知单，提醒他于报到时携带下列资料：

1.保证书；

2.服务自愿书；

3.员工资料卡；

4.相片3张；

5.户口本；

6.身份证复印件；

7.体检表；

8.抚养亲属申报表；

9.学历证件复印件。

（以上应缴资料视情况可增减）

（二）干部人员任用，视情况可发给聘任书。

（三）新进人员于报到日人力资源部即发给报到程序单，并验收其应缴资料，若资料不全，应限期补办，否则首月薪资可暂扣发。

（四）人力资源部应亲切有礼地引导新进人员依报到程序单上的顺序，逐项协助办理下列手续：

1.领取员工手册及识别证；

2.制考勤卡并解释使用；

3.领制服及制服卡（总务科主办）；

4.领储物柜锁匙（总务科主办）；

5.若有需要，填住宿申请单；

6.登记参加劳保及参加工会；

7.视情况引导参观各单位及安排职前训练。

（五）前条逐项办理完毕后，人力资源部即填制新进人员简介及到职通知，引导新进人员向单位主管报到，由单位主管收存到职通知后依职前介绍表逐项给予说明，并于报到程序单上签章交回人力资源部，表示人员报到完毕。

（六）人事科依据报到程序单随后应办理下列事项：

1. 填人员异动记录簿；

2. 登记人力资源管理用的人员状况表；

3. 干部人员发布干部到职通报；

4. 登记对保名册，安排对保；

5. 填制薪资通知单办理核薪；

6. 收齐报到应缴资料（抚养亲属申请表转会计科）连同甄选报名单建立个人资料档案，编号保管。

第十一条　对保

（一）新进人员报到上班后，应实施第一次对保，以后每年度视必要复对一次，并予记录。

（二）对保分亲自对保及通信对保。

（三）被保人如无故离职，移交不清，本公司应发出"保证责任催告函"。

（四）有关对保作业，应另参照人力资源管理规章中有关规定办理。

第十二条　试用

（一）新进人员试用期为 3 个月（作业员为 40 天），届满前一周由人力资源部提供考核表，分甲（干部人员）、乙（一般人员）两种，并登记被考核人试用期间出勤资料，依人事权限划分表顺序，逐级考核。

（二）人力资源部根据考核表发给试用期满通知。

（三）人力资源部发出试用期满通知后，并依不同的批示，分别办理下列事项：

1. 试用不合格者，另发给通知单；

2. 调（升）职者，由人力资源部办理异动作业；

3. 薪资变更者，由人力资源部填制薪资通知单办理调薪。

（四）前条办理完毕后，考核表应归入个人资料袋中。

（五）新进人员在试用期中，表现不合要求，单位主管认为有必要停止试用时，可提前办理考核，并签人事异动申请单，报请权限主管核定停止试用。

# 第七章　财务管理文书

## 财务情况说明书

### 概念

财务情况说明书是在一定时期内企业对财务、成本计划的执行情况,损益形成和增减的原因进行分析总结所形成的一种说明类的文书。

### 格式与内容

1. 标题

标题通常由企业名称加说明年限加"财务情况说明书"组成。

2. 正文

(1)企业生产经营、利润实现和分配、资金增减和周转、财务收支、税金缴纳、各项财产物资变动等情况;

(2)本期或者下期财务状况发生重大影响的事项;

(3)在资产负债之后至报出财务报告前发生对企业财务状况有重大影响的事项;

(4)需要说明的其他事项。

3. 落款

署明编制说明书的企业名称及日期。

### 范文

#### ××厂××××年度财务情况说明书

20××年,我厂随着企业内部改革的深入和技术改造的加紧进行,造纸机械已大部分达到国内先进水平,并生产出 2400 叠网多缸板纸机等优质产品,生产经营和财务状况均有明显的好转。产品销售收入达到 3915 万元,比上年增加 10.6%;利润总额实现 928 万元,比上年增加 11.2%;上缴利税 714 万元,比上年增加 11.5%。

一、利润情况

本年,我厂利税总额为 928 万元,比上年增加 11.5％,净增 96 万元。销售收入利税达到 23.7％,是企业经济效益较好的一年。从利润增减因素上分析:

1.本年与上年相比,增利共为××万元。其中

(1)经企业主管部门和物价部门批准,提高了部分产品销售价格,因而比上年增加利润××万元。

(2)由于产品销售量增加,比上年增利××万元。

(3)企业技术改造之后,品种结构发生变化,增加新产品 7 种,增利××万元。

(4)由于减少外协加工部件,比去年减少亏损××万元。

(5)由于部分物资消耗定额比去年略有降低,从而使部分产品成本降低××万元。

(6)营业外收入比去年增加××万元。

2.本年减利共为××万元。

(1)由于销售成本增加,影响利润比去年减少××万元。

(2)由于综合税率提高和产品销售量的影响,税金增加,使利润比去年减少××万元。

(3)由于销售费用上升,影响本年利润减少××万元。

(4)由于外卖材料亏损,减利利润××万元。

(5)由于营业外支出增加,相应减少利润××万元。

二、产品成本分析

本年,我厂全部商品总成本为××万元,可比产品成本××万元,按上年平均单位成本计算为××万元,上升×‰。

1.原材料价格变动,影响成本上升××万元。其中:

(1)部分钢材价格上调,影响成本上升××万元。

(2)灰铸铁价格上调,影响成本上升××万元。

(3)铜材价格上调,影响成本上升××万元。

2.燃料、动力及运费提价导致成本上升×万元。其中,煤炭提价×万元;电费上升×万元;运费上升×万元;水费上升×万元。

3.工资及附加费增加××元。

4.制造费用增加,影响成本上升×万元。

5.通过"双增双节"部分产品的原材料消耗定额降低,使成本下降××万元。

6.本年通过落实增收节支措施,废品损失比去年减少××万元。

三、资金分析

本年,流动资金年末占用额为××万元,比年初增加××万元。周转天数为××天,与去年相同。

在流动资金中,储备资金年末占用额为××万元,比年初增加××万元;生产资金年末占用额为××万元,比年初增加××万元;成品资金年末占用额为××万元,比年初增加××万元,结算资金占用额为××万元,比年初增加××万元。其中,发出商品增加×

×万元,其他应收账款增加××万元。

综上所述,本年我厂的经济效益已从一度下滑转为上升的趋势。这是对企业进行技术改造、适时调整产品结构所产生的结果,也是工厂内部改革逐步深化和开展"双增双节"活动所带来的成果。当前,我厂生产经营上的最大困难是资金紧缺,难以调度。如按正常需要计算,至少需补充 660 万元的流动资产,才能确保生产经营的良性循环。现在,本厂的技术改造虽已局部完成,并已发挥效用;但若彻底进行更新改造,也需积累、筹集一大笔资金才能展开。

××造纸机械厂
20××年××月××日

# 财务工作计划

## 概念

财务工作计划,是指财务部门预先对一定时期内各项财务工作作出具体计划和安排的应用文书。

## 格式与内容

1. 标题

标题通常由公司名称加年度加"财务工作计划"组成。

2. 正文

(1)指导思想;

(2)任务要求;

(3)工作进度;

(4)具体措施等。

3. 落款

署明编制计划的名称及日期。

## 范文

### ××××对外经济贸易公司××××年财务工作计划

20××年公司的奋斗目标是实现经营收入×××万元,比上年增长×%。实现净利润××万元,比上年增长×%。费用总额控制在××万元以内。

为确保上述奋斗目标的顺利完成,20××年我们应重点抓好以下四个方面的工作。

一、继续解放思想，转变观念

1. 要进一步强化市场竞争意识。随着对外开放步伐的加快，特别是我国加入 WTO 后，各种类型企业之间的竞争日益激烈，这对公司的生存发展提出了严重的挑战，"优胜劣汰，适者生存"，我们必须加速实现从传统计划经济观念向以市场为中心的市场经济观念转变；真正树立起强烈的竞争意识，努力在市场竞争中站稳脚跟。

2. 要大胆解放思想，变被动等待观望为主动出击、积极进取。要克服过去"搞外经是买方市场，外方老板说了算"的思想认识，采取主动出击、灵活多样的工作方法，千方百计利用各种关系广交朋友，广开渠道，广集信息，本着"平等互利，一致对外"的原则，大力密切同省、市同行业间的联系和合作，扩大信息网络和合作网络，互通有无，友好协作，共同拓展对外经贸业务。

二、切实加强对全局外向型经济工作的指导

为积极促进和加强全局各企业之间的联系与合作，进一步规范、统一全局的外向型经济工作。20××年，公司要在搞好自身经营的同时，加大对全局外经工作协调、指导的力度。

1. 进一步加强招商引资工作。实践证实，积极引进外资是我局改造大中型企业的重要手段，也是解决目前我局多数企业资金缺乏、经营不善、管理落后状况的有效途径。20××年，我们要利用各种机会，有重点、有计划地抓好风味楼、速冻食品厂新厂、××饭店等几家企业的招商引资工作，力争通过合资、合作等形式引进资金、技术、设备和管理经验，彻底改造局属大中型企业×个至×个。

2. 加强对已建成合资企业的协调和管理。年初，要重点抓紧协助××饭店办理合作经营与各项手续筹备工作，力争于×月底以前开张营业。要进一步通过调查摸底、深入走访、归口管理等方式加强对已建成营业的××宾馆、××饭店、××公司、××酒店等合资企业的协调管理，全面把握筹建、营业及外方情况，及时总结经验教训，认真搞好协调、服务和指导，确保全局外经工作的顺利发展。

3. 及时交流，传递外经贸信息，促进全局各企业间的联合与合作，互相支持、优势互补、利润均沾，共同发展外经贸业务。

三、继续全力开拓经营

1. 多渠道、多工种、灵活多样地做好劳务输出工作。

经过去年一年的努力，我们无论在行业上、地区上都有初步的突破，为今后的劳务输出工作创造了较为有利的条件。20××年，公司要继续在开拓新市场、新领域、新项目上下工夫。努力通过各种渠道继续探索开拓美国、阿联酋、韩国、匈牙利、东南亚市场。在行业工种上要进一步突破饮食业界限，积极向美容美发、轻工等行业扩展。在落实详细项目方面，除切实抓好原有劳务输出项目，进一步加强赴日厨师、面点师的选派和管理工作外，还要继续探索承办向日本×××、×××等地外派美容、美发、建筑等研修生的新业务；同时继续承办组织我市餐饮行业管理人员赴日美考察项目及各种技术交流、厨师培训等业务。

2.大胆开拓、谨慎经营,继续探索贸易新路子。明年,贸易部除要求继续落实好绿豆等粮油购销业务外,还要求在充分搞好市场调查的基础上,进一步拓宽供销渠道,寻找新的合作伙伴,扩大经营范围,增加经营品种,并积极预备条件,为开展直接外贸业务闯路子,打基础。

3.抓好公司自身实体经营。办好实体是公司自身发展的必由之路。20××年,公司要力争用自筹资金和引进外资兴办 1～2 个投资少、见效快的小型实体,通过实体建设不断扩大公司的经济实力,实现"聚少成多"、"滚雪球"式的发展。

四、强化企业财务管理,从严治理企业

20××年,财务部要继续健全各项财会管理体制,完善企业财务制度,认真执行各项财务法规,加强资金管理,特别是要加强对现金和票据的管理,严格各项费用支出的报销制度,控制支出,继续坚持"一支笔"审批制度,使财务工作更上一层楼。

××餐饮对外经济贸易公司

20××年×月×日

# 财务成本分析报告

## 概念

财务成本分析报告是企业通过会计核算、业务核算和统计核算等对企业生产、流通和经营管理过程中的成本情况进行分析和总结后所做的一种书面性报告。

## 格式与内容

1.标题

标题通常直接写"财务成本分析报告"即可。

2.正文

(1)报告的目的;

(2)经营状况;

(3)指标完成概况;

(4)生产任务完成情况分析;

(5)利润指标的分析;

(6)成本分析。

3.落款

署上编制单位的名称及日期。

## 范文

### 财务成本分析报告

今年,我公司根据集团加强成本控制的统一部署,采取各种措施强化内部管理,增收节支。半年来,通过增产增收措施,在提高劳动生产率、加速资金周转、增加盈利方面取得了较好效果。根据我公司的具体情况,现将生产、利润、成本三方面的经济活动进行初步分析。

**一、经济指标完成概况**

1. 工业总产值

本年度完成 53.74 万美元,为年计划的 53.7%,比上年同期增长 15.7%。

2. 产品产量

(1)甲产品完成 1190.84 单量(标准套),为年计划的 47.6%,比上年同期增产 4.46%;

(2)乙产品完成 917 件,为年计划的 44.1%,比上年同期增产 16.7%;

(3)丙产品完成 155 副,为年计划的 77.5%,比上年同期增长 307.9%。

3. 全员劳动生产率为 16.28 美元/人,比去年同期提高 10.5%。

4. 产品销售收入实现 52.27 万美元,占工业总产值的 97.26%,比上年同期上升 33.1%。

5. 利润

(1)实现利润总额 4.57 万美元,为年计划的 57.13%,比上年同期增长 18.8%。

(2)应缴利税 2.52 万美元,为年计划的 63%,其中应缴所得税 2.21 万美元(已按期缴纳);资金占用费 0.25 万美元,已全部按期缴纳。应缴上年利润 0.15 万美元,已全部按期缴纳。

(3)企业留利 2.55 万美元,比上年全年实际所得增长 55.9%,其中,分配上年超收尾数 0.1 万美元。

6. 成本:全部商品总成本 45.19 万美元,比上年同期上升 17.4%;百元产值成本 84.07 美元,比上年同期上升 1.21%。

7. 资金:定额流动资金周转天数 148.4 天,比计划加速 11.6%,比上年同期加速 28.6%。

百元产值占用金额流动资金 40.08 元,比上年同期下降 8.72%。

定额流动资金平均占用金额 43.08 万美元,比上年同期下降 2.24 万美元。

在以上各项指标中,工业总产值、利润、资金周转已分别超过了历史最高水平。

**二、生产任务完成情况分析**

(1)从产品结构变化看:

××公司产品结构对比表

| 产品名称 | 本年1～6月占比重 | 上年同期占比重 | 本年比上年 |
|---|---|---|---|
| 甲 | 55.2％ | 61.4％ | −6.2％ |
| 乙 | 21.5％ | 16％ | 8％ |
| 丙 | 18％ | 17.9％ | 0.1％ |
| 丁 | 2.3％ | 0.6％ | 1.7％ |
| 其他 | 3％ | 3.3％ | −0.3％ |

（2）从增产比看：

××公司产品增产情况

| 产品名称 | 本年比上年增产（万美元） | 占增产百分比（％） |
|---|---|---|
| 甲 | 1.15 | 15.8 |
| 乙 | 3.76 | 51.6 |
| 丙 | 1.39 | 19.2 |
| 丁 | 0.98 | 13.4 |
| 合计 | 7.28 | 100.1 |

从完成供货合同看，乙、丙产品均在90％以上，而甲仅完成53％。

以上数值表明，我公司上半年抓乙和丙的增产效果较好，成绩显著。这两种产品产值的增长占全部增产的70％。

甲产品虽然也有增产，但幅度不大，同年计划相比还未过半。在结构上，它在全厂产值中的比例由去年的61.4％下降到今年的55.2％，同时由于不能严格执行供货合同，拖期交货情况较为突出，从而影响了经济效益的全面提高。因此，如何组织好甲产品生产，按时保质完成供货合同，不断满足市场需要，成为下半年摆在我公司面前极为紧迫的任务。

三、利润指标分析

1. 产品销售利润因素分析

××公司产品销售利润因素分析表

| 影响因素 | 单位 | 本年1～6月实际 | 上年同期实际 | 本年比上年 | 影响利润总额 |
|---|---|---|---|---|---|
| 销售收入 | 美元 | 522678 | 392700 | +129987 | +15638 |
| 销售成本率 | ％ | 83.26 | 82.97 | +0.29 | −1515 |
| 销售现金率 | ％ | 6.56 | 5 | +1.56 | −8154 |
| 销售利润率 | ％ | 10.18 | 12.03 | −1.85 | +5696 |

2.其他销售利润及营业外支出因素分析

××公司其他利润及营业支出因素分析表

| 影响因素 | 单位 | 本年1～6月实际 | 上年同期实际 | 影响利润总额 |
|---|---|---|---|---|
| 其他销售利润 | 美元 | 4375 | 1815 | ＋2560 |
| 营业外支出 | 美元 | 9384 | 8105 | －1279 |
| 合　计 | | | | ＋1281 |

　　以上数据表明：今年我公司产品销售利润与上年相比是下降的。主要原因是销售税率的上升，上半年我公司由于税率上升1.56％，多缴税8154美元，减利8154美元。同时销售成本率上升0.29％，减利1515美元。但是，上半年我公司大抓了产品销售工作，同上年相比，增加销售收入129978美元，收入增加使利润实现额上升15638美元，增减因素相抵后，净增利润7246美元。因此，今年利润总额上升的主要因素是销售收入的增长。同时要看到，虽然我公司今年增产和销售上升幅度较大，但是产品销售成本并没有下降，经济效益并没有提高，这就应进一步从产品成本上分析原因。

四、成本分析

　　1.从百元产值成本指标对比分析说明公司成本升降原因

××公司产品成本分析

| 项　目 | 单位 | 本年1～6月实际 | 上年同期实际 | 本年比上年 |
|---|---|---|---|---|
| 产品产值 | 万美元 | 53.74 | 46.46 | ＋7.28 |
| 全部产品总成本 | 万美元 | 45.19 | 38.5 | ＋6.69 |
| 百元产值成本 | 美元 | 84.09 | 82.58 | ＋1.51 |
| 其中：材料 | 美元 | 32.98 | 24.85 | ＋8.13 |
| 工　资 | 美元 | 11.79 | 14.11 | －2.32 |
| 费　用 | 美元 | 39.32 | 43.92 | －4.6 |

　　增产、提高劳动生产率使百元产值中的工资成本相对下降。其中，工资相对下降2.32％，费用下降4.6％。突出的因素是材料成本上升8.13％，从而抵消了工资、费用的下降，净升1.21％。

　　2.按产品类别分析单位产品平均材料成本

××公司单位产品平均材料成本

| 主要产品名称 | 单位 | 本年实际 | 上年实际 | 本年比上年 |
|---|---|---|---|---|
| 甲 | 美元/套 | 88.89 | 61.77 | ＋27.12 |
| 乙 | 美元/根 | 54.88 | 49.97 | ＋4.91 |
| 丙 | 美元/件 | 24.2 | 20 | ＋4.2 |

从上表看出，每一种产品的原材料上升幅度都较大。其中甲产品每套上升 27.12 美元，乙产品每根上升 4.91 美元，丙产品每件上升 4.2 美元，按总产量计算，材料总成本共上升 43694 美元。

××××公司

20××年×月×日

# 企业盈利状况报告

## 概念

企业盈利状况报告是企业财务部门通过对本企业的生产获利情况作系统、全面的分析后，找出存在的问题和保有的优势而向企业决策部门提交的一种上报性公文。

## 格式与内容

1. 标题

标题通常为公司名称加"盈利状况报告"即可。

2. 正文

（1）盈利概况；

（2）影响盈利实现的因素；

（3）对盈利实现的建议。

3. 落款

署明单位名称及部门名称，并注明报告日期。

## 范文

**关于××无线电厂盈利状况的报告**

××厂长：

2001 年，由于我厂从多方面巩固了前几年技术改造中形成的卫星地面接收装置、雷达、雷达厢、方舱、家电、电子应用多元化的生产新格局，企业活力逐步增强，全厂的生产、销售和经济效益都获得了一定的发展。但企业利润增加不多，资金紧缺的严重局面尚未得到缓解。

一、生产与销售的关系逐渐和谐

前几年，由于市场疲软，我厂曾一度出现过生产与销售不协调的现象。但经过技术改造和调整产品结构以后，实行了以销定产，现已形成产销比较和谐的发展局面。2001 年我厂工业总产值虽只实现 3437 万元,较上年仅增长 4.5%,但产品销售收入却达到了 3523 万元,比上年增长 6.4%。销售收入增加幅度大于产值,主要是因产品更新换代,将大部分产品改为适销对路的新产品所致。据计算,在本厂产品销售收入中,新产品销售所占的比重,1999 年为 61%,2000 年为 70.2%,2001 年则为 77.6%。其中,仅销售盈利较大的雷达车厢(××部)、卫星地面装置(××部),即实现销售收入 2402 万元,占全部销售收入的 68.2%。这表明我厂经过几年努力而形成的多元化生产新格局,基本上是适合市场需要的,并已初见成效。

二、利税总额逐年升高

2001 年,全厂利税总额共实现 492 万元,较上年增长 6.8%。百元销售收入实现的利税为 14 元,比上年上升 0.1 元,比技术改造的第一年则上升 4 元多,在利税总额中,税金的比重和增长幅度均在逐年加大。

三、企业留利增幅低缓

2001 年,企业留利共为 247 万元,比上年仅增加 14 万元,增长 6%。企业留利增加数额不多,一方面是因生产和销售仍处于低速发展的状态;另一方面则是受税金增幅较大的影响。由于我厂生产的产品多数是属于技术含量高、占用资金多的产品,加上技术改造耗用资金数量较大,近几年的企业留利又多用于还债,故而资金紧缺的局面一直没有得到缓解。据计算,2001 年我厂的资产负债率为 32.4%,仅比上年的 32.3% 下降 0.1 个百分点。如果产品销路不能迅速铺开,企业留利增幅不能加大,在物价上涨幅度较大的情况下,到期负债不能归还,企业在生产经营和资金周转上的困难还会进一步加剧。因此,如何发挥我厂技术装备良好的优势,生产更多适销对路的产品,努力提高盈利能力,仍是我厂亟待解决的一个根本问题。

××××无线电厂财务科

20××年×月×日

# 利润分配情况报告

## 概念

利润分配情况报告是公司为了使利润分配透明化,让公司股东清楚地了解公司经营效益和利润分配走向,而由财务部向董事会或股东大会所作的关于公司利润实现及分配方案实施情况的一种上报性公文。

## 格式与内容

1. 标题

标题通常由公司名称加"利润分配情况的报告"组成。

2.正文

(1)利润总额及可发配利润；

(2)分配实施的具体方案；

(3)对利润分配进行分析。

3.落款

署明单位名称及部门名称,并注明报告日期。

**范文**

### 关于××金属制品股份有限公司利润分配情况的报告

××董事长：

20××年本公司的利润分配已按12月1日董事会的决定分配完毕,现将分配结果报告如下：

本年度,由于异型管材出口数量增加,公司实现的利润总额达到867204元,比上年的706342元增加160862元,增长22.8％。加上年初未分配利润292400元,则本年可分配利润数共为1159604元。其中：

1.缴纳所得税260160元,比上年的211900元,增长22.9％。

2.按规定提取的法定盈余公积金为60770元,比上年增长22.9％。

3.按规定提取的公益金为30385元,也比上年增长22.9％。

4.已分配的优生股股利166396元,比上年增长21.3％。

5.按董事会决议提取任意公积金96110元,比上年的32962元增加1.9倍。

6.已分配的普通股股利263697元,比上年增长21％。

7.未分配利润为281786元,比年初的292400元,减少3.6％。

单位：元

| 项　　目 | 2000年 | 2001年 | 2001年比上年增减（％） |
| --- | --- | --- | --- |
| 一、利润总额 | 706342 | 86704 | 22.8 |
| 　加:年初未分配利润 | 260000 | 292400 | 11.5 |
| 二、可分配利润 | 966342 | 1159604 | 20.0 |
| 　减:应交所得税 | 211900 | 260460 | 22.9 |
| 　　提取法定盈余公积金 | 49442 | 60770 | 22.9 |
| 　　提取公益金 | 24772 | 30385 | 22.9 |
| 三、可供股东分配的利润 | 680278 | 807989 | 18.8 |

续表

| | | | |
|---|---|---|---|
| 减:已分配优生股股利 | 137141 | 166396 | 21.3 |
| 提取任意公积金 | 32962 | 96110 | 191.5 |
| 已分配普通股股利 | 217775 | 263697 | 21.0 |
| 四、未分配利润 | 292400 | 281786 | —3.6 |

按照 20××年实现的税后利润计算,有两个比率也都高于上年。

1.净值报酬率

20××年,本公司的净值报酬率已达 20.1%,比上年的 16.7%提高了 3.4 个百分点。

| 项　　目 | 2000 年 | 2001 年 |
|---|---|---|
| 净值报酬率(%) | 16.7 | 20.1 |
| 税后利润(元) | 494442 | 606744 |
| 平均股东权益(元) | 2961522 | 3022091 |

2.每股盈余

本年,普通股的每股盈余为 2.94 元,比上年的 2.38 元升高 0.56 元。

$$20××年普通股每股盈余=(606744-166396)/150000$$
$$=440348/150000$$
$$=2.94(元)$$

$$20××年普通股每股盈余=(44442-137141)/150000$$
$$=257301/150000$$
$$=2.38(元)$$

上述情况表明,本年公司的利润分配是合理的,既体现了依法理财的原则,足额缴纳了税金;也体现了股东权利平等、利益共享、风险同担的原则,基本上使股东权益的收益水平与企业盈利水平得到了同步升高。

××金属制品股份有限公司财务部<br>20××年×月×日

# 利润增长情况报告

## 概念

利润增长情况报告是指企业财务部门就企业利润增长的情况向企业领导提交的书面汇报。它是企业负责人了解企业利润情况的直接信息来源,是企业采取措施,改进收入和利润管理取得的成果的书面总结。

## 格式与内容

1.标题

标题直按写"关于企业利润增长情况的报告"即可。

2.正文

(1)利润增长的具体情况；

(2)利润增长的原因；

(3)今后的打算。

3.落款

署明公司及部门名称，并注明报告日期。

## 范文

### 关于企业利润增长情况的报告

××经理、××总会计师：

经过技术改造和产品结构调整，20××年我企业生产经营和财务状况有很大的好转。产值由降转升，产品销售收入稳步增长，上交税金与企业利润同步升高，全企业资金状况明显改善。全年收入和利润情况及利润增长的原因如下：

利润完成情况分析表

| 项　　目 | 单位 | 20××年 | 20××年 | 20××年 | 20××年为上年(％) |
|---|---|---|---|---|---|
| 工业总产值 | 万元 | | | | |
| 销售收入 | 万元 | | | | |
| 百元产值实现销售收入 | 元 | | | | |
| 企业利润 | 万元 | | | | |
| 税金 | 万元 | | | | |
| 利润总额 | 万元 | | | | |
| 人均利税 | 元 | | | | |

一、产值略有回升，销售收入由少转多

近两年，由于我企业处于技术改造阶段，20××年全企业工业总产值仅为××万元，比上年增长××％，同20××年相比仍减少××％。但因调整产品结构初见成效，适销对路的新产品开始投放市场,所以产品销售收入已呈逐年上升的趋势。20××年产品销售收入比20××年增长××％,20××年又比20××年上升了××％。每百元产值实现的销售收入,本年达到××元,比20××年的××元增长××％,销售收入增加的主要因素是:

1.我企业开发了××、××、×××等五大类新产品之后,本年度国内市场销售收入净增××万元;

2.××、××两大类新产品的出口交货值净增近××万元人民币。

二、利润总额增加,呈逐年稳步上升的态势

20××年企业利税总额已达××万元,比上年增加××％,人均利税由上年的××元上升到××元。其中,上交给国家的税金达到××万元,亦较上年增长××％,而且连续三年来的情况表明上述几项指标也都呈逐年稳步上升的趋势。

三、企业利润开始与税金同步升高,自我发展能力正在逐步的增强

20××年,企业利润达到了××万元,较上年增长××％,同××年相比则增长××％。这个数额虽然距企业生产经营的实际需要相差甚多,但能有如此稳定上升的局面,在目前的××行业中已是相当难得的成果。这对于我企业逐步增强自我发展能力,提高生产经营的后劲,都将起到良好的推动作用。

纵观我企业20××年的生产经营形势,确有较大的改观,如在下一步企业改革中,确能摸准国内外市场信息,做到产品适销对路,质地精良,实现企业董事会提出的"把出口产品的比重由现在的××％扩大到××％左右,把盈利较大的新产品销售比重由现在的××％扩大到××％左右"的目标,那么我企业的经济效益和竞争能力可以得到更大的提高,企业利润也可以达到千万元以上。这样,我企业资金短缺的情况就能得到缓解,从而逐渐步入良性循环的发展阶段。

以上报告,供参考。

×××企业财务部
20××年×月×日

# 企业财务评价

### 概念

财务评价文书是指企业按照《企业财务通则》的要求和依法理财原则、资本保全原则、收益与风险均衡原则、成本效益与节约原则,运用有关的财务指标,对本企业一定时期内具有的偿债能力、营运能力、盈利能力等财务状况、经营成果所作的一种自我总结和自我评价的文书。

## 格式与内容

**1. 标题**

标题通常由企业名称加"财务评价"组成。

**2. 正文**

(1)开头通常是企业经营状况的总体描述；

(2)盈利能力分析；

(3)运营能力分析；

(4)偿债能力分析。

**3. 落款**

署明编制评价书的企业名称及日期。

## 范文

### ××制铝(集团)公司财务评价

1999年,本集团着力加大改革力度,内抓管理,外抓市场,充分发挥大型联合企业的优势,把握住有利时间,勇敢地参与国内外市场的竞争,积极扩大出口,拓宽内销供货渠道,确保全年实现产值11亿元,销售收入突破14亿元,创利税2.64亿元,分别比上年增长11％、53％和33％,继续雄居全国铝制造业的首位。集团的获利能力、偿债能力和营运能力显著提高,经济实力进一步加强,企业经营又登上了一个新台阶。

**一、获利能力分析**

1999年,是公司盈利最多的一年。利税总额达到26588万元,比上年的19997万元增长32.9％;税后利润则高达11911万元,比上年的8983万元增长32.6％。本年因受物价、电价上扬的影响,销售利税率虽只达到17.9％,比上年的20.5％下降2.6个百分点,但由于盈利额度大于往年,故企业的资本金利润率、资产净利率等指标均高于上年。

——资本金利润率达到39.5％,比上年的31.5％提高8个百分点。

——资产净利率达到14.4％,比上年的11.2％提高3.2个百分点。

本年,公司为达到"扩销增利"的目标,曾采取了许多有效措施,其中主要的举措是:

1. 在国家放开铝锭价格后,公司为及时掌握铝材市场行情,在全国设置了××个信息网点,并与×××家企业建立了长期固定的供货关系,从而拓宽了销售渠道,使销售收入和利润的增幅都大大提高。

2. 鉴于华南、华东、东北等几个地区对铝材的需求量很大,但因运输困难又经常供应断档的局面,公司特地在广州、海南、上海、长沙等地建立了×个铝锭储存基地,从而确保了公司产品能随行就市及时销售出手,既满足了用户需要,又扩大了销量。

3. 把握有利时机,积极扩大出口。本年,公司经过多方面努力,将本企业生产的优质产品"××铝锭"送交世界著名的伦敦金属交易所注册,并成为国际金属交易市场上的免检铝锭,从而提高了企业的知名度,使公司产品远销欧洲、日本及东南亚等××个国家和地区,全年创汇××××万美元,比上年增长41%。

| 项　　目 | 1998 年 | 1999 年 |
|---|---|---|
| 1.销售利税率(%) | 20.5 | 17.9 |
| 利税总额(万元) | 19991 | 26588 |
| 销售收入(万元) | 97282 | 148842 |
| 2.资本金利润(%) | 31.53 | 9.5 |
| 利润总额(万元) | 12944 | 17282 |
| 资本金总额(万元) | 41214 | 42792 |
| 3.资产净利率(%) | 11.2 | 14.4 |
| 利用利润(万元) | 5848 | 7777 |
| 资产总额(万元) | 52186 | 53860 |

二、营运能力分析

1999 年,公司围绕增收创利目标,在企业内部管理上也有所加强,营运状况又有新的改善。

1.公司的应收账款周转率由上年的 5.7 次提高到 7.6 次,平均账龄为 48 天,比上年的 64 天加快了 26 天。

| 项　　目 | 1998 年 | 1999 年 |
|---|---|---|
| 应收账款周转率(次) | 5.7 | 7.6 |
| 赊销收入净额(万元) | ××× | ××× |
| 平均应收账款余额(万元) | ××× | ××× |

2.公司存货周转率由上年的 7.6 次提高到 11.1 次,加快 3.5 次。其中,因铝锭销量增多加快 4 次,因存货延缓 0.5 次。

| 项　　目 | 1998 年 | 1999 年 |
|---|---|---|
| 存货周转率(次) | 7.61 | 1.1 |
| 销货成本(万元) | 60315 | 92282 |
| 平均存货(万元) | 7988 | 8303 |

1998 年实际:60315÷7988=7.6

换算:92282÷7988=11.6

1999 年实际:92282÷8303=11.1

总差异:4-0.5=3.5 次

### 三、偿债能力分析

1999 年,由于企业盈利增幅大,营运状况继续转好,公司的偿债能力也在增大。

截至年末,公司的资产总额为 53860 万元,比去年年末的 52186 万元增加 3.2%;负债总额为 11068 万元,也比上年略高。公司的负债率则由上年的 21% 降至 20.5%,下降 0.5 个百分点。这表明公司的长期偿债能力仍然很强,负债程度也是比较低的。

| 项　　目 | 1998 年年末 | 1999 年年末 |
|---|---|---|
| 资产负债率(%) | 21.0 | 20.5 |
| 公司负债总额(万元) | 10972 | 11068 |
| 公司资产总额(万元) | 52186 | 53860 |

另据计算,年末公司流动负债为 9817 万元,流动资产为 17572 万元,速动资产为 8962 万元。据此而形成的流动比率为 1∶1.79,速动比率为:1∶0.91,均比上年略有提高。这表明,公司的短期偿债能力也是较强的。

| 项　　目 | 1998 年年末 | 1999 年年末 |
|---|---|---|
| 1. 流动比率 | 1∶1.68 | 1∶1.79 |
| 流动资产(万元) | 16316 | 17572 |
| 流动负债(万元) | 9712 | 9817 |
| 2. 速动比率 | 1∶0.86 | 1∶0.91 |
| 速动资产(万元) | 8321 | 8962 |
| 流动负债(万元) | 9712 | 9817 |

××制铝集团公司

20××年×月

# 年度财务总结

## 概念

财务工作总结是指对以往财务工作实践的总概括和总评价。

## 格式与内容

1.标题

标题通常由公司名称加年度加"财务工作总结"组成。

2.正文

（1）总结概述；

（2）工作成果及主要收获；

（3）不足之处或工作差距；

（4）过程和做法；

（5）体会、经验和教训及以后工作的设想等。

3.落款

署明单位的名称及日期。

## 范文

### ××对外经济贸易公司20××年财务工作总结

20××年，我们对外经贸公司在主管局和各有关部门的指导与大力支持下，按照"一开四促，三外并举，劳务为主，外资为重，经贸结合，全面发展"的总目标，努力开拓经营，积极组织创汇，实现营业收入××万元，税后利润达到××万元，全面完成了原定的各项经济指标，获得了较好的经济效益。本年度我们所以能取得如此好的财务成果，主要是公司上下齐心合力狠抓了以下几个方面的工作：

一、坚持"三外并举"，全力开拓经营

一年来，面对国内外经贸市场竞争激烈的新形势，公司上下进一步树立主动出击、积极进取的观念，坚持"三外并举，彻底成长"的方针，全力开拓经贸业务，取得了良好的效益。

1.广开渠道，扩大创收门路

20××年，我们一方面利用出国洽谈、国内接待、信函往来等方式及时同客户沟通信息，广泛征求客户意见和要求，妥善处理同国外客户在以往合作中出现的各种问题，进一步巩固与××国××公司等一些老客户的合作联系；另一方面，又采取走访、联谊等方式，接待××个新的外商团组，同近××名外商执行了经贸洽谈，并主动增强同省、市各对外窗口单位的联系与合作，发展结识了一批新客户，多方开拓了信息渠道和合作渠道，为进一步开展对外经贸合作扩大创收，奠定了良好的基础。

2.进一步开拓新市场、新项目，努力增加创汇

一年来，我们通过市外办、市对外友协、市总工会、市侨办、省外建等十几个单位以及目前在国外工作学习同志的联系、介绍，继续探索扩展国外新市场，特别是加强了同美国、日本、阿拉伯联合酋长国、南非、韩国、匈牙利、中国澳门、中国香港等国家和地区扩展劳务业务及经贸业务的合作，在行业工种上，除向海外继续增派厨师、面点师、服务员外，我们还同日本××学校等几家会社达成了外派美容、美发、建筑等研修生的使用合作协议，并组织我市饮食服务业管理人员赴日本、美国考察项目。全年共向海外增援劳务人员××人，派出考察研修人员××人，创汇××万美元，比上年增加××万美元，增长

××％。

3.加强了海外投资设点工作

为适应继续在日本开拓市场的需要,年初我们投资××万日元与日方客户合资筹建有限会社,作为驻日办事机构,并派驻专人作为商务代表,从而为继续扩展同日本的劳务、商贸业务合作提供了便利条件。全年仅在日本进行的商贸业务即创汇××万日元,并达成了××项新的劳务输出意向。

4.认真总结经验教训,继续扩展国内贸易

今年除重点抓好对去年各项贸易的收尾工作,及时处理遗留问题收回货款外,还认真总结经验教训,在搞好市场调查、了解市场行情的基础上,开展了粮油外贸供货业务,实现销售收入××万元,获利××万元。

二、增强对全局外向型经济工作的指导

今年,公司在搞好自身实体经营的同时,还积极承担了饮食服务系统的对外招商、办理涉外手续及传递外经贸信息等项工作。先后为××宾馆、××饭店、××学校等多家企业联系招商引资事宜,并为××宾馆等×家企业办理了出国考察、洽谈劳务输出业务的手续。随后,我们又组织×家企业参加了"××市××联谊会"。由本公司参与指导、筹办的"中日合作××餐饮有限公司"项目也于×月×日正式签约,由日方投资的××万日元已全部到位,预计明年年初即可运行营业。此外,公司还按主管局的要求,在深入调查研究的基础上,编制了《20××—20××年引进外资扩展大中型饮食服务企业的规划》,为进一步发展饮食服务系统外向型经济提出了详细的构想和意向。

三、在深化企业改革中,进一步完善了承包经营责任制

20××年,我们在深化公司内部三项制度改革中,本着"承包到部、责任到人"的总原则,进一步完善了承包经营责任制,与劳务部签订了以"包死原有项目,确保利润基数,开拓新上项目,创收净利分成,实行责任抵押,事故差错扣补"为主要内容的承包合同,同对外贸易合作部签订了以"包死基数,保证上缴,超额分成"为主要内容的承包经营合同。同时与办公室等综合部门签订了目标责任状,进一步明确了公司与各部门、各部门与每一名职工责、权、利的划分,有力地调动和激励了公司干部职工的积极性、主动性和创造性。

强化了企业财务账目、资金、外币、现金管理的同时,还重点建立和完善了各项财务制度,加强了财会的基础管理,起草通过了《财务部工作职责》、《出纳员岗位责任制》、《会计人员岗位责任制》、《医药费报销制度》等,进一步完善和理顺了财务管理体制。

20××年,我们虽然在各项工作中都取得了一定成绩,但从总体上讲,仍存在着工作抓得不实、不细、不深的问题,突出表现在:

1.在思想观念转变上,还有相当一部分同志没有真正形成一切以市场为中心的观念,危机感不强,纪律松散。

2.队伍建设还有一定差距,许多同志在工作态度、工作作风、工作效率等方面还不能够适应外经贸工作的需要。

3.企业管理不够严格,在基础管理、资金管理等方面都存在一些漏洞。

20××年是公司发展的关键一年，我们将继续贯彻落实局外经贸工作会议提出的战略方针，加快步伐，抓住机遇，团结拼搏，克服一切困难，努力推动外经贸工作再上一个新台阶。

20××年的奋斗目标是实现经营收入××万元，比上年增长××％。费用总额控制在××万元以内。

明年，财务部要继续健全各项财务管理体制，完善企业财务制度，认真执行各项财务法规，加强资金管理，特别是要加强现金的管理和财务票据审核的规范化，严格执行各项费用支出的制度，控制支出，继续坚持严格的审批制度，切实从严管理企业。

××对外经济贸易公司

20××年××月××日

# 年度财务报告

## 概念

年度财务报告是企业向有关方面和国家有关部门提供财务状况和经营成果等信息的一种报告类的文书。

## 格式与内容

1. 标题

标题通常由分析名称加报告年度加"会计报告"组成。

2. 正文

（1）资产负债表；

（2）财务状况变动表；

（3）利润表（损益表）；

（4）利润分配表。

3. 落款

署明编制报告的单位名称及时间。

## 范文

### ××电子（集团）股份有限公司20××年度会计报告

一、年度业绩摘要

××电子（集团）股份有限公司董事局将××会计师事务所审计之本集团20××年

度(自 20××年×月×日至 20××年×月×日止),经营业绩报告如下:

(单位:人民币元)

| 项 目 | 20××年 | 20××年 |
|---|---|---|
| 销售收入 | 1212791249.86 | 1086490675.08 |
| 利润总额 | 100784056.80 | 76382800.88 |
| 减:所得税 | 19189965.33 | 7642766.03 |
| 税后利润 | 90594091.56 | 68740133.85 |
| 每股税后盈利 | 0.652 | 0.495 |

注:1.每股税后盈利按总股本 13886.9 万计算;

　　2.详细财务资料参见××会计师事务所已审之本集团 20××年度财务报表。

二、年度股利

根据本集团公司章程的相关规定,为充分顾及股东权益和支持公司发展,本集团董事局建议对 20××年度税后利润及 20××年××月至××月份滚存之税后利润人民币 32202174.59 元,共计人民币 122796266.15 元作出利润分配及分红派息如下:

1.税后利润分配比例及金额

公益金　　　10％　　　计 RMB 12279626.61 元

公积金　　　40％　　　计 RMB 49118506.46 元

分红基金　　50％　　　计 RMB 61398133.08 元

2.分红派息方案

本董事局建议 20××年度连同 20××年可分配利润共每股 0.442 元,分别以现金和送红股的方式派付,其中:

(1)每股拟派现金 0.09 元,共派现金 12498210 元。

(2)每股拟送红股 0.36 元(每 10 股送 3.5 股),共派红股 48604150 股。

此外,未分配利润 295773.08 元,拟留待下次分红时一并派付。

此方案经本届股东大会审议通过,报主管机关批准后执行。

三、业务回顾

1.主要工作

20××年,本集团在广大股东的支持和董事局的领导下,充分利用股份制改造和股票上市的契机,围绕规范管理,备战"入关",在改善品质、拓展市场、提高经济效益等方面,积极开展各项工作。

(1)严格按照国际惯例完成了股份化改造和股票发行,年初本公司 A、B 股同时在××证券交易所上市交易。

(2)在资产评估、分割的基础上,本集团已将技术开发中心、模具厂、塑胶厂、通信设备厂等分立为独立核算,自主经营,享有中外合资企业待遇和法人地位的子公司。在哈尔滨、北京、武汉、长沙、重庆等重点城市建立了全资附属的经营销售部,并积极筹建××、×

×等加工出口基地，使集团化扩张取得了实质性进展。

（3）为发展规模经济，本集团投资兴建八层计4.3万平方米的工业大厦竣工启用，使厂房面积增加一倍。在此基础上，20××年先后投资4196万元人民币，引进更新生产线等国外先进仪器设备452台（套）。现已有6条电视机装配生产线和塑胶厂、模具厂迁毕投产，使电视机设计年产能力扩大到175万台，综合年产能力提高约40%。

（4）坚持"增畅限平压滞"的产品发展原则，彩电致力于大屏幕、多功能、多制式、丽音线路等新产品开发生产。传真机于20××年××月在全国首家通过部级生产定型鉴定，成为我国具备大批量生产传真机能力的标志。一年来，本集团共生产新品种、新款式94种，完成工业总产值11.5亿元人民币，比20××年增长23.5%；整机总产量达138.84万台，创历史最高纪录，其中产品出口114万台，占总产量81.6%。

（5）为提高产品质量，拓展海内外市场，本集团全面推行了以ISO9000国际质量标准体系为中心的现代化管理。20××年产品整机合格率提高到94.5%。同时，在全国开辟了几十个新市场，采取"深港买单，异地提货，代办托运"的全新服务，有效地扩大了××产品的市场占有率。

（6）积极稳健地涉足房地产开发和第三产业，在××市××县签订了合作开发436亩度假村的合同。

此外，本集团大力加强企业文化建设，各项工作取得可喜成绩，得到社会各界的广泛赞誉。一年来，共获得"国际领先企业奖"、"全国十大最佳合资企业"、"××市经济效益十佳企业"等荣誉达80多项。

2.招股资金运用情况

20××年年初，本集团首次发行A、B股共4015万股，扣减发行费用后溢价净收入折合人民币15500万元。经上届股东大会批准，本集团按照招股说明书所载之用款计划，已将全部股金审慎投入使用，其中：

（1）兴建××工业大厦　　　　　　　　RMB　　6100万元
（2）还农行、建行、工商行流动资金贷款　RMB　　4000万元
（3）投资××营销分公司　　　　　　　　RMB　　370万元
（4）筹建××分厂　　　　　　　　　　　RMB　　324万元
（5）更新和增添生产、检测仪器设备　　　RMB　　4196万元
（6）补充生产流动资金　　　　　　　　　RMB　　510万元

四、主要股东权益变动情况

根据××证券登记有限公司提供的资料，截至20××年×月×日，持本集团股票前10名股东之情形：（略）

此外，本集团董事局高层管理者持有××股的情况无变化。

五、重要事项

1.20××年××月，本集团与××电视机厂签订了在××市合资兴办××实业有限公司的合同，该公司注册资金人民币3000万元，本集团占股份60%，需投资人民币1800万

元;××电视机厂占股份40％。

2.在××市××镇购置用地4.1万平方米,已付订金人民币46万元,计划投资兴建集工技贸为一体的"××电子城"。20××年×月,本集团已在××镇租用厂房,安装八条插件生产线并正式投产,目前已有近800名员工边生产边接受培训。

3.新建××技术开发中心、××通信设备厂、××精密模具厂、××塑胶厂、××电子(集团)股份有限公司××分厂等5家全资下属企业。

六、盈利预测说明

1.本集团经中国注册会计师事务所签证的20××年盈利

预测计划,税后利润为7650万元,截至20××年××月××日实际完成税后利润90594091.56万元,超额完成计划18.42％,每股盈利从计划的0.551元提高到0.652元。

2.本集团20××年溢利预测是××会计师事务所根据审定本集团20××年度财务报表及结合本集团20××年度经营业务发展计划并根据有关法规和制度编制而成的。其中,将完成销售收入165870万元人民币,利润总额13500万元人民币,税后利润(已扣少数股东权益)12150万元人民币。如无意外情况发生,本董事局对实现20××年度预测利润目标充满信心,并力争更上一层楼。

七、展望

20××年,本集团即将面临"入关"后承受国内外市场激烈竞争的挑战,尽管董事局坚信,××作为产品年均85％以上出口的外向型企业,"入关"显然利大于弊。但集团公司上下仍将保持清醒的头脑,以自信、务实和超前应战的精神,把握好"入关"的历史性发展机遇,充分发挥传统电子产品制造的优势,坚持以市场为导向,以科技为依托,不断巩固和拓宽产品内外销渠道,努力提高市场占有率和经济效益;加快产品结构性调整,大力开发技术含量高、附加值大的大功能彩电及传真机等新产品;进一步扩大规模经济,20××年计划完成工业总产值15亿元,整机总产量178万台;要抓紧××厂首期基建施工,为近一两年内尽快上项目、上规模、上效益创造条件;继续全力推行ISO9000国际质量标准体系,确保今年上半年夺取进军国际市场的"国际通行证",促进外向型经济向纵深发展;坚持一业为主,多种经营的方针,抓住有利时机加快突破行业、突破区域的多元化发展步伐,当前,要加快开发××度假村的进度。把本公司办成总部设在××、外向型、跨区域、多门类、具有规模经济的竞争性企业集团。

借此机会,本集团董事局对全体员工一年来之辛勤工作及全体股东和政府、社会各界的信赖与支持,深表谢忱。

××电子(集团)股份有限公司董事局

中国×××

20××年×月×日

# 查账报告书

## 概念

查账报告书是企业或委托查账的审计事务所查账员，在完成对会计报表或其他事项的查账验证之后，向企业或委托查账企业报告查账经过和结果的一种报告类文书。

## 格式与内容

1.标题

标题通常是在企业名称加查账项目加"查账报告书"前加"关于"两个字组成。

2.正文

(1)通常先简单地概括查账的时间和查账的内容。

(2)查账的结果。

(3)对于所查处的问题的分析。

3.落款

(1)署明编制查账报告书的受委托单位的名称和盖章；

(2)署明编制查账报告书的会计师的名字和盖章；

(3)署明编制查账报告书的日期。

## 范文

### 关于××商店往来账目及商品盘亏的查账报告书

受××市××商店委托，对该店 20××年×月至 20××年×月发生的往来账目及 20××年年底出现的商品盘亏××元问题进行了账面查核。

该店提供了上述期间的会计账簿×本、会计凭证×本、仓库数量账×本及部分仓柜月报表(不齐全、不衔接)。

委托的具体要求是查核往来账户的余额是否有错，并对商品盘亏额从账面进行查找。

现将查核结果及问题分析报告如下：

一、查核结果

共查核出错账、漏账、重账和本应及时结转但尚未结转的有关账目××笔，其中：

在上述三项××笔应调整的账目中，应调减商品账××元，因此，商品盘亏××元不实，现调整为商品盘亏××元。

二、问题分析

在查出的应调账目中，大多出现以下六种情况：

1. 计算差错和串户现象得不到审核。

2. 入库单重复，会计做账也随之重复。

3. 委托代销商品的"进销差价"（代销手续费收入）结转不及时。

4. 价格变动未及时调整商品账的"进销差"。

5. 仓库或柜组向供方退货或向外发出代销商品时手续不全、责任不明，甚至单据也不转给会计。

6. 不及时对账。

鉴于该店各仓柜账、表、证资料不全，财务上也缺少20××年度的销售分柜账，且在上述一年半的时间里先后四换主管会计、四换仓库保管员，且移交均未正式造表又无人监交，各柜组的人员、组织形式也多次变动，加上对商品的进、拨、转、退某些环节手续不严，因此对账面的有关往来账户除账面查找外，还应与对方逐笔核对，以进一步清除账面不真实的现象。总之，查核虽然发现以上问题，但不等于账目全清，盈亏都实。

特此报告如上。

××××会计师事务所（章）

查账会计师：×××

20××年×月×日

# 财务统计分析报告

## 概念

财务统计分析报告是企业财务部门为经济工作提供统计资料，反映统计调查、统计分析和监督情况的一种书面材料。

## 格式与内容

1. 购入分析；

2. 消耗分析；

3. 效益分析；

4. 产出流向分析；

5. 其他事项。

## 范文

**××厂财务统计分析报告**

分析摘要：××厂是我国大型××制造企业，按国际标准和国家最新技术标准，生产

××××类型××、××、××等几个品种。经营管理情况复杂,工序环节多,产品结构变化大。我们利用填报的20××年××省投入产出调查表,合计××指标数值,以及已有的投入产出辅助成果,第一次把企业内部与企业外部的经济联络以及企业内部的经济关系全部反映出来,使我们详细系统地掌握了当年全部购入物资的来源与分配消耗构成。机床生产与社会各经济部门之间的经济联系和机床的销售去向确切地反映了固定资产和流动资金的增减变化情况,以及新创造价值的构成情况,并对企业经营管理活动进行了综合分析。

一、购入物资分析

20××年我厂购入的物资总金额中,省内产品占××%,省外产品占××%,其他占××%。在全部购入物资总额中,按工业部门划分,属于黑色金属冶炼加工的产品占××%,电力工业占××%,煤炭和石油产品占××%,建筑材料及建筑业产品占××%。以上6个部门的工业产品占我厂购入物资的××%,是我厂物资消耗的重点。特别是××金属的购入量占总金额的一半以上,说明我厂要搞好物资管理,应该在××金属的购入与管理方面狠下工夫。弄清与哪些物资部门有联系,确定合理的供货地,以减少运输费用。把这个重点抓住了,我厂物资管理的经济效益将会有显著提高。

二、物资消耗分析

在全年购入的物资总额中,物资消耗占××%,用于增加固定资产的占××%,其他占××%。从物资消耗的比重看,产品消耗占主要部分。再从工业生产物资实物量消耗分析看,在××生产过程中,直接消耗的物资主要有金属材料、燃料、动力和工具。其中钢材每天平均需要量为××吨,燃料油××吨,煤××吨,电××万度。按物资消耗量分析,在万元产值中,物资消耗总量为××元,其中××金属加工业的产品为××元,有色金属加工业的产品为××元。从单位产品耗用量看,每台××产品平均投入的××原料××公斤,××原料××公斤。

三、产出效益分析

20××年我厂生产××产品××台,产值××万元。出售半成品及工业性作业产值为××万元,合计现价工业总产值为××万元。创造工业净产值××万元,占工业总产值的比重为××%,比上年提高了××%。主要是由于工业总产值比上年提高了××%,物耗只比上年提高了××%,同期净产值比上年提高了××%。万元产值的构成中,材料消耗为上年的××%,动力、燃料消耗为上年的××%,这两项指标说明由于产量的增长使万元产值中原材料比重降低,经济效益也比上年提高。

四、产出流向分析

20××年×××产品产量××台,上年生产由用户退货××台,本年收入量合计为××台。本年销售量××台,按实物量计算商品销售率为××%。在销售产品中,售给本省的占××%,售给省外的占××%,出口的占××%。说明产品的覆盖面较大。通过上述分析,我们对全厂的耗用物资、货源构成、物耗去向,核算了大量的数字,这对确定企业的中长期计划有重要的作用。如20××年确定机床产值××万元,根据测算系数,需要钢材××吨,实际耗用量为××吨,这是由于钢材利用率提高了××‰,节约钢材××吨,系数测算与实际耗用的误差率为××‰。预计经过几年的实际测算和系数的调查,将对计划的编制起到更大的作用。

# 财务控制报告

## 概念

财务控制报告是企业向上级主管部门反映有关企业日常财务控制情况的报告文件,主要包括成本费用日常控制报告、经营收入日常控制报告、材料采购成本控制报告等。财务控制报告的写作要坚持实事求是的原则。

## 格式与内容

1. 标题
财务控制报告的标题一般由制文单位、时间、控制目标和文种构成。
2. 正文
正文由措施、效果和结论三部分构成。措施主要用来说明财务控制的主要做法,效果主要用来说明财务控制取得的最佳效果,结论主要是对财务控制存在的问题提出相应的建议和意见。
3. 具名和日期。
4. 其他事项。

## 范文

### ××公司往来账款日常控制报告

总公司:
根据公司关于加强往来账款日常控制的通知精神,我公司加强了对往来账款的日常控制工作,现将一年来对往来账款的日常控制情况报告如下:
一、基本情况
公司年末往来账款金额×××万元,较年初减少×××万元,其中应收账款余额××万元,较年初减少×××万元,应付账款余额×××万元,较年初减少×××万元。应收账款周转率××‰,比上年减少××‰,应收账款周转天数为××天,比上年减少××天。
二、加强日常控制措施
1. 制定信用政策。往来账款的日常控制中,我们注意掌握顾客的信用资料,根据客户的品质、还债能力、资本实力和客户在市场上的竞争能力,对客户的信用状况作出综合评定,评定客户在市场的竞争能力等,对客户的信用状况作出综合评定,评定客户信用等级,并根据客户的信用等级结合本企业产销能力和风险承担能力,制定本企业的信用政策,作为对往来账款进行规划和控制的原则。

2.加强了应收账款的催收工作。除制定信用政策和管理制度作为往来账款的控制原则外,我们还加强了对应收账款的催收工作,建立了一个能够及时提供应收账款最新情况的管理信息系统,财会部门定期编制往来账款分期明细表全面提供往来账款增减变化及构成情况,以便及时掌握和清算。制定了合理的收账政策,对发生的应收账款进行及时催收。在收账程序上一般采取信函通知、电话催收、派员催收和通过法律手段等。

3.建立健全往来账款的结算管理制度。一是建立定期的往来款项审核制度,定期对往来款项进行会审检查;二是建立定期的对账制度,通过定期发函与往来单位进行逐笔核对;三是建立往来账款的审批制度,对购销活动,必须按照计划,实行合同管理,有明确的标的、价格、数量、结算方式、结算时间以及违约责任,并经有关部门及领导批准;四是及时准确地做好往来账款的财务处理,避免造成呆账坏账损失。

总之,一年来加强对往来账款的日常控制工作,取得了较好的成绩,没有发生大的呆账坏账损失情况,往来账款余额中没有长期不清的往来款项,往来账款余额控制在合理的范围之内。

×××公司财务部<br>20××年××月

# 个人财务工作报告

## 概念

个人财务工作报告又叫专业工作自我总结,是指对个人参加财会工作以来遇到问题和积累经验的总结。

## 范文

### 自 我 总 结

我于20××年×月毕业于××财经学院,同年×月分配到×××公司一直工作到现在,从事会计工作××年。

一、不断学习,更新知识

我于20××年×月从××财经学院财政金融系工业会计专业毕业。在校期间系统地学习了经济、财会基础理论和专业知识,还学习了英语。工作以后除了运用我所学到的理论知识指导工作以外,还有针对性地自学了工业企业经营管理、工业企业会计等有关专业知识。20××年,我参加了××工业部同××工学院共同举办的会计干部训练班,专门学习、研究了现代管理方法的理论和实际问题,并把管理会计、经营决策、长期投资决策和技术经济预测作为重点,进行了系统的研究。通过学习,丰富了知识,开阔了眼界,使我的预测、决策能力进一步提高。20××年,我还参加了一次市经委举办的现代化管理学习班,学习了《价值工程》、《ABC 管理法》、《目标成本管理》、《市场预测》和《经营决策》共计 5门课程。经考试获得结业证书。通过自学和多次参加培训,使我比较系统地掌握了财务会计理论知识和现代化管理知识,20××年×月我参加了全国会计专业技术统一考试取得会计师资格。我的外语,主要是在大学读书时打下的基础。毕业以后又继续自修,目前已达到借助词典可笔译一般资料的水平。20××年 4 月我通过了全国职称外语(英语人文综合类 B 级)的统一考试。

二、业务能力在逐步提高

我到×××公司后,先在车间参加劳动锻炼 1 年,以后留在车间做核算员。从此便开始了我的会计工作。从 20××年×月到 20××年×月,我一直在财务科做生产费用审核与核算、往来结算、固定资产核算、成本核算、利润核算以及总账核算和编制会计报表等工作。

20××年×月我开始担任领导职务,由副科长逐级晋升到副处长。在这段时间里,我从管理入手,不断完善规章制度建设,主持修订了《成本管理制度》、《流动资金管理制度》、《固定资产管理办法》、《材料核算办法》等制度,并参与了《岗位责任制》、《经营承包责任制》和《经济责任制考核办法》等制度的制定。在技术改造指挥部财务科工作时,还制定了《技改建设资金管理办法》、《工程结算审定办法》等。同时,又在厂内划小核算单位实行厂内货币结算办法,将房产、物资、医院等部门划为独立核算单位,仅物资处独立核算以来,即为企业增加收益××万元。

×××公司属大型企业,财会业务比较复杂。作为财务负责人当遇到工作中的疑难问题而向领导提出决策意见时,既要严肃认真地执行政策法令和制度,又不能脱离企业的具体条件和实际可能,其难度是可以想见的。但这些年我在领导岗位上没有发生过大的失误。20××年面对原、燃材料涨价的不利情况,我经过调查研究,具体算了两笔账,提出了向管理要效益的意见,通过提高劳动生产率,增加产品产量,使工资总额降低;同时采取成本控制目标责任制,降低废品率,节约原材料。意见被领导采纳实施后,由于克服了众多减利因素,使当年实现利润总额仍比上年增长了×%。在推行现代化管理方法方面,我重点抓了目标成本、责任成本和质量成本核算,即根据企业生产经营总方针确定了各车间的目标成本,并建立了各种保证体系。由于按目标成本组织核算,增强了内部消化能力。20××年利润总额比上年增长×%。20××年我提议在厂内建立微型电子计算机局部网络系统,经过国家、省、市三级主管部门和市电子办共同进行技术鉴定,得到专家们的一致肯定。

总之,我这×年的专业工作,是从做具体工作开始逐步担任领导职务,由低到高循序渐进的。随着时间的推移和工作岗位的变化，工作经验逐渐丰富，业务能力逐步提高，已具备主持、指导一个较大型企业财务会计管理工作的实际能力。

三、我在工作过的各个岗位上都取得了一定成绩，作出了一定贡献

从参加工作到现在，不管是做具体工作还是担任领导职务，我都是努力地工作。由于工作成绩突出，从20××年到现在，我三次被评为公司先进工作者。20××年由于在全厂推行目标成本，建立各种保证体系，取得了显著的经济效益，受到了上级部门的表扬。在企业建立微型电子计算机局部网络系统，获得了市经委和市企业管理协会授予的工业企业现代化管理成果二等奖。20××年以来，我结合工作实际撰写了多篇文章，在全国性刊物和省级刊物上发表的有×篇（见《论著目录调查表》），其中《推行目标成本不断提高经济效益》一篇被省财政厅和省会计学会评为优秀论文，颁发了证书。我编写的《工业会计核算》一书，已由××出版社正式出版发行。

除了撰写论文，我还应邀担任专业方面的授课工作。20××年市经委举办了有××人参加的厂长短期学习班，我自编教材讲授了怎样抓财务会计工作课，为厂长们抓好财务会计工作提供了思路，大家反映较好。

四、认真贯彻法规制度，维护财经纪律

认真贯彻执行法规制度，是每个会计人员的职责。10多年来我除了严格执行法规制度以外，还注意抵制违反法规制度和财经纪律的行为，注意处理好坚持原则同灵活变通的关系，做到既把好监督关，又实事求是地解决实际问题。在每年一次的财务税收大检查期间，都组织自查，查出问题主动纠正。从20××年以来，公司在有关部门的多次审计中均未发生过偷税、漏税、罚款等情况。10多年的工作实践，使我深深体会到：作为一名财会人员，要做好财务会计工作，除必须坚持原则、自觉维护财经纪律外，还应坚持不断学习，以提高自己的业务能力和工作水平，更好地为企业生产经营服务。

报告人：×××

20××年×月×日

# 综合财务工作报告

### 概念

综合财务工作报告，又叫财务工作总结，是通过对企业财务工作的分析和研究，对企业一定时期内财务工作的全面回顾和检查，并从中总结经验，发现不足，用以更好地指导今后工作的书面材料。

### 格式与内容

1. 标题

标题一般由单位名称、报告时间和文种三部分组成，如"×××公司××××年财务

工作总结"。

2. 正文

正文的开头部分用来阐述基本情况,主体部分主要是成绩和经验的总结,结尾部分要进行相应的号召。

3. 落款

落款部分要签署单位名称和日期。

## 范文

### ××房地产公司财务工作年终工作总结

时间如梭,转眼间又跨过一个年度之坎,回首望,虽没有轰轰烈烈的战果,但也算经历了一段不平凡的考验和磨砺。

公司内部,要求管理水平的不断地提升,外部,税务机关对房地产企业的重点检查、税收政策调整、国家金融政策的宏观调控,在这不平凡的一年里全体财务人员任劳任怨、齐心协力把各项工作都扛下来了,下面总结一下一年来的工作。

一、职能发展

(一)财务部在职能管理上向前迈出了一大步。

1. 建立了成本费用明细分类目录,使成本费用核算、预算合同管理,有了统一归口的依据。

2. 对会计报表进行梳理、格式作相应的调整,制订了会计报表管理办法。使会计报表更趋于管理的需要。

3. 修改完善了会计结算单,推出了会计凭证管理办法,为加强内部管理做好前期工作。

4. 设置了资金预算管理表式及办法,为公司进一步规范目标化管理、提高经营绩效、统筹及高效地运用资金,铺下了良好的基础。

(二)财务合同管理月总结

公司推出"财务、合同管理月活动",说明公司领导对财务、合同管理工作的重视,财务总监姚总亲自给财务部员工作动员,会上针对财务人员安于现状、缺乏竞争意识和危机感,看问题、做事情缺少前瞻性,进行了一一剖析,同时提出财务部不是核算部,仅仅做好核算是不够的,管理上不去,核算的再细也没用,核算是基础,管理是目的,所以,做好基础工作的同时要提高管理意识,要求财务人员在思想上要高度重视财务管理。如对每一笔经济业务的核算,在考虑核算要求的同时,还要考虑该项业务对公司的现在和将来在管理上和税收政策上的影响问题,现在考虑不充分,以后出现纰漏就难以弥补。针对"财务、合同管理月活动"进行了工作布置。

1. 根据房地产行业的特殊性结合公司管理要求对开发成本、期间费用的会计二级、三级明细科目进行梳理,并对明细科目作简要说明,目的,一是统一核算口径,保证数据归集及分析对比前后的一致性二是为了便利各责任单元责任人了解财务各数据的内容。这项工作本月已完成,并经姚总审核。目前进入贯彻实施阶段。

2. 配合目标责任制,对财务内部管理报表的格式及其内容进行再调整,目的,一是要符合财务管理的要求二是要满足责任单元责任人取值的要求及内部考核的要求。财务内部管理报表已经多次调整修改,建议集团公司对新调整的财务内部管理报表的格式及其内容进行一次认证,并于明确,作为一定时期内相对稳定的表式。

3. 针对外地公司远离集团公司,财务又独立设立核算机构,为加强集团公司对外地公司的管理,保证核算的统一性、信息反馈的及时性,提出了与驻外地公司财务工作联系要求。××月份与××公司财务进行交流,将财务核算要求、信息传递、对外报表的审批程序、上报集团公司的报表都进行了明确。

4. 对各公司进行一次内部审计,目的,是对各公司经营状况进行一次全面地了解,为今后财务管理做好基础工作。

5. 根据公司的要求对部门职责进行了修改,并制订了部门考核标准。为了使会计核算工作规范化,重新提出《财务工作要求》,要求从基础工作、会计核算、日常管理三方面提出,目的是打好基础。内部开展规范化工作,从会计核算到档案管理,从小处着手,全面开展,逐步完善财务的管理工作。

6. 会计知识的培训,我们从三方面考虑培训内容,一是《会计法》,要了解会计知识,首先要了解这方面的法律知识二是会计基础知识,非专业人员学习这方面知识的目的要明确,目的是为了看懂会计报表,为了能看懂报表,就要了解一些基础的东西三是如何看报表,这是会计知识培训的重点。

经过调研、沟通、设计,于20××年××月推出《成本费用明细分类目录及说明》于20××年××月××日推出《会计报表管理试行办法》20××年××月××日推出《会计凭证管理试行办法》。

会计报表推出执行×个月后,从会计报表格式设置上看,报表格式设置还是比较科学,能比较清晰地反映会计的有关信息。但房地产行业的特殊性,销售收入与结算利润有一个时间上的差异,这样"损益明细及异动情况表"就无法全面反映出损益情况,需要增添一个表补充另外需要增添反映"财务费用"的报表。这样对一个公司的财务状况能较全面地反映。

会计凭证使用涉及到每个公司和部门,下文后财务部进行电话通知,×月份实行逐步换新的办法,×月份要求全面试行。试行一个月时间来看,主要暴露出来的问题是单子如何填写与审批程序怎么走。针对这些问题,我们组织各公司综合管理人员进行交流,明确有关事项,解决设计上的不足。20××年××月份,针对会计凭证管理试行情况,再一次征求各公司对报销单据意见,根据大家的建议,对会计结算单据作进一步完善,并于20××年××月××日下发了有关规定。

经过财务合同管理月活动,财务部的管理意识加强了,管理能力也得以提高,财务部从会计核算向财务管理迈出了关键的一步,但我们的管理水平离公司发展的需要还有很大的差距,需要我们不断地完善和提高。

二、职能管理

(一)核算工作

核算工作是本部门大量的基础工作,资金的结算与安排、费用的稽核与报销、会计核算与结转、会计报表的编制、税务申报等各项工作开展都能有序进行、按时完成。

1. 会计审核。会计审核是把好企业经济利益的关键,严格按有关规定执行,决不应个人面子而放松政策。如××家园项目地处××,根据税法规定建筑安装工程专用发票必须使用项目地税务机关提供的发票,否则建设单位不得在税前列支,为此我们对工程发票的来源严格审核,并将此项规定传达到项目公司,目前工程量大的施工单位均在当地税务机关办理相关手续,并使用当地税务机关提供的发票。在审核中发现一些临时工程、零星工程的施工发票未按规定办理,我们在严格审核退回的同时,帮助他们联系税务机关如何开具工程发票的事宜,使企业双方利益都得到有效的保障。

2. 材料核算。材料占工程成本比重较大,同时也是保证产品质量的重要因素之一。通过甲供材料的方式,解决了这方面的质量问题,但在价格这个不确定因素上难以控制,从下半年开始建筑材料价格不断上升,甚至出现断货现象,特别是水泥价格翻一番,还提不到货,为了确保工期顺利进行,配合材料部门调整采购结算方式,由原来的先提货后付款改为先付款后提货。

公司与供货商结算材料款一般较迟,现在送货清单是在结算时才转到财务,一是造成财务不能及时向用料施工单位结算材料款,二是由于时间较长给财务与施工单位核对增加难度,已发现过送货清单的领用人签字与用货单位的签字不符的问题。如:××建材有限公司供应的"楼梯砖",20××年××月××日供给××公司和20××年××月××日供给××建筑有限公司"楼梯砖"于20××年××月××日前来办理结算,时间跨度近一年,在与施工单位核对时发现××材料员签名非本人手迹,当时该款项未办理结算支付,要求核对无误后再付货款。

在材料采购调拨过程中,我们感觉在材料管理的"采购—供货—结算"三个环节中,我们只掌握了两头,对供货这一环节掌握不够,材料供应均由厂家与施工单位交接,我方是否参与验收不清楚,因收货单上无我方人员的验收签字,这就无法掌握材料实际到场的品质与数量。如×月份与施工单位核对钢材时发现同一份"供货单",施工单位提供的"收货联"与厂家提供的"结算联"在钢材等级上出现差异,经核实,是厂家供货时未注明等级,发现后也未及时补救,只在"结算联"上进行了修改。提醒我们如何管理好材料"采购—供货—结算"三个环节,特别是供货环节监控管理。

3. 会计内部报表执行。对×月份会计报表审核中发现存在的问题,如:①××公司的"费用明细表"明细目录未按新规定执行,使用的仍然是老格式,发现后要求重新调整编制;②××公司未按新表编制,因为信息传递上的出了问题,已通知从×月份报表按新表式编制。对这件事的反思,一项新工作的推行:一是要责任人大力宣传并监督执行;二是执行人足够重视并自觉执行,只有这样一项新工作才能有效地推行。

对会计报表推出执行×个月后进行反检,从会计报表格式设置上看,报表格式设置还是比较科学,能比较清晰地反映会计的有关信息。但房地产行业的特殊性,销售收入与结算利润有一个时间上的差异,这样"损益明细及异动情况表"就无法全面反映出损益情况,需要增添一个表补充另外需要增添反映"财务费用"的报表。这样对一个公司的财务状况能较全面地反映。已设计好"会计报表(内)Ⅳ《经营情况表》"和"会计报表(内)Ⅴ《融资及融资成本情况表》"。并布置集团公司和公××司在编制×月份报表时试行。本打算在×月份报表中全面推广,因这项工作的前期工作量较大,由于×月份开展税务自查工作把此事担搁了,要求×月份落实执行。

4. 销售管理。春节前后按揭放款缓慢,针对这个问题,姚笑君副总裁亲自督阵,由财务部与销售部门进行了核对查明原因,并催促银行放款。并明确了职责,按揭资料由销售部门负责,整理完整的资料提供给按揭放款银行的同时,将名册报财务部,财务负责催放工作,在规定放款期限内未放款的由财务与银行交涉并查明原因。

×月份公司加强了财务部销售管理力量,加强了对销售台帐的审核,加快了财务销售明细的编制,及时与销售置业部的销售月报表进行核对,并对销售计划完成情况、销售政策执行、未收款原因进行分析,提出有关措施。如:从×月份开始银行有关个人住房贷款的门槛提高,要求客户提供的资料增加和贷款额度的控制,建议置业部在签约及办理按揭前与客户说明情况,或了解清楚客户的相关信息,避免按揭办理后反复工作对银行提出的黑名单客户抓紧催促办理相关手续,并对这批客户多加关注。

5. 税务政策及纳税申报。运用税务政策,向税务机关申报集团公司向下属子公司计提管理费的申请,经××市地方税务局检查审核于20××年××月××日下文批复同意××建设集团有限公司对××有限公司、××有限公司等×户企业按不超过当年销售收入×%的比例提取20××年度总机构管理费。20××年会计决算中集团公司向××公司提取了×××万元。

对20××年养老保险进行清算,整个集团养老保险分×个公司交费,集团公司、××公司、××分公司,今年社区公司也单独开户交费。在集团参保人员较多,各公司人员都有,不利于管理,我们看出参保人按块划分,集团公司主要纳入集团本部、××公司、××公司员工及外派人员××公司员工划到××中心划入××分公司社区员工由社区统一办理当地人员在××公司办理。这样利于管理,对该项费用支出便于掌握,主要还是有利于接受税务与社保的检查。

20××年度,××公司产生利润,为弥补以前年度的亏损,我们做了税务审计和申报工作,经多方努力于20××年××月获得所得税退税返还××万元。

根据地税发××号文件《××地方税务局××省财政厅关于个人取得差旅费津贴、误餐补助收入征收个人所得税问题的通知》,从月份开始在工资核算上进行相关调整,一是企业可在税前列支二是员工可减轻税赋。

(二)审计工作

1. ××公司一期交付结算后产生了利润,在进行所得税申报的同时,办理以前年度亏损弥补申报。为弥补以前年度亏损委托××税务师事务所对××公司20××年、20××年及20××年进行了税务审计(20××年、20××年已审计过),出据的审计结果符合公司利益,××区地方税务征管局已对××公司前五年的亏损进行了核实。

2. 委托××会计师事务所对集团公司、×××、×××、××中心、集团合并报表进行会计审计,审计的目的是为了融资的需要。已取得了集团公司、×××、×××、××中心审计报告,审计报告出据的审计结果基本符合公司要求。集团合并报表的会计审计报告经过蹉商获得了有效的会计审计报告。

3. 委托×××会计师事务所对集团公司增资的验资工作,已取得有效的验资报告。

4. ×月份对各公司财务状况进行了一次审计××月份对客旅分公司20××年经营进行了内部审计对投资企业彩虹城项目的20××年会计报表进行复核×月份对社区服务公司20××年经营情况自查工作进行了布置,并进行了财务审计。

5. 今年房地产行业是税务机关重点审查对象,为此我们在×月份已对20××年的有关会计资料进行复检,做好有关准备工作。×月×日,××市审计局前来对×××公司进行税务的延伸审计,由于准备充分,审计后对我们的会计核算规范性给予肯定。

6. 20××年××月××日,××市地方税务局稽查二局召开属管辖的下房地产企业税收缴纳情况稽查工作会议。本次税务大检查在全省范围开展,会上对税务大检查工作进行了布置,税务大检查工作分三个阶段,第一阶段,为自查阶段,时间从××月××日至××月××日,给企业一个补交的机会第二阶段,为市地方税务局稽查二局对重点企业进行稽查,时间从××月下旬至××月底,对以下三类企业为必查对象:①自查情况空白的②销售利润率不到×的③不交自查情况表的,另外按自查户数的××％比例确定重点检查对象第三阶段,为省局重点检查。

公司领导对这次税务大检查工作非常重视,××总裁会后亲自布置了自查工作,要求财务人员全力以赴做好自查工作,经过××天的奋战,完成了自查工作。在自查申报过程中,认真对待税务机关的查询,在××总裁统一部署下顺利通过自查申报,未将我公司列入重点检查行列。

能过这次税务自查,我们感到会计核算的基础工作还需要进一步加强,基础工作是一切工作的根本。我们将进一步开展会计规范化,特别是对会计制度和税务政策有差异的问题多咨询研究,尽可能做好会计处理,在对每笔会计核算都要有统盘考虑和长远的观念。

(三)财务分析

财务分析工作已开展,但仍处在账面上说明分析,分析深度不够。为提高财务分析能力,把财务分析纳入日常工作中去。要求日常做好财务分析资料的收集,每月有在《会计报表会签单》对财务主要情况进行说明×月份报表按季度对财务状况进行简要分析说明×月份报表按公司经营年度对财务状况进行分析说明＊＊月份报表按会计年度进行分析说明。

为了提高公司的财务分析能力,较全面地反映一定时期的财务情况,对财务分析内容

作了概要说明,主要内容如下:

1. 资产结构变动的分析,以资产负责表为主,对资产负债的分析、流动性和变现能力的分析、长短期负债和偿还能力的分析,对资产分布和资金营运是否合理、资本结构的是否正常、盈利能力和资产管理水平、是否存在潜在的财务风险进行评价。

2. 损益情况的分析,以损益表为主,对盈利目标是否完成进行分析,对收入、成本、费用、税金的配比进行分析,评价其经营活动的绩效和经营结构,反映主营业务与其他业务对利润的影响。

3. 收入情况的分析,对销售收入预算执行情况进行分析,反映当期的房屋销售与回款情况签约情况分析存量资源的原因、影响回款的因素其他收入的分析。

4. 成本、费用支出的分析,对成本、费用支出预算执行情况进行分析,实际支出与预算异动的原因分析,成本、费用支出对资金的影响分析,费用之间的比例分析。

5. 对外投资变动情况的分析,长、短期投资的收益分析,投资结构的变动原因分析,长期投资与所有者权益的比例分析。

6. 固定资产变动情况的分析,新增、减少、损坏、报废固定资产情况,固定资产的净值率,固定资产的结构情况,完好情况等。

7. 融资贷款情况的分析,融资对资产的影响,融资结构的分析,融资成本的分析,融资的利用情况等。季度分析和年度分析应根据各项借款的利息率与资金利润率的对比,分析各项借款的经济性,以作为调整借款渠道和计划的依据之一。

8. 往来情况的分析,关联企业之间往来、协作单位之间的往来分析,变现能力与帐龄分析,催收情况。

9. 税赋的分析,税费计缴情况,税费对企业和影响,税收政策对企业的影响。

10. 材料的分析,材料结构分析材料采购价格与调拨价格进行对比,反映施工单位对甲供材料的用量情况异动材料采购价格与近期市场价格进行对比,反映材料价格的变动情况等。

11. 其他需要说明的事项:

(1)会计核算方式变更说明。

(2)各项指标与上年同期对比的增减水平比。

(3)对其他影响企业效益和财务状况较大的项目和重大事件做出分析说明。

12. 措施与建议

通过分析对所存在的问题,提出解决措施和途径。

(1)根据分析结合具体情况,对企业生产、经营提出合理化建议。

(2)对现行财务管理制度提出建议。

(3)总结前期工作中的成功经验。

财务分析除了财务报表分析外,还有其他多方面的分析,如材料采购、核对、调拨、结算的分析,销售完成情况与回款情况的分析,预算执行情况的分析等等,这些分析工作都需要我们去做的事。销售分析、预算分析已经开展,材料分析争取 * 月份开展。

（四）资金管理

1.认真做好资金结算的日清月结工作，及时反映资金的流向和存量情况，根据公司的资金需求量做好资金筹措工作。目前房款收入较大，公司沉积资金较多，由于近期没有较安全的投资项目，继续与银行密切合作办理协定存款业务，通过采用"通知存款"和"协定存款"，提高公司存款资金增值率。

2.到×月底共向银行贷款×.×亿元，同时正在办理新的贷款手续，及企业信资评议工作。

（五）预算管理

预算管理工作在20××年×月新推出的一项工作，具体职能落实到财务部。在对×月份集团本部资金使用进行了预算编制过程中，由于没有模式，实行自创，编制的结果并不如人意，但走出了预算管理的第一步。对×月份资金使用预算编制有较高的提高，各项目公司也随之展开，经过一段时间的实行，暴露出一些问题，为此公司领导提出统一规范的要求，×月份推出了资金预算表式和编制说明。

在预算执行过程中发现一些问题，并在预算执行情况评议中予以明确。

1.在预算执行过程中，部分事业公司有预算支付的项目，在结算过程中发现问题，需要重新核实而推迟结算。这是采用了利益高于一切的原则，只要是有利于公司事项，把原因说明，在考核中公司将给予支持，但该预算费用在下月度支付时仍须申报预算。

2.部分事业公司在月末结算的项目，因相关手续尚未办理完毕，致使本月预算未执行，但在下月预算中没有编制进去，造成两头踏空现象。针对此类现象，相关经办人员要加强预算意识，预见本月结算不了的，在下个月度须重新审报。

3.因预算执行中常有不可预见的事项发生，事业公司现都以急件申办。针对此类情况，原则上对重大的事项、影响较大的事项允许采用特批手续办理，审批程序按规定办理一般事项原则上不予办理。

4.针对预算中遗漏的，事业公司往往采用追加预算，但追加预算在审核程序上又不完备。考虑到预算的严肃性，原则上不同意追加，如有急件按特批程序办理。

5.各事业公司在一定程度上存在着预算代替一切的想法，认为预算已经报了，结算审批程序可从简。各责任单元必须清楚，预算是企业为了搞好资金的统筹和运用，提高企业经济效益的一种管理手段，并不能代替一切，相关的程序必须按公司相关规定执行。

三、职能服务

财务部门既是管理部门又是服务部门，在加强严格管理的同时又要做好热情服务工作，这是两种不同角色的转换，在严格管理的同时不失笑容，在热情服务的同时不失原则，这就是我们工作的要求。

1.在会计审核中，严格按规定办事，一就是一，对审核中发现的非原则问题仔细地向经办人员说明，并告知如何办理相关手续和解决问题的办法。

2.财务信息的服务，在工作年度初期就向各事业公司征询，需要财务部提供那些信息，由于各公司均未提出要求，所以信息的提供是按财务人员的思路归集的，不一定能满足事业公司的需求,新年度我们将继续做好征询工作,把信息服务工作做得更到位。

3.咨询服务,对前来咨询财务、税务知识和政策法规等有关问题,我们都能尽自己所能耐心解说。对公司新出台的规定做到边贯彻边学习,如:结算单的修改出台、预算管理表格设定的出台,在使用时大家遇到很多问题,为此我们提供咨询的同时吸收各方意见,不断提高认识,做好服务工作。

4.配合协调工作

①配合××公司做好第四批房源的集中销售收款工作配合××公司做好×××交付结算工作。

②为了做好×××产权延期办理的赔付工作,连续××天派人到现场办理赔付工作。

③根据×××二期交付需要,派人到现场办理交付结算工作,大量的外派工作给本部增加了很大的压力,为了做好各项工作,我们做好人员安排。

四、自身建设

本年财务部工作负荷相当大,年初××公司经营管理模式调整,财务工作并入财务部客旅分公司人员分流,财务工作又并入财务部新公司像雨后的春笋一样不断地涌现财务合同管理月的开展预算管理工作的落实房地产企业税务大检查等工作,为了各项工作顺利地开展和有序地进行,部门进行多次的工作调整,调动大家的工作热情,这里特别要表杨的是×××,在原来工作量就很大的情况下,还担任起客旅分公司的财务工作,为了按时完成各项工作经常加班加点。但也有个别员工存在本位主义思想,对部门的其他工作不够主动,公司为加强财务工作将财务部人员编制从×人调整到××人。从置业部调入专业人才加强销售管理方面的工作。多次组织招聘,由于财务部门是公司的重要部门,对人员要求比较高,没有招到合适的人选。公司今年公司招聘大学应届毕业,实行新生力量的培养,分配到财务部＊名,经过＊个月的实习培训,现已独立操作基础的会计核算工作。目前,财务部人员结构不能满足公司向管理型发展的需要,财务管理人才缺少,在新年度一是加强自身培训提高管理能力,二是对外招聘,充实新生力量。

公司对财务管理采取集中管理的模式,财务工作具有相对的独立性,与各事业公司(除××公司外)又没有业务对口部门,所以财务部与事业公司的衔接工作应在财务制度上予以业务指导,在制度执行上予以监督管理。随着公司发展,管理模式也发生多样化,财务部的管理也随之发展多元化管理,由项目公司的集中管理、外地公司的业务指导管理、专业公司利润考核的稽查管理、联营企业的委派管理等,财务部仅仅做好核算管理工作是不够的,要向更深层、更广泛管理要求发展。

总之,本年度全体财务人员在繁忙的工作中都表现出非常的努力和敬业。虽然做了很多工作,还有很多事情等待着我们,我们将继续挑战下年度的工作。

××××公司财务部　×××

20××年×月×日

# 第八章  资产管理文书

## 资产评估协议书

### 概念

资产评估协议书是经注册的审计师事务所与其被审计企业签订的、对企业资产进行全面评估的一种协议类的文书。

格式与内容

1. 标题

标题通常是审计事务所加企业名称加"资产评估协议书"组成。

2. 正文

(1)评估概述;

(2)审计师事务所应承担的责任和权力;

(3)被审企业的权利与义务;

(4)双方约定事项。

3. 落款

(1)协议双方单位盖章及双方负责人签字;

(2)受托和委托日期;

(3)联系人姓名、地址和电话。

### 范文

#### 审计事务所××公司资产评估协议书

项目名称:对固定资产、流动资产、无形资产(土地)进行评估

委托单位:××(以下简称甲方)

评估单位:×××审计事务所(以下简称乙方)

协议签订日期:20××年×月×日

协议有效期限:20××年×月×日至20××年×月×日。对委托单位的资产采用规

定的技术方法进行评估和咨询的期限。

一、甲方事项

1. 乙方未按协议约定的要求完成委托项目且无正当理由，甲方可拒付评估费用。

2. 甲方有义务向乙方提供所需的真实资料和必要的工作条件，指定有关人员积极配合，如实介绍情况，并负责乙方工作人员在资产评估期间的食宿费用。

3. 甲方同意乙方所定的收费标准和支付办法。

二、乙方事项

1. 乙方为甲方的股份制改造进行资产评估，并对投资方进行产权界定。

2. 于20××年×月×日开始资产评估。

3. 于20××年×月×日将产权界定报告提供给甲方。

4. 乙方按协议约定内容向甲方出具真实客观的资产评估报告。

5. 由于甲方未能履行其义务，使委托项目受阻或无法进行，乙方不承担责任，仍按协议商定的内容收取评估费用。

6. 当甲方提供虚假材料，致使乙方无法进行真实的评估工作时，乙方有权拒绝出具报告。

三、甲乙双方事项

1. 费用估算和结算方法：根据国家收费标准，经双方商定约为××万元。开始资产评估时，支付评估费用的50％，其余50％出具资产评估报告后结算。

2. 双方必须共同遵守本协议，在执行中除不可抗力外，任何一方不得随意终止协议。如有未尽事宜，双方协商，补充内容和协议正文一样具有同等效力。

3. 本协议正本一式两份，双方各执一份。

4. 本协议自签章之日起生效。


委托方盖章：                      受委托方盖章：

负责人：                          负责人：


# 资产评估报告书


## 概念

资产评估报告是指企业的资产评估人员深入到被评估的企业现场，运用科学的方法，把企业中的资料、材料和相关数据进行归纳、总结后形成的一种报告类的文书。

## 格式与内容

1. 标题

标题通常是企业名称加"资产评估报告"组成。

2. 正文

(1)通常开头要简要、概括说明评估的目的、评估什么、要解决什么问题、评估经过、评估时间、评估范围、采用了哪些方式等。

(2)被评估企业概况;

(3)企业环境条件评价;

(4)财务分析评价;

(5)存在的问题;

(6)对全篇作出"画龙点睛"式的总结。

3. 落款

(1)署明会计师事务所名称并盖章;

(2)公司资产评估小组名称;

(3)注明日期。

## 范文

### ××钢铁公司资产评估报告

××钢铁公司:

我所按照国家国有资产管理局关于资产评估的有关规定和本所《关于资产评估操作规则(试行)》的规定,以20××年×月×日为基准期,对贵公司(以下简称××公司)确定的评估中所有资产进行了评估。

现将评估情况报告如下:

一、公司概况

××公司位于长江下游,紧靠长江三角洲,是我国9个特大型钢铁联合企业之一。现有全民职工8205人。

公司主要生产流程为:采矿/选矿/烧结/配料/炼钢/连铸/铸铁/初轧/轧钢。截至20××年年底,公司生产用固定资产为307921万元,其中机器设备210366万元,总重量230230吨,具有200万吨钢铁的生产能力。

产品中具有特色的是高速线材、车轮轮箍、航用钢板和H型钢。

××正在建设中的2500立方米高炉系统工程,预计今年内可以陆续投产,将进一步提高钢铁产量,计划形成400万吨钢铁的生产能力。

二、评估目的和范围

公司经国家体改委文件批准,组建股份公司,向社会公开发行H股和A股股票,故将公司所属从烧结到轧钢的15个生产单位和能源、运输、机修、动力、科研、原材料供应等21个辅助单位,以及公司本部中折股投入股份公司的资产予以评估以便作为确定在股份公司总投资额中所占股份额的依据。

投入股份公司的单位如下表:

| 第一烧结厂 | 车轮箍厂 | 运输部 | 机修厂 | 原料处 |
|---|---|---|---|---|
| 第二烧结厂 | 第二轧钢厂 | 动力厂 | 第二机修厂 | 材料处 |
| 第一烧铁厂 | 第三轧钢厂 | 汽运厂 | 第三机修厂 | 设备处 |
| 第二烧铁厂 | 初轧厂 | 供气厂 | 钢研所 | 港务原料厂 |
| 第三烧铁厂 | 中板厂 | 供排水厂 | 自探所 | 机关事务处 |
| 第一烧铁厂 | 高速线材厂 | 修建部 | 设计院 | 接待处 |
| 第二烧铁厂 | 焦化厂 | 耐火厂 | 进出口公司 | |
| 第三烧铁厂 | 铁合金厂 | | | |

此外正在施工中的以 2500 立方米高炉为核心的主体工程和配套工程也在评估范围之内。

**三、资产概况**

截至基准日,投入股份公司的全部资产的账面原值为人民币 855821099.19 元,净值为人民币 7587857327.30 元减去负债人民币 4856942023.68 元后,账面净资产为人民币 2730915303.61 元。

1. 固定资产

截至 20××年××月××日,投入股份公司的固定资产的账面原值为人民币 2573616908.73 元,账面净值为人民币 1603263240.84 元,约占公司所有固定资产的 2/3。其中包括房屋及建筑物 1693510.76 平方米,铁路 184 公里,冶炼、轧钢、机械加工等设备 21588 台套,车辆 754 台,全部固定资产已在 20××年年末进行过清查,清查的盈亏数已经入账。在这次评估中,按申报的评估明细表与实物进行重点核对,仍然发现评估明细表中少列设备 151 台、房屋建筑物 3878 平方米、汽车 3 辆,已经分别造册作为盘盈资产补行列入评估。同时也发现多列设备 108 台,已经拆除注销的房屋 7110.88 平方米,已在评估表中予以剔除。

房屋建筑物包括各单位的厂房、操作室、变电所、仓库、厂内食堂、浴室等福利设施的面积与所在位置同产权证和平面图相互核对,产权证号数已在评估表上列出,少数未领产权证的尚需补办。

全部固定资产共分列出建筑物、构筑物、管线、通专用设备、车辆等五类并按单位编制清单。

2. 流动资产

截至 20××年×月×日,流动资产的账面价值为人民币 29460233288.87 元,包括各项存货、发出商品、货币资金和各项应收款等。其中:

(1)存货

①露天堆存的煤与矿粉,以××勘测公司在×月×日从现场实测后提出的"公司料堆勘测及其体积与重量计算技术报告"所列数量为准,并经××审核确认。

②低值易耗品主要反映生产过程中使用轧辊、模具、工具等；由于会议桌、办公桌、沙发、文件柜等家具用具在××公司资产中所占比重极小，此次评估未予列入。

③其他存货，在20××年年末通过盘点进行调整的基础上，于20××年×月×日，本所又会同检验证单位再次分赴各仓库进行重点抽查。抽查结果，与账面记录无大出入，因此确认基准期的存货数量是可信的。

（2）银行存款已与5月末的银行对账单调节核对相符。

（3）应收货款进行了账龄分析，部分为数较大的已由检查验证单位发函征询。

3. 长期投资

账列长期投资2154万元全部是20××年国家发行的特种国债债券，经检查无误。

4. 在建工程

截至20××年×月×日，已完成在建工程人民币3017030797.59元。其中属于大修理工程26856909.47元，科研项目661092.08元，基层企业的技术改建与扩建项目130101581.73元，其余为新建2500立方米高炉本体和其他配套工程2338834706.50元。尚有为此在建工程项目储备的设备与购置预付款等520575507.81元。

5. 无形资产

截至20××年×月×日账面没有无形资产。这次提出申请评估的无形资产有下列9项专利权：

（1）自卸车手制动与举升的连锁控制装置专利号90224544.9。

（2）双调式低能耗滤波装置方法专利号86103586.0。

（3）高炉槽下风力筛分装置专利号88219413.54。

（4）一种导线放线机专利号92207380.5。

（5）带筋风冷下注单层凹形底板专利号92226706.8。

（6）一种耐火材料预制件砌筑内衬的钢水包专利号92225491.5。

（7）棒、线材水冷器专利号88216755.3。

（8）钢渣风碎粒化装置专利号882112767j。

（9）宽频谱强声级的噪声治理装置专利号89205160.4。

各项专利权均在有效期内。此外，全厂占用土地11060334平方米，其价值由国家土地管理局中国地产咨询中心另行评估。

6. 负债

截至20××年×月×日止，负债的账面数为人民币4856942023.69元。包括：

（1）基建借款842750000.00元；

（2）专用借款1040931625.04元；

（3）应付债券139563000.00元；

（4）流动资金借款604975605.24元；

（5）其他应付、应交款2224721793.41元。

经与账面明细记录核对并与有关部门查对无误。

四、评估方法

1. 固定资产采用重置成本法进行评估

重置价值的确定：

(1)标准设备的重置价值以各种现行有效的最新产品价格目录为准。

(2)非标准设备的重置价值参照当前各主要制造厂的单位重量报价和使用单位提供的设备重量来决定。重置价中还包括一定费率计算的运输费、安装费等。

(3)对于钢铁企业特大的设备，如烧结机、连铸机、轧钢机和高炉、平炉、转炉、焦炉的安装费与筑炉费用均另外考虑，单位计算后加入重置价值。

(4)进口设备的装置价值对照当时入账时的原币价格按现行汇率折算，没有原币价格的，以国内现在生产的同类产品的出厂价取代。

(5)对淘汰设备及现行产品与早期有明显功能性差异的酌量降低重置价值。

(6)建筑物的重置价值采用政府20××年建筑安全综合定额和规定的地方取费标准。适当考虑当前的材料价格的价格变动的真挚。根据以上数据针对公司现有各类房屋、建筑物制定出专用的单位基价表，并增加一些其他建设费用，确定重置价值。

(7)铁路的重置价值采用铁道部《铁路工程建设估算指标》和冶金部《冶金工业企业概算额指标》作为评估依据。桥梁、道岔及轨道工程按实际数量，依照市场上现行材料价格进行评估，并适当考虑价格变动趋势。

(8)各项固定资产的成新率依据国家规定的折旧年限，已使用的年数，经过现场查看使用、维护和近期大修的情况，综合技术鉴定，决定成新率。

(9)各项固定资产的残值，依据财政部颁发的《工业企业财务制度》的规定，计算折旧时应保留残值3%～5%。本次评估经各方商定残值为4%。

评估净值的计算：

$$重置原值×[(1-4\%)×成新率+4\%]=评估净值$$

2. 流动资产与负债

存货中的原材料按市场评估，在产品、产成品与发出商品按成本价评估。

存款与借款已计算应收付基准日止的利息。

待摊费用与预提费用主要是待摊和预提的大中小修理费用。凡是属于本期应予转销的部分已经剔除。

应收账款凡是账龄在两年以上的，已予剔除，其他债权计提5%的坏账准备。

外币存款和债权按20××年×月×日×市外汇调剂价折合人民币。外汇负债同样处理。

3. 长期投资——债券

已考虑了到20××年×月×日为止的应计利息，按年利率10%计算。

4. 在建工程

大修理与科研项目因竣工后不增加固定资产价值，评估已予剔除。其余在建工程根据开工时间与已完成进度按工料与设备的涨价因素酌予升值。

5.专利权

专利权原无账面价值,经与主管部门磋商,估计当年可投入的科研和开发费用结合该项专利权所能获得的效益和有效期限评定价值。

6.土地使用权

有些单位在固定资产中列有土地资产共计 3711465.32 元,因原始记录已难查考,无法证实。现改以国家土地管理局中国地产咨询中心评定的土地使用权价值为准。

五、主要评估依据

1.国家资产评估管理办法及实施细则;

2. 20××年×月×日拟投入股份企业的各单位的资金平衡表与汇总表,各单位的账面记录;

3. 20××年×月×日固定资产盘点清册;

4. 20××年×月×日的存货盘清册;

5. 20××年×月×日的上海外汇调剂中心的汇率;

6.全国机床产品供货目录;

7.机电产品现行出厂价格目录;

8.冶金设备目录;

9.汽车销售总公司 20××年×月汽车价格;

10.××冶金矿山机器厂、××机器厂、××重型机器厂、××机器厂、××建设机械厂、××机器厂、××工业锅炉厂、××变压器厂、××电器成套厂、××汽轮机厂、××锅炉厂等各厂的产量报价;

11.××市××年×月开始执行的建筑安装工程材料预算价格和与之配套的综合费用标准;

12.××市建委××年颁布的建筑安全预算定额;

13.各种万元配料表及 100 平方米配料表。

六、评估结果

经过本小组的评估,全部资产的评估净值为人民币 11606467610.8 元,负债为人民币 5010948739.39 元,净资产为人民币 6595518870.69 元,比账面净资产升值 3864603567.08 元人民币,升值 141.51％。

七、几点说明

在这次评估中我们按照不同的资产类别采用不同的评估方法,最终结果如上述。为了具体说明评估情况,现分别将重点资产和重点单位另行编制附件。

主要是:

1.为了具体介绍评估方法,特将高速线材厂轧线设备等六项主要设备及第三炼钢厂主厂房的评估做法举例说明。

2.固定资产是这次评估资产中的主要部分,为此将拥有固定资产的 36 个单位的全部评估明细表,装订成册。固定资产评估明细表中评估数有些为"0",其主要情况是:

（1）设备盘亏、建筑物已经拆除，评估时已不见原物，因此数量为"0"，评估数也就为"0"；

（2）设备的安装电缆等评估价值已经考虑在设备价值之中，不另单独成项，所以评估为"0"；

（3）成套设备评定的若是成套价格，所含分项部件不另评估，所以分项评估数为"0"。

3. 对于流动资产及负债则按单位编成明细表，作为附件七。

4. 为了具体反映重点单位的评估结果，现将烧结、炼铁、炼钢、轧钢等 15 个单位的评估情况，另行编表说明。

××会计师事务所（盖章）
××钢铁公司资产评估小组
20××年×月×日

# 资产周转情况报告

## 概念

企业资产周转情况报告是企业财务部门依据当年销售收入及负债情况，而对企业总资产周转率、固定资产周转率、流动资产周转率作出的一种分析性说明文书。

## 格式与内容

1. 标题
标题通常由公司名称加"资产周转情况报告"组成。

2. 正文
（1）当年经营状况；
（2）总资产周转率；
（3）固定资产周转率；
（4）资产周转情况的分析和建议。

3. 落款
署明编制报告单位或部门名称及日期。

## 范文

### 关于××制衣有限公司资产周转情况的报告

××总经理：

按照您的指示，现将本公司 1999 年资产周转情况报告如下：

1999 年,由于出口服装增加,产品销售收入上升幅度较大,负债减少,公司资产周转率比上年有较大的提高。

据计算:

1. 总资产周转率

1999 年,公司产品销售净额已达 464.2 万元,比上年的 383.9 万元增长 20.9%;总资产平均余额为 611.8 万元,比上年的 647.2 万元减少 5.5%。故而总资产周转率已由上年的 59.3%提高到 75.9%。

1999 年总资产周转率＝464.2÷611.8＝75.9%

1998 年总资产周转率＝383.9÷647.2＝59.3%

对 1999 年公司总资产周转率提高的情况若加以具体分析,大致的情形原则是:受服装销量增多的影响使总资产周转率提高 12.4%;受负债减少的影响使总资产周转率提高 4.2%。

1999 年实际＝464.2÷611.8＝75.9%

1998 年实际＝383.9÷647.2＝59.3%

换算:464.2÷647.2＝71.7%

总差异:12.4＋4.2＝16.6%

2. 固定资产周转率

在 1999 年,本公司固定资产平均净值为 148.5 万元,比上年的 16575 元减少 10%,在产品销售净额有较大增加的情况下,公司本年的固定资产周转率由上年的 2.33 次升到 3.13 次。

1999 年固定资产周转率＝465.2÷148.5＝3.13 次

1998 年固定资产周转率＝383.9÷165＝2.33 次

3. 流动资产周转率

1999 年,公司流动资产平均余额为 351.5 万元,比上年的 342.6 万元增长 2.6%,但因产品销售净额增长幅度大,故而公司的流动资产周转率仍然达到 1.32 次,比上年的 1.12 次升高 0.2 次。

1999 年流动资产周转率＝464.2÷351.5＝1.32 次

1998 年流动资产周转率＝383.9÷342.6＝1.12 次

上述三方面数据表明,1999 年本公司在运用现有资产增产增效方面确已取得了较好的成果。但从流动资产的周转情况看,则没有达到预期的目标,这主要是受应收款余额和存货增多的影响所致。如果流动资产周转率能进一步提高,公司的资产周转速度还可以加快。

×××制衣有限公司财务部

20××年×月×日

# 材料采购成本控制情况报告

## 概念

材料采购成本控制报告是企业的分部门、下属公司、员工等向企业（或总公司）董事会、总经理汇报材料采购成本控制的工作，反映成本控制情况，并提出可行性建议的一种上报性文书。

## 格式与内容

1. 标题

标题通常由公司名称加"材料采购成本控制情况报告"组成。

2. 正文

（1）报告的来源依据；

（2）成本控制的具体做法；

（3）成本控制取得的成效。

3. 落款

署明编制报告单位或部门名称及日期。

## 范文

### ××厂关于材料采购成本控制情况的报告

××局财务处：

本年，为了控制材料采购成本，我厂投入了很大的精力，以财务处材料核算室为核心，进行了合理的调控，取得了显著的经济效益。

现将我们的具体做法报告如下：

1. 采取生产、供应、财务"三结合"的办法，避免了材料采购过程中的盲目性。

过去，我厂80％以下的材料均由供应处直接采购，并负责材料的验收、发放和保管。现今市场变化快，工厂产品结构复杂，品种繁多，大量或成批采购很容易造成库存积压。据计算，截至20××年年末，我厂加存材料为70万元，20××年增加到960万元，其中，重复采购的物资就达70万元以上。对此，财务处及时设计并推行了《材料月份用款计算表》。先由各车间按产品的市场需求量提出生产用料，由供应处汇总填写《材料月份用款计算表》，经仓库保管员核对库存量后，报送生产处总调度，生产处根据生产情况核实批准，在"备注栏"中示明采购急缓程度，送财务处材料核算室核算价格，最后再由财务处长根据资金情况批准"实支数"。这一管理控制办法实行一年来，仅避免重复采购一项就节省 20 万元，另外还拒付价格过高的材料 27 万元；经磋商而降低采购价格使费用支出减少 15 万元。

2. 采购物资实行"四同"（同品种、同型号、同名称、同技术要求），对材料购入价格进行比较分析。

实行这个办法以来，直接减少因信息不灵、不准而高价购买材料的损失达 25 万元，并使采购人员的价格观念、成本意识有所增强。此外，我们还订阅了《价格信息》等报刊杂志，收集我厂需用材料的价格，定期了解原料厂家的价格变动情况，在此基础上，工厂还对 11 种占材料采购成本较大的物资制定了目标限价。自财务处材料核算室进行"四同"材料价格比较分析后，过去那种舍近求远、质次价高的不合理问题得到了有效控制，人为的扩大采购成本问题也得到基本解决。

3. 采用"ABC 管理法"，重点控制，严格审核。

与此同时，我们还将现代化管理办法"ABC 管理法"直接应用于材料采购成本控制上，也收到了良好的效果。经分类，划分出 A 类消耗物资 11 项，这类物资占采购品种的 5％，但却占采购资金的 50％以上。我们对这 11 项消耗材料重点进行市场价格调查，并查阅各种价格资料，结合国家有关物资的价格政策，制定了"厂内目标采购限价表"及相应的奖罚办法，收到了立竿见影的效果。采购人员通过多渠道、全方位奔波，在这方面共节约材料成本费 21 万元。

4. 全面控制，有效节约材料采购成本中的运杂费开支。

近年来，运杂费占材料采购成本的比重越来越大。为了控制材料采购的运杂费，降低采购费用，经走访市内各货场、运输公司，收集整理国家对运杂费的价格政策、限价措施，决定运输物资优先使用本厂运输工具，在本厂车辆紧张而需用社会运输工具时，也实行了及时限价送货。结果，使我厂的材料采购运杂费成本大幅度下降，20××年一年就节约费用 3 万元。

5. 建立材料采购价格档案，形成价格监督体系。

为有效降低采购成本，把收集到的价格资料分门别类归档立册，形成内部价格档案。对采购质优价廉的物资，予以奖励。价格档案同时也为我们实行计划成本核算提供了依据。如 20××年我厂供应处向××公司订购醋酸人造丝，通过查阅"物资价格档案"发现其价格高于市场最新价而予以拒付。经磋商，共为企业挽回经济损失 2.72 万元。

上述几点是我们在探索材料采购成本控制中的一点收获，今后随着现代管理方法的推广，我厂对材料采购成本的控制定会更加合理，更加有效。

××××厂财务处

20××年××月××日

# 存货构成情况报告书

## 概念

存货是企业在日常生产经营中持有以备出售或者仍然处在生产过程,或者在生产或提供劳务过程中将消耗的材料或物料。存货构成情况报告就是企业在上述过程中对存货所作的分析报告。

## 格式与内容

1. 标题

标题通常为公司名称加"存货构成情况的报告"组成。

2. 正文

(1)现有存货的概况;

(2)存货周转及其结构;

(3)就现有存货进行合理化的分析;

(4)可行性建议。

3. 落款

署明编制报告单位或部门名称及日期。

## 范文

### 关于××公司存货构成情况的报告

××总经理:

目前,本公司的存货构成不够合理,现将有关问题报告如下:

**一、存货总量有增无减**

据计算,20××年本公司的平均存货已达××万元,比上年的××万元增加××%,这同董事会年初提出的将存货压至××万元以下的要求相距甚远。

但存货周转率则由上年的××次提高到××次。

20××年存货周转率=销货成本/平均存货=××次,上年存货周转率=××次。

20××年存货周转率略有提高,主要是受皮鞋销量增加的影响。据计算,本年因受皮鞋销量的影响,存货周转率下降(增加)××次。

上年实际存货周转率=××次

20××年实际存货周转率××次

总差异:××次

这表明,尽管存货周转率略有提高,但本公司的存货总量都是偏高的。如总量不下降,存货周转率过低的态势仍难改变。

**二、存货结构不尽合理**

据计算,20××年公司存货总量过多,主要体现在内销皮鞋积压过多和原料超储两个环节上。

1.内销皮鞋积压情况比较突出。据计算,上年内销皮鞋存货达××万元,占存货总量的××％,本已形成积压的局面,而20××年的内销皮鞋存货不仅没有减少,反倒比上年增加××万元,占存货总量的比重也提高到××％。我们认为这部分存货如不尽快处理,不仅占用资金过多,影响正常周转,而且很可能造成更大的损失。

2.原料超储情况比较突出。据计算,20××年库存原料已达××万元,比上年的××万元增加××％;占存货总量的比重也由上年的××％上升到××％。原料存货增多有其合理的一面,也有不合理的一面,合理的因素是原料不断涨价,迫使公司不得不增加一些存货,不合理的一面则是超储幅度过大,影响资金周转,如按正常储备系数计算,近两年的原料存货均超储一半以上。

**三、几点建议**

1.建议对内销皮鞋存货进行一次清理,凡能卖出的应通过营销网络尽快出售,以免造成更大的损失。

2.建议对内销皮鞋的生产采取限产措施,凡滞销的产品应立即停止生产,避免造成新的积压。

3.建议对原料进货严加调控,除来料加工部分以外,应只进畅销走俏的面料,余者应视存货情况缺什么进什么。

以上建议,供参考。

×××有限公司财务部
20××年×月×日

# 产品成本核算办法

## 概念

产品成本核算方法是指进行产品成本核算的企业为加强成本管理,依照同类产品成本管理的有关规定而制定的适合本企业实际的一套具体管理办法。它是企业加强产品成本管理的制度保证,直接关系到本单位成本管理的水平和单位的经济效益。

## 格式与内容

1.标题

标题通常由公司名称加"产品成本核算办法"组成。

2.正文

(1)本单位实行几级核算制;

(2)成本核算的任务是什么;

(3)产品成本的核算对象有哪些;

(4)成本项目及生产费用,费用如何汇集与分配;

(5)成本的计算方法;

(6)费用成本的具体管理措施,等等。

3.落款

署明编制报告单位或部门名称及日期。

## 范文

### ××耐酸泵厂产品成本核算办法

1.根据《全国塑料制品工业成本核算规程》,结合我厂的情况,特制定本办法。

2.我厂实行三级核算制。采用逐步结转分步法,班组实行指标核算,车间按工序划分核算单位,实行产品、部件成本的核算,各算其工序中的成本,厂部实行产品总成本的核算。

3.成本核算任务

(1)认真贯彻执行成本管理的有关法令和制度,正确及时地计算反映生产过程所发生的成本。

(2)准确、合理地计算产品总成本和单位成本,掌握计划成本的执行情况;分析成本资料,提供降低成本的措施。

(3)建立定期盘点制度,正确计算产成品和产品成本,划清开支界限,为销售定价提供依据。

4.产品成本的核算对象:几经议定的生产工艺过程而出售的产品部件均应进行成本核算。

5.成本项目和生产费用

(1)原料及主要材料项目:包括各生产过程所耗用的原材料。

(2)燃料动力:燃料(煤)、电费。

(3)工资:指直接参加生产的工人工资,包括基本工资、生产奖、超额计件工资、加班工资、夜班费、副食补贴等。

(4)提取的职工福利费。

(5)车间经费:车间发生的各项费用,包括:车间管理人员的工资,修理工勤杂工的工资按比例提取的福利基金、折旧费、修理费、车间办公费、取暖费、租费、保健费、低值易耗品、劳保用品、产品盘亏……

（6）厂外加工：我厂的厂外加工，实际是外购件。因此项金额较大，所以和材料应区别开计算，以便掌握此项费用的开支数额。另外，这部分外购件保存在半成品库，也应单独立账核算。

6.生产费用的汇集和分配

（1）材料：材料实行计划价格，加分摊差异为成本。凡能直接计入的直接计入。环氧玻璃布成本按压制件重量分摊，油漆成本按数量分摊。

（2）工资分别按工序计算，按工时分配。

（3）提取职工福利费：同上。

（4）燃料：随同浸胶布重量分配。

（5）车间经费、动力费按工时分配。

（6）部件加工费，按领用部件同时直接记入产品中。

7.产品成本的计算方法

根据我厂的生产情况，拟定采用分步计算，按产品的工艺过程划分为：

（1）制药浸烤为一个核算单位，因供气全为这个过程服务，也加入此工序核算。本核算过程按重量计算成本。一部分转入成品（卖出部分），一部分转入下道工序。转入下道工序压型的成本，分项加入压型成本中。

（2）压制件成本的核算：压型承上道工序的上胶布，分项目加在本车间内成本中，材料按重量分配，其他成本按工时分配，加工完的产品入半成品库。

（3）机加喷漆的核算：领用的材料半成品件和外购件进行加工时，其材料成本能直接计入的直接计入；不能直接计入的按量分摊，其他项目按耗用工时分配。部件转成品库，泵架、泵座转下道工序。

（4）组装成本的核算：材料能直接记入的直接记入，不能直接记入的按量分摊，成品入产成品库。

（5）辅助生产的核算：辅助生产部门有维修、汽车、电工、冬季两车间取暖供气，按提供的劳务时间分配、互相提供劳务则一次分配。

8.定额控制、分析考核

按消耗定额、工时定额和费用定额，制定单位计划成本，按计划成本考核各产品部件的成本完成情况和经济效益高低。对发生的差异要进行分析，找出原因，提出改进措施。

9.关于费用的核算管理

（1）各项费用开支本着节约的精神，严格按费用定额考核。

（2）各车间直接购入的费用，除有发票外，必须附有车间领料单，写明数量金额并有车间负责人签章，财会部门与车间同时记账。

（3）由仓库领用的费用，车间开领料单，仓库划价，一式三份，车间和仓库同时记账，月终28日前仓库和车间核对后报财会部门。

（4）各部门、车间的办公用品，由厂办负责考核指标，并负责在领用单上划价，一式三份，三方记账（厂办、车间、财会），月终25日厂办把本月盘点表金额和各部门车间领用的价值报到财会部门。

（5）财会部门要分部门计算费用的使用数额，定期公布超支节余情况。

10.材料成本管理

（1）关于材料的管理

①材料账要求不出赤字，发票未到的要估价入账。

②材料应尽量由专人负责，凡能确定领料用途的一定要填写用途。

③材料在领退库方面，分四种情况处理。

· 玻璃布按进料时的数量（实点）由车间一次领出，存放于车间，月终由车间负责实际盘点，办理假退库手续。

· 甲醛、苯酚、树脂、酒精等材料归库负责管理，每月要清点一次，车间要实事求是的领料，车间领出的料，月末要盘点退库，按实领数作为当月的消耗。

· 铸件要按本月生产原台数加本月卖出数领料。车间卖出数开半成品入库单，连同提货单一起交半成品库，由半成品库记账。铸件进料时要准确，要通知仓库点数。

· 其他材料如密封件、标准件等，则要求产品用多少领多少，车间月末不办理假退库手续。如车间月终存量过大，则应办理假退库手续。

④由车间卖出材料时，要由车间办理退库手续，连同提货单一并交库。车间外卖部分全树脂、环氧布时，车间要开具半成品入库单，连同提货单一起交半成品库。

⑤供销仓库负责费用定额的考核，并要按定额储备。

（2）关于半成品的管理

①半成品库应将毛坯和成品件、外购件分开保管、记账。

②半成品库应同时有入库单。外购件入库要随时开入库单，月终结算时要和发票对照无误，要凭提货单和领料单提货。

④半成品领用和卖出部件时，要凭提货单和领料单提货。

④半成品库要账、单、物相符，出入库手续制度健全，建立定期的盘点制度，及时提供盘点表。

⑤压型和机加的半成品一定要通过半成品库，以便于计算半成品件数。如果车间和班组直接转递时，可同时写一张入库单（入库部门的）和一张领料单（领用部门）一起交半成品库，由半成品库记账。

⑥车间必须对生产和领用的半成品件进行统计记录和核算。

⑦车间小组长必须在月末对半成品进行盘点，把盘点表交车间核算员。

⑧成品库备发货的半成品件月末也须盘点，把盘点表报财会部门。

⑨关于半成品的废件，要分别存放，不进行盘点。次件要分别盘点和存放。关于废件要由技术质量部门拟出管理程序，按制度办事，不得任意处理。

×××耐酸泵厂财务科

20××年×月×日

# 设备安装验收报告

## 概念

设备安装验收报告是指购买设备后，卖方调试安装完毕，经买方技术人员验收后向上级报告的一种报告类的文书。

## 格式与内容

1.标题

标题通常是项目名称加"设备安装验收报告"之前加"关于"两个字组成。

2.正文

(1)安装的时间；

(2)验收的过程；

(3)设备安装后的总价；

(4)通常应附验收证明书。

3.落款

署上验收小组组长姓名并请车间主任签名。

## 范文

### 关于引进设备安装的验收报告

厂部：

20××年××月从日本引进的生产低压金属化电容器的全套设备，经过5个月的安装调试，已于××月××日开始试车。现在设备运行情况良好，生产水平已达到设计能力的70％，产品质量也基本达到设计标准。为此，于××月××日由××厂长会同设备科、技术科和财务科组成验收小组，并聘请××大学××教授参加，对这套设备进行了为期5天的全面检查和验收。验收小组的同志一致认为这套设备具有国际上20世纪80年代中期水平，安装质量合格，可以正式交付使用。

该设备购入原价为×××万元，加上安装工程费×万元，总价为××万元。按国家规定折旧年限××年，折旧率×％，年折旧额××万元。

特此报告

附：工程竣工验收证明书（略）

引进设备验收小组组长×××

××车间车间主任×××

20××年××月××日

# 固定资产加速折旧请示

## 概念

固定资产加速折旧请示为了加快固定资产及技术的更新换代,准备使用加速折旧的方法,来取代原有的折旧方式而向企业主管部门请求批准使用的一种请示类的文书。

## 格式与内容

1. 标题

标题通常是直接写"固定资产加速折旧的请示"即可。

2. 正文

(1)申请加速折旧的原因;

(2)实行加速折旧的具体方法;

(3)该折旧方法的实施时间。

3. 落款

署明编制请示单位的名称及日期。

## 范文

### 固定资产加速折旧的请示

××主管部门:

一、我公司于20××年××月××日从××厂购进××机床一台,价值××万元。该机床属换代产品,技术较为先进,性能稳定,自同年××月份投入使用,效益良好,它替代了不少人工单机精加工工艺,使阀门精加工的功效明显提高。而且精加工产量不再起伏不定而呈稳定态势。

二、根据目前社会对4寸、6寸阀门的需求攀升,市场预测明年的阀门需求量将继续上扬,而阀门组合机床的制造技术有日新月异的变化,加之全国各类油库对阀门质量和功能的要求越来越高。目前阀门年生产量较低,经我公司研究,打算对该组合机床实行加速折旧以加快技术和固定资产更新。

三、我们计划采用双倍余额递减法进行加速折旧。

其计算公式为:

1. 年折旧率＝使用期÷折旧年限×100％

2. 月折旧率＝年折旧率÷12×100％

3. 月折旧额＝固定资产账面净值×月折旧率

四、加速折旧方法自 20××年××月起执行。

特此请示,请批示。

×××公司

（公章）

20××年××月××日

# 资产清查情况报告

## 概念

资产清查情况的报告是指企业的财务部门为使账面记录能够更加准确地反映出企业实有财物,而对企业所有资产进行盘点或对照,从而分析出存在的差异和原因后对企业负责人所做的一种报告类的文书。

## 格式与内容

1. 标题

标题通常直接写"企业资产清查情况的报告"即可。

2. 正文

（1）现金方面;

（2）存款方面;

（3）实物方面;

（4）投资方面;

（5）债权方面;

（6）有时也反映债务方面的情况;

（7）处理意见等。

3. 落款

署明编制报告书的企业和部门名称及日期。

## 范文

**企业资产清查情况的报告**

××市化工局:

按市局的部署,我们于年前对全厂资产进行了全面彻底的清查盘点,现将清查中发现的问题与处理的情况报告如下:

1. 清查出的主要问题是大堆煤炭因采用原始的方法计量,出现大量短亏。因为原始方法计量本身不可能精确,但由于没有"火车衡"计量设备,明知车辆装载不足,也难以拿出具有说服力的证据同供货方交涉。这次计算本身不够精确,经研究决定暂不进行账务处理。拟在明年购置、安装"火车衡"后,将运入新煤易地堆放,待原有煤堆发料完结时,再依照实际短亏数进行处理。

2. 在材料、低值易耗品、半成品、产成品清查中,净盘亏、毁损数为 76458 元,主要是积压产成品年久变质报损 54379 元,其余 22079 元是 6 月 9 日仓库被盗丢失的铝、铜线材,经报案迄今尚未破案。对此,我们拟在本年决算中暂予核销,列入管理费用。

3. 在固定资产清查中,虽然没有发生短缺和毁损的现象,但却有两笔拖了几年未作处理的悬案:一笔是已故设备科长×××擅自借出一台××机,原价 6000 元,已提折旧 3800 元;另一笔是三年前买进一台不能使用的废设备,原价 4600 元。这两项共计损失 8400 元,已于 12 月 20 日上报厂部。

4. 现金与银行存款,经过清查,与账面数值完全相符。

5. 债权、债务清查:债权方面有三笔由于实行延收货款销售而形成的坏账损失,共计 21050 元,也已于 12 月 20 日上报厂部。其余经逐户函讯,均证明无误;债务方面,有一笔拖了多年无法偿付的应付货款 2150 元,已由我厂主管厂长批准核销,列入决算,作为营业外收入处理。其余已经逐户核对无误。

以上报告如有不当,请指正。

×××化工厂财务科

20××年×月×日

# 查账报告

### 概念

查账报告是查账员向单位或委托查账单位报告查账经过和结果的书面材料。公司查账是为了更好地监督企业经营活动的合法性和检查财经纪律的执行情况。

### 格式与内容

查账报告的写作要遵循实事求是的原则,查账报告中的数字和材料要引用准确,分析要符合国家法律法规。

### 范文

**查账报告**

受××公司委托,对该公司 20××年 7 月至 20××年 12 月发生的往来账目及 20×

×年年底出现的商品盘亏×××万元问题进行了账面查核。

该公司提供了上述期间的会计账簿×本、会计凭证×本、仓库数量账×本及部分仓柜月报表（不齐全、不衔接）。

委托的具体要求是查核往来账户的余额是否有误，并对商品盘亏额进行查找。

兹将查核结果及问题分析报告如下：

一、核查结果

共查出错账、漏账、重账和本应及时结转的有关部门账目共××笔，其中：

……

在上述三项××笔应调整的账目中，净调减商品账××××万元，因此盘亏××××万元不实，现调整为盘亏××××万元，见附表（略）。

二、问题分析

在查出的应调账目中，大多出现以下 6 种情况：

1. 计算差错和串户现象得不到审核。

2. 入库但重复，会计做账也随之重复。

3. 委托代销商品的"进销差价"（即代销手续费收入）结转不及时。

4. 价格变动未及时调整商品账的"进销价"。

5. 仓库或柜组向供方退货或向外发出代销商品时手续不齐全、责任不明，甚至单据也不转给会计。

6. 不及时对账。

鉴于该公司各仓柜账、表、证资料不全，财务上也缺少 2001 年度的销售分柜账，且在上述一年半时间里先后四易主管会计，四易仓库保管，且移交均为正式造表又无人监交，各柜组的人员、组织形式也多次变动，加上对商品的进、拨、转、退某些环节手续不严，因此对账面的有关往来账户除账面查找外，还应与对方逐笔核对，以进一步搞清账面不真实的现象。总之，核查虽然发现以上问题，但不等于账目全清，盈亏都实。特此报告如上。

××会计事务所（章）

会计师：×××　　×××

20××年××月××日

# 资产清算报告

## 概念

资产清算报告是出资单位因某种原因不得不终止法人资格时对公司资产清算时提交的书面报告。

### 格式与内容

1. 企业按照国家相关法律法规对企业财产进行清算和处置。
2. 要编制企业解散日的会计报表和财产目录。
3. 债权、债务清算,剩余财产分配,债权人确认等。
4. 其他事项。

### 范文

××资产清算报告

××合资××有限公司清算委员会:

我所接受贵公司清算委员会的委托,聘请我所注册会计师为清算委员会的委员,参与和办理贵公司的企业清算工作。并根据中华人民共和国有关中外合资企业的法规,公司的合同、章程和董事会提出的解散申请书以及有关部门的批准文件,对公司的有关账簿、报表进行了全面清查,对固定资产和剩余财产等进行了清点。

现将清算结果报告如下:

一、对会计账册,解散日会计报表的验证。根据有关规定和查账程序进行了审核验证,并编制了清算结束日损益表,资产负债表(表略)。

二、关于固定资产评估,是参照国际惯例和我国有关固定资产产权变更的规定进行的。经清算核实,公司的固定资产评估结果是:评估总值减除已提折旧的评估值为××万美元,增值××万美元,增值率××%。并对剩余财产按照合同、章程规定的账面净值法进行了分配。

三、关于债务清算和债权人确认问题。在生产经营过程中,公司向当地中国银行借款××万美元,未清还债务,通过召开债权人会议,明确按照原借款协议书由乙方负责清偿。

四、清算损失和收益的处理(略)。

××会计师事务所<br>注册会计师×××<br>20××年×月×日

# 清查产成品存货情况报告

### 概念

清查产成品存货情况报告是下级向上级汇报产成品情况的一种报告类的文书。

## 格式与内容

**1.标题**

标题通常直接写"关于我厂清查产成品存货情况的报告"即可。

**2.正文**

(1)清查的原则；

(2)清查的结果；

(3)提出意见。

**3.落款**

署明编制报告书的企业和部门名称及日期。

## 范文

### 关于我厂清查产成品存货情况的报告

××市纺织工业局：

按照市局的部署，我厂从20××年11月12日开始，对产成品存货进行了全面清查盘点。经过20天的认真查核，已认定的产成品盘亏、报废损失为40949元，占全厂产成品存货账面数307886元的13.3％；扣除盘盈5314元，净损失额为35635元，占账面存货数的11.6％；清查后，实有的产成品存货为272251元，比往年的正常存货数仍高出1/4左右。

从这次清查产成品存货工作中，使我们清楚地看出导致产成品存货占压资金居高不下和损失严重的主要原因是：

1.我厂现有产品结构不合理，档次低，质量差，不合市场需要，缺乏竞争能力。由于我厂技术改造进展慢，目前生产的19种针织品中有12种基本上仍是老产品。过去，这些产品除供应本省市场外，还可销往××、××等地。而今，因国内厂家生产的档次高、质量好、款式新的针织品大量涌入省内市场，我厂的老产品即使在省内也变成了滞销品，积压严重，并有10个品种已为亏损产品。据计算，去年这10个品种共亏损68720元，今年至少也要亏损85995元。因此，我们按中央提出的限产的要求，对7种亏损较大的产品果断地作出了停产的决定，对3个品种则采取了限产措施。

2.企业内部管理松弛，仓库管理制度形同虚设。通过这次清查发现，由于产成品保管不妥，损失浪费和丢失情况都比较严重，仅产成品盘亏一项即损失22754元。此外，用"白条子"抵库的问题也时有发生，在这次清查中即发现有6753元的白条子。

这些问题说明，我厂的经营思想还没有真正转到优化结构，进入市场，提高效益的轨道上来。同时也使我们从中认识到企业管理必须迎头赶上，搞好技术改造，开发新产品，使工厂成为以市场为导向的"经营型"企业。总之，通过这次的清查工作，我们一定要认真吸取教训，针对暴露出来的问题，堵塞漏洞若观火，加强管理，杜绝类似问题的再度发生。

对造成严重损失的还要追查责任,认真查处。

特此报告。

附件一:产成品库存盘亏报告单(略)

附件二:产成品库存盘盈报告单(略)

附件三:产成品报废损失报告单(略)

××市第二针织厂

20××年×月×日

# 银行存款清查情况报告

## 概念

银行存款清查情况报告是下级向上级汇报银行存款账目情况的一种报告类的文书。

## 格式与内容

1.标题

标题通常直接写"关于我厂银行存款清查情况的报告"即可。

2.正文

(1)清查的原因;

(2)清查的结果;

(3)提出意见。

3.落款

署明编制报告书的部门名称和人员姓名,并注明报告日期。

## 范文

**关于我厂银行存款清查情况的报告**

××厂长:

按照市轻工局关于资产清查的部署,我们于×月×日对本厂银行存款账目进行了清查。现将清查情况报告如下:

经查对,×月×日我厂银行存款账面余额为 193201 元,而银行账单的存款余额则为 176735 元,两者相差 16466 元。

经仔细核对,有 6 笔未达账项:

(1)我厂于×月×日收存××塑料制品厂、××胶垫厂、××制瓶厂交来的转账支票

3 张,金额分别为 16430 元、14416 元、7932 元,计 38778 元,银行尚未入账。

(2)我厂于×月×日开出支付外协件加工费转账支票 1 张,金额 9745 元,因持票厂家还未向银行办理转账结算,银行尚未入账。

(3)我厂委托开户行代收××塑料制品厂的销货款 12978 元,银行已经入账,而我厂则因未收到银行的收款通知书而未入账。

(4)由银行垫付的本厂应付购货运费 411 元,因我厂尚未收到付款通知书,也未入账。

根据上述未达账项,我们编制了×月×日"银行存款余额调节表"如下:

| 项　　目 | 金额(元) | 项　　目 | 金额(元) |
|---|---|---|---|
| 银行对账单上的存款余额 | 176735 | — | — |
| 加:厂收银行未收数 | 38778 | 我厂银行存款账面余额 | 193201 |
| 其中:销售 | 38778 | 加:银行收厂未收数 | 12978 |
| 减:厂付银行未付数 | 9745 | 减:银行付厂未付数 | 411 |
| 调节后的存款余额 | 205768 | 调节后的存款余额 | 205768 |

上表说明,调节后的银行存款余额与我厂银行存款账目的余额,两者数额一致,证明双方账目均无差错。对此,我们将清查材料转给财务科,与其他资产清查材料一并上报市轻工局。

特此报告。

××塑料厂审计室

报告人:×　×　×

20××年×月×日

# 第九章　市场调研与营销文书

## 市场调查报告

### 概念

市场调查报告是企业根据自身从事或准备从事的行业进行市场调查研究活动并分析调查成果而写出的有情况有分析的书面报告。

### 格式与内容

1. 标题

标题通常是项目名称加"调查报告"组成。

2. 前言

简要概述一下调查报告撰写的依据、研究目的或是主旨、调查的范围、时间、地点及采用的方法、方式等。

3. 正文

（1）情况部分；

（2）结论或预测部分；

（3）建议和决策部分。

4. 结尾

结尾要求用简洁明了的语言概括本调查报告的结论。

5. 落款

写明调查单位或个人并署明调查时间。

### 范文

#### ×××网络用户市场调查报告

一、概述

随着信息技术的发展，×××网络的应用也由最初的教育、科研转向了民用、商用以及与百姓生活相关的许多方面。全球 70％以上的用户使用×××网络，排在第一位的用途是用于个人信息交流，如发送和接收电子邮件等；其次是用于工作，如企业内部的局域网，办公自动化等；排在第三位的是用于教育，如企业内部培训，远程教育等。

搞好市场调查和预测是分析的基础，是细化管理，向管理要效益的具体体现。基于此，我们对×××网络用户的使用情况进行了市场调查。

二、市场调查的目的和方式

1. 调查方法的确立

本次用户调查采用随机抽样的调查方法，历时一个月。

具体做法是：

（1）……

（2）……

（3）……

2. 调查内容

共设有 10 项调查内容，每个调查项目下设有若干被选项，用户采用选择的方式回答问题。

3. 调查对象

主要调查对象以拨号用户为主，原因如下：（略）

4. 调查目的

（1）力求对市场有一个较为清楚、正确的认识。

（2）使分析工作更加深化，做到事前分析与事后分析相结合，更好地发挥信息、咨询、监督的管理职能，为领导决策提供第一手资料。

三、调查结果

1. 从用户职业来看：用户的行业分布较广，在行业分布上以 IT 行业、商业贸易以及科教行业居多。

2. 从年龄构成上看：网络使用者中年轻人居多，用户的文化程度有所降低，说明网络的使用已不再仅限于文化程度较高的专业技术人员或特定行业内的人群，网络的普及率在上升，同时，从一个侧面反映出互联网上百姓化信息更加丰富。

3. 用户上网的主要目的是：网络不再仅仅是工作和学习的重要工具，更成为人们休闲娱乐的工具之一。

4. 本次调查结果还表明：用户群体与个人收入水平无显著关系，但与用户职业关系显著。

四、调查结论

综合以上分析，我们认为可得出以下结论：

1. ×××网络的目标用户群体定位：较为年轻。

2. 提高客户服务的质量是我们参与市场竞争的前提条件。市场与服务相脱节的局面应尽快改变。

# 市场调查问卷分析报告

## 概念

市场调查问卷分析报告是企业针对市场的某一问题或某些问题进行调查后，具体结合企业实际情况撰写的商务文书。

## 格式与内容

1. 标题

标题一般由公司名称加"市场调查问卷分析报告"组成。

2. 正文

(1)问卷设计；

(2)调查样本的选择方式；

(3)调查方法的选择；

(4)调查结果的具体分析等。

## 范文

### ××公司市场前景调查问卷分析报告

一、问卷设计

本问卷基本内容设计如下：

隐形眼镜在大学生中的市场前景调查书

首先感谢各位同学的协助。本调查的目的在于了解隐形眼镜在大学生中的使用情况，以期对这一市场的发展前景作出初步预测。耽误您宝贵的时间，再次向您致谢！

请您就以下问题在您认为合适的地方打"√"。

1. 请问您现在戴哪一种眼镜？

□框架眼镜 □隐形眼镜 □未配眼镜 □视力好，不需配

2. 假若您已经近视尚未配眼镜，您准备：

□配框架眼镜 □配隐形眼镜 □不配镜

3. 您选择框架眼镜是因为：

□价格适中 □方便 □一般近视者都戴 □其他

4. 您未配隐形眼镜是因为：

□价格过高 □怕伤眼睛 □未听说过 □其他

5. 戴眼镜给体育运动带来了一些不便，对此您持何种态度？

　　□无所谓 □无可奈何,不戴不行 □运动时少戴 □换成隐形眼镜

6.长期戴框架眼镜,会使眼睛不同程度的变形,对此您持何种态度?

　　□无所谓 □无可奈何 □尽量少戴 □换成隐形眼镜

7.您现有的眼镜价格大约是多少?

　　□框架眼镜价格 □隐形眼镜价格 □未配价格

8.如果您想买隐形眼镜,请问您最高能选以下哪一种价格?

　　□30美元左右(普通形) □40～50美元(精品形) □70美元左右(定做)

9.您购买眼镜的经济需求,家里是否会予以满足?

　　□是 □否 □其他

10.请您将所知道的隐形眼镜的品牌写下来:

　　(1)_____ (2)_____ (3)_____

　　(4)_____ (4)_____ (4)_____

**二、调查样本的选择**

调查样本是××市重点大学的大学生。

**三、调查方法**

以校为单位发放问卷,然后统一收回。

**四、调查结果分析**

1.隐形眼镜目前的市场占有率仍很低,有很大的市场发展潜力。二年级的大学生,经过14年的苦读,大多与眼镜结下难解之缘。所调查的对象中,近视率为66.7%,其中有一个班的近视率高达86.7%。在近视患者中,配框架眼镜的占80.6%;配隐形眼镜的占9.7%;尚未配眼镜的占9.7%。

隐形眼镜目前的市场占有率低,主要有三个原因:一是怕伤眼睛,50%以上的调查者都持这种态度。二是价格过高,有35%的人持这种看法。框架眼镜平均在20美元左右,也有少数人的框架眼镜在30美元左右。而隐形眼镜的价格在35美元以上,还需要眼镜清洗液、药片、隐形眼镜片盒等长期消费。三是怕麻烦。有12.9%的人认为隐形眼镜每天至少得取下来清洗一次,比较麻烦。

从以上原因来看,拓展在大学生中的隐形眼镜市场是有潜力的,关键在于厂家的宣传促销活动。因为在50%以上的怕伤眼睛的人中,大部分只是听亲戚、好友和医生说戴隐形眼镜会伤眼睛,就信以为真,并不知道为什么会伤眼睛以及如何预防。所以,只要厂家科学地宣传戴隐形眼镜的优点及注意事项,消除人们对隐形眼镜的误解,就可以争取这一部分人的市场。

2.大学生有购买隐形眼镜的需求和经济能力。由于大学生受教育程度高,对个人形象的要求也相对较高。对于"长期戴框架眼镜,会使眼睛不同程度的变形,对此您持何种态度?"这一问题,有58.8%的人选择"尽量少戴"的答案,16.1%的人选择了"无可奈何"的答案。这说明大学生也意识到了框架眼镜的弊端,而隐形眼镜正好能弥补框架眼镜的这一弊端。因此,只要宣传及时,隐形眼镜可以满足大学生们注重个人形象的需求。

大学生们虽没有独立的经济收入,但现在一家出一个大学生也是不容易的,尤其是一些进入名牌大学的,家里更引以为豪,因而对大学生的需求,家长都尽量满足。在"你购买眼镜的经济需求,家里是否会予以满足"的问题中,回答"是"的占 93.5%。由于有家里人做"经济后盾",74.2%的人表示能承受 20 美元左右的隐形眼镜价格,22.6%的人表示能够承受 40~50 美元的价格,极少数人愿意承受 60 美元左右的价格。这说明,只要隐形眼镜的价格能保持在中等偏下的水平,市场潜力就会十分巨大。

# 市场预测报告

## 概念

市场预测报告是企业根据一定的经济理论,以市场的历史和现状为出发点,运用科学的经济技术方法和手段,将预测对象、预测区域、预测结果用文字表达出来的一种报告类的文书。

## 格式与内容

1. 标题
标题通常就是该预测项目的名称。
2. 正文
(1)现状;
(2)预测;
(3)对策。

## 范文

### 饮料市场:蛋糕越来越大

品牌集中度:茶饮料最高,水饮料最低。

在问及消费者最近两年喝过各类饮料品牌的数量时,调查结果表明,茶饮料的品牌集中度最高。喝过茶饮料的品牌数量主要集中在 1~3 个之间。只喝过 1 个茶饮料品牌的占 23.1%;喝过两个品牌的占 29.6%;喝过 3 个品牌的占 25.9%,三项合计为 78.6%。也就是说,有近八成的消费者只喝过 3 个以下的茶饮料品牌,品牌集中度在饮料类别中排名第一位。

品牌集中度排在 2~4 位的依次是果汁饮料、奶饮料和碳酸饮料。只喝过 3 个以下果汁饮料品牌的合计为 63.0%,喝过 3 个以下奶饮料品牌的合计为 59.2%,喝过 3 个以下碳酸饮料品牌的合计为 51.8%。

水饮料品牌集中度最低。调查显示,喝过 6 个及以上水饮料品牌的比率最高,达到 20.5％;喝过 4 个以上水饮料品牌的合计为 51.9％;喝过 3 个以下水饮料品牌的合计为 48.1％。通过对比分析我们可以看出,水饮料相对于其他饮料类别品牌集中度最低。

### 喝保健饮料的消费者会越来越多

为了解消费者饮料产品的需求方向,我们设置了"您认为今后喝哪种饮料的消费者会越来越多?"这个问题。调查发现,在六种饮料类别中,认为喝保健饮料的消费者越来越多的比率最高,达到 22.2％;其次是果汁饮料和茶饮料,分别占 21.3％和 18.5％;排 4～6 位的依次是奶饮料(15.7％)、水饮料(13.0％)和碳酸饮料(9.3％)。从这项调查结果我们可以看出,今后饮料市场的消费趋势是喝保健饮料、果汁饮料、茶饮料、奶饮料的消费者会越来越多,而喝碳酸饮料和水饮料的消费者将会逐渐减少。

### 每月花费 31～40 元是消费主体

在夏天,每人每月喝饮料的花费主要集中在 31～40 元之间,占 27.8％;每月花费 10～20 元和 21～30 元的分别占 17.6％;每个月花费 51～80 元的占 13.0％,也有 15.7％的重度消费者每月喝饮料的花费在 80 元以上。通过加权平均,我们得出夏天每人每月喝饮料的花费在 35 元左右。

### 饮料市场蛋糕在不断增大

近六成消费者最近两年喝饮料的数量在增加(57.4％),有 34.3％的消费者表示最近两年喝饮料的数量基本上没有变化,只有 8.3％的消费者最近两年喝饮料的数量减少了,表明饮料市场容量在不断扩大,整个饮料行业市场前景看好。

### 保健饮料将热卖饮料市场

消费者在被问及如果市场上推出一种既解渴又降火、健身的营养型保健饮料,你是否会购买的时候,有大约 25.0％的被访者表示肯定会购买;表示会购买的占到 38.0％,两项合计为 63.0％;回答可能会购买的为 23.1％,而表示不会或肯定不会购买的合计只有 13.9％。

随着我国城市居民生活水平的不断提高,人们对饮料的消费需求也发生了明显的变化。喝饮料不再仅仅是为了解渴,而希望饮料能提供如降火、美容、补充人体中必需的微量元素和健身等附加的一些保健功能。具有保健功能的饮料将会成为今后饮料行业中又一个重要的细分市场。

### 价格对购买饮料的影响程度最高

市场上同类饮料产品众多,产品的口味、色泽、包装差异不大,因此在同类产品中价格就成为影响消费者选择饮料产品的重要因素。调查显示,价格对购买饮料产品的影响程度主要集中在 50％～60％之间,所占的比例最高,合计达到了 33.4％。价格与口味、品牌共同成为选择饮料产品的三个主要因素。

### 超市:饮料的第一销售终端

本次调查显示,主要在超市购买饮料的消费者占 67.9％;分别有 12.3％的消费者主要在社区食品店和路边饮料点购买饮料；在食品连锁店购买饮料的只有 7.5%，可见超市仍然是饮料产品的主要销售终端。

### 现有饮料产品的不足

调查显示，现有饮料产品的不足主要有：1.产品太多，分不清好坏；2.共性太强，个性太少；3.不解渴；4.品牌杂乱；5.色素多；6.含糖量高，易发胖；7.有些饮料不卫生；8.营养成分缺乏；9.碳酸饮料太多；10.补充体力的饮料很少；11.纯水饮料口感差；12.没有能减肥的；13.功能单一。

### 消费者希望厂家推出的新品种类型

调查显示，消费者希望饮料厂家今年推出的饮料新品种类型有：1.口味清新，口感好；2.健胃，对身体好；3.清爽，解渴；4.价格适中；5.有益身体；6.口味奇特；7.营养价值高的；8.含糖量少的；9.保健型的；10.环保型，纯天然；11.防止中暑的；12.半冰半水；13.能补充能量；14.天然成分；15.含多种微量元素；16.有自己的特色；17.包装精美；18.刺激性小的；19.能减肥、美容的；20.功能多的；21.去火的；22.绿色天然保健饮料。

### 营销建议

××咨询有限公司的研究员对饮料厂家的营销提出以下建议：

1.给你的产品找个好卖点

消费者喝饮料除了解渴外，还希望饮料产品提供一些附加价值。所以不管你是哪个饮料类别，都应根据产品自身的特点提出一些符合消费需求的卖点来，如萝卜汁饮料可以补充维生素；红枣饮料可以补血；梨汁饮料可以去火；银耳饮料可以养生，等等。这样你的产品的市场接受度就会大大提高。

2.目标对准细分市场

可根据自己产品的不同特点，主打女性市场，青少年、儿童市场，甚至是中老年市场，产品的定位一定要有所侧重，主要进入某个细分市场。当然有的饮料产品也可以兼顾其他细分市场，起到以点带面的市场效果。

3.要有好的产品策略

××咨询有限公司的研究员提出饮料企业应有这样的产品策略：

(1)产品口味：产品口味是消费者选择饮料产品最重要的因素之一，产品口味一定要进行消费者测试；

(2)产品包装：最好采用瓶装或易拉罐装，也可以几种包装形式相互补充，但包装风格要统一，色彩明快，有视觉冲击力。

4.价格策略要恰当

产品价位可以略低于市场中的领导品牌。如果有的产品生产成本较高或加入了特殊的营养成分，其价位也可以略高于市场上的领导品牌。具体的价格还要根据自身的产品特点和消费者的接受程度来定。

5.销售渠道：尽可能增加铺货率

超市、批发两条腿走路,尽可能增加产品的铺货率,以超市带动其他各类渠道的销售。

6. 广告促销:一定要制作一条好的广告片

研究人员建议厂家:要制作一条好的广告片。广告语如果能让消费者过目不忘,会节省大量的广告播出费用。广告以电视广告为主,报纸广告与促销活动相结合。促销活动要具备消费者参与性强的特点,且要一轮接一轮不停地运作。如果厂家前期营销费用少,也可主要以促销为主,电视广告为辅,但促销策划必须是一流的,能产生强烈的市场反馈。

7. 规范调研与策划活动

研究人员还建议厂家:在产品上市前或运作过程中,定期进行消费者、销售渠道和竞争对手的市场调研,了解消费需求、经销商心理和竞争动态,并在此基础上做出全面、细致的整合营销策划。

# 市场前景分析报告

## 概念

市场前景分析报告是指企业对某个项目或者产品进行的市场分析,其旨在给管理者提供一些决策依据。

## 格式与内容

1. 标题
标题通常为项目名称加"市场前景分析报告"组成。

2. 正文
(1)市场分析;
(2)投资预算;
(3)效益分析;
(3)营销建议。

## 范文

### 饰品连锁店市场前景分析报告

饰品连锁店目前在我国还不是很多,很有市场潜力。成立或加盟饰品连锁店是个不错的主意,通常能获得比其他产品的连锁经营更高的投资回报。下面让我们一起来仔细分析一下饰品连锁店的市场前景及其他各方面的情况。

#### 市场分析

随着社会经济、文化的飞跃发展,人们正从温饱型步入小康型,崇尚人性和时尚,不断塑造个性和魅力,已成为人们的追求。因此,顺应时代的饰品文化显示出强大的发展势头和越来越广的市场,从事饰品销售有着广阔的利润空间。

据我国权威机构对中国女性饰品市场的调查,我国女性饰品市场平均占有率不足5%,而日本达到98.2%,泰国为68%,香港为54%,新加坡为48%,马来西亚为47%,而女性用品消费率正按19%的年增长率递增。据专家预计,到2005年中国的女性饰品占有率将增加到55%以上。中国有13亿人口,6亿多为女性,按每十人有一件饰品计算,需要6000万多件。女人成为消费人群的主体,她们需要满足精神需求的时尚用品,但专业的时尚消费经济圈仍是一个空白。

时尚饰品让女人释放美丽,美丽情结让女人慷慨解囊,而街上的女性人流四处寻找着时尚饰品,可是却零零散散,找不到成型的女性时尚专业经济圈。女人无奈的叹气声,敲击和触动着商家投资者的神经。

### 要选对品牌和产品

找一个已经投放市场并占据了一定市场份额的品牌饰品来连锁经营(加盟),可赢得最大商机,其理由如下:

1. 这些产品谱系全,品种繁多,广告投放已成一定的市场,在一定程度上可以满足不同层次、不同职业、不同年龄、不同民族的消费者。

2. 由于这些饰品设计本身就具备自己的风格,并有着与众不同的特色,饰品也与世界流行元素同步,所以在市场上吸引了很多爱美的女性。

3. 鬼斧神工的创意,奇思妙想的款式,倾注了专业设计师的心智结晶。品牌效应突出,产品附加值高。

4. 这些产品通常选择考究,精工制作,价格实惠。与一般粗糙的手工制品存在很大不同。

5. 这些产品的制造商一般都有较强的实力,所以他们的产品更新换代比较快,能始终刺激消费欲望,从而提高顾客回头率。

### 投资预算

根据地势、店面大小来决定投资金额。10～20平方米的店面首次投资大约为2万～4万元,20～40平方米首次投资大约为4万～6万元。如果先在闹市区,则相同面积的费用则要上涨30%～40%,尤其是一些地点比较好的摊位,费用会更高一点,但是投资回报率也会相应提高。

店面月租金大约为1200～2000元,人工2～3人一般就够了,人均工资约在800元/月,水电杂费约500元/月,工商税务等合计约为800元/月。每月经营投资合计为5000元左右。

### 效益分析

以目前饰品的市场状况来看,一个产品一般都能产生3～8倍的利润回报。以15平方米店面每天营业额300元讲,月经营投资5000元,月纯利润为5000元左右。年终还能获取返还的销售奖励。

营销建议

1.品牌饰品连锁店可选址在城镇或市区白天或晚上人流量较多处,也可在大型超市、商场设专柜专卖,也可在一些批发商城专设批发柜台。

2.开业期间及时做好宣传策划工作,虽然品牌店本身已具一定的知名度,但也需印制一些宣传单分发或张贴于居民小区和各单位、院校,也可制作条幅挂在街区显眼处,深入到消费者的生活角落。

3.年轻男女是最追求时尚,也最具购买力的消费群,可以在品牌上稍作广告宣传,品牌本身的名片效应和风格就可将他们牢牢吸引。

4.装修格调规范、显眼、强化品牌的情感性、时代性,让招牌成为免费宣传广告。

5.节假日可适当开展促销活动,刺激顾客的购买欲,提升销售额。还可做些累计消费返还,借以吸引年轻一族。

6.适当的时候,还可制作一些会员卡跟踪服务,既可以把最新的消息传递给消费者,又可以固定自己的客源。

# 产品成本分析报告

## 概念

产品成本分析报告是企业对形成产品价格的各部进行具体分析,并最终形成产品定价的汇报材料。

## 格式与内容

1.标题

标题通常为公司名称加项目名称加"成本分析报告"组成。

2.正文

(1)定价目标。

(2)成本构成分析。成本构成通常由技术成本、安全成本、配送成本、客户成本、法律成本和风险成本等。

(3)问题分析。

(4)建议与意见。

## 范文

### ××公司电子商务的成本分析报告

一、电子商务的定价目标

网上购物的成本包括上网费、信息费、网上支持、信息安全以及送货上门等所有费用的总和。这种费用的总和只有低于传统方式购物的情况下,顾客才会乐于采购。此外,商品的外观、质量保证和送达时间、售后服务等一系列购物操作,必须能够满足顾客的购物心理,而且这种满足感至少不能低于传统方式购物的度量指标。但总的来说,电子商务必须要让所有用户体会到"更快捷、更方便、更廉价"的基本特征,必须满足网上交易用户"放心、满意"的购物心态,这是电子商务定价的最终目的。

二、电子商务的成本分析

电子商务的成本指客户应用其中的软件配置、学习和使用、信息获得、网上支付、信息安全、物流配送、售后服务以及商品在生产和流通过程中所需的费用总和。

1.技术成本

(1)软、硬件成本;

(2)学习成本;

(3)维护成本等。

2.安全成本

(1)软、硬件的安装成本;

(2)安全协议规章学习;

(3)培训;

(4)技术学习等。

3.配送成本

(1)存储费用;

(2)运输费用;

(3)配送人员的开支等。

4.客户成本

(1)上网费;

(2)咨询费;

(3)交易成本;

(4)操作学习费用等。

5.法律成本

(1)网上交易的司法裁定、司法权限;跨国、跨地区网上交易时,法律的适用性、非歧视性等;

(2)安全与保密、数字签名、授权认证中心(CA)管理;

(3)网络犯罪的法律适用性:包括欺诈、仿伪、盗窃、网上证据采集及其有效性等;

(4)进出口及关税管理:各种税制;

(5)知识产权保护:包括出版、软件、信息等;

(6)隐私权:包括对个人数据的采集、修改、使用、传播等;

(7)与网上商务有关的标准统一及转换:包括各种编码、数据格式、网络协议等。

6.风险成本

风险成本是一种隐形成本,成本的形式不好确定,也不容易把握,如网站人才的流失、病毒、黑客袭击等。

### 三、问题分析

(略)

### 四、建议与意见

(略)

# 经济活动分析报告

## 概念

经济活动分析报告就是企业根据计划、预算、会计、统计和业务核算资料,对本单位某一部门的经济活动状况进行分析、评价、预测而写出的一种报告类的文书。

## 格式与内容

1.标题

标题通常是年度加分析项目再加"分析报告"或"形势分析"组成。

2.正文

(1)简单介绍该年度的总体情况;

(2)资金运用情况;

(3)盈亏增减变化情况等;

(4)总结分析结果。

## 范文

### 20××上半年汽车产业形势分析

近年来,随着家用轿车需求的大量产生,我国汽车产业进入了快速发展时期。20××年,全行业固定资产超过3000亿元,工业产值超过5000亿元,汽车总产量超过300万辆,其中轿车产量首次突破100万辆大关,汽车产业已经成为我国经济发展的重要支柱。但应该看到,在产业规模迅速膨胀的同时,投资分散、研发不足等固有问题并没有得到根本解决,这将对汽车产业的健康、有序发展产生制约。

一、上半年汽车行业发展的新特点

今年上半年,汽车行业发展的外部环境发生了较大的变化,市场竞争进一步加剧,投资重点发生重大转移。为应对这一系列变化,汽车生产厂家在生产、销售、投资等各个环节都采取了一系列很有力度的举措,汽车行业发展和汽车市场运行出现了诸多新的特征。

1. 产销：家用轿车独撑大局，各种车型分化严重……
2. 投资：民营资本大举进入，投资进入第二轮热潮……
3. 市场：供求关系有所失衡，市场竞争越发激烈……
4. 政策：新政策呼之欲出，消费环境将有改善……

二、全年汽车行业发展趋势分析

下半年，我国汽车市场如何发展，主要取决于整体宏观经济环境的恢复程度，汽车行业自身运行规律如何变化，市场环境的改善情况等。

1. 宏观经济增长趋势不变，为汽车市场发展提供了基础……

2. 市场环境将进一步宽松，但不能寄予太大希望

首先，汽车使用费用没有太大的下降空间。不合理的乱收费现象仍在局部地区比较突出，因此，汽车税费改革的主要意义和作用在于规范收费，期望通过税费改革大幅降低汽车使用费用是不现实的。

其次，一些大城市基础设施无法支持家用轿车的快速普及。近年来，北京、上海、广州等经济中心城市家用轿车快速普及，对市政基础设施已经造成了沉重负担——高峰时间交通拥挤、停车场地严重不足。随着今年大量车型投放、价格大幅度下调，这些发达城市轿车潜在需求在迅速增加。据有关调查，目前 40％的北京家庭有近期购车计划。如此大量的家用轿车将使这些城市不堪重负。市政基础设施的滞后也会对家用轿车需求产生制约。

基于以上分析，我们认为鼓励汽车尤其是家用轿车消费，对于我国汽车行业和汽车市场发展来讲，无疑具有划时代的意义。但客观地讲，其长期意义大于短期意义，结构效用大于总量效用，短期内我们不应该对其寄予太大的希望。

3. 汽车市场将继续较快增长，但增长速度将有所回落

综上分析，对今年汽车市场走向可以作出如下判断：从基本走势看，汽车市场将继续保持持续快速增长。这主要决定于两个因素：首先，从我国汽车市场自身运行阶段来看，目前正处于由市场导入期向市场成长期的过渡阶段。这一阶段的特征，是市场需求将以较快的速度增长。其次，从宏观经济发展趋势看，我国经济发展已进入新一轮景气周期，经济将保持持续快速增长。这两点决定了我国汽车需求在今后相当长时期内将保持较快增长。

# 产品定价分析报告

## 概念

产品定价分析报告是指企业通过内外环境的分析比较，并结合最终利润目标，确定产品市场价的文书。产品定价分析报告在编制时必须以市场为导向，对市场价格调查时必

须真实、可靠。

## 格式与内容

1. 标题

标题通常为公司名称或产品名称加"定价分析报告"组成。

2. 正文

(1)公司简介；

(2)行业情况分析；

(3)行业销售情况分析和定价预测等内容。

## 范文

### ××公司定价分析报告

**一、公司简介**

公司主要经营包装纸板制造和纸箱制造,主要产品有箱纸板、瓦楞原纸、涂布白纸板、瓦楞纸板及纸箱。本公司是目前××省最大的包装纸板生产厂家和国家大型一档造纸工业企业,产量规模和经济效益连续多年居××省造纸行业首位,1998年被××省科委认定为高新技术企业,2000年又被评为××省优秀高新技术企业、国家火炬计划重点高新技术企业和科技部技术创新重点联系企业,是××省重点扶持发展的40家大型骨干企业之一。

**二、基本情况**

1. 有利因素

公司所属包装纸板行业,属"绿色包装"范畴,是国际市场发展的趋势。据调查,在美国,绿色环保包装更易受消费者青睐,而我国的消费者也正在成熟,国内企业的产品无论是在国内销售还是出口到国际市场,都会遇到绿色包装的问题,因而整个行业的发展前景较好。

公司实行严格的成本控制,原材料——国内废纸主要由控股子公司提供,享受税收优惠;另外公司废纸回收工艺较为先进,每吨纸浆耗费量低于全国平均水平的10%,使得公司原料成本较低,与同行业其他公司相比,具有较大的优势。

2. 不利因素

随着WTO的加入,大量外资也随之涌入,公司与新建的外资、中外合资企业相比,生产能力显得不足,规模效益不明显。

一直以来,公司依靠举债经营,使得资产负债率较高,偿债风险较大。此次股票的发行,将使其资产负债率大大降低,偿债能力也将得到有效的改善。但是,随着公司偿债风险的降低,财务杠杆绩效对公司盈利能力的贡献也将随之降低。同时,由于此次募股资金所产生的效用至少在短期内很难显现。因此我们认为,在经营环境没有太大变化的前提下，公司目前所经营产品的较高盈利能力在短期内很难得到维持。

3.产品分析

公司隶属于包装纸板行业，成长性较好，主要产品销往经济发展情况较好、需求量大的"四省一市"，产品有一定的比价优势。

三、行业分析

1.纸浆行业基本情况

造纸业属国民经济的基础原材料产业，与国民经济和人民生活息息相关，其增长速度高于整个国民经济的平均增长速度。我国是造纸大国，也是消费大国，在总量上供不应求，在结构上高中档产品的供求矛盾突出。根据国家统计局及海关总署的统计，2000年度我国纸及纸板消费总量为3615.7万吨（居世界第二位），而人均消费纸张29千克，仅为世界人均消费水平的一半，远低于发达国家人均200～300千克的水平。

目前我国已从战略上高度重视造纸工业的发展，出台了一系列优惠政策，如将造纸工业列为经济结构调整的突破口之一，享受进口设备免征关税和进口环节增值税、暂停征收固定资产投资方向调节税等，相信以上政策的实施将促进造纸行业的良性发展，但却给公司产品的销售带来一定冲击。

近年来，国内各大纸厂都在进一步扩大生产规模，提高产品质量及降低生产成本，尤其是加入WTO后，国外资本加速涌入，目前已相继在华南、华东等地建成较大生产规模的包装纸板合资企业，这使得行业内竞争不断加剧。但从进口纸浆及废纸来说，由于目前已实行零关税，加入WT0对此影响不大。

由此可见，我国纸品市场蕴藏着巨大的潜力。

2.包装纸板基本情况

虽然国内包装纸板产量从1995年至2000年每年以9.9％的高比率增长，但由于国产纸普遍存在技术含量低、质量差的特点，因此，国内对以木质纤维为原料的高档纸及纸板的消费需求仍然主要依靠进口来解决，其中包装纸板进口量占进口总量的72.86％。据统计，2000年度我国消费包装纸板2112.2万吨，占纸及纸板消费总量的58.42％，而产量仅为1690万吨，有422.2万吨的缺口。

由此可见，目前该产品的进口依存度较高。包装纸板属于"绿色包装"材料，符合"绿色包装"材料的所有特点即经济便宜、重量轻、便于贮存、易加工、废弃物可自行降解且易回收利用等。

根据《造纸工业"十五"计划和2015年长远规划》和国家轻工业局1999年1月《关于近期轻工重点行业结构调整和技术进步的意见》，2005年我国纸及纸板产量将达到3800万～4000万吨，其中包装纸板1740万吨以上；消费量将达到4500万吨，其中包装纸板2020万吨，中高档产品占80％，国家将重点发展牛皮箱板纸、高张瓦楞原纸、涂布纸板、高档新闻印刷书写纸等品种。但我们同时注意到，目前我国包装纸板产品的平均关税水平为15％，而WTO国家平均水平为5％～6％，因而，在我国加入WTO后，包装纸板产品的进口关税可能会降低10个百分点左右，国外同类产品进口关税的预期下调，将进一步增强进口产品的市场竞争力。

### 四、公司主要产品销售分析

| 主要品种名称 | 近 3 年产量（吨） | | | 现有年生产能力（吨） |
|---|---|---|---|---|
| | 2000 年 | 1999 年 | 1998 年 | |
| 箱纸板（吨） | 88625 | 59009 | 50755 | 10000 |
| 瓦楞原纸（吨） | 37860 | 27304 | 22663 | 40000 |
| 涂布白纸板（吨） | 10048 | 10415 | 6037 | 13000 |
| 瓦楞纸板、纸箱（万 m²） | 697.39 | — | — | 1500 |

从近 3 年情况平均来看，公司的主要产品为箱纸板、瓦楞原纸和涂布白纸板，该三种产品在公司销售收入中的比例基本保持稳定（三年平均分别为 49.22％、19.29％、13.40％），可见箱纸板、瓦楞原纸及涂布白纸板的产销对公司的经营情况影响甚大。根据规划，2015 年涂布白纸板产量将达到 420 万吨，比 2000 年增长 223％；牛皮箱纸板产量将达到 610 万吨，比 2000 年增长 281％；高强瓦楞原纸产量将达到 700 万吨，比 2000 年增长 400％。由此可见，公司主导产品均为国家重点支持产品，市场潜在需求较大，前景广阔。

目前公司主要客户集中在华东地区及沿海省市，其中 A 省、B 省、C 省、D 市及 E 省实现的销售量占公司总销售量的 95.76％，在 A、C、D 三地的销售量占 66.43％。上述市场对包装纸板需求量大，发展较快，缺口大量依靠进口弥补。近年来，国内大型造纸企业、外资及中外合资企业均将目标瞄准这块市场，特别是随着 WTO 的加入，外资的加速涌入，竞争将更趋激烈。虽然公司产品目前在上述市场区域有一定的竞争优势，但由于近年来国内各大厂商纷纷扩大生产能力，与新建的三资企业相比，公司产能偏小，产品中产能最大的箱纸板的年生产能力也仅为 l0 万吨，规模效益不明显，使得公司核心竞争力略显不足。此次公司将陆续投入巨资加大产品的产能，产品的技术含量也将大为提高，这有助于形成规模效益，增强公司的核心竞争力。

从主要原料来看，以废纸及商品纸浆为主，原料成本占总成本的 66.05％。而其中又以废纸为主，商品纸浆为辅。由于无自制化学浆，不产生黑液，治污成本低。目前废纸原料主要由公司的控股子公司××公司提供。由于公司废纸回收工艺较为先进（每吨纸浆耗费量低于全国平均水平 10％），加上公司属废旧物质回收企业，享受免征增值税的税收优惠，使得公司原料成本较低，与同行业其他公司相比，具有较强的优势。这是公司得以实施"同质低价"政策扩大销售的主要原因。

### 五、产品定价预测

根据公开资料，公司 2001—2002 年产品定价情况如下：

## ××公司产品定价情况表

| 年 份 | 产品销售收入（万元） | 利润总额（万元） | 产品单价（元） |
|---|---|---|---|
| 1998 年 | 1517636 | 185145 | ×××× |
| 1999 年 | 1943520 | 167371 | ×××× |
| 2000 年 | 3226762 | 244894 | ×××× |
| 2001 年 | 1927194（估计值） | 196262（估计值） | ×××× |
| 2002 年 | 4198174（估计值） | 353258（估计值） | ×××× |

从以上资料可知，近 3 年公司销售收入增长较快，2001 年预计比上年增长 3.04％，2002 年预计增长 26.27％。之所以得出以上结论主要是因为 2000—2001 年度，公司将部分机组进行技改，在 2001 年年底完成，可望在 2002 年产生效益。实际上，造纸行业机组改造调试的时间较长，产品推出后也要经过一个较长的推广期，主业达到如此高的增长率有一定的难度。因此，产品必须定在合适的位置，以助于企业利润的形成。

# 质量分析报告

## 概念

质量分析报告是企业质量管理部门，对生产准备阶段完成后的小批量试制产品通过生产检验、型式试验以及用户用后对企业产品质量管理进行综合分析的书面报告。

## 格式与内容

1. 表格式结构

表格式质量分析报告包括分析单位、主要问题、处理意见、采取的对策、领导审核等栏目。要求语言简洁、准确、重点突出。

2. 文字说明式结构

（1）标题通常由公司名称或部门名称加分析项目组成。

（2）概括介绍产品情况，针对分析的问题，说明有关基本情况或提出问题，说明分析的目的。

（3）正文。正文应包含如下内容：

①检验产品质量的依据；

②产品质量控制方法；

③产品质量状况；

④型式试验情况；

⑤综合分析；

⑥质量分析结论。

## 范文

### 新产品质量分析报告

新产品麦芽糖醇是以淀粉为原料制成的麦芽糖浆加氢还原的产物，是一种低热量的新型食品甜味剂和添加剂，还可用于医药、卷烟、化妆品和有机合成等化学工业原料。

依据×××麦芽糖的质量标准，我们在麦芽糖醇的试生产过程中做了大量的质量分析工作，为麦芽糖醇的生产提供了技术资料。现汇报如下：

**一、麦芽糖醇的中间产品的质量分析**

根据工艺的要求，我们对糖化部位、加氢部位及离子交换部位、浓缩部位分别制定了质量标准，按照质量标准进行各部位的中间产品质量测试工作，做到层层把关。（略）

**二、原材料的质量分析**

（略）

**三、存在的问题和改进意见**

质量分析工作对于任何一个产品，都是必不可少的。为了确保质量，提高产品质量合格率，降低成本，我们虽然作了努力，但还存在一些问题，有测试技术方面的问题，还有质量分析管理方面的问题。在测试技术方面：没有充分利用我厂的气相色谱仪，在缺少一种试剂的情况下，是否能以其他试剂来代替或请有关单位帮助解决，这方面工作没有去做，这个问题需要尽快解决。在质量分析管理方面，存在的问题就较多了。（略）

以上是麦芽糖醇试生产中，我们的质量分析工作的汇报。

通过生产实践证明了麦芽糖醇的质量标准是切实可行的，我们的质量分析工作起到了生产的眼睛的作用。通过大量的分析数据，通过麦芽糖醇的成品分析，证明了麦芽糖醇的生产工艺是合理的、可行的。麦芽糖醇的试制成功，为我们国家填补了空白，在低甜味、低热值的新型食品甜味剂方面是一个突破。

以上汇报如有不妥之处，请指正。

×××× 厂

20××年×月×日

# 新产品盈利状况分析报告

### 概念

新产品盈利状况分析报告是指运用反映企业盈利能力大小的指标对企业新增项目的

盈利水平进行的计算和分析。它包括对该项盈亏平衡点的分析，实现目标利润所要达到的销售量和实现计划销售量所能获得的利润总额等几个方面的分析，从而对该项目在生产经营中的盈利水平进行总结和评价。

## 格式与内容

1. 标题

标题为公司名称加项目名称加"盈利状况分析报告"组成。

2. 正文

(1)概述；

(2)盈亏平衡点的计算；

(3)利润的计算；

(4)销量的计算；

(5)预测销量的计算。

3. 落款

署上公司财务部名称及日期。

## 范文

### 关于××厂涂料白板纸盈利状况的分析

总会计师×××经理：

公司自20××年从国外引进二平板纸机和机内桥式涂布机等先进设备生产涂料白板纸以后，已使公司的经济效益有较大的提高。为单独观察这一新产品的盈亏平衡点和盈利状况，我们按公司的要求，对涂料白板纸的产、销、利，进行了以下四方面的计算和分析。

1. 对盈亏平衡点的计算

据计算，每吨涂料白板纸的销售价格为2350元，每吨的变动成本为1980元，每年固定成本总额为407万元。而根据这些数据再按方程式法计算出来的盈亏平衡时的销量应为11000吨。而按本公司去年的实际销售情况来看，也已达到17400吨，超过盈亏平衡点6400吨，盈利236万元，成为公司盈利较多的一种新产品。

(1)盈亏平衡点上的销量 $= 4070000 \div (2350 - 1980)$

$$= 11000(吨)$$

(2)按去年实际销量计算的利润总额 $= (17400 \times 2350) - (17400 \times 1980) - 4070000$

$$= 40890000 - 34452000 - 4070000$$

$$= 2368000(元)(税前利润)$$

从以上情况可以看出，这个新产品具有两个鲜明的特点：一是盈亏平衡点的销量较高；二是销量越过盈亏平衡点之后，盈利的数额和增长幅度较大。这是因为引进设备的一次性投资较大,固定成本总额偏高所致,但只要产量、销售量达到一定程度,效益还是相当可观的。

2.利润总额达到 400 万元时的销售量

按以上数据计算,在公司涂料白板纸的利润总额要求达到 400 万元时,则这种新产品的销售量必须实现 21810 吨,才能做到。

$$(4000000＋4070000)÷(2350－1980)＝8070000÷370$$
$$＝21810(吨)$$

而从今年上半年的实际销售情况来看,由于外销渠道逐步打通,出口数量增多,这种新产品的销售量已达 13412 吨,如不发生特殊性的问题,预计全年销售量可实现 25000 吨,利润总额也可以超过 400 万元,而达到 518 万元左右。

$$销售量达到 2.5 万吨的利润＝(25000×2350)－(25000×1980)－4070000$$
$$＝58750000－49500000－4070000$$
$$＝5180000(元)$$

3.销量达到 3 万吨时的利润总额

如果按引进设备的设计能力计算,涂料白板纸的最高年产量可以达到 3 万多吨。若内销外销数量每年能达到 3 万吨,仅这一项新产品即可创利 703 万元,就是在扣除上缴税费之后,企业留利至少也可以达到 300 万元左右。这既是该产品创利的最高点,也是本公司创利最多的产品。

$$销量在达到 3 万吨时的利润＝(30000×2350)－(30000×1980)－4070000$$
$$＝70500000－59400000－4070000$$
$$＝7030000(元)$$

为确保数字计算可靠,以上所用产品销售价格都是按最低价计算的,如售价升高,创利数仍可增多一些。

4.市场调查的预测销量

涂料白板纸的销售量,从外商订货情况看,由于××公司产品质量已经赶上澳大利亚和××等国,而且价格也略低于国际市场的平均价,所以外商提出如果出厂价格能保持在每吨 420 美元至 430 美元之间,仅两家外商即可包销 2 万吨以上。至于国内市场,在省内几个大城市便可卖出 1 万吨左右。只是目前的生产因引进设备尚处于调整阶段,还不具备满负荷运行的条件,预计明年的产量才能达到设计能力,如电力供应充足,最高产量则可达到 3.3 万吨左右。所以,我们预测明年将是这个新产品产、销、利的最高线。

以上几点分析仅供公司领导参考,并请技术部、供销部对上列数据予以验证,如有差错请指正。

××造纸公司财务部

20××年×月×日

# 产销分析报告

## 概念

产销分析报告是研究并反映生产和销售之间的关系，分析市场供应和需求形势的一种文体。产销分析报告对于调整产销之间、供需之间的关系，指导生产与经营具有重要的作用。

## 格式与内容

1. 标题

标题通常是项目名称加"产销分析报告"。

2. 正文

(1)阐明分析的目的、要求，或概述产销的市场形势等，应视具体情况而定。

(2)对市场某种、某类产品或对整个市场的供需情况、形势进行具体分析。

## 范文

### ××药品产销分析报告

根据权威机构数据预测，××药品原料药从 1994 年到 2005 年内将以每年平均 6％的速度增长。2005 年，世界范围内产量将达到××××吨。在同类药品中，××制剂销售额一直独占鳌头，制剂市场份额最高曾达××亿美元。估计 2002 年全球××药品总消耗量高达××万吨，年增长率为 9％，××是近 5 年来发展最快的品种，市场普及率高，患者选择率高，价格比较透明。

在全国重点城市医院用药排行榜上，3 年间××药品的排名分别为 16 位、21 位、34 位，有下降的趋势，主要原因在于一些新兴的同类产品已经取代××药品在临床上开始大量应用，同时也是我国临床上耐药性日益严重的一个体现。在农村市场，××药品作为常用××类药物地位仍然牢不可破。

随着制剂市场的蓬勃发展，我国的××原料药生产也得到了长足的发展。国产××原料的工艺技术不断提高，收益率达 88％，原料单位成本已从 700 多元/公斤降至 500元/公斤左右，国产产品已经基本顶替了进口产品，并开始进入大规模的生产时期。目前，国内××原料药的生产企业主要有××等 8 家。近几年，随着××原料产量的不断增长，其价格也在不断下降，从 20××年×月在××地举行的全国原料药品交易会上的情况来看，××原料的价格已经跌至 400 元/公斤左右，完全达到了国际市场价格水平，表明国产××原料的价格已经具备了在国际市场的竞争能力，可以大举向国际市场进军，同时也可以缓解目前国内市场供过于求的局面。

近几年××药品市场增长迅速,去年产量已经接近××亿粒。目前已经步入市场成熟期,××药品是我国药品市场竞争最为激烈的品种之一,生产企业云集,共计有50余家。经过激烈的市场竞争,一些产量较大的企业规模不断扩大,使整个市场集中度不断提高,目前市场已经基本由××等大企业把持。作为医保甲类药品,近几年来,××胶囊的价格已连续降了4次,零售价格的降幅超过了50%,而一些生产企业的出厂价更低,基本上在0.15~0.2元/粒之间,价格触底致使该产品利润微薄,规模优势更加明显,这也是导致其市场集中度不断提高的重要因素之一。

目前,国内××胶囊销售模式基本有两类:一类为合资企业和单独定价企业采取的销售模式,多走大城市、大医院路线;另一类为通过国内大多数药厂的销售渠道,这类药厂数量众多,售价也较低,一般按照普药销售模式,采取大户分销或批量投放市场的方式,主要市场集中在中小城市以及广大的农村地区。

从未来的发展趋势来分析,作为一个常用的××类产品,××已经为众多消费者接受,成为家庭常备药之一,市场普及率非常高,并且还在逐步取代××等传统同类药物的市场,仍具有市场增长潜力。该产品实际出厂价已经降到底限,除非原料价格进一步下降,否则今后的降价空间不会很大。从投资方面分析,该产品普通剂型市场已经接近成熟,而针对不同的适用人群和适用部分的各种新剂型还不多见,可以作为投资选择的方向。

# 市场营销计划书

## 概念

市场营销计划书是企业按照经营目标,依照市场调查、预测与决策等,对商品销售从时空和人力、物力、财力上作出具体安排。

## 格式与内容

1. 计划概要;

2. 企业营销现状;

3. 企业存在的问题;

4. 营销策略和目标;

5. 营销预算;

6. 营销监控;

7. 其他事项。

## 范文

### ××公司年度营销计划

#### 一、目标

| 销售额 | ×××亿美元 |
|---|---|
| 毛利 | ×××亿美元 |
| 毛利率 | ××％ |
| 净利 | ×××亿美元 |
| 市场占有率 | ××％ |

#### 二、历史销售记录

| 年份 | 1998 年 | 1999 年 | 2000 年 | 2001 年 |
|---|---|---|---|---|
| 市场销售额总规模 | ×××× | ×××× | ×××× | ×××× |
| ××的销售额 | ×××× | ×××× | ×××× | ×××× |
| ××的市场占有率 | ××％ | ××％ | ××％ | ××％ |

#### 三、市场占有率发展趋势

| 年份 | 1997 年 | 1998 年 | 1999 年 | 2000 年 | 2001 年 |
|---|---|---|---|---|---|
| 本企业 | ××％ | ××％ | ××％ | ××％ | ××％ |
| ×× | ××％ | ××％ | ××％ | ××％ | ××％ |
| ×× | ××％ | ××％ | ××％ | ××％ | ××％ |
| ×× | ××％ | ××％ | ××％ | ××％ | ××％ |
| ××销售网 | ××％ | ××％ | ××％ | ××％ | ××％ |
| ××销售网 | ××％ | ××％ | ××％ | ××％ | ××％ |

#### 四、概述

快餐食品市场正在缓慢成长。传统的街区和郊区市场已经饱和,当前大多数的销售增长来自非传统销售网点,诸如机场、火车站、办公大楼所在地。

快餐食品自然集中于汉堡包、鸡和番茄酱的销售。某些新开业的专业化快餐食品销售网点,向成年人提供了更多的食谱选择。这些销售网点对×××形成了潜在的威胁,他们正在集中于单一的快餐食品和成年人市场而不是儿童市场。

随着这些专业化快餐食品销售链和新鸡味食品销售网点的诞生和开发,对市场营销努力作出改进的炸鸡都在不断地向汉堡包的销售进行挑战、实施压力。

从积极的方面来看,××公司以及××快餐店等在促销宣传方面都运作不力,处于弱势。

概括起来,近几年积极和消极的事件大致如下:

积极的事件:

成功地向市场投入了各种色拉和三明治;

儿童对各种快餐的需求长久不衰并不断发展,趋势明显;

本公司游乐场成功地扩大着销售;

一直由本公司的快餐食品统治着早餐市场。

消极事件:

快餐食品的市场正在减缓;

非儿童市场对本公司的忠诚度正在缩减;

竞争对手多次向市场投入了"××快餐";

寻求新销售网点的地盘越来越困难;

最近对本公司产品所进行的营养分析,结果是十分不利的。

**五、竞争形势**

××企业近几年来受到很大的创伤。它的广告宣传不得力,而且又没有开发新的产品。××企业唯一的积极因素是步本公司的××快餐后尘,模仿这一产品以及增加它的早餐食品的花色品种。

××正前进在增加它的销售网点的大道上,它也把三明治加入了它的食谱当中,其广告中"只有我们对鸡的烹饪才是正确的"这一口号十分有效。本公司估计××将继续增加它的销售网点。而且,××一旦建立起了足够的销售网点,也许会采取更大的广告宣传活动,它绝不会满足已经获得的成果。

**六、价格对比**

| | 低价餐 | 中价餐 | 高价餐 |
|---|---|---|---|
| ×××公司 | ××× | ××× | ××× |
| ×××公司 | ××× | ××× | ××× |
| ×××公司 | ××× | ××× | ××× |
| ×××公司 | ××× | ××× | ××× |
| ×××公司 | ××× | ××× | ××× |
| ×××公司 | ××× | ××× | ××× |
| ×××公司 | ××× | ××× | ××× |

由此可见,尽管竞争对手之间存在着价格差异,大路货或独特风味都存在溢价。对快餐食品的每个竞争对手来说,顾客接受着相同的价格——价值关系,而顾客对快餐食品餐馆的选择则是根据他们的口味、偏爱或地理位置而不是价格。

建议在××××年××月将售价提高3%~5%。

### 七、问题与机会

问题：

1. 通过现场实验发现，顾客对本公司潜在的新快餐食品评价不高；

2. 适于本公司开设新销售网点的潜在地盘十分有限；

3. ××企业在经营成年人快餐食品方面表现出了极大的潜力；

……

机会：

1. 市场调查表明，顾客将会对本公司即将推出的自由挑选全营养小果子面包作出积极的反应；

2. 本公司在非传统开店的场所开设的销售网点相当成功；

……

### 八、营销行动

本公司处在一个平淡无奇的年份里。今年，它既没有为占领成年人市场推出一种新品种，也没有跟上竞争对手增设销售网点的步伐。本公司正准备检验一些新的市场观念。这些新的市场观念既能满足那些喜欢本公司传统快餐食品的顾客，又能满足那些喜欢标新立异、期待快餐食品有所变革的顾客。

本公司今年的目标除了保证全营养小果子面包出现在所挑选的市场上之外，其他产品都应保持原有市场占有率。为了实现这一目标而采取的主要行动有：

不断加强对儿童的市场营销活动，以增强本公司对儿童的凝聚力；

继续进行幸福快餐的促销活动，继续增加本公司的游乐场数目；

以成年人细分市场为目标市场进行促销活动，每6个月组织一次促销性游戏；

在东北部和西海岸地区的大城市市场引入全营养小果子面包，并组织一次广播电台广告宣传活动，对全营养小果子面包进行大张旗鼓的宣传；

在成年人中开发出具有较强的顾客忠诚性的几种新观念；

以新思想进行市场试验，重新推出快餐食谱——双层干酪包，这种双层干酪包曾经是20世纪60年代流行的食谱，广告宣传着重"××××伴随我一生成长"；

继续增加在非传统设店的场所开设销售网点的数目。

### 九、次要行动

1. 扩大适合于地区合作团体用于他们自己的广告宣传活动的素材量；

2. 增加本公司主办的体育活动及其有关活动的次数；

3. 增加本公司媒体露面的次数；

4. 发布有关本公司快餐食品营养成分及含量的新闻报道。

### 十、市场定位

本公司是一个为家庭和成年人备办早餐、午餐和晚餐的快餐食品店。尽管汉堡包是主要产品，但本公司将努力推出可供顾客挑选的、花样繁多的食谱。本公司打算增设更新食谱并增设服务场所，以更好地满足不同顾客的口味。

**十一、营销策略**

1. 广告宣传活动

本公司将继续以重金作广告宣传，费用额将是最大竞争对手的 3 倍到 4 倍，以期获得更大的市场占有率。计划主要强调：

儿童导向型广告将在晚上和周末电视节目中以及在成年人广播电台节目中播出。这一广告宣传运动将分季进行：

第一季度：做成年人导向型游戏促销广告；

第二季度：在目标城市市场开展向顾客介绍各种全营养小果子面包的宣传活动。在非目标市场大做"这是×××绝佳风味"的黄金时刻广告。

……

2. 促销策略

尽管上两次促销最终提高了销售，但昙花一现，很快地又回到了一般水平。调查表明顾客认为促销的游戏活动太复杂。

今年，促销工作的担子重大，在游戏促销上的成功是至关重要的。因为今年快餐食品厂没有什么花样翻新，可能使销售有所下降，所以促销必须尽可能使这种潜在的销售下降不成为现实。促销活动的游戏必须比上次的简单，以便更多的人参与。

本公司委托了一个专业促销咨询公司帮助他们设计一些规则简单的游戏。有三个游戏正在小范围的顾客群中进行实验。在游戏中获得高分的消费者不仅可以获得快餐食品奖而且还有中大奖的机会。这些大奖包括涉外旅行和小汽车。这种促销已经提上议事日程，将于第一季度与顾客见面。

3. 店内促销（略）

4. 店堂陈设（略）

5. 公共关系

今年计划举行 3 次大型的公关活动：（略）

6. 包装策略（略）

7. 市场研究

即对新快餐食品和各种分销策略进行市场研究。

（1）对新快餐食品的市场研究活动；

（2）对各种新分销选择进行市场实验。

8. 地区合作团体策略

9. 销售网点策略

本公司将继续在下列地区增设销售网点和特许经营店：（略）

**十二、寻找商机**

本公司预测有×××％的销售增长。由于快餐食品市场×××％的增长和预计本公司增加×××％的销售点，如果本公司能够保住目前顾客对它的忠诚度的话，那么×××％的销售目标应该能够实现。

本公司的两类关键顾客：

一是……

二是……

## 十三、时间表——第一季度

在下面这份时间表中,假设本公司将在执行这一计划前的3周通知它的销售网点。

××公司第一季度促销活动

| 活动项目 | 关键日期 | 数量 | 费用(万元) |
|---|---|---|---|
| 元月 | | | |
| 儿童节目广告 | 全月 | 250 | 1500 |
| 游戏促销广告 | 全月 | 400 | 2500 |
| …… | | | |
| …… | | | |
| …… | | | |
| …… | | | |
| …… | | | |
| 二月 | | | |
| …… | | | |
| …… | | | |
| …… | | | |
| 高校全明星赛 | 2月25日 | | |
| 新"××快餐"论坛 | 2月25日 | | |
| …… | | | |

## 十四、关键风险

本公司有重要的新产品投放市场,这还是4年来的头一次。因此,不敢断言这一计划将对克服这一缺憾有多大作用,是否会产生足够的影响。

××和××两个公司都在引入新产品或采用新的促销方式上犯了不可饶恕的错误,两家企业眼下都陷入了令人绝望的境地。然而,痛定思痛,他们也会孤注一掷,铤而走险。其中一两家有可能采取不为本公司所知的重大行动。

今年,本公司可能找不到可容纳300个新设销售网点的场所。这对今年乃至将来的销售都将是不利的。

# 市场营销决策报告

## 概念

　　市场营销决策报告是企业经营者为解决企业营销活动中出现的问题,根据企业的自身实力和经营目标,并结合市场调查、市场预测以及各种信息情报,进行分析研究,上报决策者的书面材料。

## 格式与内容

　　1. 标题
　　标题通常由时限、单位名称、目标和文种构成。
　　2. 签署
　　签署部分要标明决策报告的作者和单位名称。
　　3. 正文
　　正文是市场营销决策报告的主体部分,正文部分要具备以下内容:
　　(1)决策目标。确定决策要解决的问题和要达到的技术经济目标。
　　(2)依据资料。对资料要科学分类,合理利用。
　　(3)设计方案。
　　(4)比较论证。通过论证,用科学的方法选出最佳方案。
　　4. 结尾。

## 范文

### ××公司营销决策报告

　　我们服装经营部为了能在服装市场竞争中始终保持优势,本着薄利多销和勤进快销的原则,经我部群策群力,开展市场调查分析,决定将库存的夏装一律降价20％销售。如果库存的2万件夏装在今年夏季全部售出,可实现6万元盈利目标。
　　营销利润的预测结果如下所示:
　　盈亏平衡图(略);
　　市场占有率(略);
　　经营完全率(略);
　　盈亏平衡点计算公式(略)。
　　由于市场占有率为85％,经营安全率为95％,所以估计我部的夏装销售比较景气,实现目标的可能性很大。

以上方案，请公司领导裁定为盼！

××百货公司服装经营部

20××年××月××日

# 产品推介书

## 概念

产品推介书是供销售人员向客户推销产品时简单介绍产品的一种解说性文书。主要是为推销产品服务。

## 格式与内容

通常来说，产品推介书主要包括以下主要内容：

1. 产品主要功能介绍；

2. 产品使用应注意的事项；

3. 产品保养、维修应注意的事项；

4. 产品的主要性能指标；

5. 产品工作原理及系统；

6. 其他未尽事宜。

## 范文

### ××公司A产品推介书

**一、A产品是什么**

当你出差之前发现要带的东西太多，感觉公文包太小的时候；当你需要和某人联系，而四处找不到联系电话的时候；当你开会，需要做大量会议记录的时候；当你希望有人能够按时提醒你重要日程安排的时候；当你准备出差某地，想了解当地情况的时候……一台A产品就能帮你轻松解决这些问题。

**二、这就是A产品**

1. 电子公文包

A产品是装在衬衣口袋中的电子公文包。

2. 得力助手

A产品是商务活动和日常工作的得力助手。

3. 产品定位

A产品专为广大工商界人士、企业管理人员、政府工作人员及其他有大量信息需要随时记录和查找的人士设计。

4. 其他功能介绍

A产品除了具有传统电子记事簿、电子通讯录、电子词典、电子秘书、中文 PUA 等所有功能外，更增添了大量在商务活动及日常生活中需要的实用资料，而在传统的电子记事簿的输入、查询、资料保护等多方面更有革命性的突破，真正实用、好用。

三、独特的十二大特点

1. 一触即得

A产品是高智能电子通讯录，一开机即可显示最近联系过的个人名称，查询电话只要点一下即可。百家姓技术同时提供汉语拼音排序的方式，每行分列，一目了然，再也不需要在一屏幕几十个姓氏中费力地寻找。

2. 定时提醒

日期、月份、年份、约会、日程、提前设定，一次输入，多次提醒。加增每日多次提醒功能，使用更方便。

3. 妙笔生花

手写输入，会写汉字就能操作，即写即现，识别率高。

4. 资料保护

闪速存储技术，确保断电后资料不丢失。

5. 即买即用

机内预备操作指导，操作任何一步有疑问，点触疑难处 2 秒可获得疑难提示。

6. 身小屏大

身份证大小的机身，超大屏幕显示，可轻松放在口袋里。

7. 速记

快速会议记录，写多快记多快，保留原始字体。

8. 海量存储

超大内存，可存储 50 万个汉字或 1 万条名片信息，多达 99 个记事目录。在"备忘"中新增保留全部候选区功能，您可以快速录入，录入完成后再修改错字，只要点触错字，立即显示录入时的候选区，简单方便。

9. 全功能助理

预装超大容量实用商务资料，衣、食、住、行，使商务生活面面俱到。

10. 电脑联机

接通电脑，双向交换信息，备份资料。

11. 守口如瓶

全局或局部密码功能，可以有选择地将全部或部分资料加密。

12. 无忧备份

使用选配附件备份卡另存资料，即使机器丢失，也可确保资料不被泄露，同时新增机器屏幕意外损坏时的资料紧急输出功能。

### 四、商务资料库

**1. 通信**

国内邮政编码、国内长途区号、国际城市时差、国际长途区号。

**2. 交通**

全国各地铁路、航空、航运售票处。

**3. 酒店**

各地宾馆酒店。

**4. 美食**

各地特色风味食品。

**5. 购物**

各地名优商场。

**6. 旅游**

各地风景名胜。

**7. 保健**

医疗保健常识。

**8. 工商**

企业登记、年检、商标。

**9. 税务**

税法、税项、税率。

**10. 法规**

经济合同法、广告法、劳动法。

**11. 管理**

管理常识与技巧。

**12. 商务**

商务常识。

**13. 礼仪**

商务礼仪。

# 产品说明书

### 概念

产品说明书是对产品的结构、性能、规格、用途、使用方法、维修保养等的说明性文字。

### 格式与内容

通常来说，产品说明书主要包括以下主要内容：

1. 产品概况；

2. 产品的性能和特点；

3. 产品的使用方法；

4. 产品的保养与维修；

5. 其他事项。

## 范文

<h2 style="text-align:center">××公司产品说明书</h2>

中医理论认为："人体是一个平衡的有机整体，病弱的根本原因在于平衡失调。"

然而，人体的平衡，却时常受到内外各种因素的破坏：工作生活的压力、季节气候的变化、生理机构的老化……很多的原因让人穷于应付。

××生物保健口服液，遵循自然法则，以特殊工艺从生物中提取有效的活性物质，增强人的体质，从而迅速恢复被破坏的机能；并通过帮助人体平衡地吸收膳食中的营养及各类元素，以保证人体器官功能的物质所需，从而达到预防、防治疾病的保健目的。

一、功能

双向调节机体功能，延长细胞寿命，提高机体免疫力，提高工作、运动能力，振奋精神，充沛体力，促进疲劳恢复和病后康复。

二、适用范围

1. 食欲不振、消化不良、睡眠不安、精神衰弱、疲倦无力、精力不足。

2. 贫血、十二指肠溃疡、胃炎、高血压的辅助治疗。

3. 病后体弱。

4. 老年慢性病，人体机能衰退。

5. 儿童、青少年营养不良，发育不全，学习注意力不集中，记忆力差，学习、考试用脑过度。

三、用法

每日2次，每次1片，小儿减半，早午服用。以20～30天为1个疗程。然后停服1周，若再进行1个疗程，效果更佳。

本品为纯生物制剂，不含防腐剂和化学合成药物，经药理实验和临床试验均无副作用，可长期服用。

四、贮存

干燥阴凉处，或冰箱内保存。

批准文号：×××××××

# 第十章　招标与投标文书

## 招标申请书

### 概念

招标申请书是招标单位填报上级主管部门投标处和招标处联合审批的一种文书。

### 格式与内容

1. 首部

（1）标题通常由项目名称加"招标申请书"组成。

（2）称谓通常是靠左端顶格写上级主管部门名称。

2. 正文

（1）正文通常提出本公司的招标申请。

（2）在附件中附上招标情况表。

3. 落款

编制申请书的企业和负责人名称并盖章，署明申请日期。

### 范文

**建筑安装工程招标申请书**

××市招标投标办公室：

　　我单位××厂房建设项目，经××号文件批准，现已具备施工条件，特申请通过招标选择施工企业。

　　附：《招标准备情况一览表》（略）

申请单位：××集团总公司（公章）

负责人：×××（签章）

20××年×月×日

# 招标书

## 概念

招标书是招标单位为了征召承包者或合作者而公布标的和条件,利用投标者之间的竞争优选投标人,向有关部门提出招标申请和进行招标的一种专门文书。

## 格式与内容

1. 标题

标题通常由招标单位名称加招标项目加"招标书"组成。

2. 引言

简明扼要地介绍招标单位概况及招标的目的、依据和项目名称、范围等要素。

3. 正文

(1)招标项目名称、型号、地址和工程总量;

(2)中标的条件及相关时间安排等内容。

## 范文

### ×××建筑安装工程招标书

为了提高建筑安装工程的建设速度,提高经济效益,经××(建设主管部门)批准,××(建设单位)对××建筑安装工程的全部工程(或单位工程,专业工程)进行招标(公开招标由建设单位在地区或全国性报纸上刊登招标广告,邀请招标由建设单位向有能力承担该项工程的若干施工单位发出招标书,指定招标由建设项目主管部门或提请基本建设主管部门向本地区所属的几个施工企业发出指令性招标书)。

一、招标工程的准备条件

本工程的以下招标条件已经具备:

1. 本工程已列入国家(或部,委,或省,市,自治区)年度计划;

2. 已有经国家批准的设计单位给出的施工图和概算;

3. 建设用地已经征用,障碍物全部拆迁;现场施工的水、电、路和通信条件都已经落实;

4. 资金、材料、设备分配计划和协作配套条件均已分别落实,能够保证供应,使拟建工程能在预定的建设工期内,连续施工;

5. 已有当地建设主管部门颁发的建筑许可证;

6. 本工程的标底已报建设主管部门和建设银行复核。

二、工程内容、范围、工程量、工期、地质勘察单位和工程设计单位

（略）

三、工程可供使用的场地，水，电，道路等情况

（略）

四、工程质量等级，技术要求，对工程材料和投标单位的特殊要求，工程验收标准

（略）

五、工程供料方式和主要材料价格，工程价款结算办法

（略）

六、组织投标单位进行工程现场勘察，说明和招标文件交抵的时间、地点

（略）

七、报名、投标日期，招标文件发送方式

报名日期：20××年××月××日；

投标期限：20××年××月××日起至 20××年××月××日止；

招标文件发送方式：（略）

八、开标、评标时间及方式，中标依据和通知

开标时间：20××年××月××日（发出招标文件至开标日期，一般不得超过两个月）。

评标结束时间：20××年××月××日（从开标之日起至评标结束，一般不得超过一个月）。

开标、评标方式：建设单位邀请建设主管部门、建设银行和公证处（或工商行政管理部门）参加公开开标，审查证书，采取集体评议方式进行评标、定标工作）。

中标依据及通知：本工程评定中标单位的依据是工程质量优良，工期适当，标价合理，社会信誉好，最低标价的投报单位不一定中标。所有投标企业的标价都高于标底时，如属标底计算错误，应按实予以调整；如标底无误，通过评标剔除不合理的部分，确定合理标价和中标企业。评定结束后五日内，招标单位通过邮寄（或专人送达）方式将中标通知书送发给中标单位，并与中标单位在一月（最多不超过两月）内与中标单位签订建筑安装工程承包合同。

九、其他

（略）

本招标方承诺，本招标书一经发出，不得改变原定招标文件内容，否则，将赔偿由此给投标单位造成的损失。投标单位按照招标文件的要求，自费参加投标准备工作和投标，投标书（即标函）应按规定的格式填写，字迹必须清楚，必须加盖单位和代表人的印鉴。投标书必须密封，不得逾期寄达。投标书一经发出，不得以任何理由要求收回或更改。

在招标过程中发生争议，如双方自行协商不成，由负责招标管理工作的部门调解仲裁，对仲裁不服，可诉诸法院。

建设单位（即招标单位）：××××

地　址：×××××××××

联系人：×××

电　话：×××××××

20××年××月××日

# 招标文件

## 概念

招标文件也就是招标书，招标文件是招标单位为了达到招标目的，对外公布的有明确招标内容和具体要求的说明性文书。通常来说，招标文件必须具备规范性、明确性、竞争性和具体性的特点。

## 格式与内容

1. 标题

招标文件的标题通常由招标单位全称、招标事由和文种三部分组成。

2. 受文单位

受文单位要写清招标单位的全称。

3. 正文

正文要写明招标项目的技术要求、对投标人资格审查的标准、投标报价要求和评标标准等要求。

4. 附件

5. 落款

## 范文

### 招 标 文 件

经××省计委［××××］计字××号文批准，×××公司拟兴建综合楼、住宅楼、仓库工程，建设前期工作已经完成。为了加快建设速度，确保工作质量、提高经济效益，经报请××省建委招标办审查批准，本工程决定采取邀请招标形式，在××单位主持下，择优聘请施工单位。

一、工程概况

×××单位，××市××街综合楼、住宅楼、仓库工程，由××省勘测设计院设计，总面积为9809平方米，其中仓库3层，建筑面积2208平方米，综合楼6层，建筑面积4218平方米，住宅楼7层，建筑面积3383平方米。平面组合形式详见总平面示意图。本工程仓库为桩基、框架结构，跨度12米，中间无柱；电梯间为钢筋混凝土墙板；综合楼为混凝土筏式基础,框架结构,底间有汽车库、门厅,6层有大会议室;住宅楼为混凝土筏式基础,底层框架,有商店,2层以上为砖混结构,门厅、会议室有一定要求的建筑装修。详见设计施工图。

建设地点:××市××街。

二、工程内容

按照××设计院84785号施工图,本招标工程内容包括仓库、综合楼、住宅楼等单项工程的土建、水电安装、装饰建筑设施。另有基础土方运出,数量为1900立方米,运距7公里。施工楼所列货梯、电话总机和场外水电均由发包单位自理。仓库打桩工程已由发包单位与××公司经办,桩基技术资料在土建开工前由发包单位组织××公司向中标单位交抵。

场内道路、围墙、大门等附属工程待设计出图后,再与中标单位另行签订承包合同。

三、工程承包及结算方式

本工程采取包工包料的承发包制,中标后另行签订发包合同,合同附本送有关部门备查。按中标价,一次包死。对于建设过程中发生的设计变更,根据增减数量按实调整。在合同履行期内,如遇国家统一调整预算定额和材料价格时,承包单位按文件规定及时交发包单位签认后双方按规定执行。

四、材料供应

工程用料为:钢材、木材、水泥及沥青、玻璃、油毡、马赛克,根据施工图预算所需数量,由发包单位分期分批供应实物,承包单位在本市指定地点自行组织提运、保管、使用。发包单位供应材料,承包方应保证专材专用,如遇材料规格品种不齐全时,请承包方协助调剂。其他建筑材料由承包单位自行组织。发包单位供应材料在承包单位提运后按××地区建筑安装材料预算价格向承包单位结算。

五、工程价款

本工程材料预付款和工程进度款拨贷办法均按××省现行规定执行。

六、工程质量

本工程应严格按照我国现行施工验收规范和质量评定标准检查验收,若因施工过失发生质量事故,其返工损失由承包单位负责。

七、工期

本工程分别从基础土方开挖之日起,按日历天计算,综合楼和住宅楼工期不得超过10个月,仓库工期不超过1年,整个基础部分需在雨季之前完成。因发包单位供应材料,设计变更影响正常施工,经双方确认后工期应予延长。

八、奖惩

本工程有关工期和质量奖惩问题,由承发包双方协商后签入经济合同中。

九、接本邀请书后请速来领取招标文件。

××单位(盖章)

20××年××月××日

机密

# 招标公告

## 概念

招标公告是招标企业将招标主要事项和要求公告于世,从而招使众多的投标者前来投标的一种通知类的文书。

## 格式与内容

1.标题

标题通常是企业名称加"招标公告"组成。

2.正文

(1)引言;

(2)写清招标的内容、要求及有关事项。

3.尾部

写明招标单位名称、地址、电话、传真和邮政编码等信息。

## 范文

### ××商城装潢设计招标公告

"××商城"地处××商业中心区,是××省重点工程项目之一,是一个集购物、健身、娱乐、美食、观光为一体的大型商业设施,地下二层,地上十一层,总建筑面积210000平方米。为把"××商城"建成"三高一化"的一流商场,我公司诚邀全国优秀的施工单位、生产厂家前来合作。

合作项目如下:

一、室内装潢

室内装饰工程预计×月中旬开始施工,欢迎一级资质的装饰企业前来参加施工投标。

二、专业设备、材料

中央监控,高低压配电控制柜,组装式空调器,国产客货电梯(十三层十一站),电扶梯(4.8米),变压器,电缆、电缆桥架、母线,高压供水系统等设备。产品须取得生产许可证,获国家、部级质量优良奖或证书。

三、装潢材料

铝格、栅,轻钢龙骨,石膏板,玻璃幕墙,地面广场砖,花岗岩板材(达到国内名优产品水平)。

有意向合作的单位,望于10月5日前携带企业资质证书、产品说明书及样品、质量证件、获奖证书以及报价单来我公司联系登记,洽谈有关合作项目事宜,以便择优采用。装潢企业以登记的先后顺序择优录用。

联系人:×××

地　址:××市××路××号

电　话:×××××××

传　真:×××××××

××商城发展有限公司

20××年××月××日

# 招标邀请通知书

## 概念

招标邀请通知书是由招标单位邀请有实力、讲信誉、有经验的单位和个人参加某项工程或生产经营的投标所用的文书。

## 格式与内容

1. 首部

(1)标题通常直接写"招标邀请通知书"即可。

(2)顶格写邀请单位名称。

2. 正文

(1)招标目的依据。

(2)招标具体事项。

(3)末尾写明通知书中的招标单位全称、地址、联系人及电话等内容。

3. 落款

署明招标单位及日期。

## 范文

### 招标邀请通知书

×××××(单位名称):

×××工程,是我省20××年重点计划安排的项目。经请示××××(上级或主管单位)同意采取招标办法进行发包。

你单位多年来从事××工程建设,施工任务完成得很好。对此,我们表示赞赏。

随函附"××××工程施工招标书"一份。如有投标意向,望于20××年×月×日到

×月×日光临××楼××号房间领取《投标文件》,并请按规定日期参加工程投标。

招标单位:××省××厅××处招标办

地　　址:××省××市××路××号××楼

联系人:×××

电　　话:×××××××

××省××厅××处招标办

20××年×月×日

# 招标章程

## 概念

招标章程是招标文书重要的一种,由招标方起草,用来说明招标中的各种规定和细节,从而确立双方的责任和权利,保护竞争。

## 格式与内容

1. 标题

标题通常由招标单位加招标事由加"招标章程"组成。

2. 正文

(1)宗旨;

(2)招标管理;

(3)招标;

(4)投标;

(5)开标;

(6)中标;

(7)合同;

(8)其他。

3. 落款

招标章程一般由招标的办事机构签署,并写明制文时间。

## 范文

### ××自行车厂外购、外协件招标章程

一、宗旨

第一条　为了加强企业经营管理,提高产品质量,降低成本,满足人民对耐用消费品

提出的更高要求,现对××牌"26"自行车外购、外协件公开招标,特制定本招标章程。

二、招标管理

第二条  由招标单位有关负责人组成领导小组,成立招标办公室,指派专人办理具体工作。

第三条  严格执行招标的规定程序和保密原则,尊重投标单位的合法权益,投标箱在公证员监督下密封,投标函件一律投入密封箱内保存,待开标时开封。

三、招标

第四条  在国内公开招标,采用登报或广告形式,也可书面通知对口单位前来洽谈。

第五条  招标单位必须向投标单位提供下列资料:

1.招标项目的产品名称、规格、质量、数量及交货期。

2.产品图纸及技术文件。

3.招标文件及规定格式的投标表格。

四、投标

第六条  投标条件:凡具有法人资格和具有招标项目所要求的生产能力者(包括材料、设备及相适应的技术条件),均可投标。

第七条  投标方法:投标单位按照招标要求,向招标单位购买招标文件及有关技术资料,填写招标文件。

附件一:投标企业资格表;

附件二:投标价格表;

附件三:投标商业证件表;

附件四:单位技术资料等。

署名代表人,加盖公章密封,面交或挂号邮寄本厂招标办公室。

第八条  投标函件必须书写清楚,在规定期限内投送,超过截止日期投标者无效。

五、开标

第九条  开标时间:规定在投标截止日期后 7 至 15 天内进行。

第十条  开标方式:在由招标单位请公证机关公证员、法律顾问、企业主管单位领导,以及自愿参加的投标单位代表见证的情况下开标。

第十一条  开标程序:招标单位负责人主持开标,由公证员按公证程序进行监督。

1.查验投标箱密封。

2.开箱。

3.清点投标件数。

4.拆封、编号。

5.按招标项目、名称、价格,公开唱标,由工作人员分类登记。

6.评选小组评议,投标单位代表不得参加,由公证员听取评议。以质量优良、价格优惠为主,参考运费和其他条件,各零部件评选 1 至 5 户为预选中标单位。

7.单位负责人公布开标结果,宣布预选中标名单。

8. 公证员宣读会证书,发表会证,对预选中标者予以确认。

六、中标

第十二条 经评定为预选中标者,均为预选中标户。由招标单位发给预选中标通知,约定日期、地点协商谈判,应邀代表携带单位委托书。预选中标单位如在通知的期限内无承诺反应,即视为弃权。

第十三条 与预选中标户协商谈判后,经依次逐一验证,协商比较,综合分析,以质量、价格、交货期、运输条件最佳者为最后中标单位,发给中标通知书,提出要约。

第十四条 对未中标单位,招标单位不另发通知,但可接受落标单位查询。

七、合同

第十五条 招标单位在选定中标单位后,发给中标单位签约函件,中标单位必须按签订合同的法定手续,如期前来协商,依照《经济合同法》的规定,签订经济合同,互相信守,违约者必须承担经济、法律责任。

签订经济合同的双方或一方要求公证机关公证的,应申请公证。

八、其他

第十六条 本章程如有与国家政策法令相抵触者,以政策法令为准,本章程未尽事宜,在执行中可补充修正。

×××自行车厂招标办公室
20××年××月××日

# 招标技术质量要求书

## 概念

招标技术质量要求书,是就招标项目提出详细的具体的技术质量要求的技术性文书,是中标后签订合同的重要依据,也是验收时的重要依据。

## 格式与内容

1. 标题
标题直接写"招标技术质量要求书"即可。

2. 正文
(1)说明文件依据;
(2)文件中提出的各项技术要求和指标;
(3)明确验收时的鉴定、检验方法和单位。

3. 落款
由招标办事单位署名落款,并写明文件签发时间。

## 范文

<h1 style="text-align:center">技术质量要求</h1>

根据此次招标"在关键零部件的质量与成本的问题上,以提高质量为主"的总要求,对招标的零部件的技术质量具体要求,按下列标准执行。

**一、技术质量的依据**

1. 中华人民共和国国家标准 GB3563—3593—83《自行车》。

中华人民共和国轻工部部颁标准 QB68—93—73《自行车标准》。

2. 与本次招标的零部件有关的本厂企业标准。

**二、技术质量的要求**

考虑到××牌自行车的电镀件的质量较差,在群众中有一些反映,根据产品质量和性能的要求,解决电镀件原则上按照轻工部部颁标准 QB72—73《自行车电镀》执行,并作如下几点具体要求:

1. 镀铬件分三级要求。

一级件:车圈、车把身、左右闸把、曲柄、铃盖等。

二级件:链轮、前、后花盘、涨闸身、抱闸盒、前后闸叉、钳形闸、左右闸叉、又肩罩、灯架、锁母、把心丝杆、衣架、辐条、单支架等。

三级件:保险叉腿、脚蹬内外板、前后闸拉管接头、前后闸拉管、前叉上下碗、鞍管及脚蹬内外板、脚蹬管等。

2. 镀锌件分二级要求。

一级件:对于原部标规定的一级镀锌件一律按三级镀锌处理。

二级件:原则上不作变动。

3. 其他需要电镀的零件,其级别按产品图中的规定执行。

**三、技术质量的标准**

热处理的零部件按照轻工部部颁标准 QB73—73《自行车热处理》的规定执行,其主要要求有:

1. 轴档、轴碗硬度≥HRA79。

2. A 型轴辊硬度≥HRA70。

3. B 型轴辊硬度≥HRA78。

4. 前叉上、下档硬度≥HRA75。

5. 脚蹬左、右轴档碗硬度≥HRA75。

6. 链条销轴硬度≥HRA72。

7. 链条衬圈硬度≥HRA62。

8. 链条滚子硬度≥HRA67。

9. 飞轮外滚、千斤硬度≥HRA75。

10.飞轮平档、丝档硬度≥HRA68。

11.所有以上零件的耐磨性、韧性的指标均按 QB73—73《自行车热处理》的规定执行。

12.其他必须热处理的零件按产品图纸要求生产。

四、氧化处理的零部件按照轻工部部颁标准 QB75—73《自行车氧化处理》的规定执行，主要氧化零件有轴、档、碗、防尘盖、飞轮外套、手档、丝档、链条外片等，关于质量指标，仍按上述部标执行。

五、考虑到自行车的强度和性能，直接影响到用户的人身安全，有必要特别提出招标的所有零部件必须符合中华人民共和国国家标准 GB3565—83《自行车安全要求》。

六、所有招标零部件的质量测试，除标准件或通用指标（如热处理硬度）外，仍按中华人民共和国国家标准 GB3567—83《自行车零部件主要技术条件试验方法》进行测试，测试指标按产品图纸规定执行。

七、其他技术条件要求按产品图纸规定执行。

八、检测单位：本厂鉴定室、××总厂鉴定室（委托）、市质检站（委托）、一机部材保所.（委托）。

×× 厂招标办

20××年××月××日

# 投标申请书

## 概念

投标申请书是投标单位在招标公告规定的时间内递交的申请参加投标的一种申请类的文书。

## 格式与内容

1.标题

标题通常直接写"投标申请书"即可。

2.称谓

称谓通常是靠左端顶格写明招标企业名称。

3.正文

（1）参加投标意愿；

（2）有关保证事项；

（3）附件中附投标企业的详细介绍。

4.落款

（1）法人签署和盖章；

(2)法人代表签署和盖章；

(3)注明申请日期。

## 范文

### 投标申请书

××市招标投标管理办公室：

我单位根据现有施工能力,决定参加××工厂××××厂房工程投标,保证达到招标文件的有关要求,遵守其各项规定。

特此申请

附:《投标企业简介》。

投标单位:×××建筑工程公司(章)

负责人:×××

20××年×月×日

# 投标书

## 概念

投标书是投标单位在领会招标文件、进行现场实地考察和调查的基础上所编制的一种申请类的文书。

## 格式与内容

1.标题

标题通常是项目名称加"投标书"组成。

2.正文

(1)项目名称；

(2)数量；

(3)技术要求；

(4)商品价格；

(5)商品规格；

(6)交货日期。

3.落款

(1)写明投标单位的名称、地址、邮编、联系人姓名和电话以及电子邮箱等；

（2）注明日期，加盖公章。

# 范文

## 承包××电子机械厂投标书

如果是我公司中标，我将把"荣辱与共，创新求实"作为企业精神，执行"一业为主，多种经营"的方针，严格产品质量，信誉至上。

一、主要经营指标及实现的依据

1. 主要经营指标

（1）产值、利润指标：20××年年产值达到××万元，利润××万元；20××年年产值×××万元，利润××万元；20××年年产值×××万元，利润××万元；20××年年产值××万元，利润××万元。

（2）产品品种和质量指标

三年内研制两个售油器新品种，20××年制冷产品达到部颁标准，20××年肉食机械达到部颁标准，三年内创市优产品×个。今后每年要更新换代一个新产品。

（3）管理水平指标

不断地加强和完善企业基础工作，提高各项管理水平，三年内达到国家二级企业标准。

（4）员工收入指标

奖金分配贯彻按劳分配。20××年人均收入×××元，以后两年逐年递增×％。

2. 实现依据

（1）该厂有雄厚的技术力量。现有高级工程师×名，工程师×名，助理工程师××名。工人80％受过专门训练，技术熟练。

（2）设备工艺较先进。现有××台（套）先进设备，一半以上生产工艺为国内20世纪90年代中后期水平。

（3）员工素质好。大中专毕业生占全体员工的××％。员工的市场竞争、经济核算、时间意识比较强。

（4）投标基数是在查阅了近5年的产值、利润实际完成数额，进行分析论证后制定的，因而它符合实际，通过努力能够达到。

（5）×××仪器机械，我国年生产能力×××台，缺×××台。原因是技术不过关。我曾学过这个专业，20××年我在××厂工作期间，曾任这个厂的工程师，这个厂就是生产这种机械的定点厂。因而在半年内生产这种机械，利润为××万元。

（6）我准备采取员工集资和其他渠道筹集资金的办法，解决资金短缺的困难。原材料涨价是不利因素，但国务院已下达了不准随意涨价的通知，价格不会像以前那样大幅度上涨。投标基数是按涨价×％计算的，比国家规定的涨价幅度高×％，实际用的原材料资金比投标预算少。

### 二、步骤与措施

整个工作分两步走,第一年主要理顺管理体制,打好基础,后两年主要让企业管理上等级,抓产品质量的达标和新产品的开发。

采取的主要措施是:

1. 狠抓技术,提高产品质量。一年半之内,对一线工人全部实行技术培训,厂里每周举行一次技术讲座。生产线工序之间实行承包责任制。对外协作单位实行择优录用。逐步增添检验设备,增加××名检验人员,对检验人员分期培训。

2. 抓好经营,提高服务质量。教育员工树立市场服务观念、信息观念和经济效益观念,主动积极搞好本厂产品的生产和经营,使产品做到人无我有,人有我优,人优我廉。同时,设立公共关系部,提高本厂及产品知名度,选拔×××培训后做推销员。在本市做到产品送货、安装、维修三上门。

3. 改革人事制度,精简机构。厂内领导干部实行逐级聘任制,定期考核,随时把有真才实学的员工提拔到领导岗位。科室干部和工人实行优化组合,精简科室和人员。

4. 加强民主管理,充分调动员工积极性。一是推行群体经营工作法,发挥每个人的特长,人尽其才。二是搞好分配,对奖金实行责、权、利相结合的两级分配。厂方对各承包群众进行一级分配,各部门、车间对班组个人进行二级分配,把奖金和贡献紧密挂钩。厂内部门间互相协作,互相支持帮助,保证企业整体利益。三是加强企业民主管理,建立企业利益共同体。

5. 改进和加强思想政治工作。关心员工文化生活,开展各种有益活动,购买必要的文体用具,给予必要的经费,满足员工开眼界、得信息、学技术、求新知的要求,领导干部以身作则、廉洁奉公,以实际行动为员工做出榜样。

6. 自觉接受党委的保证监督(略)。

我有决心、信心和全体干部员工一起,竭尽全力,精诚团结,为改变机械厂面貌,贡献自己的力量。

投标人:×××

20××年××月××日

# 中标通知书

## 概念

中标通知书是招标企业通知投标企业中标的一种通知类的文书。

## 格式与内容

1. 标题

标题通常直接写"中标通知书"即可。

2. 正文

(1)抬头：写明中标的单位；

(2)招标工程；

(3)中标单位；

(4)标价多少；

(5)工期或购物数量；

(6)其他要求事项。

3. 落款

署明签发单位名称、日期并加盖公章。

## 范文

### 建筑安装工程中标通知书

×××建筑集团总公司：

(20××)第××号招标文件的××汽车制造厂冲压厂房招标工程通过评定，确定你单位中标。

中标总价为人民币×××万元。

工程日期自 20××年××月××日到 20××年××月××日。

工程质量必须达到国家施工验收规范的优良标准。

请于××月××日到××汽车制造商签订工程承包合同。

××市招标管理办公室

20××年××月××日

# 合作意向书

## 概念

合作意向书是合作双方表达意图和目的的契约文书。

## 格式与内容

1. 标题

标题可由合作项目名称与文件名称两部分组成。

2. 正文

正文一般包括以下内容：

(1)序言。序言要明确合作双方名称，商洽时间、地点及商洽的原则等。

（2）事项。事项部分要明确合作项目计划规模、投资方式、合资比例和预计经济效益等。

3. 落款

写明投标单位的名称和投标日期。

4. 附件。

# 范文

## 合作意向书

中国北京市××发展有限公司、北京市××厂与日本××公司三方本着"友好、平等、互惠"的原则和"团结、进步、发展"的精神，先后于20××年×月×日至×月×日在北京就××工厂××事宜进行了3次友好协商，在此基础上，北京市××发展有限公司于20××年×月×日派专员赴日本对此事进一步磋商，日方应我国对外友好协会的邀请，于20××年×月×日在我国对外友好服务中心的陪同下，对北京市××发展有限公司进行了实地考察和商定，三方同意利用北京市××厂现有厂房等设施合资新建一座××加工厂，现达成如下意向：

一、整体规划，分期投资

1. 中方以北京市××厂现有厂区土地40亩，车间6栋，办公楼1栋，配电房1栋和其他生产和生活等设施，作为合资股份总额，分为两次投资入股。

2. 第一期以现有车间3栋，办公楼1栋和厂区土地20亩，配电房1栋等其他辅助设施，投入合资新建××加工厂。

3. 第二期项目的投入，根据需要与可能相结合的原则，在第一期合资兴建加工厂获中方正式批准之日起10个月内，双方签署第二期合资项目意向书。与此同时，再用两个月时间，提供项目的可行性报告，项目建议书，项目合同、章程等有关部门资料，以利申报。超过上述期限，第二期项目的投入为自动放弃，中方可将所剩余的车间3栋、土地20亩等，作自行安排。

二、合营期限与货币计算名称

1. 时间从20××年×月×日至20××年×月×日，计10年整，一方如需继续履行此合同，须经三方协商同意后，可重新申请延期，并申报有关部门办理延期手续。

合同期满后，其固定资本残值归中方所有。

2. 货币计算方法

三方不管采取什么投资方式，一律以美元为计算单位进行核算。

三、工厂规模

工厂占地28亩，年生产能力为××××，职工总人数为100人。

四、投资金额比例

合资工厂总投资额为××××万美元占总投资额的52%，其中包括提供全套生产××的机器3套，辅助设备、生产和工作用车1辆，部门办公设备，现有工厂改造、配套及生产周转资金。中方投资×××万美元，占总投资额的 48％。以车间 3 栋，办公楼 1 栋和厂区土地 20 亩，配电房 1 栋，高压供电输电专线，配电设备，柴油机发电机组，饮用电机井等作为投资入股。

五、责任分担

中方：

1. 在 3 个月内办理有关中外合作企业的申报、审批手续和工商行政管理登记注册手续。

2. 对厂区的整体规划，附属设施的配套完善及财产保险等工作。

日方：

1. 派遣技术人员 3 名，为中方培训技术人员，指导生产及设备安装。

2. 包销 10 年内所生产的全部产品（共计×××万美元），提供生产专用资金及工厂改造配套所需的资金。

六、利润分配及亏损分担

1. 三方按认可的投资比例分配利润及承担亏损责任，即中方获得全部利润的 48％，日方获得全部利润的 52％。

2. 亏损按利润分配比例计算。

七、说明

1. 合资新建工厂的未尽事宜，在正式签订协议时予以补充。

2. 此意向书用中、日两种文字书写。

3. 此意向书共制 9 份，三方各持 3 份。

4. 此意向书从签订之日起生效。

中国北京市××发展有限公司　代表×××（章）

北京市××厂　　　　　　　　　代表×××（章）

日本××公司　　　　　　　　　代表×××（章）

20××年×月×日

# 第十一章 广告启事文书

## 广告文案

### 概念

广告文案是运用多种表现，融叙事、论述、说明、抒情等于一体，使用易于理解、风格各异的语言，以传达广告信息为目的的特殊商用文体。

### 格式与内容

1. 标题

标题通常由产品名称加"广告文案"组成。

2. 正文

(1)具体展示广告主题及相关内容；

(2)合理选择诉求重点，突出要点；

(3)以简明扼要的口号作为广告语。

3. 尾部

广告中的附属性文字，主要传达企业名称、地址、通信方式及提供服务的方法等信息。

### 范文

#### ××牌轿车报纸广告文案

标题：并非所有的人都能真正懂得它所代表的含义

正文：面对火箭升空，人们更多的是陶醉于它那扶摇直上的雄姿、雷霆万钧的气势，只有少数人会从火箭每一米的上升高度来测量人类创造力的无限，感受科技进步的美妙。

作为中德科技多年合作的辉煌结晶的另一种创造力与进步的代表，它就要出现在你的面前了，也许你已经焦急地等待了好几天，那么现在你真的可以暂时放下手边的事，平心静气，拭目以待——一个振奋人心的时刻，它的到来已经进入倒记时了。

广告语：卓然出众，彰显尊贵。

# 广告策划书

## 概念

广告策划书是对整个广告计划的运筹规划，是对整个宣传进行预先考虑和设想的方案。

## 格式与内容

1. 标题

标题通常由公司名称加年度加"广告策划书"组成。

2. 正文

(1)前言；

(2)市场分析；

(3)广告战略或广告重点；

(4)广告对象或广告诉求；

(5)广告地区或诉求地区；

(6)广告策略；

(7)广告预算及分配；

(8)广告效果预测等。

## 范文

### ××羊绒衫厂20××年中国市场整体广告策划书

## 目　录

八、广告预算分配

九、广告效果预测

## 前　言

今年面对国内、国外市场疲软，特别是绒、毛纺织业竞争激烈，产品销售走向低谷的状况，××羊绒衫厂将实行销售重点的转移，以国际市场为依托，突出国内市场的开发，力争1/2的产品实现国内销售。在提高产品质量，加强售后服务和增加花色品种的同时，积极开发羊毛衫、混纺衫、羊绒面料等新项目。

20××年××羊绒衫厂的整体广告策划，将围绕实现上述销售目的和扩大企业及产品知名度以及创立名牌的目的，制定广告策略和实施方案。从重点城市和消费较高的沿海城市开始，逐步建立全国的销售网络。

一、销售目标（广告目的）

本策划的任务是力争通过××××年一年的广告战略和广告战术计划的实施，使××厂××牌羊绒衫产品在市场有很轰动的知名度，提高指名购买率，创建××名牌形象，建立健全销售网络，形成稳固的国内市场，即使国际市场发生急剧变化，也不会影响该厂的生产和销售。实现以国内市场为主的销售战略，充分利用生产设备的生产能力，增加产量、销量，加速资金周转，使企业得以大力发展。

力争掀起羊绒衫的消费热潮，使人们认识羊绒时装具有光泽好、轻巧、柔软、艳丽、舒适、御寒力强的特点，树立人们穿上它身价倍增、彰显富贵的价值观念，使消费者产生以穿着××牌羊绒衫时装为自豪的荣誉感，使××牌羊绒衫产品从知名度到销售量在国内同类产品中均居领先地位，力争实现××××年内销30万件的目标。

二、企业、市场、产品情况分析

1.企业概况

（略）

2.原料

选用被誉为"纤维钻石"的阿尔巴斯山羊绒。这种羊绒细度均匀，长度好，柔软性和弹性均属上乘。洗净绒经先进的分梳设备梳理，纤维损伤小，含粗率在0.2％以下，纤维中间长度35毫米左右，平均细度在13.3微米左右。一般来说，动物纤维好过人造纤维。优质纤维有四个特点：柔和、光泽好、轻便、保暖。山羊绒具备这四个特点，而其他动物纤维只具备两三个特点。阿尔巴斯山羊绒有"中国第一号无毛绒"之称。

其加工程序：抓绒、选绒、洗绒、分梳、梳纺、编织、整理、包装、发运。

3.主要产品

无毛绒（白、青、紫）羊绒衫、羊绒短裙、羊绒连衣裙、羊绒披肩、羊绒围巾等。正逐步开发和研制绒兔毛混纺、变形羊毛绒混纺、丝绒混纺、羊绒精纺面料、羊绒大衣呢等系列产品，并同时生产羊绒时装。产品质量达到国内、国际先进水平，羊绒衫款式新颖，规格齐全，色泽流行，穿着轻巧、柔软，高雅舒适。

4.企业优势

企业的成功,跟原料、交通、劳力、能源、信息有关,同时依赖企业的设备、工艺、管理、质量、销售、更新换代能力。该厂上述条件基本具备,并有世界上最大、最好(羊绒质量跟水土、气温有关)的原料产地。该厂引进先进生产设备,保证了产品的生产能力、工艺和质量水平,并正在有计划地建立国内外销售网络。在产品更新换代方面,该厂的产品采用先进的微电脑控制,可靠性指标一直居国内领先水平,具有较强的竞争意识和竞争能力。

5.羊绒类产品优缺点

羊绒衫号称"纤维之王",穿着轻巧,光泽好,华美,柔软,舒适,保暖,能充分体现形体美。确实能起到添光彩、显风度的作用。

6.国内销售的地区、渠道、数量

内销地区主要是北京(40%)、上海(30%),其他城市有广州、西安、大连、桂林等,在这些城市中,主要在大商店、旅游场所销售,实际顾客也多是外宾。目前一年在国内销十多万件。

7.竞争对手

国内竞争厂,北京有3家,上海1家,内蒙4家,新疆1家。目前该厂在全国是设备最先进、产量最大的,且厂址在原料产地(主要原料产地在河北北部、内蒙、甘肃等)。

中国是世界上最大的羊绒衫生产国,占全世界产量的60%。全国年产110万件,其中天山22万件,该厂40万件,上海20万件。国内很多厂,如北京、天山等厂也是合资企业,设备也较好,但从总体来说,生产规模、产量、质量、设备先进程度等方面,××厂均处于领先地位。

8.以往的宣传情况

国内广告零敲碎打做了不少,但不集中,目的性不强,无整体计划,广告效果不明显。对外宣传薄弱,世界上很多国家不相信、不知道××厂的羊绒衫原料最好、工艺最好、价格最低。

9.目前销售存在的问题

国内有很多消费者甚至不知羊毛与羊绒的区别,不知原料的珍贵,当然就很难理解它的价值。

内销存在五个问题:

(1)消费水平限制;

(2)对产品的认识;

(3)牌子知名度不高,宣传不够;

(4)销售网络不健全;

(5)竞争对手较多。

10.集团宗旨

发挥内蒙古及友邻地区羊绒资源优势,开发优质名牌及羊绒系列产品,提高在国外市场的竞争力,增加出口创汇能力,提高全行业的综合效益。

11. 经营范围

以经营原绒、无毛绒制品及其他混纺制品为主,同时开展技术咨询、管理咨询和成果转让业务。

综合上述情况,归纳如下:

北京地区,销售羊绒衫品种主要有"××牌"和"××牌"。

价格:××牌偏高,××牌偏低或一般。

质量:两个牌子都较好。

款式:××牌款式多样,颜色较多,××牌款式和颜色单调。

销量:××牌占60%,××牌占40%。

知名度:××牌占100%,××牌占80%。

12. 北京十大商店羊绒衫销售情况调查表

(略)

三、广告对象(目标消费者)

1. 产品定位

羊绒衫在国内尚属高档消费品,宣传对象应以高收入、讲究穿戴、具有高消费意识、追求时尚的阶层为主。现阶段应把北京"××牌"视为竞争对手。

2. 潜在消费者分析

现阶段应以下述对象为主:

(1)高收入的文艺工作者;

(2)高收入的年轻工作人员;

(3)三资企业的文职商务人员;

(4)高级职员;

(5)从事外贸工作的职员;

(6)从事公关工作的人员;

(7)高收入的城市个体户;

(8)其他高收入、追求时尚的人;

(9)来华旅游、工作的外宾及港澳同胞。

四、广告地区(目标市场)

1. 市场分布

宣传地区,首先应考虑羊绒衫商品目前尚属高档产品,接受它的一般是经济发达地区,并且是高收入和高消费地区。目前这一地区以沿海地区及几大城市为主,如北京、天津、上海、福建、广东、海南、山东、南京、深圳、成都、哈尔滨、沈阳、大连等。

2. 销售季节分析

我国夏天普遍高温,冬天南暖北寒温差大,这一气候因素决定了不同地区的销售淡季、旺季、周期不等,时装作用、御寒作用的选择不同。安排广告攻势,以及建立销售网点均应考虑上述因素。

**五、广告战略**

**1.战略说明**

本广告策划面对中国市场,分为两大类广告(公司形象和公司产品)。

广告发布之前必须根据长期和短期的广告目标,把广告表现形象统一起来。例如,印刷媒体有一个统一的表现格调,如厂标、商标、模特、字体、背景、颜色、设计技巧等。因为我们搞的是一个大规模的广告活动,人们是通过不同的媒体看到的,因此,广告设计要相同,使消费者容易留下深刻印象。另外,特别强调的是产品包装物品的图、文、色的设计及广告主题,也要和媒体的相同,这样广告效果更好。

另外,一经定下来的公司形象、商标图文颜色、字形等设计及主题表现,就不要轻易改变。一个名牌的创立不容易,它可能要使用几十年、上百年的时间,经常改变它的形象,就是在浪费广告费。

在制定广告战略时,还应总结、比较产品优点,找出竞争对手一时无法赶上的特色,当然在质量、包装、销售网点上能比竞争对手强更好。

广告战略与战术的规定,均应以市场调查、产品定位、销售对象定位和市场定位为依据。

**2.广告阶段的研究**

××牌羊绒衫产品分7个广告阶段:

(1)从消费者不知道市场中有这种商品,到让消费者开始知道这种商品;

(2)从消费者开始知道这种商品,到让消费者对之逐步加深了解;

(3)从消费者了解这种商品,到让消费者对之渐渐有好感;

(4)从消费者对这种商品渐渐产生好感,到让消费者对之显露出偏爱;

(5)从消费者对这种商品已产生偏爱,到让消费者有购买该商品的欲望;

(6)从消费者对这种商品已有购买欲望,到促使消费者采取购买行动;

(7)从消费者已购买这种商品,到让消费者继续不断购买。

这个过程也就是通常所说的引起注意、产生兴趣、建立好感、产生购买欲望、促成购买行为。

(注:每一个阶段所花费用和精力,不应该平均分摊,要根据竞争对手的强与弱,销售地区的大小而定)

近期目标:××牌商品已上市,所以已经过了第一阶段,建议前三个阶段合并进行。

动用各种媒体,进行广告宣传,定向宣传,以提高知名度,树立名牌形象。

中期目标:4、5、6阶段合并进行,采用密集式媒体攻势,掀起社会性羊绒衫热,增加产品介绍,加深消费者对牌子的印象,促进销售及提高指名购买率。

第7阶段只需要保持广告力量。

**3.媒体组合**

媒体组合考虑的因素:

(1)消费品：不是原料半成品，应采用综合性媒介，广告对象接触的媒介；

(2)高档消费品：须认真考虑说服消费者的工作；

(3)消费者受限制：高收入、高消费和时尚意识；

(4)市场受限制：沿海城市、经济发达地区、高收入地区；

(5)商品本身特点：款式变化快，要体现形体、颜色、质感；

(6)广告表现形式；

(7)销售网。

本策划媒体组合：

印刷媒体：报纸、杂志、邮递广告、招贴、样本小册子、说明书。

电波媒体：电视广告。

户外媒体：路牌。

其他：充分利用 2008 年奥运会在北京举行前的几年时间，利用一些新的媒体。

4. 促销活动组合

羊绒衫时装对消费者来说尚属高档、生疏消费品，光凭媒体宣传还不够，必须利用各种形式向消费者介绍羊绒知识、羊绒时装的优点，使潜在消费者认识到羊绒衫贵有贵的价值，培养他们对羊绒衫的兴趣和好感，最终达到使消费者不断消费的目的。

暂建议采用下列促销活动：

(1)时装表演销售会；

(2)羊绒衫知识有奖竞赛；

(3)新闻发布会（记者采访团）；

(4)公共关系。

5. 其他有效的广告手段

本着对客户负责的精神，我们的广告计划各个环节的可行性得到证实后，以及对企业各方面的情况有充分的了解后，还将提出若干有效广告手段。

6. 不可忽视的广告策略重点

(1)用什么方法，使商品在消费者心目中，建立深刻难忘的印象；

(2)用什么方法，刺激消费者，产生购买兴趣；

(3)用什么方法，改变消费者的使用习惯，使消费者终止购买过去常用的品牌；

(4)用什么方法，扩大广告主商品销售对象；

(5)用什么方法，使消费者购买使用了一次后，乐意继续不断地购买该商品。

用一句精湛的标题、一幅突出的画面，都可代表一种方法。另外，广告战略中还应注意这些问题：

1. 公司形象广告设计；

2. 商品广告的设计；

3. 包装及其他相关内容的设计；

4. 各个媒介配合时间和地区的安排要合理。

六、广告战术（媒体及促销项目的具体计划）

在此把广告战略中精选的媒体、广告版面、时间、次数、费用定下来。此项工作取决于广告对象、目标市场。我们由于在20××年搞了一次促销会，等于做了立体调查，对广告对象、市场情况有了第一手的资料，为下面做各项计划取得了依据。实施广告战术时，一定要把××厂产品销售网络、货源情况考虑进去。

七、广告主题、广告创意介绍

1. 广告主题、广告创意简介

主题是广告的灵魂，广告主题是根据广告目标所提出来的中心思想，它通过广告信息的传播，直接明白地表现广告的意愿。因此，广告设计、创意文案以及广告表达方式，都应符合主题的中心思想。

广告主题是广告策划的重点内容。一般来说，广告对象策划是确立广告目标策划的前提和基础，广告目标策划又是确立广告主题的依据，三者都以促进销售为目的。它们之间有联系，也有区别，是相互影响、依存、制约的有机整体。

创意是为了表现广告主题，因而确立主题是创意的基础。创意就是构思。有了好的创意，才可能制作出好的广告，所以说创意是广告策划成功的重要因素。

下述广告主题、创意，均以上述原则为依据，但并不是本策划最后确认的内容。

鉴于××牌羊绒衫采用阿尔巴斯山羊绒制造，具有得天独厚的原料优势，所以广告活动应着重于对产品的原料优势进行宣传，突出草原风格。

由于羊绒衫柔软、轻便、富于光泽和保暖的特点，广告设计要逐步形成自己华丽、温柔的特色。

另外，羊绒衫是一种高档商品，所以广告格调要高雅。

总之，广告创作的总原则应该是强调商品高贵、温柔、精致、华丽的风格，突出原料优势。

2. 不同阶段的广告创意

（1）在宣传本产品品牌和导入市场阶段，广告着重于对羊绒特点、制造工艺的介绍，突出原料优势，同时表现羊绒衫的质感、光泽和手感，以感情表现感染消费者，并通过"优惠销售"等信息促使消费者购买。

（2）在产品进入市场，销售得到进一步发展以后，广告应进一步表现商品高贵、温柔和华丽的特点，主要诉诸感性，渲染一种高雅浪漫、温柔华丽的情调，在消费者心目中树立起××牌羊绒衫是一种人人追求的高档消费品的信念。

本产品的品牌知名度达到一定程度的时间，广告力求简练，突出草原风格，不断重复商标品牌，巩固和提高商品在消费者心目中的形象。

关于色彩主调：为了突出产品的原料优势，我们认为广告设计应以草原色彩为基调，整个色彩搭配应该是华丽的、优雅的、柔美的，同时突出高贵气质。

产品的标志色彩为×色，从策划书执行开始起，所有印刷品中出现的商标标志都应为同一种颜色，并且所有字都为×字体。

广告口号：本着表现创意和易读的原则，试拟广告口号如下：

"××××××××，××××××××××××!"

八、广告预算分配

说明：下表为广告预算，今后各项开支以此为依据，不会有大的浮动，最后以实报实销结算。

订货会、记者采访团、××洽谈会、手提袋印制费、外包装印制费均不在此列。

| 项目/说明 | | 开 支 内 容 | 费用（元） | 总 计 |
|---|---|---|---|---|
| 设计制作费 | | 电视广告片两部及全部媒介广告项目的设计制作 | 61750 | 8.775 万元人民币 |
| 市场调查费 | | 上海、广州、沈阳的调查费用 | 8000 | |
| 印刷费 | | 40 页的产品样本 1.5 万本 6 页集团介绍 1 万本 | 18000 | |
| 购买媒介费 | 国内 | 全国性媒介和地区性媒介广告费用 | 830000 | 83 万元人民币 |
| | 国外 | 欧美等地专业杂志和邮递广告费用 | $ 100000 | 10 万美元 |
| 公关活动费 | | 羊绒商品知识竞赛的有关费用 | 50000 | 15 万元人民币 |
| 服务费 | | 全年有关人员的交通、差旅、加班、通信和有关协调工作 | 100000 | |
| 机动费 | | 媒介价格上调因素和临时应急重要活动 | 100000 | |
| 促销活动费 | 国内 | 包括北京、上海、广州、沈阳促销会的场地、广告、材料、劳务 | 600000 | 60 万人民币 |
| | 国外 | 组织赴匈牙利等地促销小组和参加专业展览会的费用 | $ 40000 | 4 万美元 |

注：预算表内的数据不是原策划书的数据，此处仅为了说明问题。

九、广告效果预测

如果同意按照本计划的广告战略和广告战术施行，预计可达到每一项内所规定的任务与目标。

以下几个问题必须按计划落实：

1. 广告效果监督；

2. 广告反馈的管理；

3. 广告计划要因情况变化而合理调整；

4. 定期以问卷、座谈会等方式进行广告效果测定。

# 商品广告

## 概念

商品广告是为了传播商品信息,供应市场,满足人们需要所应用的一种宣传文书。

## 格式与内容

商品广告没有固定的格式,但写作商品广告需要熟知商品的内容,如名称、规格、用途、性能特点、注意事项等。还应写明生产单位,经销单位,地点、时间及经营方式等有关情况。

## 范文

**供进口、合资胶合板、贴面板**
**进口原材　特供泰柚贴面板**

泰柚贴面板木质细腻、木纹飘逸清晰、高贵典雅,糅合了传统与现代的气息,脱俗于一般的装饰板材而成为国内外宫殿、大厦、楼宇及家居室内装修设计的首选。我厂引进西德精密刨切设备和技术,采用上乘的进口柚木,大量生产泰柚贴面板,板面光洁油润,胶合力强,可与国外先进企业产品相媲美,部分产品远销日本、新加坡及欧美地区,是国内大型生产柚木贴面板的生产基地。

本企业可供 3~18mm 各规格进口、合资胶合板、水曲柳板、榉木(银榉、白榉、红榉)等各式贴面板及各款宝丽板,并有大量进口柚木(方材、原材)批发零售,欢迎各界人士垂询。

地　　址:×××省××市××胶合板厂(××市南庄大道)

电　　话:×××××××××

传　　真:×××××××××

联系人:×××

邮政编码:××××××

# 产品介绍广告

## 概念

产品介绍广告是指通过文字、画面、影视形象等,把一种产品的性能、特点、使用方法等向人们进行宣传介绍,让人们了解这种产品,而经常运用的一种广告文体。

## 格式与内容

它的书写没有固定格式，书写内容时要注意以下几点：

（1）产品介绍广告必须实事求是、毫不浮夸地宣传本企业的产品。

（2）产品介绍广告是沟通买方和卖方的媒介，在写作时，应该介绍清楚，宣传到点子上，尽量让人们对产品有清晰、明确的了解。

（3）产品介绍广告必须抓住产品的特点，讲清该产品独具的优点，恰到好处地介绍，引起消费者的购买欲望。

## 范文

### 自动换画广告灯箱介绍

我公司制作的自动换画广告灯箱，集成了多项先进技术和良好的制作工艺，其性能稳定可靠，造型美观、现代。

自动换画灯箱采用微电脑控制，以卷轴卷画的方式在同一个灯箱上依次显示 2 至 10 幅不同的画面。每个画面的停留时间可通过专用控制器设置在 1 至 99 秒之间，灯箱运行开始、停止及开灯、关灯时间亦可设置，2 至 10 台灯箱连成一组同步运行，效果更加震撼。灯箱内部结构简洁，便于安装和维护，部件选材精良，坚固耐用。灯箱外形设计现代、美观，户外灯箱为防水设计，面板采用具有防紫外线涂层的进口 PC 板，确保画面色彩鲜艳持久，户内灯箱可选装资料架，方便实用，我公司长期备有多种灯箱造型供客户选择。灯箱画面更换简单方便。

灯箱特点：

1. 户内/外均可运用。

2. 同一个灯箱，多幅画面展示，可在同一点位发布多个广告画面，有效提升广告效益，降低广告成本。

3. 每幅画面停留时间，运行开始、停止及开灯、关灯时间亦可自行设定。

4. 运行平稳可靠，部件坚固耐用，灯片更换、维护简便。

灯箱制作规格：

1. 可按客户要求尺寸制作。

2. 最小规格：40cm×60cm，最大规格：600cm×230cm。

材料和造型：

1. 常用灯箱外壳为不锈钢，铝合金或钢板喷塑、烤漆。

2. 可按客户要求改变外壳材料、造型备有多种选择。

灯片制作：

1. 采用户内或户外写真灯片，造价低，可据客户需要更换。

2. 宽 500cm 以上规格灯箱采用常规灯箱布。

适用领域：

1.银行、通信等行业的 ATM、营业厅，实现在同一位置宣传多项业务，展示企业形象，吸引顾客注意。

2.广告公司作为媒体形式建立在黄金点位上发布商家广告，可大幅提升广告效益，降低广告成本。

3.企业用于宣传自身多项服务、经营项目或多个产品内容、公司形象等。

# 促销广告

## 概念

促销广告是促使消费者采取购买行动的一种广告形式，是企业单位为了推销商品，通过报纸、广播电视、招贴橱窗或互联网等媒介进行宣传，达到消费者能接受、进而购买的目的。

## 格式与内容

无固定格式，撰写促销广告时，要有针对性地抓住消费者的心理，采用既符合商品特点又是消费者喜闻乐见的形式，来达到效果的完美统一。

## 范文

### 电视机图像不清怎么办

问：我的电视机没有毛病，但常常图像不清，尺寸缩小，声音变低，同步不稳定，为什么？怎么办？

答：最常见的原因是电压不稳定所致。如果供电电压忽高忽低，不仅影响显像质量，还会由于电压的突然升高而使晶体管击穿或烧毁电子管，电视机就坏了。

如果能够把电视机的插头插在苏州延安电器厂的调压器上，上述问题就可以迎刃而解了。

本厂的调压器款式齐全，性能良好，实行三包，用途广泛，远销海外，在国际市场赢得声誉。在本厂调压器所提供的稳定电压下，电视机得到可靠的保护，从而延长其寿命。

技术数据及价格，函索即寄。

接受函购，代办托运。

厂址：×××东中路××号

# 展销订货广告

## 概念

展销、订货会广告是商品生产厂家的商业部门、行政机关出面,推销厂家的产品的一种传播信息的实用文书。

## 格式与内容

无固定格式,它的写作一般是以简明的文字,介绍主办单位、会议地址、开会时间、主要产品、联系人、电话号码等情况。

## 范文

**××工商贸易联合公司　××羊毛衫厂**
**××自行车股份有限公司　××皮鞋厂**
**××童车厂　　××宝儿用品有限公司**
**联合举办"20××迎春现货供货会"**

一、现货供应

1. 童年玩具类:上海"××牌"系列童车:推车、童床,上海"××牌"童车;广东××牌童车、三轮车,昆山××手推车;无锡××牌手推车,宁波××手推车;广东××牌系列婴儿床;各类高中低档学步车;上海、广东生产的各类高中低档玩具,童座车,三轮车,××牌、××牌系列电瓶车。

2. 鞋类:多次荣获××市双优的名牌产品,××、××、××、××等品牌的各式男士冬春季皮鞋。

3. 针纺类:××牌纯毛毛毯;××、××、××等品牌的各式男女羊毛衫系列;××毛巾被;××衬衫等。

4. 婴儿制品纸品类:隆重推出畅销产品广东××牌、××牌、高中档婴儿纸尿裤、××、××等中低档婴儿纸尿裤、纸尿片、隔尿巾;××礼品盒装各式婴童衣衫、婴童用品、用具;各式儿重纯棉运动衫。

5. ××牌系列铝制品(铝锅、铝盆、铝壶等)。

二、总结 20××年联销情况同时签定 20××年联销合同。

三、会议时间:20××年×月×日～×日

联系人:×××

电　话:××××××

# 转让广告

## 概念

转让广告就是将自己的固定资产、物品、科研成果转让给他人或单位的一种传播信息文书。

## 格式与内容

无固定格式，就是把转让的信息介绍清楚，提出转让办法，让需要者感觉满意，达到转让的目的。

## 范文

### 产 权 转 让

×××省×××化学工业公司位于×××市西南，地处长江黄金水道和 321 国道交会处。

该公司建于 1991 年，按现代生产企业规划设计建成，占地面积 3900 平方米，是国家、省定点农药生产企业，获得国家农业部《农药登记证》和××省化工厅《产品标准号》、《生产许可证》。主要产品有：粉锈宁、多效稻瘟灵原药及制剂，年生产原药能力 440 吨，市场前景好。但由于企业管理不善，负债过高，现已破产，破产资产达 1260 万元。

产权转让方式：(1)拍卖；(2)合股重组生产。

欢迎有意者实地考察、面议。

联系截止时间：20××年×月×日

联系地址：××省××县经济体制改革办公室

电　话：×××××××

传　真：×××××××

联系人：×××

### 技 术 转 让

一、酒糟制复合甘油：利用酒精和化合物制取而成。甘油含量达 95％以上，无毒无味，可广泛代替纯甘油。设备费 1.5 万元，厂房 200 平方米，6 人月利 5 万元，流动资金可大可小，转让费 5 万元，去人建厂，每县市只转让一家。

二、新型复合宝丽板：是采用锯末与化工原料混制经特殊处理加工而成。在光泽防潮防火上均优于木质宝丽板。1.22 米×2.44 米×3 毫米复合宝丽板，每张成本 23 元，售价

55 元,设备费 1000 元,厂房 30～50 平方米,5 人日产 40 张,月利 3 万元,转让费 8000 元,现场培训。

另有:多彩立体静电植绒等多种实用技术植绒机器常年提供。对军人、教育界、贫困地区,持证明优惠。欢迎各界朋友前来洽谈。

欢迎各界朋友有新技术、新产品的前来本公司联合开发。

联系地址:××市商场×楼科技市场××号

联系人:×××

电　话:×××××××

邮　编:×××××

××科技信息公司

20××年×月×日

# 征订广告

## 概念

征订广告是指企业单位为了推销报纸书籍等,通过媒介进行宣传,引起消费者兴趣,采取购买行为的文书。

## 格式与内容

没有固定的格式,写作时要清新、明朗,既要讲经济效益,也要讲社会效果。

## 范文

### 《现代广告丛书》征订启事

由现代广告丛书编委会编辑,××工业出版社出版的《现代广告丛书》将于今年八月至明年二月陆续出版发行。

这套《现代广告丛书》,从商品经济发展的战略高度,系统地总结了现代广告运动和我国广告事业实践的基本经验,科学地阐述了现代广告的基本理论,内容丰富,观点新颖,别具特色,易学适用,融政策性、科学性、知识性、艺术性与实用性于一体,展现出现代广告的全新的领域。

这套《现代广告丛书》包括:《现代广告概念》、《现代广告策划》、《现代广告设计》、《现代广告摄影》、《现代广告写作》、《现代广告心理》、《现代广告信息》、《现代广告传播》、《现代广告经营管理》、《现代广告史略》。它是我国广告专业工作者、工商企业经营管理者提高理论素质及指导广告实践必备的参考书,亦适宜作为商业贸易、经济管理等大专院校的教学用书。

团体订购优惠法：

1. 凡团体订购 1000 册以上者，按 90％折扣收款（即书价的 10％作为购书者的推销费）。

2. 收到订书款后，由征订单位负责寄书。

3. 订购函请寄：×××市××区×××干休所现代广告研究中心。

4. 开户银行：×××××银行×××支行

5. 地址：×××市×××大街××号

6. 邮政编码：××××××

7. 账号：×××××××××××

8. 订购截止日期：20××年×月×日

9. 本订单一式二联，第一联与汇款单一并作为报销凭证，由购书方保存。第二联与用户标签给现代广告研究中心寄来，应写明汇款金额、日期、汇单号码，以作为寄书凭证。

现代广告研究中心<br>《现代广告丛书》编委会

# 启事类广告

## 概念

启事文书是指组织（或个人）公开向大家说明，让更多人知晓的公告性文体。启事可以张贴、散发或通过报刊、电视、广播等媒体进行广泛传播，是树立组织形象，扩大知名度的有利手段。

## 范文一

×××省×××市举办人才智力市场

×××市定于 20××年×月×日至×日（即农历正月初×——初×）在×××市××镇二小学（即×××市政府大院门口东侧）举办集市型人才智力市场暨 20××年大、中专毕业生就业洽谈会，欢迎国内外有志于朝阳产业的各类专业技术人才和大、中专毕业生及科研成果拥有者等到人才市场应聘、择业。

电　话：××××××

邮　编：×××××××

联系人：×××　×××　×××

××市人才交流服务中心

范文二

## 商城招商启事

由国家技术监督局中国技术监督情报协会与××工贸公司联办的××商城,位于××繁华的商业黄金地段——××大街××号。

××商城,是经国家工商行政管理部门批准以"××商城"注册命名,并在整个经营管理过程中贯穿"××进货、××销售、××服务"三位一体的新型商业企业。首批招商将挑选 30 余家生产金银珠宝、化妆品、真皮制品、羊绒制品、羊毛制品、真丝制品及烟酒食品、家用电器的企业,欢迎联络。

地址一:××市××街××号

邮　编:×××××

电　话:×××××××

联系人:×××

地址二:××市××区××路×号

邮　编:×××××

电　话:×××××××

联系人:×××

范文三

## 合资办厂启事

我厂系利用废旧塑料生产编织袋、超薄塑料背心袋的专业厂家,为了加强经济技术的协作,现寻求有以下条件的单位联合办厂。

1. 寻求具备厂房 100 平方米,电力 10 千瓦,工人 20 名及有 8 万元以上资金能力的单位,联合生产超薄塑料背心袋。

2. 寻求具有厂房 600 平方米,电力 80 千瓦,工人 70 余名及有 50 万元至 80 万元资金能力的单位,联办全自动生产线,生产塑料编织袋。

我方联营方法是按设备额投入 20%至 50%,并负责包技术、包购料。有意协作者请来人来电联系,前来考察时,可乘飞机或火车直达××。到后请住××路××号××饭店,并来电话告知,我方即派员前往××饭店迎来我厂。

×××塑料编织厂

联系人:×××

电　话:×××××××

地　址:××市××路××号

范文四

## 邀请中外企业家聚会启事

中外企业家进行交流与合作的良机,热忱诚挚邀请中外企业家聚首××市。

20××年中外企业家洽谈会今秋在××举行,为了进一步深化改革开放,发展市场经济,中国公共关系协会、中华全国工商业联合会(中国民间商会)邀广东××集团主办,××中外企业家服务公司承办的"中外企业家洽谈",将于20××年×月在××宾馆等处举行。此次盛会是海内外企业之间进行经济技术交流合作、国内企业吸收外资的极好机会。届时将有来自美国、日本、英国、意大利、加拿大、澳大利亚、阿拉伯、拉丁美洲、东南亚、香港、台湾等国家和地区的客商与会。

洽谈会期间安排的活动有:

外商与国内企业家直接洽谈,并发布有关国家市场分析资料,沟通国际市场信息;展出参会企业的产品,提供贸易洽谈;将推出条件成熟的项目,寻求合作伙伴;开展高科技人才交流活动;联合国亚太理事会和国内商业、金融、建设、贸易等部门领导人讲话并回答问题;中国投资研讨会还将举办房地产信息发布会、书法会友、武术会友、××之夜联谊会和国际科技发展研讨会等活动。

诚挚邀请中外企业家聚首××参加盛会,您将会得到满意的收获。

参会范围:行业、规模不限

会议地址:××宾馆等处

电话:×××××××××

联系人:中外企业家洽谈会组委会

# 广告企划管理条例

范文

## ××公司广告策划业务规定

一、编拟广告计划方案的五大原则

1.质量并重,胸有成竹;

2.建议要项,一目了然;

3.创意突出(企划与创作),建立差异;

4.词句精练,编排严谨,树立风格;

5.简洁确实,避免冗烦多余的内容。

## 二、编拟广告计划方案的注意事项

1.广告客户说明会的参与

(1)确实了解客户的需求重点；

(2)确实把握客户问题症结的所在；

(3)确实了解客户的主要竞争对象；

(4)熟悉客户的广告计划批准者；

(5)确实了解编拟广告计划的基本要素(广告目标、预算、期间、地区、诉求对象)等；

(6)除业务单位外，创作及企划部门的有关人员亦应参与 ORIENTATION；

(7)ORIENTATION 所表明的意向或提供的资料并非完全可以利用，应再向客户的其他有关部门索取资料；

(8)确实了解客户能否因本公司的建议而改变其行销计划的程度。

2.广告计划编拟小组的设置

(1)组合具有专长的有关人员；

(2)尽量归集第三者的客观意见；

(3)使全组人员了解工作目标；

(4)指派小组负责人，明确划分个人职责；

(5)组员的选任，以能力为其基准。

3.资料的归集及运用

4.优劣的发掘

(1)以长远的眼光：

①试以冷静态度判断商品的优劣点。

②试将商品印象置于消费者心目中。

(2)以客户负责人的眼光：

试以商品回转率及利益率的观点加以考虑。

(3)以广告对象的眼光：

试以记忆及了解程度予以考虑。

5.商品概述的确定

(1)没有商品概述的商品，无法销售。

(2)概述可利用语句或图案予以表示：

以任何人都可以了解的语句或图案表示。

因人而有不同解释的语句或图案，不得称之为"概述"。

(3)概述应以消费者的语气表示。

(4)概述与目标为一体的两面，应随目标而改变。

6.媒体选择的要点

广告目标(性别、年龄……)所接触媒体及其质与量。

是否到达应涵盖的地区。

长期契约的可能性。

广告目的知名度、理解度、印象度及购买意向等的形成。

金额预算是否恰当。

"信息"是否过多？是否能以减少的量来达到预定目的？有效的传达方法是什么？

竞争条件、竞争对象所采用的类别、数量及其成功的程度。

以往的广告实绩是否构成对订定契约的有利性。广告媒体是否确保无"画饼充饥"的现象。效果测定事先预测及事后测定的可能性。

7. 年度广告计划的编拟

（1）尽量参照前年度的检讨资料；

（2）由长期广告目标中明确订定本年度广告目标；

（3）由现有商品中将今年度预定上市的新产品予以明确区分；

（4）充分检讨前年度的优劣点；

（5）把握客户的意图，使本广告计划无懈可击。

8. "临时性"的广告计划

（1）充分考虑对客户长期性广告计划所负的功能；

（2）尽量利用计量方式测定直接或间接的效果；

（3）以客户立场修正媒体机构所提出的计划，并将配合本公司的特性，以迎合客户特定的条件；

（4）充分考虑到计划实施的季节性与时间性。

# 第十二章　工商税务文书

## 开业税务登记申请

### 概念

开业税务登记申请是经工商行政管理部门批准开业的企业纳税人或个人向税务机关申请税务登记的一种报告类的文件。

### 格式与内容

1. 首部

(1)标题通常是固定的,例如写成"关于开业税务登记的申请"。

(2)称谓通常顶格写税务局名称。

2. 正文

(1)单位名称、法定代表人或业主姓名及其居民身份证、护照或其他合法证件的号码;

(2)住所、经营地点;

(3)经济性质;

(4)企业形式、核算形式;

(5)生产经营范围、经营方式;

(6)注册资金(资本)、投资总额、开户银行及账号;

(7)生产经营期限、从业人数、营业执照号码;

(8)财务负责人、办税人员;

(9)其他有关事项。

3. 落款

署明提出申请的单位名称及日期。

### 范文

#### 关于办理开业税务登记的申请

××国税局：

为解决我厂劳动制度改革中富余人员的安排和部分员工子女就业问题，拟成立炉具经销商店。商店共 30 人，为集体所有制，注册资本 12 万元，主要经营炉具及其配件，经营方式为批发兼零售，现已由市轻工局批准，并报经工商行政管理局核发了《营业执照》，同意开业。现按税法规定，特申请办理开业税务登记，领取税务有关证件、票证等，以便及时缴纳税款。

如无不妥，请准办。

××市铸造厂

20××年××月××日

## 停业税务登记申请

### 概念

停业税务登记申请是纳税人经有关部门批准需要停业（三个月至一年以内）向主管税务机关办理停业登记手续的一种申请类的文书。

### 格式与内容

1.首部

(1)标题通常是固定的，例如写成"关于办理停业税务登记的申请"。

(2)称谓通常顶格写税务局名称。

2.正文

(1)申请停业的理由；

(2)尚在办理中的税务事项、计划停业时间；

(3)填写《停业税务登记表》。

3.落款

署明编制申请书的单位名称及日期。

### 范文

#### 关于办理停业税务登记的申请

×××国税局：

由于受季节性经营限制，经请示××区工商局已批准本公司停业三个月，计划于×月复业。现我公司税款已缴,尚有两本商业零售发票未用完,请贵局来公司审查核实、批准为盼。

附:××区工商局批准停业批复(略)

×××冷食品公司<br>20××年×月×日

# 复业税务登记申请

## 概念

复业税务登记申请是已办理停业登记的纳税人,在停业期满前 10 日内持原批准停业部门批准复业证明和原签批的《停业复业税务登记表》到主管税务机关办理复业登记的一种申请类的文书。

## 格式与内容

1. 首部

(1)标题通常直接写成"关于办理复业税务登记的申请"即可。

(2)称谓通常顶格写税务局名称。

2. 正文

(1)申请复业的理由;

(2)附有相关部门关于复业的批复性文件。

3. 落款

署名提出申请的单位名称及日期。

## 范文

关于办理复业税务登记的申请

×××国税局:

根据贵局(20)××号《关于批准×××冷冻食品公司停业申请的批复》,我公司拟于20××年××月××日复业,现××区工商局已经同意,请贵局批准按期复业为盼。

附:××区工商局关于复业的批复

×××冷冻食品公司<br>20××年××月××日

# 税务代征委托书

## 概念

税务代征委托书的产生是由于《中华人民共和国税收征收管理法实施细则》第三十二条规定："税务机关根据国家有关规定可以委托有关单位代征少数零星分散的税款,并发给委托代征证书,受托单位按照代征证书的要求,以税务机关的名义依法征收税款。"它是一种委托类的文书。

## 格式与内容

1. 首部

(1)标题通常直接写成"委托代征税款证书"即可;

(2)编号;

(3)受托部门或单位名称。

2. 正文

(1)委托内容;

(2)委托方式;

(3)代征方式。

3. 落款

(1)税务机关名称并盖章;

(2)编制委托代征税款证书的日期。

## 范文

### 委托代征税款证书

( )税第××号

(受托单位名称):

　　根据《中华人民共和国税收征收管理法实施细则》第三十二条规定,经我局与你单位协商一致,我局委托你单位代征××税款,具体代征程序和代征税款的解缴程序,以及双方的各项权利和义务,依照双方订立的委托代征税款协议书执行。

税务机关(印章)

20××年××月××日

# 减免税申请书

## 概念

减免税是指国家根据一定时期的政治、经济、社会政策的要求而对某些特定的生产经营活动或某些特定纳税人给予减轻或免除税收负担的优惠行为。

## 格式与内容

1. 首部

(1)标题通常是项目名称加申请,例如写成"关于申请退还超缴税款的报告"等。

(2)称谓通常顶格写税务局的名称。

2. 正文

正文通常包括以下内容:

(1)缓缴的原因;

(2)财务状况;

(3)经营状况;

(4)缓缴申请。

(5)附件中一般包括鉴定书、审批表等。

3. 落款

署明编制申请书的单位名称及日期。

## 范文

**关于申请退还超缴税款的报告**

××××国税局:

我公司20××年××月,销售给××工贸公司钢材一批,已开专用发票,货款××万元,税额××万元,货未发、款未收,按税法规定已做商品销售收入。当月共实现销售额××万元,销项税额××万元,进项税额××万元,××月××日已向贵局申报缴纳了增值税××万元,于××月××日向银行入库,缴款号码为××××号。现××工贸公司提货时,认为这批钢材质量不好,不要此货,并将开具的专用发票全部退还。我公司已冲减商品销售收入和销项税额,造成超交增值税××万元。因公司资金紧张,周转相当困难。根据《中华人民共和国税收征收管理法》第三十条的规定,将实际情况报告贵局,请审查将超交税款××万元,给予退还为谢。

××××公司(公章)<br>20××年××月××日

# 纳税检查报告

## 概念

纳税检查报告是从事税务工作的税务人员遵照纳税检查的依据和检查要求，对纳税人履行纳税义务的情况进行检查后，以报告的形式全面总结和综合反映其检查结果的一种报告类的文书。

## 格式与内容

1. 首部

(1)标题通常是企业名称加纳税情况的检查报告。

(2)纳税人的详细情况。

(3)检查期间、时间及类型。

2. 正文

(1)被查单位的基本情况和检查的目的、要求以及范围；

(2)说明检查的内容和查出的问题；

(3)针对查出的问题，作出检查结论；

(4)写明今后尚待解决的遗留问题；

(5)提出改进意见和建议；

(6)附件。

## 范文

### ××市地方税务局稽查局税务稽查报告

案件编号：×××

纳税人：×××发展有限公司

纳税人识别号：×××

经济类型：×××

法定代表人：×××

检查期间：20××年××月××日

检查人：×××

检查类型：日常稽查

检查实施时间：20××年××月××日至20××年××月××日

按照我局九月稽查工作计划安排，我检查组一行五人于20××月××日至××月×

×日对×××发展公司进行了税务稽查,现将有关情况报告如下:

一、基本情况

该公司系集体企业,位于×××号,法人代表×××,财务负责人×××,注册资本50万元,现有员工44人,主营业务五金交电、百货日杂、家电、建材、印刷物资、金属材料、化工材料及产品,煤炭、农副土特产品、工艺美术、办公机具、文化用品。税务主管机关××区地方税务局,税款缴纳方式为申报纳税。

二、发现问题

在检查中,我们采取逆查法,审核了该单位纳税资料,采用调账检查的方式,调阅了该单位20××年度、20××年度的凭证、账簿及相关纳税资料,着重检查了印花税、企业所得税等地方税种交纳情况,发现问题如下:

1. 印花税

该单位20××年度、20××年度启用账簿三本未贴花,应补缴印花税15元,20××年实收资本增加55931.02元,20××年应补贴印花税77.97元。共应补贴印花税92.97元。

2. 企业所得税

20××年企业申报应纳税所得额15949711元,经检查审增所得230897.43元,其中资本性支出计入低值易耗品摊销55080元,多摊销房租5833.33元,外单位成本费用多计16716.5元,多列上年费用20000元,固定资产清理损失计入管理费用4902.88元,未经批准固定资产清理损失列入营业外支出66801.52元,业务招待费超标准17440.2元,检查审减所得10元为印花税。调整后全年应纳税所得额1825858.44元,应纳企业所得税602533.29元,已纳所得税529197.99元,应补缴企业所得税73335.3元。

20××年企业申报纳税所得额1082501.87元,经检查审增所得4100.14元。其中超标准列支业务招待费4100.14元,审减所得82.97元为印花税。调整后应纳税所得额为1086519.04元。应纳企业所得税358551.28元,已纳企业所得税357225.61元,应补缴企业所得税1325.67元。

20××年、20××年度共应补缴企业所得税74,660.97元。

三、处理意见及依据

该单位在接受检查过程中,能积极配合检查人员开展工作,主动提供纳税资料,配合检查。

1. 根据《中华人民共和国印花税暂行条例》的规定应补缴印花税92.97元。

根据《中华人民共和国企业所得税暂行条例》的规定应补缴企业所得税74660.97元。

2. 由于该单位采取多列成本费用的手段少交税款,根据《中华人民共和国税收征收管理法》第四十条的规定,应定性为偷税,建议给予以下处罚:

对该单位少交印花税,根据(20)财税字第065号《财政部国家税务总局关于印花税违章处罚问题的通知》处以五倍罚款,罚款金额为464.85元。该单位至少交企业罚款合计224447.76元。

以上共补罚合计 299201.7 元。

# 变更税务登记申请

## 概念

变更税务登记申请是指企业纳税人由于某种原因而向税务机关申请的一种纳税变更的申请类的文件。

## 格式与内容

1. 首部

(1)标题通常直接写成"关于办理变更税务登记的申请"即可。

(2)称谓通常顶格写税务局的名称。

2. 正文

(1)申请部门；

(2)变更事因；

(3)附件要求附交变更税登记表。

3. 落款

(1)编制申请书的单位名称及日期；

(2)法定代表人签字。

## 范文

### 关于办理变更税务登记的申请

××国税局：

为了加强管理,总厂决定不再租用个人的门市房屋,而将经销部迁移到××街,并变更经营名义和法人代表,现将地址、名称和法人代表变更如下：

地址：由原建设大路××号迁到××街××号

名称：由原××经销部改为××销售商店

法人代表：由原张××改为李××

以上变更,特此申报。

附：变更税务登记表(略)

××销售商店

法人代表：×××

20××年××月××日

# 注销税务登记申请

## 概念

注销税务登记申请是指企业纳税人由于联营协议终止、改组、分设、合并等内外部多种原因而宣告撤销、经营期满、改变经济性质、歇业破产和自行停止生产经营六个月以上、脱离原税务管辖区、被吊销营业执照的，应于有关部门批准或宣告废业之日起 30 日内，到主管税务机关办理注销登记时所需提交的一种申请类的文书。

## 格式与内容

1. 标题

(1)标题通常直接写成"关于办理注销税务登记的申请"即可。

(2)称谓通常顶格写税务局名称。

2. 正文

(1)注销登记的理由；

(2)办理中的纳税事宜和发票用存情况；

(3)填写《注销登记表》；

(4)附件要求附交注销税务登记表。

3. 落款

署明编制申请书的单位名称及日期。

## 范文

### 关于申请注销税务登记证的报告

××国税局：

我公司因经营不善，年年亏损，目前资金只有××万元，而且债务达××万元，无法经营下去，经主管部门批准，决定在 20××年××月底撤销，并向工商行政管理机关申请办理营业执照注销手续。根据《中华人民共和国税收征收管理法实施细则》第十条："纳税人发生解散、破产、撤销以及其他情形，依法终止纳税义务的，应当向工商行政管理机关办理注销登记前，持有关证件向原税务登记机关办理注销税务登记"的规定，现将撤销时的财务报表，纳税申报表及主管部门批准复印件，报给贵局，请速审查计算应纳税款，准予办理税务登记注销。

××公司(公章)

20××年××月××日

# 增值税一般纳税人申请认定表

申请单位:(章)　　　　　　　　　　　　　　申请时间:　　年　　月　　日

| | | | |
|---|---|---|---|
| 经营地址 | | | |
| 经营范围 | | | |
| 经济性质 | | | |
| 开户银行 | | | |
| 电　话 | | | |
| 邮　编 | | | |
| 职工人数 | | | |
| 账　号 | | | |
| ××年度<br>资料(万元) | 生产货物的销售额 | | |
| | 加工、修理修配的销售额 | | |
| | 批发、零售的销售额 | | |
| | 应税销售额合计 | | |
| | 固定资产规模 | | |
| 会计财务核算状况 | 专业财务人员人数 | | |
| | 设置账簿种类 | | |
| | 能否准确核算进项、销项税额 | | |
| 备　注 | | | |
| 基层税务部门意见 | (盖章) | 县(区)级税务部门意见 | (盖章) |

# 集体所得税纳税鉴定表

| 项　　　目 | 单位申报 | 税务鉴定 | 执行日期 | 备注 |
|---|---|---|---|---|
| 独立核算、自负盈亏或统负盈亏 | 独立核算 | | | |
| 固定资产价值标准 | ××××万元 | | | |
| 固定资产折旧计算方法 | 单项折旧 | | | |
| 耗用材料计价方法 | 实际价格 | | | |
| 低值易耗品摊销方法 | "五五"摊销 | | | |
| 在产品盘存核价方法 | 定额计价 | | | |
| 预提费范围及方法 | 利息、加工费、水电费、房租 | | | |
| 待摊费用范围及标准 | 取暖费、劳保费、养路费一年 | | | |
| 生产成本结转方法 | | | | |
| 产品销售成本结转方法 | 加权平均 | | | |
| 包装物押金清理期限 | 一年 | | | |
| 工资总额的组成 | 按劳动分红规定 | | | |
| 工资、奖金形式及标准 | 按劳动部门核准 | | | |
| 计税工资标准 | | | | |
| 上缴主管部门管理费的比例 | | | | |
| 所得税的组成 | 利润＋联营分红 | | | |

| 征收方法 | 按季预征 | 季后10日内 | 纳税期限 | 季后10日内 | 适用税率 | 八级超额累进所得税率 |
|---|---|---|---|---|---|---|
| | 年终汇率 | 年末30日内 | | 年末30日内 | | |

| 减免税情况 | | | |
|---|---|---|---|

| 所属行业<br>（公交、商饮服、建筑安装） | 商业 | 经营方式<br>（联营、租赁、股份） |
|---|---|---|

## 滞纳金减免申请审批表

| 企业（个人）名称 | | | | | ××× | | |
|---|---|---|---|---|---|---|---|
| 地　　址 | | | | | ××× | | |
| 滞纳税别 | 税款所属期 | 营业额或所得税额（万元） | 税率 | 滞纳日数 | 滞纳金金额（每日按税款××计算） | | 备注 |
| 营 业 税 | 200×5 | 1000 | 3％ | 1 | 1500 | | |
| 申请理由：<br>　　由于我公司5月2日财务科被盗，大量资料及发票被损坏，现公安机关正在调查破案，此事我们已向贵局写了书面材料，拖延了一天交纳税款，申请给予减免滞纳金照顾。 | | | | | | | |
| 税务部门<br>批准单位公章 | | 批示 | | | 税务专家意见 | | |

## 领购发票申请表

### ××市地方纳税人发票领购申请审批表

业户盖章　　　　　　　　　　　　　　　业户电脑管理编码×××××××××

| 业户名称 | | 地　　址 | | 联系电话 | |
|---|---|---|---|---|---|
| 税务登记证号 | | 注册类型 | | 业户管票员身份证号码 | |
| 经营范围 | | | | | |
| 经营方式 | | | | | |
| 发票代号 | 发票名称 | 位数 | 每月用量 | 申请领购数量 | 业户（发票专用章）或财务印章的印模 |
| | | | | | |
| | | | | | |
| | | | | | |
| 业务科审批意见 | | 发票科审批意见 | | 征收分局局长审批意见 | |
| 经办：　科长：　年　月　日 | | 经办：　科长：　年　月　日 | | 签章：　　　　年　月　日 | |

# 销毁发票申请书

## ××市地方税发票核销呈批表

主管征收机关　　　　　　　　　　　　　　业户电脑管理编码×××××

| 业户名称 | | 电　话 | |
|---|---|---|---|
| 住　　址 | | 邮　编 | |

| 发票名称 | 规　格 | 起止号码 | 份　数 |
|---|---|---|---|
| | | | |
| | | | |
| | | | |
| | | | |
| | | | |

以上空白发票　　份按照《中华人民共和国发票管理办法》规定,已于　　年　月　　日由征收机关同业户有关人员监督销毁。

| 管票人 | 财　务 | 业　户 | 年　月　　日 |
|---|---|---|---|
| | 负责人 | 盖　章 | |
| 征收机关 | 发　票 | 主管征收 | 年　月　　日 |
| 经办 | 科(所)长 | 机关盖章 | |

说明:1. 本表由业户填写一式两份,核销完毕办妥手续后退回业户一份,发票科存一份。

2. 处理过期空白发票和业户歇业时处理结存空白发票专用。

# 退税申请

### 概念

退税申请是指纳税人根据国家有关部门规定要求退还多缴纳税款的书面材料。税法规定,纳税人缴纳的税款如超过应纳税额,税务机关发现后应立即退还。

### 格式与内容

1. 标题

标题由事由和文种两部分组成,如《关于退还超缴增值税税款的申请》。

2. 受文机关名称。

3. 正文

正文部分要详细说明税收收入所属时间、退税所属时间以及交纳书或票证的填开时间、字、号、名称等和退税原因及退税金额。

4. 结尾

加盖公章并写明具体日期。

5. 附件。

## 范文

<h3 style="text-align:center">关于退还多缴纳税款的申请</h3>

×××国税局：

我公司20××年×月，销售给××××公司一批材料，已开具专用发票，货款×××元，税额××××元，货未发，款未收，按照税法规定已在×月作商品销售收入入账。×月共实现商品销售收入×××××元，销项税额×××元，进项税额×××元，×月×日已向贵局申请了增值税××××元，于×月×日从银行转账入库，缴款号为××××号。现××××公司提货时，认为这批货质量不好，不要此货，并将开具的专用发票全部退还。我公司已冲减商品销售收入和销项税额，造成多缴增值税×××元。由于公司资金紧张，周转相当困难。根据国家税法的有关规定，请贵局审查，将多缴税款××××元给予退还为谢。

××××公司<br>20××年×月×日

# 第十三章　常用法律文书

## 仲裁协议书

### 概念

仲裁协议书,是指双方当事人之间订立的表示自愿将他们已经发生或者可能发生的,依法可以仲裁解决的合同纠纷和其他财产权益纠纷,提交仲裁机构进行评判和裁决的法律文书。仲裁协议书的结构通常由三部分组成。

### 格式与内容

1. 首部

(1)标题通常由双方名称加"仲裁协议"组成;

(2)协议仲裁确定当事人双方基本情况。

2. 正文

(1)恳求仲裁的意思表现;

(2)选定的仲裁委员会;

(3)提请仲裁的事项。

3. 落款

(1)当事人双方署名、盖章;

(2)订立仲裁协议日期。

### 范文

**××国××公司与中国××公司仲裁协议**

××国××公司(以下称甲方)委托中国×××公司(以下称乙方)在××地区代销××国××公司的××商品,甲乙两方于××××年×月×日签订了正式的经销合同。该合同的第二条款中规定:"经销时间:从××××年×月×日至××××年×月×日,为期1年。"在第三条款中规定:"经销数量:在合同有效期内,乙方为甲方代销 a、b、c 三种规格的××商品,总金额不少于×××万元(折合人民币)。"乙方接受甲方所提供的××商品,代销 5 个月后,市场销售实况说明 b、c 两种规格的××商品不受用户欢迎,因此致电甲方,要求将 b、c 两种规格的××商品数量改换为 a 种规格的商品,否则将经销时间推延到 20××年×月×日。后经双方协议,甲方表示同意将 b、c 两种规格的××商品数量改换为 a 种规格的××商品。但是,甲方提出 b、c 两种规格的××商品往返运输费用全部由乙方负责补偿,乙方拒绝。双方为此相持不下。因此共同表示将此案件提交中国××贸易仲裁委员会裁决,并商定下列条款,供双方共同遵守。

一、此案按照《中华人民共和国对外贸易法》的有关规定裁决。

二、仲裁庭的一切裁决是终局性的,甲乙双方应无条件地共同服从。

三、本案仲裁手续费用,由败方承担。

本协议一式四份,甲乙双方各执两份。

| | |
|---|---|
| 甲方: | 乙方: |
| ××国××公司 | 中国×××公司 |
| 代表×××(签字) | 代表×××(签字) |
| 20××年×月×日 | 20××年×月×日 |

# 仲裁申请书

## 概念

仲裁申请书是纠纷的一方当事人依据仲裁协议,向仲裁机构提出依法裁决请求的法律文书。写仲裁申请书时要做到事实清楚具体,理由要充分,语言要平缓。

## 格式与内容

1. 首部

(1)标题直接写"仲裁申请书"即可;

(2)申请人和被申请人基本情况;

(3)写明提请仲裁的纠纷性质。

2. 正文

(1)明确写出当事人请求仲裁机构予以评断、解决的具体事项。

(2)事实、争议及索赔理由。

(3)写明提请仲裁所依据的证据的名称、来源、证据线索,证人的姓名、地址。

(4)附件。

3. 落款

(1)仲裁委员会名称;

（2）申请人签名及日期。

## 范文

**仲裁申请书**

致中国国际经济贸易仲裁委员会：

申　请　人：中国××进出口公司

法人代表：×××

地　　　址：中国××市××路××号

被申请人：×××公司

法人代表：×××

地　　　址：××地××路××号

申请人与×××公司于20××年×月×日签署了一份产地交货合同（见附件），由于买方违约引起争议，为此向贵会提请仲裁，现将仲裁要求及所依据的事实和理由分述如下：

一、仲裁要求

（1）被诉人赔偿因违约造成我方损失（货物折价）45000美元。

（2）仲裁费由被诉人负担。

二、事实和理由

申请人与被申请人于20××年×月×日签订了一份产地交货合同，出售鲜龙眼5号，价值75000美元。按合同第八条规定，被申请人必须于×月×日至×日之间派冷藏集装箱车到指定地点接运货物，否则将取消合同。由此造成的一切损失由买方负责。申请人曾于20××年×月×日和×月×日先后两次去电催促对方派车，但直至×月×日仍未见派车来。因而申请人被逼于×月×日把这批龙眼卖给另一买主，得价只有30000美元。按《联合国国际货物销售合同公约》第七十五条规定："如果合同宣告无效，而在宣告无效后一段候理时间内，买方以合理方式购买替代物，或者卖方已以合理方式把货物转卖，则要求损害赔偿的一方可以根据合同价格和替代货物交易价格之间的差额以及按照第七十四条规定可能取得任何其他损害赔偿。"被申请人应赔偿原总值额与再售货款之差450000美元给卖方。

但被申请人以我方再售为理由，拒不赔偿（见附件），因此，我方不得不向贵仲裁委员会提出申诉。

仲裁员拟请仲裁委员会主任代为指定。

仲裁手续费预付人民币××元，另行汇上。

经上申请，谨请贵会早日开庭审理。

附件：（略）

中国××进出口公司

20××年×月×日

# 仲裁答辩书

## 概念

仲裁答辩书是指在仲裁过程中，被申请人针对申请人《仲裁申请书》中提出的仲裁请求及其所依据的事实和理由进行答对、辩解和反驳的一种文书。

## 格式与内容

1. 首部

(1)标题通常直接写"仲裁答辩书"即可；

(2)答辩申请人基本情况；

(3)写明提请仲裁的纠纷性质。

2. 正文

(1)写明答辩的理由和根据；

(2)双方当事人争执的焦点、起因和现状，据理进行反驳；

(3)附件。

3. 落款

(1)署明申请人公司名称盖章；

(2)法人代表人签名(盖章)；

(3)委托代表人签名(盖章)；

(3)注明申请日期。

## 范文

**仲裁答辩书**

致××××经济贸易仲裁委员会：

　　答辩人(被申请人)：××有限公司

　　地址：××商业大厦××楼××室

　　法定代表人：×××

　　职务：董事长

　　电话：×××××××

　　传真：×××××××

　　对于香港×××有限公司(下称申请人)诉我公司(以下称被申请人)镀锌板供货质量与合同不符，我公司认为，这点不能成立，答辩理由如下：

一、关于合同规定的索赔期限与品质保证期条款问题

在本合同签字盖章前,被申请人对合同第 19 条作了修改,将索赔期限由 90 天改为 30 天,并取消合同第 21 条。这并非擅自修改,而是被申请人正式签名盖章后,交与申请人,申请人在收到被申请人修改的合同后并未提出异议,应视为接受和默认。

在订立合同后,被申请人按合同规定,分别于 20××年×月×日和×月×日将货物交付申请人。但直到 20××年×月×日,申请人才来函提出货物存在品质问题,要求保留索赔权利,显然,已超过了合同中所规定的索赔期限。

关于合同中所规定的品质保证期 12 个月的规定不应予以确认。因为品质保证期指国际贸易中对机械、仪器、仪表、车辆机电产品,由于有些内在缺陷不能一时查出,双方在签订合同时规定品质保证的期限,而本期合同是申请人备有的许多贸易格式合同,其中关于品质保证条款是适用于如上所述之机械设备等用途的,根本不能适用于金属材料。按国际惯例,金属材料没有品质保证期的规定,更不能达 12 个月之久。

二、关于本案质量索赔纠纷未能及早解决的责任问题

在被申请人交付货物后,申请人于 20××年×月×日来函提出质量问题,要求保留索赔权利。尽管当时已超过合同规定的索赔期限,被申请人还是本着友好协商的态度,即向申请人表示愿意向其厂家转达这一情况,并于 20××年×月×日,被申请人和其厂家到××了解商检情况,同时对样品进行复检。20××年×月×日该厂家传真至被申请人认为:××商检局未能完全按照日本标准那样检验,不能接受××商检局检验结果,但为维护双方贸易关系,愿意接受合理的降价赔偿要求。被申请人在接到这一传真后,及时通知了申请人,并要求申请人提出一个合理的方案,以便被申请人向其厂家索赔,但申请人却于 20××年×月×日提出要求降价 50% 的处理意见,造成被申请人的厂家改变了原来同意赔偿的承诺。在此种情况下,被申请人只好正式答复申请人,由于申请人未能在货物达到目的地港(即香港)30 天内提出索赔,故不接受申请人提出的索赔。后于 20××年×月×日又在双方母公司领导下,申请人与被申请人进行了洽谈,一致认为降价 50% 实在太多,也不合理,应作合理降级削价处理,最多只可按冷轧板与镀锌板差价要求赔偿。根据这一会议精神,被申请人正在与其厂家协商索赔一事时,申请人却于 20××年×月×日提请仲裁,根据以上事实,申请人应对纠纷未能协商解决负主要责任。

三、关于商检证书效力问题

合同第 8 条"目的口岸"中已明确写明目的口岸为香港,第 17 条第 2 款规定"货到目的口岸后买方可申请中国商品检验局进行有关品质、规格及数量、重量的检验。"但申请人并没有根据合同要求向被申请人提出有关目的口岸的商检报告,而是几经运转后由非目的口岸的××商检作出商检报告。因此,申请人以××商检局的商检报告作为索赔的依据是不符合合同规定的。

四、关于商检证书所列数字的代表性问题

即使以××商检局出具的商检证书作为索赔基础,也存在许多问题。因为合同规定按××××标准检验。因此,按照××××标准抽样,每 1000 张镀锌板抽取一张,被申请

人共交货 1000.86 吨镀锌板,有镀锌板 152421 张,应对 152421 张镀锌板的 1/1000 检验,而××商检局只是抽了 33 张镀锌板进行检验,占应抽样的 21.65％,是不符合日本标准的抽样要求的。由于抽样数量严重不足,样本的检验结果不能完全反映或不反映此批镀锌板的真实情况。因此,××商检局所出具的商检报告中所列数字是没有代表性的。

综上所述,由于申请人并没有按合同规定在目的口岸进行商检,且在索赔过程中,申请人提出的不合理索赔要求给被申请人造成严重经济损失,但被申请人还是本着实事求是的原则,经过现场行情的调查,被申请人同意赔偿申请人 9016.23 美元及利息,了结此案。

附件:

1. 合同一份

2. 商检证书一份

被申请人:香港××有限公司(公章)

法定代表人:×××(签章)

委托代理人:×××(签章)

20××年×月×日于香港

# 仲裁裁决书

## 概念

仲裁裁决书是仲裁庭对仲裁纠纷案件作出裁决的法律文书。

## 格式与内容

1. 首部

(1)写明申请仲裁的当事人的基本情况;

(2)委托代理人的基本情况;

(3)仲裁请求。

2. 正文

(1)写明双方争议的主要事实和仲裁庭查明的事实和认定的证据;

(2)写明当事人各自的责任和应承担责任的法律依据;

(3)仲裁费用的负担。

3. 落款

(1)仲裁庭人员的签字和盖章;

(2)裁决日期。

范文

## 中国国际经济贸易仲裁委员会裁决书

(××××)贸仲裁字第×××号

中国国际经济贸易仲裁委员会(原名中国国际贸易促进委员会对外贸易仲裁委员会)根据申请人××国某公司与被申请人××市某公司于20××年××月××日签订的销售合同中的仲裁条款和申请人于20××年××月××日向仲裁委员会提交的书面仲裁申请,受理了上述合同项下的争议仲裁案。

申请人指定的仲裁员×××、被申请人指定的仲裁员×××以及仲裁委员会主任,根据仲裁规则第24条的规定指定的首席仲裁员×××组成仲裁庭,共同审理本案。

仲裁庭审阅了申请人和被申请人分别提出的申诉、答辩及有关证明材料,并于20××年×月×日在××开庭审理。被申请人及其代理人收到了开庭通知,但未到庭。仲裁庭应申请人的申请,根据仲裁规则第28条规定,进行了缺席审理,并作出裁决。本案案情,仲裁庭的意见和裁决如下:

一、案情

申请人××实业公司(买方)与被申请人××国××公司(卖方)于20××年×月×日在××签订了×××号合同。合同规定:买方向卖方购买柑橘浓缩果汁生产线及技术,价值总额为52500000法国法郎,后双方修改为5040000法国法郎,装运日期为20××年×月中旬前,到货日期为20××年×月底前,后双方修改为×月×日前货到××,允许转运但不允许分批装货。双方约定货款由买方分三次支付,第一次为合同总金额的15%,应在收到卖方开出的等值银行保函后15天内电汇卖方;第二次为合同总金额的80%,应在装运货物的20天由买方向卖方开立不可撤销的信用证;第三次为合同总金额的5%,应在中国银行××分行收到经双方签字的货物验收证明后15天内支付。

双方合同附件中还规定,设备到达买方厂里后,卖方需派三位工程技术人员负责该生产线的设备安装指导及调试工作,调试后在双方监督下进行100小时连续生产试验,如运转正常,达到技术要求,产品质量经检验合格,该生产线设备才算合格,双方才签订验收证书。其质量保证期为12个月。

买方按合同规定预付了15%的货款,即756000法国法郎,又于20××年×月×日开出了相当于合同总金额的80%即4032000法国法郎的不可撤销的信用证。20××年×月×日,卖方将设备装船发送。设备分别于20××年×月×日和×日分两批到达中国港口××。20××年×月×日到达的设备全部装在一个集装箱内,20××年×月×日到达的设备装在13个木箱内。

设备到达买方用户工厂后,卖方派两位工程技术人员于20××年×月×日至×月×日到买方工厂安装调试。

20××年×月×日,卖方工程技术人员到达××省××县××罐头厂(用户),对设备进行多次调试，均未达到合同和备忘录规定的技术指标和要求，对此，双方的技术人员均在调试记录上写明并签字。买方于20××年×月×日向仲裁委员会提出书面仲裁申请。

买方在仲裁申请书中要求：

1. 由于卖方违约，设备不能达到合同和备忘录规定的技术标准，即使是在设备调试到最佳状态时，浓缩汁的维生素损失率仍高达30％，××蜜橘出汁率仅达64.14％，比规定少30.81％，出油率仅达33.4％。……设备无法投入生产，损失严重，要求设备降价1/3，即降价1680000法国法郎。

2. 卖方应按合同第18条的规定，向买方赔付合同总值5％的延期交货款，即252000法国法郎。

3. 卖方赔偿买方下列各项损失：……

卖方在答辩书中提出：

1. 卖方所有提供的设备是完全符合事先阐明的性能和规格的优良设备，设备是多功能的标准生产线，符合国际通用标准，完全能用于柑和橘的生产线，而且这些设备销往众多国家及众多企业，充分证明能满足使用者的要求。

2. 买方的无理要求使卖方在中国和国际上的形象受到损害，因而遭受重大商业损失，卖方估算其所受损失为人民币800000元，要求得到买方的损害赔偿。

**二、仲裁庭的意见**

仲裁庭认为：

1. 在买方和卖方订立的合同和备忘录中，对设备使用的柑橘原料和应达到的去皮、出汁、出油率等指标，均有具体明确的规定，可双方技术人员签署的调试生产技术记录说明，设备的性能比合同和备忘录规定的生产技术要求确实约低1/3。卖方自己的技术人员都确认了这些事实，卖方要求国际或中国的其他检验人员进行检验，就没有必要了。根据这一事实，买方要求卖方的设备降低1/3，是合理的。

2. 卖方的设备的确未按买卖双方约定的日期抵达中国港口，但由于卖方是按合同规定在买方开出信用证后20天装船发货的，而且货到后，买方一直未能对货物迟延到港向卖方正式提出异议和罚款要求，只是在一年之后申请仲裁时才提出向卖方索取罚款的要求。因此买方的这一要求不能成立。

3. 卖方技术人员迟4天抵达用户工厂进行调试生产，因为路程遥远，客观上是可以允许的。4天之间，买方备妥的鲜橘500吨，竟霉烂了167吨，如果确实是新鲜的橘子和储藏适当的话，是不能产生这种现象的，而且买方未能对此提出充分的证据，故买方的索赔要求不能成立。

4. 买方提出要求卖方赔付其向银行借款购买全套设备而产生的全部利息不合理，只能要求卖方由于设备不合格而降价的那一部分货款退回时加计利息。

5. 买方向卖方提出赔偿进口海关税的要求不能成立。因为，买方可以向海关提出退税的请求。

6. 买方在××、××等地的差旅费属其正常业务费用，应自行承担，但根据仲裁法规则第 34 条的规定,由于仲裁而支出的费用可由卖方合理补偿一部分。

7.卖方提出向其他买主供应的设备都是合格的,因而其向本案买方供应的设备也必然是合格的,这二者没有必然的关系,因此其主张不能成立。上述事实证明卖方的设备是不符合买方约定的技术标准和要求的,卖方如果在中国和国际上的形象受到损害而遭受重大商业损失,应由卖方自己负责。

**三、仲裁庭的裁决**

仲裁庭裁决:

1.被申请人××国×××公司(卖方)应将果汁生产线的总价格降低 1/3,即 1679832 法国法郎,并将此款减去申请人尚未支付给卖方的货款 252000 法国法郎后尚余的 1427 832 法国法郎,加计自 20××年×月×日起至汇付之日年利 7%的款项一并立即汇付给申请人××实业公司。

2.申请人向被申请人索取迟交罚款的要求,索取鲜果霉烂损失赔偿的要求,索取合同总金额的银行贷款利息的要求,索取进口海关税补偿的要求等,均不予以考虑。

3.被申请人应补偿申请人因办理本仲裁案所支出的一部分费用人民币 11350 元。

4.被申请人向申请人索取名誉损失赔偿的要求,不予考虑。

5.本案仲裁费用为人民币 20000 元,应由被申请人承担 80%,即人民币 16000 元;应由申请人承担 20%,即人民币 4000 元。被申请人应承担的仲裁费用由其已预付的 4205.18 美元(折合人民币 15651.68 元)冲抵后,尚欠人民币 348.32 元,应由被申请人立即汇付仲裁委员会。申请人应承担的仲裁费用由其已预付的人民币 9000 元冲抵后,尚余人民币 5000 元,由仲裁委员会退还申请人。

本裁决为终局裁决。

中国国际经济贸易仲裁委员会(章)

首席仲裁员:×××

仲裁员:×××

仲裁员:×××

20××年×月×日

# 执行仲裁裁决申请书

**概念**

执行仲裁裁决申请书,是指仲裁裁决中的实体权利人在实体义务人不履行仲裁裁决确定其应承担的义务时,向人民法院提交的请求强制义务人履行义务以实现权利人合法权益的法律文书。

## 格式与内容

**1. 首部**

(1) 标题直接写"执行仲裁裁决申请书"即可；

(2) 申请执行人的基本情况；

(3) 被执行人的基本情况。

**2. 正文**

(1) 申请请求事项；

(2) 事实和理由；

(3) 证据。

**3. 尾部**

(1) 致送人民法院名称；

(2) 申请人签名；

(3) 申请日期。

**4. 附件**

仲裁委员会裁决书。

## 范文

### 执行仲裁裁决申请书

申请执行人：××贸易公司

地　　址：××省××市××路××号

法定代表人：×××

职　　务：总经理

被执行人：××省××市××开发公司

地　　址：××省××市××路××号

法定代表人：×××

职　　务：经理

请求事项：申请人执行与被执行人因购销××合同纠纷，经××仲裁委员会依法裁决，被执行人拒不遵照裁决履行义务。请求人民法院予以强制执行。

事实和理由：(应详述，此略)

故根据《中华人民共和国仲裁法》和《中华人民共和国民事诉讼法》有关规定，向人民法院申请强制被执行人给付货款人民币××万元，并加付逾期利息。

此致

××市××区人民法院

申请人：××贸易公司

××年×月×日

附：××仲裁委员会作(××××)仲字第×号仲裁裁决书。

# 撤销仲裁裁决申请书

## 概念

撤销仲裁裁决申请书是仲裁活动当事人不服仲裁委员会所作的裁决,根据《中华人民共和国仲裁法》(以下简称《仲裁法》)第五十八条的规定,向人民法院申请撤销裁决的一种实用性文书。

## 格式与内容

1. 首部

(1)标题直接写"撤销仲裁裁决申请书"即可;

(2)撤销仲裁裁决申请人的基本情况。

2. 正文

(1)申请撤销事项;

(2)事实和理由;

(3)证据。

3. 尾部

(1)致送人民法院名称;

(2)申请人签名;

(3)申请日期。

4. 附件

如附:仲裁裁决书副本一份。

## 范文

### 撤销仲裁裁决申请书

申请人:×××公司

地址:××市××路×号

法定代表人:×××经理

委托代理人:×××,×××,律师事务所律师

20××年×月×日,申请人与××市服装厂签订了服装购销合同。合同规定,自××市服装厂供给申请人男式西装××套、女式西装××套,总价款为××万元,当年×月×日交货,货由服装厂送至申请人处。合同签订后,服装厂于×月×日如数将服装运至申请人处。由于当时质检员不在,所以未经验收即将服装入库。后因西服质量不符合要求,申

请人多次就西服质量问题与服装厂进行交涉,均无结果。服装厂因申请人拒付货款,于20××年×月×日向××仲裁委员会申请仲裁。20××年×月×日××仲裁委员会作出仲裁裁决,责令申请人于裁决作出后1个月内向服装厂支付货款及利息××××万元。

申请人认为×××仲裁委员会作出裁决所依据的仲裁协议是无效的。因为双方当事人在签订合同时订立的仲裁协议约定:关于本合同所发生的争议,可以交任何一方当事人所在地的仲裁委员会仲裁。争议发生后,双方未曾达成补充的仲裁协议。根据规定,仲裁协议对仲裁事项或者仲裁委员会没有约定或者约定不明确的,当事人可以补充协议;达不成补充协议的仲裁协议无效。仲裁协议无效导致合同中没有有效的仲裁协议。

综上,由于双方当事人之间没有有效的仲裁协议,×××仲裁委员会无权对此案作出裁决。根据《仲裁法》第58条第一款的规定,特向×××市中级人民法院提出申请,请求撤销×××仲裁委员会的仲裁裁决。

此致
人民法院

附:仲裁裁决书副本一份。

申请人:×××公司(盖章)

法定代表人:×××(签章)

委托代理人:×××(签章)

20××年×月×日

# 复议申请书

## 概念

复议申请书是指人民法院审理民事案件、行政案件的诉讼参与人或其他人,刑事案件的当事人及其法定代理人,不服人民法院在诉讼过程中作出的决定或裁定,依法向人民法院提出申请的法律文书。

## 格式与内容

1. 首部
(1)标题直接写"复议申请书"即可;
(2)申请人基本情况。

2. 正文
(1)恳求事项;
(2)真相和理由:重要分析申请人以为原决定或裁定不妥,提出复议申请的真相凭据和执法依据。

3. 尾部

(1)致送人民法院名称；

(2)申请人署名；

(3)申请日期。

4. 附件

如原处理决定书等。

## 范文

**复议申请书**

申请人：××市××贸易公司

地　　址：××市××区××街××号

法定代表人：×××

职　　务：经理

请求事项：

申请人因与××市××科技开发公司债务纠纷一案，不服××市××区人民法院"驳回申请人申请本案审判人员×××回避的决定"，现提出申请复议，请求法院对申请人的回避申请依法复论，变更原决定。

事实和理由：

原决定适用法律不当。原决定认为：×××与被告委托代理人×××虽是表兄弟关系，但不属于《中华人民共和国民法通则》中关于近亲属的规定，故申请人申请回避理由不足。

但×××与×××的表兄弟关系客观存在，虽然不属于近亲属关系，但二者的特殊关系是不容否认的，由×××审理本案，可能影响本案的公正审理。×××与×××有其他关系，可能影响本案公正审理，应当回避。原决定驳回申请人的申请是错误的。请求人民法院对回避申请予以复议，重新作出决定。

此致

××市×××区人民法院

申请人：××市××贸易公司

法定代表人：×××（公章）

××××年×月×日

附：本申请书副本×份。

原处理决定书×份。

其他证明文件×件。

· 370 ·

# 申请撤诉书

## 概念

申请撤诉书是起诉人即原告向人民法院起诉之后,在判决宣告之前,申请撤销起诉的法律性文书。

## 格式与内容

1.首部

(1)标题直接写为"撤诉申请书"即可。

(2)申请人、被申请人的基本情况。

(3)写明原起诉(或上诉)案由,时间和案件的名称。

2.正文

叙述撤诉要求和理由,写明提出诉讼的理由、法律依据。

3.尾部

(1)写明文书致送的人民法院的名称;

(2)申请人的签名;

(3)申请日期。

## 范文

### 撤诉申请书

申请人:中国××银行××市××区办事处

法定代表人:×××,男,××岁,主任

我单位中国××银行××市××区办事处拖欠工程垫款人民币 27756.71 元的纠纷一案,已由你院立案受理。在此期间,农行××区办事处要求××市××区人民政府进行调解。

20××年×月×日,在区政府×××副区长参加下,由区政府农财办公室主任×××同志邀集农行××区办事处主任××同志、副主任×××、×××同志就上述拖欠工程垫款问题进行了协商,最后双方达成协议,并形成了 20××年×月×日会议纪要(见附件),清结了上述拖欠建筑工程垫款人民币 27756.71 元。

根据《中华人民共和国民事诉讼法(试行)》第 127 条的规定,特向你院申请撤诉,请予批准。

此呈

××市××区人民法院

申请人：中国××银行××市××区办事处

（盖章）

法定代表人：×××

20××年×月×日

# 法律顾问聘请书

## 概念

法律顾问聘请书是聘请法律顾问单位为维护其合法权益向法律顾问处发出的聘请邀约。法律顾问分为常年法律顾问和临时法律顾问两种。

聘请书撰写时要注意以下几个方面：

1. 要对聘请的目的和聘请人员的要求明确说明；

2. 聘请书的撰写要言简意赅，文字不宜过长；

3. 聘请书一定要加盖单位公章。

## 格式与内容

1. 标题

标题写明"聘请书"字样即可。

2. 被聘请单位名称。

3. 正文

正文部分要明确聘请的目的及聘请的期限等。

4. 署名和签章

聘请书要有单位签章或签名，并填写具体时间。

## 范文

**聘 请 书**

×××律师：

为更好地维护本公司合法权益和利益，经公司董事会批准，特聘请您为我公司常年法律顾问。

此聘

××公司董事会（公章）

20××年×月×日

· 372 ·

# 法律顾问聘请合同

## 概念

法律顾问聘请合同是聘请法律顾问单位与应聘单位之间就聘请法律顾问事项达成的具体书面协议。

法律顾问聘请合同签订时要注意以下几个方面：

1. 要对所聘请单位的当事人的主体资格进行审查，也就是说要对其律师资格进行审查；

2. 聘请合同中的各项内容要具体明确；

3. 聘请合同的完整，即双方达成的意向记载清楚，不可有遗漏；

4. 聘请合同签订后，要在相关媒体上告知。

## 格式与内容

法律顾问聘请合同常由以下几部分组成：

1. 首部

首部包括合同名称、聘请单位名称和受聘单位名称。

2. 正文

正文主要是双方经友好协商达成的各项条款，主要有目的和宗旨、聘请的期限、工作的权利和义务以及工作的范围等。

3. 署名和签章

聘请书要有单位签章或签名，并填写具体时间。

## 范文

### 聘请常年法律顾问合同

合同编号：＿＿＿＿＿＿＿＿

签订合同的单位名称：×××××（以下简称甲方）

××律师事务所：（以下简称乙方）

甲方因企业管理的需要，根据《中华人民共和国律师法》的规定，聘请乙方律师担任常年法律顾问。经甲、乙双方友好协商，签订本合同共同遵守。

第一条　乙方接受甲方的聘请，指定由×××、×××律师担任其常年法律顾问。

第二条　法律顾问依法执行职务，维护甲方的合法权益。具体工作范围是：为甲方就业务上的法律问题提供意见；为甲方草拟、审查法律事务文书；优先代理参加诉讼、调节或仲裁活动；法律顾问可根据甲方的具体情况，进行法律宣传和演讲，时间和形式不限。

第三条 为了便于法律顾问工作，甲方应设立法律顾问室，提供必要的办公条件，并配备×××、×××同志协助法律顾问工作。

第四条 法律顾问每周定期或不定期到聘方法律顾问室办公，时间不少于×小时。甲方遇到急办法律事件，可及时与法律顾问律师联系。

第五条 甲方付给乙方法律顾问劳动报酬每月人民币××××元，由银行托收。乙方开户银行××××，账号××××。

第六条 顾问律师代理甲方参加诉讼、调节或仲裁活动的酬金，由双方依法协议确定，差旅费由甲方承担。

第七条 本合同有效期限为×年，自20××年××月××日至20××年××月××日。合同经双方签字盖章生效。一方面解除合同必须于×个月前书面通知另一方，合同即行终止。

第八条 本合同一式两份，签约双方各执一份，具有同等效力。

甲方：×××　　　　　　　　　　乙方：×××

法定代表：××××　　　　　　　法定代表：××××

# 授权委托书

## 概念

授权委托书是委托当事人依照我国相关法律法规，委托他人（被代理人）进行诉讼或实施其他民事、经济行为而制定的证明性文书。

授权委托书要明确以下几个方面的问题：

1. 要明确代理人的代理权限；

2. 要明确受委托人与委托人的关系；

3. 授权委托书的变更。

## 格式与内容

1. 标题

标题写明"授权委托书"或"委托书"即可。

2. 首部

首部要明确委托人和受托人的基本情况。

3. 正文

正文部分要明确委托的基本内容。一般要明确委托代理诉讼的案件名称、委托人和被委托人双方自愿或同意的字样以及委托事项和权限等。

4. 尾部

尾部要有委托人和受托人的签署以及时间。

## 范文

### 委 托 书

委托单位：×××有限公司

法定代表：×××

受 托 人：×××

受托单位：×××律师事务所

　　现委托上列受托人在我单位与××××有限公司承包纠纷一案中，作为我方的诉讼代理人。

　　代理人×××的代理权限为：处理此纠纷案的全权代表。

委托单位：×××有限公司

法定代表：×××（盖章）

××××年××月××日

# 法人代表证明书

## 概念

　　法人代表是依法或按照相关规定代表相关单位行使职权的负责人。法人代表通常由董事长或总经理担任。

## 范文

### 法人代表证明

　　×××，××岁，男，在我公司任董事长职务，是我公司的法定代表人。

　　特此证明。

××××责任有限公司

××年××月××日

附：法定代表人住址：＿＿＿＿＿＿＿＿＿＿＿

　　法定代表人电话：＿＿＿＿＿＿＿＿＿＿＿

# 经济纠纷上诉状

## 概念

经济纠纷上诉状是民事诉讼当事人或其法定代理人不服地方人民法院第一审民事判决、裁定的,根据民事诉讼法的规定,有权向上一级人民法院请求撤销、变更原审裁判,或重新审判而提出的书面材料。

经济纠纷上诉状的撰写要注意以下几个方面:

1. 要坚持从实际出发,实事求是。

2. 要有针对性。上诉状的撰写必须围绕存在的问题进行驳论。

3. 要以理服人,要有充足的证据。

## 格式与内容

1. 标题

可直接写为"经济纠纷上诉状"或"民事上诉状"。

2. 当事人双方的情况介绍。

3. 上诉理由要具体明确。

4. 上诉请求与理由。请求内容一般有撤销一审原判、变更一审原判和重新审理三种。

5. 结尾。

6. 附件。

## 范文

### 经济纠纷上诉状

上诉人:××省 A 县××银行信用社

地　　址:××省××县××街××号

法定代表:××主任

被上诉人:××省 B 县××银行

地　　址:××省××县××路××号

法定代表:×××行长

上诉人因 B 县银行所诉返还贷款一案,不服××地区中级人民法院××××年××月××日×字×第×号经济纠纷判决,现提出上诉。

**上诉请求**

1. 要求撤销一审法院判决,重新查清事实,保护我方的合法权益。

2. 要求判令的上诉人承担相应的经济责任。

**上诉理由**

1. 一审法院判决确认,我方采取胁迫手段清贷,致使个体户于某不得不到 B 县骗取贷款。我方认为,银行有权对逾期贷款进行催要,必要时可以采取强制措施收贷。如果银行对拖欠贷款的借贷者催收得紧了些,就被认为是"胁迫",那么银行就无法如期收贷,银行合法的收贷权就得不到保障。况且,我方催收贷款与于某到 B 县骗取贷款没有因果关系。我方既没有明示也没有暗示于某到 B 县××银行去骗取贷款。所以,我方认为一审法院在这方面认定事实不清,证据不充分,要求二审法院进行重新认定。

2. 我方在收贷时,没有查问借贷者的款项是如何筹措来的。借债还钱,天经地义,只要借贷者如数归还贷款,我方就理应如数收贷。这是××银行信贷规章制度所承认的。

3. 个体户于某在我县搞不法经营被查封,我方正督促他收贷时,B 县却把于某视为经营管理的"大能人"加以聘用,既不去了解于某的资信程度,不要求借贷方提供担保人,又不去监督于某在 B 县所办公司的经营,就盲目地放贷,因此,B 县××银行贷款 220 万元,是不符合法律规定的。

为此,特向你法院上诉,请求依法撤销原判决,以实现上诉请求。

此致

　　××省高级人民法院

附:本上诉状副本一份

　　一审判决书

　　《××银行关于信贷的几项规定》

上诉人:××省××县××银行信用社(盖章)<br>20××年××月××日

# 经济纠纷申诉状

**概念**

《中华人民共和国民事诉讼法》第 178 条规定:"当事人对已经发生法律效力的判决、裁定,认为有错误的,可以向原审人民法院或者上一级人民法院申请再审,但不停止判决、判定的执行。"经济纠纷申诉状是诉讼当事人及其法定代理人、被告人及其家属或其他公民,认为已经发生法律效力的判决、裁定有错误,向人民法院或人民检察院或有关单位提出申请,要求复查纠正的书面材料。

经济纠纷申诉状的撰写应注意以下几点:

1. 如果认为原处理决定所认定事实有错误,应列举事实证据并加以澄清。

2. 如果原裁判不是依据全面事实裁判的,申诉状应对案情事实、原来的处理经过以及最后处理结果进行归纳叙述,使受理的法院对整个案情有全面的了解。

3. 申诉人应将与请求目的相符的人证、物证、书证等相关资料在申诉状里明确列示,并具体加以说明。

4. 申诉状可以采用证明和反驳的写法。

## 格式与内容

1. 标题

标题可直接写为"申诉状"或"××申诉状"。

2. 首部

首部要明确申诉人的基本情况。

3. 正文

正文部分由案件来由和请求与理由两部分组成。

4. 尾部。

## 范文

### 经济纠纷申诉状

申诉人(原审被告):××市××百货商店

法定代表人:××× 该店经理

委托代理人:×××,男,40 岁,汉族

原籍××市,现在××市××区××街××号

该店副经理被申诉人(原审原告):××市××厂

法定代理人:×××

该厂厂长委托代理人:×××,该厂副厂长

申诉人因货款纠纷一案不服××人民法院(1987)法经裁字 06 号民事裁定书,认为该裁定书事实不准,裁定不公正,特提起申诉,请求改判,其事实与理由如下:

申诉人和被申诉人于 1985 年 6 月 20 日签订购销合同两份:一份是申诉人向被申诉人订购 415 型男凉皮鞋 520 双,另一份是订购各式男女皮夹克 610 件。因这些商品具有很强的季节性,双方协议确定:必须于 1986 年 11 月 15 日前,将上述商品发至××市,以应市场需求。

可是,上诉人未按协议约定将上述商品按时发至××市。其中,皮夹克于 1986 年 12 月 30 日才到达,拖期达一个半月之久,大大错过了××市市场的销售旺季,致使这些商品积压于仓库,严重影响了申诉人的资金周转,至今尚有男凉皮鞋 343 双,各式皮夹克 334 件卖不出去,共折合人民币 3.4 万余元。

尽管如此,为照顾彼此之间的商业信誉,申诉人曾于 1987 年 2 月 20 日出具《经济合同问题答辩书》,说明了拖欠货款的原因,主动提出偿还货款的计划。不料,贵院在未进行

调查研究的情况下，公然判令"……依法采取诉讼保全措施……冻结××百货商店在××市××区××路信用社的银行存款 9.6 万元"。这是不公允的。申诉人重申：仍然按照 1987 年 2 月 20 日提出的还款计划执行。对于目前库存积压的商品，积极采取削价处理措施，将实收货款付给被上诉人，或将积压的商品退回给被上诉人。退回中发生的运杂费，可由申诉人负担。

　　此致
　　　　××人民法院

　　　　　　　　　　　　　　　　　　　　申诉人：××市××百货商店
　　　　　　　　　　　　　　　　　　　　法定代表人：×××
　　　　　　　　　　　　　　　　　　　　20××年××月××日


# 经济纠纷反诉状


## 概念

　　经济纠纷反诉状是指刑事自诉案件中的被告人和民事诉讼中的被告，为了维护自身的合法权益，就与本诉有内在联系的事由，向本诉中的原告和自诉人提出独立的诉讼请求，要求人民法院将本诉一并审理时所制的文书。

## 格式与内容

　　1. 标题
　　标题可以直接写为"经济纠纷反诉状"或"反诉状"。
　　2. 当事人的基本情况。
　　3. 案由部分
　　案由部分要说明本诉提出的情况和反诉请求两个方面的内容。
　　4. 事实与理由
　　事实与理由应包括以下内容：
　　(1)提出反诉所依据的事实材料；
　　(2)提出证明反诉事实的证据；
　　(3)说明反诉与本诉的关联性；
　　(4)合理引用有关法律法规。
　　5. 结尾
　　结尾部分要明确送达机关，并要加盖相关单位公章。
　　6. 附件
　　相应附件要齐全。

## 范文

# 经济反诉状

原　　告：××县经纬编织厂

地　　址：××××

法人代表：×××，厂长

代理人：×××，副厂长

　　　　　×××，××县法律顾问处律师

被　　告：××棉纺织厂

法人代表：×××，厂长

请求事项：被告采取欺骗手段，以试制品、次品冒充国家正式合格产品出售，给我厂造成重大经济损失，特提起反诉：①判决原货退回，被告应付保管费300元；②被告立即偿还违约金1.3万元，赔偿金9600元。

事实和理由：19××年8月27日，我厂供销科刘××去被告处联系业务，第二天，被告到我厂驻××办事处推销中长纱，刘不想要，谁知被告早已将合同写好，并替刘签上名，拿过桌上的合同章盖好就走了。我厂将21.13吨中长纱拉回后，发现质量有问题，当即去电话要被告方来人看货，被告置之不理。隔了几天，我厂刘××又特地去被告处，要求来人看货，被告又置之不理。隔了几天，我厂刘××再次去被告处，要求来人看货，被告还是置之不理，本来约好，被告在货到一周后派车来拉管子，他们也不敢来了。我厂见此只好将货保管好，通知银行拒付货款。谁知没有几天，被告突然向法院起诉，声称我方拒付货款违约。我方则以质量问题起诉，经省产品质量检验所检验，五项送验指标有三项不合格，质量确实存在严重问题。这时被告才承认，中长纱是该厂的试制品，没有经有关部门检验过，无产品合格证书，该纱不能织布，只能织围巾。

鉴于上述事实，被告采取欺骗手段签订合同，以次充好，推销既无产品合格证书，又不能织布的试制品，当时又没说明产品的性能，而且价格高于国家规定的价格，违反《经济合同法》第4条、第5条，《工矿产品购销合同条例》第14条和《标准化管理条例》第21条规定，为此，特向你院反诉，请依法判决。

此致

　　××市中级人民法院

具状人：×县经纬编织厂

法人代表×××（签章）

20××年×月×日

附：1.本状副本×份；

　　2.证物×件；

　　3.书证×件。

# 经济纠纷起诉状

## 概念

经济纠纷起诉状是指原告人用书面形式提出自己的诉讼请求和理由，并提出请求的根据，从而引起诉讼程序发生的一种诉讼文书。任何机关、团体、企事业单位和公民，只要自己的合法权益受到了侵犯，都可以依照《中华人民共和国民事诉讼法》的有关规定，向人民法院提出诉讼请求，要求人民法院进行审理，给予法律上的保护。

经济纠纷起诉状通常要明确以下内容：

1. 当事人的基本情况；

2. 诉讼请求与诉讼所依据的事实和理由；

3. 相关证据以及证据的来源；

4. 相关附件资料。

另外，经济纠纷起诉状的诉讼事实要绝对真实，诉讼证据要确凿无误，诉讼理由要符合相关法律法规，诉讼请求要明确、具体、适度，起诉状的格式要符合相关体例规范，文字表达要简明扼要。

## 格式与内容

1. 标题

经济纠纷起诉状可直标其名，也可统称为"民事诉状"。

2. 当事人的基本情况

当事人的姓名、性别、年龄、民族、职业、工作单位和住所等交代清楚。

3. 要明确请求事项。

4. 事实

要明确当事人之间纠纷的发生、发展、结局等。

5. 理由

要明确提出请求的法律、政策依据，论证请求事项的合理性与合法性。

6. 结尾。

7. 附件。

## 范文

### 经济纠纷起诉状

原告人：_____公司

地　　址：＿＿＿＿＿＿＿

法定代表人：＿＿＿＿＿＿

姓　　名：＿＿＿＿＿＿

性　　别：＿＿　年龄：＿＿＿＿　职务：＿＿＿＿＿

诉讼代理人：＿＿＿＿＿

性别：＿＿　年龄：＿＿＿＿　职务：＿＿＿＿

被告人：×××矿

地　　址：××省××市

诉讼请求：

请求××城区人民法院根据《中华人民共和国合同法》有关规定，追回××矿欠我厂货款 9.63 万元和银行利息及有关损失，依法维护我厂的合法权益。

案情的诉讼理由：

××年×月×日和×月×日，我厂采购员××先后两次与×矿签订购销合同。第一个合同购买铝土矿石 40 吨，每吨 963 元；第二个合同购买 60 吨，每吨仍然是 963 元。两次共订购 100 吨，总价9.63万元。我厂严守信誉，分别在两份合同签订后的一周内，将货款分文不差地汇到××矿的账号上。

但是，××矿却不守信用，在第一批款到后的第 21 天，才给 20 吨，其余至今未供应我方。我方虽多次要求退款，但他们使用拖延、欺骗等手段，一直不给退款。两份合同都规定，款到后 10 日内不发货，将处罚供方货款的 10%。而到现在，已经经过了 62 天，他们既无货供应，又不退款。鉴于××矿严重违反合同规定的情况，为维护我厂的合法权益，特请求法院依法予以处理。

此致

××区人民法院

起诉人：××厂（盖章）

20××年×月×日

附项：1. 本状副本 3 份；

2. 书证 3 份；

3. 物证 1 份。

# 经济纠纷答辩状

## 概念

经济纠纷答辩状是指被告人或被上诉人，在诉讼活动中提出的一种诉讼文书。经济纠纷答辩状是被告人或者被上诉人，对原告人或者上诉人，向人民法院提出的起诉理由或上诉理由的答复和辩驳。

经济纠纷答辩状的撰写要注意以下几个方面:

1. 要尊重客观事实。经济纠纷答辩状撰写时要实事求是,要全面地、客观地看待遇到的问题。

2. 要选择恰当的方法。写作时要围绕答辩理由这一中心选择恰当的方法进行反驳。

3. 要用犀利的语言抓住问题的关键。在写作时,要根据案情的需要,有针对性地对起诉状中焦点问题进行辨析,力争从焦点问题中找出破绽。

4. 答辩要及时。一般来说,被告人在接到起诉状 15 日内进行答辩。

## 格式与内容

1. 标题

标题可以直接写为"经济纠纷答辩状"。

2. 答辩人的基本情况介绍。

3. 答辩原由

要明确对什么人起诉或上诉的什么案件而提出的答辩。

4. 答辩理由和意见

主要应对原告或上诉人提出的诉讼请求以及诉讼事实、证据、理由等作出明确的回答。

5. 结尾

结尾要写清呈送的人民法院名称;答辩人要签名盖章,并具年、月、日。

6. 附件。

## 范文

### 经济纠纷答辩状

答辩人:××利通实业公司

地　址:××区××街××号

法定代表人:夏××,男,30 岁,经理

对原告××省××地区时光贸易公司上诉的占用拖欠货款及第三人高×麻袋货款一案答辩如下:

一、对××省××地区时光贸易公司诉告我方拖欠货款问题的答辩如下:

1. ×年 4 月 18 日时光贸易公司的吴×和韩××来我公司,要求一次性购买麻袋 10 万条。原因是他们与××省××县湘东贸易货栈签订了麻袋购销合同,在合同行将到期的情况下,拿不出货物,请我们帮助解决燃眉之急。我方答应了对方的要求,对方汇入我方人民币 20 万元整。除去 10 万条麻袋款 16.8 万元整之外,尚剩余 3.2 万元整。当时我方要求将余款退回,但对方的吴××和韩××一再要求我方不要退款,要用这笔余款办理麻袋发运和其他业务。并请我方出具介绍信、公章等，为其向××铁路分局装卸公司办理了2万元的发运杂费汇款手续，将麻袋顺利发往目的地。一直到10月末这一段很长的时间内，吴、韩等人几次往返于我市，都没有提起结算退款之事，我方多次提出结算问题，他们都以同对方发生合同纠纷和铁路装卸公司收费不合理为由，拒绝同我方结算。由此可见，对方诉我方拖欠货款是毫无根据的，也是缺乏起码的职业道德的。

2. 从一审法院的卷宗里可以查到，吴××和韩××在调查记录中承认：准备用这笔余款在我市搞业务活动，直到20××年×月×日之前的调查中，他们都直言不讳，说准备在我市使用这笔钱办理其他事宜。因此，对方在上诉状中云"早已要求退款"和"占用拖欠款"等，纯属编造出来的假话。

从上述事实可以看出，我方与对方的经济往来，属于正常业务交往，而且我方为对方的业务活动提供了诸多方便条件，对方这种以怨报德的行为是令人气愤的，所以，我方根本不存在"占用拖欠"对方货款问题。一审法院判处我方支付余款，我们同意，但基于上述情况，我方不同意支付余款银行利息。

3. 原告违反国务院[1985]102号文件精神，利用经济合同买空卖空，应予以取缔。

从表面上看，时光贸易公司买利通实业公司的麻袋，利通公司欠时光贸易公司的剩余款，时光贸易公司催要款项是正确的；而实质上，时光贸易公司从根本上违背了国务院[1985]102号文件精神，利用经济合同买空。据湘东贸易货栈张××提供，在麻袋这笔生意上，时光贸易公司一无资金，二无货源。时光贸易公司向湘东贸易货栈大吹有麻袋现货1300万条，导致湘东贸易货栈上门订货，于20××年3月16日双方签订了麻袋一号合同。数量为100万条，总额167万元，执行日期是4月20日前完成，湘东贸易货栈付给时光贸易公司52.1万元预付款。时光贸易公司拿着湘东货栈的预付款大买麻袋。随即又签订二号合同200万条，三号合同350万条。开始给大连侯家沟批发部30万元买麻袋未成，后又拿20万元给我方，买了10万条麻袋，仅就一号合同而言，只买了10万条麻袋，其余90万条全部落空，造成了时光贸易公司同湘东贸易货栈的合同纠纷，而在本案一审判决时，时光贸易公司却隐瞒了××县经济合同仲裁调解书，提供了假证，致使一审判决我方"支付从20××年7月13日起到付款日止的银行存款利息"。根据张××提供的确凿证据，此20万元系湘东贸易货栈的预付款，而不是时光贸易公司的款。湘东贸易货栈不要求付息，而时光贸易公司要求付息是没有道理的。

以上事实可见，我方不但不应付给对方所谓银行贷款利息，而且认为对方违反国务院文件精神应予以取缔。

二、对第三人高×的答辩

高×原系我公司工作人员，此案发生时已调出。时光贸易公司从我公司购买的10万条麻袋，经××铁路分局装卸公司运走4车皮之后，剩余麻袋存放在装卸公司，而高×不经原告同意，将剩余麻袋发往西安庆丰公司。在本案运输麻袋短缺纠纷中，一审判决第三人高×返还原告麻袋6450条，而高×在一审法院的庭前调查及开庭中均一口咬定：在给时光公司发麻袋时曾多发6450条，并说我公司欠高×3000条麻袋，以此3000条麻袋顶款。事实上我公司与高×从未发生过买卖关系,也不存在麻袋顶款问题。据了解高×是×××年1月5日将6450条麻袋发往西安的,而事隔两个月之后,高×于×××年×月×日,骗拉我公司库内的3000条麻袋,被我方发现后及时追回,此事纯属我公司内部事务,与时光贸易公司麻袋事件毫不相干,高×硬把两件不相干的事件搅在一起,其目的是想把水搅混,从中捞一把,请二审法庭详查。

　　此致
　　　×× 中级人民法院

具状人:×× 利通实业公司(盖章)

法定代表人:×××(签章)

20×× 年 ×× 月 ×× 日

# 第十四章　涉外商务文书

## 中外合资企业项目建议书

### 概念

中外合资企业项目建议书是中方合资者向自己的主管部门呈报准备同外国合营者兴办合资经营企业的建议性文件。

### 格式与内容

1. 首部

(1)标题由合资企业名称加项目名称加"建议书"组成；

(2)中方和合资方单位简介。

2. 正文

(1)合营项目及简介；

(2)项目申请理由，主要从市场需求和经济效益等方面进行阐述；

(3)投资估算及投资方式。

3. 尾部

(1)呈报单位及时间；

(2)附件说明：意向书、国内外市场需求调研、预测报告等；

(3)申报单位签章；

(4)申报日期。

### 范文

**北京市××公司关于在北京筹建皮革**

**及其制品合资企业项目建议书**

××市经贸委：

现将有关中外合资企业项目事项报告如下：

**一、主办单位**

中方：北京市××公司。该公司拥有国内皮革行业中较先进的制革技术及一批具有较高专业知识水平的研究人员，从事皮革及其制品的开发工作，同时具有小规模的生产能力。

法人代表：×××

职　　务：×××

主管单位：北京×××局

外　　方：×××公司

法定地址：德国××××

注册国家：德国

法人代表：×××总经理

国　　籍：德国

**二、合资目的**

引进国外的先进技术及生产管理经验，提高皮革及其制品的工艺水平，提高产品档次，增强在国际市场的竞争能力。

**三、合资规模**

合资初期主要生产汽车用皮革及其制品，以后逐步扩大生产其他产品。该合资公司的产品90％以上外销，年销售额××万美元，厂房约需××平方米，职工××～××名。

**四、投资估算及资金来源**

投资总额××万美元，注册资本××万美元。其中，中方以厂房、设备、现金投入，折合××万美元，占××％；外方以现金和技术投入，共××万美元，占××％。尚缺的流动资金××万美元，由合资公司在北京贷款。

**五、生产技术和主要设备**

公司现有设备较为完善，合资后外方能引进先进的技术和工艺。所以合资初期只需增添部分普通缝纫设备即可满足产品生产的要求。

**六、主要原材料**

合资初期，汽车用皮革及其制品的原材料均在中国境内采购，以后逐步扩大其他产品生产时，视具体情况酌情而定。如若中国境内的原材料价格比国际市场昂贵，由外方负责在国际市场采购。

**七、环境保护**

生产过程中没有环境污染问题。

**八、合资期限**

合资期限为10年。

**九、初步经济效益分析**

以合资初期的汽车用皮革及其制品为例，年销售额为××万美元。若利润率××％，每年获利××万美元，则××万美元的注册资金，××××年就能全部收回。

呈报单位：×××
呈报时间：×××
附件说明：（略）
件数：××

北京×××公司
20××年×月×日

# 中外合资立项意向书

## 概念

中外合资立项意向书是中外经济技术合作中，两国政府或法人在经过初步接洽后，双方表示对兴办中外合资企业有兴趣而签署的意向性立项文书。

## 格式与内容

1. 首部

（1）标题通常为合资企业名称加合资项目名称加"立项意向书"组成。

（2）导语，写明签订立项意向书的具体单位、指导思想和政策依据，需要实现的总体目标等。

（3）用承上启下的惯用语结束引言，导出正文如"双方达成意向如下"。

2. 正文

它是立项意向书所要实现的总体目标的具体化，一般都以分项排列条款的形式来表达。即把全部内容按事物之间性质和关系的不同，将正文分为若干部分，用数码次第标出。各条款之间，界限要清楚，内容要相对完整。既不要交叉重复，也不要过于琐碎，更不能有所疏漏。

3. 尾部

（1）各方谈判代表的签字；

（2）签订时间；

（3）抄印份数；

（4）报送单位。

## 范文

**美国××公司与中国××技术公司合作意向书**

美国×××公司（地址××××，以下简称美方）和中国××技术公司（地址×××

×,以下简称中方)在北京就双方在国际工程承包和技术服务方面的双边合作进行了广泛和友好的谈判。双方就认识到平等互利和发挥各自经营特长的基础上,双方进行友好合作具有广阔和美好的前景。

因此,我们特拟定以下条款:

第一条　合作方式

……(略)

第二条　合作范围和业务活动地域

……(略)

第三条　各方的义务

1.美方的义务(略)

2.中方的义务(略)

第四条　如由于某些原因致使投标未中或合同未能签订,各方在争取项目、介绍客户及投标过程中发生的费用应由各方自行承担。

第五条　本意向书自签订之日起生效,有效期为2年。在执行期间,如需对本意向书进行修改和补充,需由双方通过友好协商处理,并以交换备忘录的形式予以确认。

第六条　本意向书由中英两种文字写成,一式四份,每方各执两份,以中文本为准。

美国××公司　　　　　　　中国××技术公司

董事长(签字)　　　　　　　总经理(签字)

20××年×月×日　　　　　　20××年×月×日

# 出口商品价格方案

## 概念

出口商品价格方案是在对国际商品市场价格的现状趋势作出细致分析的基础上,对非大宗出口商品价格事先作出安排意见的书面材料。

## 格式与内容

1.首部

(1)标题由年度加事由加"出口价格方案"组成。

(2)审批者:审批价格方案的上级部门。

2.正文

(1)国际市场上该商品的价格现状以及形成该状况的原因,如需求、生产、库存、竞争、贸易政策等;

（2）对商品价格的预测、作何意见、收治方式运用等；

（3）由于需上级部门审批，则结尾一般都用"以上方案是否妥当，请审批"等语句。

3. 落款

（1）制订方案的单位加盖公章；

（2）注明日期。

## 范文

### 20××年咸羊肉、咸牛肉罐头出口价格方案

××市××局：

20××年下半年以来，各种土畜产品、农副产品的交易开始由滞变畅，多数商品的价格止跌回升，中东市场也随之活跃。我公司对该地区出口咸羊肉罐头，这两年来因市场呆滞、交易减少而造成库存积压，已曾两次降低出口价格以维持市场。随着市场的活跃，当地客户的咸羊肉罐头的库存减少，去年年底市场需求开始恢复，今年年初已出现供应趋紧之势，国外客商询盘渐增，市场正在逐步好转。为了提高经济效益，减少亏损，根据不同商品不同市场掌握好销售时机的原则，我公司于上月初对黎巴嫩和毛里求斯等客户报价时，对圆罐咸羊肉适当提价已获成功。几次交易，客户均接受我方对 24×340 克圆罐咸羊肉每箱 CFR××××美元的报盘（分别成交 800 箱和 200 箱）。预计需求在今年内会有上升。鉴于我供货计划减少而国外需求增加，为了适应国外市场高质、高价好销的购货心理，我们应在抓好质量、保证名牌的同时，适当提高出口价格，以增收外汇减少亏损。目前我公司 24×340 克咸羊肉罐头 CFR 价为每箱装××××美元，梯罐装××××美元（换汇成本梯罐××××美元，圆罐××××美元），建议在此基础上提价 10％，即

24×340 克咸羊肉圆罐每箱 CFR 价××××美元。

24×340 克咸羊肉梯罐每箱 CFR 价××××美元。

如装托盘，另加每箱××××美元托盘费，这样，换汇率可降至××××美元左右。咸牛肉罐头圆罐仅为香港和新加坡所需要。梯罐产品市场虽时有零星成交，但尚无固定的销路。由于我公司货物的质量、口味、检疫、农残等问题，远东市场还未打开，在中东也竞争不过阿根廷、巴西等国的同类产品，故不宜提价。其价格应是：

24×340 克梯罐咸牛肉罐头每箱 CFR 价××××美元。

48×340 克梯罐咸牛肉罐头每箱 CFR 价××××美元。

48×340 克圆罐咸牛肉罐头每箱 CFR 价××××美元。

以上方案妥当否，请审批。

×××进出口公司

20××年×月×日

# 出口货物申请书及许可证

## 概念

出口许可制度是指国家对某些出口货物实行管制,某些出口货物要按规定向政府有关部门申请出口许可证,海关凭出口许可证查验放行。

## 格式与内容

1. 出口申请书及许可证除有效期限和签证机关签章以外,其他项目均由申请单位填写。

2. 许可证必须用中文填写一式四份,填写后附对外成交合同或有关证件、发票,以供有关机关核发。

3. 表格中出口货物的数量、重量的计量应符合规定。

4. 货物单价的填写,应填 FOB 价格(离岸价)。

5. 在填写表格中总值一栏原币折美元一项时,应按照中国人民银行公布的当天外汇牌价将原成交货币折算为美元填入。

## 范文

### 中华人民共和国出口申请书及许可证

20××年×贸出许字第×号

第×联

申请单位名称及地址:×××××××××

许可证编号:××××

出运口岸:×××

联系人电话:×××××××××

我公司(厂)拟申请出口下列货物请予核准:

| 品种规格 | 单位 | 申请数量或重量(净重) | 货物件数 | 包装种类标记唛头 | 单位(FOB) | 总 值 | | 备注 |
|---|---|---|---|---|---|---|---|---|
| | | | | | | 原币 | 折美元 | |
| | | | | | | | | |
| | | | | | | | | |
| | | | | | | | | |

输往国家(地区)及目的地:×××

购货人名称及地址:×××××××××

发货人名称及地址:×××××××××

运输方式:×××

收款方式:××××

贸易方式:××××

申请单位签章:

申请日期:××××年××月××日

上述各项经审核批准,请按申请数量或重量结汇出口。

有效期限:××××年××月××日

签证机关签章:

签发日期:××××年××月××日

# 涉外经济谈判方案

## 概念

对外贸易谈判是商品买卖双方为达成某项交易而进行的面对面的洽商。谈判方案即事先对洽谈项目,交易条件,谈判的方式、方法、步骤,以及可能出现的问题和采取的应变措施等,作出具体安排的书面报告。

## 格式与内容

1.首部

(1)标题由谈判事由加"谈判方案"组成;

(2)简要介绍谈判背景及洽谈内容。

2.正文

(1)谈判的主题,即洽谈的中心内容。

(2)谈判的目标。目标要定得合理,要有适度的弹性。

(3)谈判的策略和方法。只有善用谈判技巧,才能达到预期目的。

(4)谈判程序。要根据洽谈内容分成若干步骤进行,把握好进展。

(5)谈判人员分工。

3.尾部

(1)附上对方案内容有说明、补充意义的材料作为附件。

(2)制订方案单位名称并加盖公章。

(3)注明制订方案时间。

**范文**

## 关于引进××公司矿用汽车的谈判方案

五年前我公司曾经引进了××公司的矿用汽车,经试用性能良好。为适应我矿山技术改造的需要,打算通过谈判再次引进××公司矿用汽车及有关部件的生产技术。××公司代表将于×月×日应邀来我处洽谈。

1. 谈判主题

以适当价格谈成××台矿用真车及有关部件生产的技术引进。

2. 目标设定

(1)技术要求

①矿用汽车车架运行 15000 小时不准开裂。

②在气温为 40℃条件下,矿用汽车发动机停止运转 8 小时以上,在接入 220 伏电源后,发动机能在 30 分钟内启动。

③矿用汽车的出勤率在 85% 以上。

(2)试用期考核指标

①一台矿用汽车试用 10 个月(包括一个严寒的冬天)。

②出勤率达 85% 以上。

③车辆运行 3750 小时,行程 31250 公里。

(3)技术转让内容和技术转让深度

①利用购买××台车为筹码,××公司无偿(不作价)地转让车架、厢斗、举升缸、转向缸、总装调试等技术。

②技术文件包括:图纸、工艺卡片、技术标准、零件目录手册、专用工具、专用工装、维修手册等。

(4)价格

①20××年购买××公司矿用汽车,每台车单价为××××万美元;五年后的今天如果仍能以每台××××万美元成交,那么定为价格下限。

②五年时间按国际市场价格浮动 10% 计算,今年成交的可能性价格为××万美元,此价格为上限。

小组成员在心理上要做好充分准备,争取价格下限成交,不急于求成;与此同时,在非常困难的情况下,也要坚持不能超过上限达成协议。

3. 谈判程序

第一阶段:就车架、厢斗、举升缸、转向缸、总装调试等技术附件展开洽谈。

第二阶段:商定合同条文。

第三阶段:价格洽谈。

4. 日程安排(进度)

4 月 5 日上午 9：00～12：00，下午 3：00～6：00 为第一阶段；

4 月 6 日上午 9：00～12：00 为第二阶段；

4 月 6 日晚 7：00～9：00 为第三阶段。

（注：较长的谈判应每一阶段都有具体的方案）

5.谈判地点

第一、第二阶段的谈判安排在公司总部洽谈室。

第三阶段的谈判安排在××饭店××厅。

6.谈判小组分工

主谈：×××，为主谈判小组总代表。

副主谈：×××，为主谈判提供建议，或伺机发言。

翻译：×××，随时为主谈、副主谈担任翻译，还要留心对方的反应情况。

成员 A：负责谈判记录和技术方面的条款。

成员 B：负责分析动向、意图，负责财务及法律方面的条款。

××公司矿用汽车引进小组

20××年×月×日

# 涉外贸易仲裁协议书

**概念**

涉外贸易仲裁协议书是指在国际贸易活动中，当事人同意将彼此间已经发生或可能发生的贸易争议或纠纷交付仲裁机构仲裁解决的一种书面协议。

**内容与格式**

1.标题

标题由仲裁双方名称加"仲裁协议书"组成。

2.正文

（1）写明争议提交仲裁机构名称，以及仲裁规则；

（2）争议事项及金额；

（3）仲裁人员、开庭审理地点；

（4）仲裁约束力。

3.尾部

（1）双方当事人的名称、地址、通信方式，并由代表人签字盖章；

（2）签订日期及地点。

范文

## ××国进出口总公司与×××公司
### 仲裁协议

××国进出口总公司(以下称甲方)委托×××公司(以下称乙方)在广东地区代销××商品。甲乙双方于20××年×月×日签订了正式经销合同。该合同第×条规定:"经销时间:从20××年×月×日至20××年×月×日,为期1年。"该合同第三条规定:"经销数量:在合同有效期内,乙方为甲方代销A、B、C、D四种规格的××(品牌名称)商品,总金额不少于×××万元(折合人民币)。"乙方接受甲方所提供的××商品,代销5个月后,市场销售实况说明接受甲方所提供的××商品不受用户欢迎,因此致电甲方,要求将B、C、D三种规格的××商品数量改为A种规格的××商品。但是,甲方提出B、C、D三种规格的××商品往返运费全部由乙方负责承担,乙方拒绝。双方为此相持不下。因此共同表示将此案件提交中国国际经济贸易仲裁委员会裁决,并商定下列条款,供双方共同遵守。

一、此案按照中华人民共和国的有关法律规定裁决。

二、仲裁庭的一切裁决都是终局性的,甲乙双方应无条件地服从。

三、本案仲裁费用,由败诉方承担。

本协议一式四份,甲乙双方各执两份。

| | |
|---|---|
| 甲方: | 乙方: |
| ××国进出口总公司 | ×××公司 |
| 代表:×××(签字) | 代表:×××(签字) |
| 20××年×月×日 | 20××年×月×日 |

# 涉外贸易仲裁申请书

## 概念

涉外贸易仲裁申请书是仲裁协议的一方当事人向国际仲裁机构或仲裁人提出请求,对贸易争议和纠纷进行仲裁审理的书面申请。

## 格式与内容

1.首部

(1)标题直接写"仲裁申请书"即可;

(2)顶格写明提交申诉的仲裁机构的全称;

（3）介绍申诉人和被申诉人的状况，包括名称、地址及法定代表人的姓名和职务等。

2. 正文

（1）要求提纲挈领地写明申诉人提请仲裁的依据，简要说明争议案件的性质。

（2）要求仲裁解决的具体问题，要求事项要写得具体、肯定、合理合法。

（3）写明对方违约的事实经过，并要列举证据。

（4）写明申诉人指定的仲裁员姓名，或委托仲裁委员会指定。

3. 尾部

（1）写明申诉人名称，并签名盖章；

（2）写明申请日期；

（3）列举仲裁申请书的附件，按顺序装订在仲裁申请书之后。

# 范文

## 仲裁申请书

致中国国际经济贸易仲裁委员会：

申请人：日本××株式会社××办事处

地　址：中国××市××区××路×号

负责人：×××

被申请人：中国××五金矿产机械进出口公司

地　址：中国××省××市××街××号

法定代表人：×××

申请人日本××株式会社××办事处，根据其与被申请人中国××五金矿产机械进出口公司于××××年×月×日签订的××号合同第 16 条仲裁条款的规定，就该合同项下关于钢管付款问题向中国国际经济贸易仲裁委员会提起仲裁。

现将仲裁要求及所依据的事实和理由陈述如下：

1. 仲裁请求

裁决被申请人立即支付下列费用：

（1）偿付钢管货款，计为××××万美元；

（2）偿付逾期付款的利息损失××××美元；

（3）其他损失总计×××美元；

（4）律师费×万美元；

（5）本案仲裁费。

2. 本案案情

（1）20××年×月×日，申请人与被申请人签订了编号为××的钢管买卖合同。合同规定由申请人卖给被申请人××钢管××吨，单价每吨××美元。……合同总价为××××万美元。装运地日本××，卸货港中国××，装运期限分别为 20××年×月底和×

月底,每月交货数量必须一次交清,不得分批装运。买方应于装运前20天,通过××中国银行开立以卖方为受益人的不可撤销的信用证。该信用凭证即期汇票及其他单据在开证行付款,争议应由双方协商解决,若协商无法解决,当事人向北京中国国际经济贸易仲裁委员会提请仲裁解决争议(见附件一)(略)。

(2)合同订立后,申请人积极履行合同。

(3)××及××号提单项下钢管于20××年××月××日运抵中国××(见附件四)。……20××年×月×日被申请人以"正本提单未到,我方急于提货"为由出具保函(见附件六),并于同日用临时提货单(见附件七)将该提单项下全部货物提走。

(4)被申请人将合同项下全部货物提走后,一面承诺以T/T方式尽快付款,一面开始卖出货物,至20××年×月申请人派人调查,已卖出钢管××多吨,但对付款问题却一拖再拖。经申请人多次催要,被申请人虽几次提出付款计划,但每次均以不能兑现而告终(见附件八)。至20××年×月,经申请人多方努力,被申请人才向申请人支付了×××万美元货款,剩余货款至今未付。

3.争议及索赔理由

(1)为了解决争议,申请人就付款问题多次与被申请人联系,并多次派人到被申请人单位催要货款,但被申请人虽表面同意付款,确认了此项债权债务关系,但却总是找出各种借口不予兑现,严重地违反了双方合同的约定,同时违反了国际经贸活动的基本准则,这种失去信誉、违反商业道德、违反法律的行为已经给申请人造成了严重的经济损失。因此申请人不得不根据合同中的仲裁条款提请仲裁。

(2)根据《中华人民共和国涉外经济合同法》第19条的规定,并参照《联合国国际货物销售合同约定》第25条、第53条、第58条第1款、第62条、第78条,及《跟单信用证统一惯例》(国际商会第500号出版物)第13条b款、第14条d款、第14条e款,申请人要求被申请人立即支付全部剩余货款及有关费用。

根据《中国国际经济贸易仲裁委员会仲裁规则》第14条第3款和第24条的规定,申请人指定×××为仲裁员,并委托北京市××律师事务所×××律师和×××律师为申请人的仲裁代理人。

仲裁申请人:×××

负责人:×××

20××年×月×日

# 外贸代理协议书

## 概念

外贸代理协议书是指出口企业与国外代理商人就双方的共同目标、权利、义务和业务关系、法律关系等进行协商,达成的书面协议。

代理的权限及义务。代理商的权限、或限于为委托人寻找买主、中介交易,或代委托人缔约,以及规定是否授予独家代理商以约定商品的专营权。

代理佣金。代理方式是委托关系,不拥有货物的所有权,不承担风险,而由委托人向他支付佣金。在代理协议中,明确规定佣金率外,还规定佣金的计算基础和支付方法。佣金的计算基础可按发票总值,也可按 FOB 值。一般是按发票总值。

支付方式可以逐步结算,逐笔支付,也可以定期结算,累计总付。

## 范文

## 外商代理协议

本协议于 20××年×月×日在×××签订,协议双方为:

名称:中国×××公司(下称甲方)

地址:中国××省×××市

名称:×国××销售公司(下称乙方)

地址:××国×××市

双方一致同意按下列条款签订本协议。

第一条　定义

1. 产品:本协议中所称"产品",系指由甲方制造并以其销售的(产品名称)和随时经双方以书面同意的其他商品。

2. 地区:本协议中所称"地区",系指××国。

3. 商标:本协议中所称"商标",系指"商标全称"。

第二条　委任及法律关系

1. 委任:在本协议有效期内,甲方委任乙方作为其代理,以便在"地区"获得"产品"的订单。乙方愿意接受并承担此项委托。

2. 法律关系:本协议给予乙方的权利和权力只限于给予一般代理的权利和权力,本协议不产生其他任何关系,或给予乙方以代表甲方或使甲方受其他任何协议约束的任何权利,特别是本协议并不构成或委派乙方为甲方的代表、雇员或合伙人。双方明确和理解并同意,在任何情况下,乙方可能遭受的任何损失,不论部分或全部,甲方均不承担责任。

3. 指示:乙方应严格遵守甲方随时发来的指示。由于乙方超越或违背甲方指示而造成的任何索赔、债务和责任,乙方应设法保护甲方利益并赔偿甲方因此而遭受的损失。

第三条　甲方的责任

1. 广告资料:甲方应按实际成本向乙方提供合理数量的"产品"样品、样本、价目表、广告宣传用的小册子及其他有关"产品"推销的辅助资料。

2. 支持推销:甲方应尽力支持乙方开展"产品"的推销;甲方不主动向乙方代理"地区"的其他客户发盘。

3. 转介客户：除本协议另有规定外，如"地区"其他客户直接向甲方询价或订购，甲方应将该客户转介乙方联系。

4. 价格：甲方提供乙方的"产品"价格资料，应尽可能保持稳定，如有变动应及时通知乙方，以利推销。

5. 优惠条款：甲方提供乙方获致订单的条款是最优惠的。今后如甲方向"地区"其他客户销售"产品"而提供比本协议更有利的条件时，甲方应立即以书面通知乙方，并向乙方提供比此项更有利的条件。

6. 保证：甲方担保凡根据本协议出售的"产品"如经证实在出售时质量低劣，并经甲方认可，则甲方应予免费修复或掉换。但此项免费修复或掉换的保证，以"产品"在出售后未经变更或未经不正确的使用为限。除上述保证外，甲乙双方均同意不提供任何其他保证。

第四条　乙方的责任

1. 推销：乙方应积极促进"产品"的推销，获取订单，并保持一个有相当规模和足够能力的推销机构，以利"产品"在"地区"的业务顺利开展和扩大。

2. 禁止竞争：乙方除得到甲方书面同意外，不准协助推销与本协议"产品"相同或类似的其他国家商品，或将本协议内"产品"转销其他国家和地区。

3. 最低销售额：在本协议有效期间的第一个十二个月内，乙方从"地区"客户获得的"产品"订单，总金额应不少于×××万元，以后每十二个月递增百分之十五。

4. 费用：在本协议有效期内，乙方应承担在"地区"推销和获取"产品"订单的全部费用，如电报费、旅费和其他费用，本协议另有规定者除外。

5. "产品"价格与条件：乙方保证按照甲方在本协议有效期内随时规定的价格和条件进行推销。在获取订单时，乙方应充分告知客户，甲方的销售确认书或合同内的一般条款以及任何订单均须经乙方确认接受后方为有效。乙方收到的"产品"订单，应立即转给甲方以便于确认或拒绝。

6. 督促履约：乙方应督促客户严格按照销售确认书或合同的各项条款履约。例如及时开立信用证，等等。

7. 市场情况报道：乙方应负责每月（或每季）向甲方提供书面的有关"产品"的市场报道，包括市场上同类产品的销售情况、价格、包装、推销方式、广告资料、客户的反映和意见等。如市场情况发生重大变化时，乙方应及时以电报通知甲方。

第五条　佣金

1. 佣金率及支付方式：凡经乙方获得并经甲方确认的订单，甲方在收妥每笔交易全部货款后，将按发票净售价付给乙方百分之××佣金。为了结算方便，佣金每月（季）汇付一次。如有退货，乙方应将有关佣金退还甲方。

2. 计算基础：上述"发票净售价"系指甲方开出的"产品"发票上的总金额（或毛售价）减去下列费用后的金额，但以这些费用已经包括在毛售价之内者为限：

（1）关税及货物税。

（2）包装、运费和保险费。

（3）商业折扣和数量折扣。

（4）退货的货款。

（5）延期付款利息。

（6）乙方佣金。

3. 甲方直接成交的业务：凡乙方"地区"的客户，虽已了解甲乙双方的贸易关系，或经甲方转介于乙方，但仍坚持与甲方直接交易，则甲方有权与之成交，保留百分之×佣金于乙方，并将此项交易作为本协议第四条 3 款最低销售额的一部分。

如乙方"地区"的客户在中国访问期间（包括参加在中国举办的各种交易会）与甲方达成"产品"的交易，目的港为乙方代理"地区"者，甲方有权接受其订单，但不为乙方保留佣金，亦不计入上述最低销售额。

4. 超额佣金：如乙方在本协议有效期内积极推销"产品"并超额完成年度最低销售额（按实际出运金额计算），甲方对超额部分除支付规定的佣金外，应另付乙方奖励佣金：

超额百分之五十时，奖励佣金为百分之××；超额百分之一百及以上时，奖励佣金为百分之××。奖励佣金在年度终了由甲方结算后一次汇付乙方。

第六条　协议有效期

本协议有效期为×年，期满自动失效，如双方同意延续本协议，任何一方应在期满××天前用书面通知对方以便相互确认。

第七条　协议的终止

1. 终止：协议双方应认真负责地执行各项条款。在下列条件下，每一方得以书面通知另一方立即终止本协议或取消其中某一部分：

（1）如一方未能履行本协议的任何一项义务，而此项违约在接到另一方书面要求纠正的通知后××天内又未能加以纠正；

（2）如一方自动或被迫申请宣告破产，自动或被迫申请改组、清理、解散；

（3）如发生违反本协议第八条有关商标使用或注册的情况；

（4）如发生本协议第九条不可抗力事由，一方在超过××天期限后仍无法履行其义务时。

2. 终止的影响：本协议的终止并不解除双方按照本协议规定业已产生并未了结的任何债务。凡在协议终止前由于一方违约致使另一方遭受的损失，另一方仍有权提出索赔，不应受终止本协议的影响。

乙方特此声明：由于终止本协议而引起的损害，乙方放弃要求补偿或索赔，但终止本协议前甲方应付乙方的应得佣金仍应照付。

第八条　商标

甲方目前拥有和使用的商标、图案及其他标记，均属甲方产权，未经甲方特别以书面同意，乙方均不得直接或间接地、全部或部分地使用或注册。即使甲方特别以书面同意乙方按某种方式使用，但在本协议期满或终止时，此种使用应随即停止并取消。

关于上述权利，如发生任何争议或索赔，甲方有权立即单方面取消本协议并且不承担由此而产生的任何责任。

第九条　不可抗力

任何一方由于人力不可抗拒事由,以致直接或间接地造成任何迟延或无法履行本协议全部或部分条款时,另一方不得提出索赔要求。此类事由包括:水灾、火灾、风灾、地震、海啸、雷击、疫病、战争、封锁、禁运、扣押、战争威胁、制裁、骚乱、电力控制、禁止进口或出口,或其他非当事人所能控制的类似原因,或双方同意的其他特殊原因。

有关一方应在事故发生后××天内以书面通知另一方,并提供当地有关机构的证明文件,证明不可抗力事故的存在。

第十条　仲裁

凡有关协议或执行本协议而发生的一切争执,双方应通过友好协商解决。如协商不能解决,双方同意提交中国国际经济贸易仲裁委员会按该会的仲裁规则进行仲裁。仲裁裁决是终局的,对双方都有约束力。任何一方不得再以诉讼或其他方式向法院或其他机构申请变更。仲裁费用由败诉一方负担,仲裁裁决另有规定者按照规定办理。

第十一条　转让

本协议任何一方在未经征得另一方书面同意之前,不得将本协议规定的任何权利和义务转让给第三者。任何转让,未经另一方书面明确同意,均属无效。

第十二条　协议生效及其他

1.生效日期:本协议自双方签字之日起立即生效。

2.未尽事宜:本协议如有未尽事宜须加以补充或修改时,应以书面提出并经双方正式授权的代表签署后方能生效。

3.标题:本协议各项条款的标题仅为方便而设,不应限制或影响协议中任何条款的实质。

4.全部协议:本协议系双方关于本协议主题的全部协议和谅解。除本协议有明文规定者外,以前其他有关本协议主题的任何条件、声明或保证,不论是以书面或口头提出的,对双方都无约束力。

5.正式文本:本协议及附件以中文和英文,每种文本有两正两副,签署后双方各执正副本各一份,两种文本具有同等效力。

6.政府贸易:本协议不适用于双方政府之间的贸易或甲方与乙方政府之间达成的交易,亦不适用于易货贸易或投标交易。

甲方　　　　　　　　　　　　乙方
中国×××公司(盖章)　　　　××国××销售公司(盖章)
法定代表人:×××(签章)　　法定代表人:××××(签章)

# 国际市场调研报告

## 概念

国际市场调研报告,简称市场调研报告,是以国际市场为对象,有计划、有目的地收集、整理、分析、研究,并以一定的文章形式,反映国际上各个国家的市场环境、市场信息和情报资料,以便为国际市场预测和营销决策提供科学依据的书面材料。

按分类标准的不同,国际市场调研报告可以分为:

1. 按照流通领域划分为北美市场调研报告、西欧市场调研报告、日本市场调研报告、中东市场调研报告、东南亚市场调研报告和香港市场调研报告等。

2. 按照经济发展程度划分可分为发达国家市场调研报告和发展中国家市场调研报告。

3. 按照市场内容划分有国际贸易市场调研报告、国际技术市场调研报告和国际劳务市场调研报告。

4. 按照调研类型划分为探测性调研报告、因果关系报告、描述性调研报告和预测性调研报告。

## 格式及内容

1. 国际市场环境调研

即指影响市场供需文化的政治、经济形势,社会风俗习惯,市场竞争情况等。

2. 国际市场商品需求调研

即指在一定时期内,在某个可能的价格水平上,消费者希望并有能力购买的商品数量情况的调研。

3. 国际市场商品供应情况调研

这部分调研包括销售网点设置的调研,销售价格制定的调研和促销措施等。

## 范文

### 瑞士钟表市场调研报告

**一、市场概况**

瑞士钟表产品市场规模约达 165.9 亿瑞士法郎,由于面临亚洲各地产品的激烈竞争,目前市场呈摇摆不定的局面。据统计,1989 年瑞士钟表产品的销售额为 165.9 亿瑞士法郎,比 1988 年增长 8%。近年来营业额达 200 万瑞士法郎以上的商店有不断增加的趋势。

瑞士钟表市场的消费习性如下：

（略）

**二、销售时间及状况**

1. 销售时间：据调查，95％的瑞士钟表店表示，每年销售情况最好的时间是12月，销售额约占全年销售额的25％，其余的销售旺季依次为4月、5月、6月、7月及9月。有60％的商店表示，2月销售状况最差，其余依次为1月、3月、8月、10月和11月。瑞士钟表店多在8月休假两星期，每月亦有部分商店休假一星期。休假期间，60％的商店暂时停业。

2. 销售对象：旅游购买者居多，占69％。按年龄分，以35～45岁的购买者居多，45岁以上的购买者较少。

3. 消费人数：一般而言，钟表店每天约有22位顾客，1/3在上午光顾，2/3在下午购买。每天有15个顾客的商店比例不到15％，有20个顾客的占28％，有25位顾客的占20％，30位的占20％，35位的占3％，50位的占2％。

4. 购买诱因：一般消费者多选择有售后服务的商店购买钟表产品，价格因素、产品声誉及商店有免费停车服务或停车方便等，均是主要购买诱因。

**三、出口概况**

瑞士钟表产品有25％供外销。

据瑞士海关统计，1990年瑞士产品出口总额为96.8544亿瑞士法郎，比1989年增长3.4％。1990年瑞士钟表销往欧洲各大城市和其他国家，总额达50.0895亿瑞士法郎，占出口总额的51.7％。

**四、进口概况**

据瑞士海关统计，1990年钟表产品进口额为118.2616亿瑞士法郎，比1989年略减1.2％。1990年自欧洲国家进口的金额占进口总额的37％。

**五、零售价格**

据统计，瑞士市场销售的钟表产品中，价格不超过1000瑞士法郎的约占总销售量的61％，占销售总额的21％。

主要零售价格如下：（略）

瑞士有半数商店采取没有第二种价格的政策，但有半数商店视情况给予折扣，如对老主顾（约占顾客的22％）酌量给予折扣；对大客户（约占25％）给予折扣；对一些企业委员会成员或公务员等给予折扣。

**六、销售渠道**

全瑞士共有××家商店销售钟表产品。绝大多数钟表产品在钟表店销售比重高达83％，其余17％在其他商店销售，其中有4％在超级市场销售。

# 国际商品调研报告

## 概念

国际商品调研报告是研究和分析某一种商品在国际市场上的营销情况以及发展变化的趋势的文书。

## 格式与内容

1. 标题

标题用文章标题法或公文标题法。

2. 署名

作者姓名可以写在标题之下，也可以写在文末。

3. 正文

正文通常由三部分组成。开头，写调查情况、材料来源或者以往情况的简要回顾，有的写问题提出的背景等；主体，写某种商品在国际市场上的销售情况并分析造成该情况的原因；结语，写作者或专家、行家的建议。

## 范文

### 美国计算机在东欧市场被看好

据美国《××日报》报道，虽然人们曾预言，东欧市场落后、缺乏硬通货，计算机的市场销售前景不会太好，但是美国的计算机公司已经尝到了东欧市场的甜头。美国最大的计算机公司国际商用机器公司(IBM)虽然不愿透露其营业额的具体数字，但是已表示，它在东欧每一个国家的业务都已赢利。美国国际数据公司曾预测，到1994年，IBM公司在东欧的销售额的年增长率为21.7%，但据该公司的官员说，该公司的销售增长率已超过这个数字。

美国数据设备公司在匈牙利开办了一家全资企业，营业情况很令人满意，该公司的销售量比预计的销售量增加了两倍。

美国另一家计算机公司赫雷特－帕卡公司欧洲分公司的东欧市场销售额的增长率超过了30%，在波兰的销售情况尤其好。据美国商务部统计，由于美国放宽向原苏联及东欧国家出口计算机设备的限制，在1989年至1990年间，美国向东欧等国出口的计算机设备迅速增加。例如，向波兰的出口额增加了45%；向匈牙利的出口额增加了226%；向原捷克斯洛伐克的出口额增加了502%。就连市场状况不好，出口限制仍然较严的前苏联，美国的计算机设备的出口额也增加了523%。

据估计,从 1994 年 9 月 1 日起向东欧国家出口计算机的限制进一步放宽后,美国向这些国家的计算机出口额还会成倍上升。

美国计算机公司的官员们认为,对东欧国家出口增长快的原因之一是,尽管东欧国家硬通货缺乏,但这些国家把计算机列为优先进口项目。美国公司现在面临的问题不是这些国家有无能力支付硬通货的问题,而是如何能尽快交货的问题。

# 国际市场调查问卷

## 概念

市场调查问卷是企业在进行市场调查时,根据特定的市场目标和市场调查对象所设计的调查表。

## 格式与内容

通常来说,市场调查问卷包括以下内容:

1. 标题。可直接写为"调查问卷"。

2. 前言。前言部分主要说明调查的目的。

3. 答卷指导。要对被调查者进行一定的说明指导。

4. 问题。问题要简要明确,有针对性。

## 范文

### 市场情况调查问卷

为加强公司营销管理,增强服务意识和提高公司形象,特设立本问卷。

一、特许经营公众调查问卷

(一)您的基本情况

您的国籍:＿＿＿＿＿＿＿＿＿＿＿＿

您的姓名:＿＿＿＿＿＿＿＿＿＿＿＿

您的年龄:

　　　□25 岁以下　　　□26～35 岁　　　□36～45 岁　　　□46～60 岁

性　　别:

　　　□女士　　　□男士

(二)您的受教育程度:

　　　□初中　　　□高中/中专　　　□大专　　　□本科　　　□研究生

(三)您的就业情况:

☐在职　　☐待业　　☐下岗　　☐退休　　☐学生　　☐军人

(四)您的职位：

☐专业人士　　☐部门主管　　☐市场营销/销售总监　　☐行政经理/人事经理　　☐财务总监/总会计师　　☐总经理/副总经理　　☐董事长　　☐其他

(五)您以前是否有过从商经验：

☐有　　☐无

(六)您是否从事过特许经营活动：

☐有　　☐无

(七)如果您对特许经营感兴趣,您选择特许项目的标准将依次是：(请在☐中注明序号)

☐加盟费低　　☐知名度高　　☐行业有发展潜力　　☐特许体系完善

(八)您在特许经营方面打算投入的资金：

☐1万美元以下　　☐1万~5万美元　　☐5万~20万美元

☐20万~50万美元　　☐50万~100万美元　　☐100万美元以上

(九)您计划开始投资的时间：

☐未来6个月　　☐未来1年　　☐未来2年　　☐尚无计划

(十)如果您有投资计划,您最感兴趣的行业是：

1. 餐饮

☐中式快餐　　☐西式快餐　　☐正餐　　☐饮品

2. 零售业

☐便利店　　☐百货店　　☐超市　　☐服装服饰

☐药店　　☐眼镜店　　☐其他

3. 商业服务

4. 汽车服务

☐美容保养　　☐维修　　☐租赁　　☐零配件　　☐其他

5. 其他行业

☐教育培训　　☐洗衣　　☐美容和保健　　☐IT行业

☐家居装修　　☐彩扩店　　☐房地产中介　　☐其他

(十一)您认为最有影响力的特许加盟品牌是：

中式快餐：_____

中式正餐：_____

西式快餐：_____

餐饮老字号：_____

汽车服务：_____

超　　市：_____

便 利 店：_____

药　　店：＿＿＿＿＿＿＿＿＿＿＿＿＿＿＿＿＿＿＿＿＿

美容和保健：＿＿＿＿＿＿＿＿＿＿＿＿＿＿＿＿＿＿＿＿＿

服装专卖店：＿＿＿＿＿＿＿＿＿＿＿＿＿＿＿＿＿＿＿＿＿

其　　他：＿＿＿＿＿＿＿＿＿＿＿＿＿＿＿＿＿＿＿＿＿

（十二）您主要从哪些报刊上了解特许经营方面的信息，请举例：
＿＿＿＿＿＿＿＿＿＿＿＿＿＿＿＿＿＿＿＿＿＿＿＿＿＿＿＿＿

＿＿＿＿＿＿＿＿＿＿＿＿＿＿＿＿＿＿＿＿＿＿＿＿＿＿＿＿＿

（十三）您是否了解《商业特许经营管理办法》：

　　　□了解　　　□不了解

（十四）您是否参加过特许经营研讨会或展览会：

　　　□是　　　□否

（十五）您参加活动的主要目的是：

　　　□寻找盟主　　　□招募加盟者　　　□了解特许经营相关知识

（十六）如果您是加盟者，您对您的特许总部的评价为：

　　　□满意　　　□一般　　　□不满意

（十七）您认为合格的特许加盟体系应具备以下哪些条件：

　　　□独立法人资格　　　□注册商标　　　□有直营店铺

　　　□正式签约 10 天前需向加盟者披露详细真实的信息

　　　□开展特许经营有 1 年以上时间

　　　□有向加盟者提供服务和支持的能力　　　□其他

## 二、特许企业调查

（一）企业基本情况调查

名　　称：＿＿＿＿＿＿＿＿＿＿＿

法人代表：＿＿＿＿＿＿＿＿＿＿

电　　话：＿＿＿＿＿＿　传真：＿＿＿＿＿＿　总部地址：＿＿＿＿＿＿＿＿

联 系 人：＿＿＿＿＿＿　邮政编码：＿＿＿＿＿

（二）所属行业

　　　□超市　　　□便利店　　　□百货店　　　□服装服饰　　　□汽车站

　　　□汽车租赁　　　□汽车美容　　　□体育休闲用品　　　□电器销售

　　　□房地产中介　　　□旅馆　　　□保健品销售　　　□美容美发

　　　□教育培训　　　□钟表眼镜　　　□彩扩　　　□商业清洗

　　　□咨询服务　　　□计算机软、硬件销售　　　□药店　　　□家政服务

　　　□其他　　　□正餐　　　□快餐

（三）注册资本＿＿＿＿＿＿＿美元。

（四）目前拥有直营店＿＿＿＿＿＿家，区域特许经营机构或分公司＿＿＿＿＿＿家。

（五）企业注册时间：＿＿＿＿年＿＿＿月＿＿＿日。

（六）第一家直营店开业时间：＿＿＿＿年＿＿月＿＿日。

（七）第一家特许加盟店开业时间：＿＿＿＿年＿＿月＿＿日。

（八）第一家区域特许机构或分公司成立时间：＿＿＿＿年＿＿月＿＿日。

（九）连锁店在本市有＿＿＿＿家，本省有＿＿＿＿家，外省有＿＿＿＿家，国外有＿＿＿＿家。

（十）特许总部共注册＿＿＿个商标，第一个商标于＿＿＿＿年＿＿月＿＿日注册。

（十一）商标注册范围涵盖＿＿＿＿类＿＿＿＿＿项。

（十二）产品类商标＿＿＿＿个，服务类商标＿＿＿＿个。

（十三）是否在国外注册商标：

　　　　□是　　　□否

（十四）企业共获得＿＿＿＿项专利。

（十五）是否有运营手册：

　　　　□是　　　□否

（十六）是否有加盟手册：

　　　　□是　　　□否

（十七）是否与加盟者签订了商标使用许可证：

　　　　□是　　　□否

（十八）总部人员总计＿＿＿＿人。

（十九）总部对加盟者开业前的培训时间为：

　　　　□1周以内　　□1周至2周　　□1个月　　□1个月以上

（二十）总部对加盟店是否开展督导工作：

　　　　□是　　　□否

（二十一）总部是否设立了秘密顾客：

　　　　□是　　　□否

（二十二）加盟店的基本情况：

单店平均人员数：＿＿＿＿＿＿＿

单店营业面积（平方米）：＿＿＿＿＿＿＿

单店营业额（万美元）：＿＿＿＿＿＿＿

（二十三）特许经营合同的期限为＿＿＿＿年。

（二十四）从签约至加盟店需要投资＿＿＿＿万元。

（二十五）特许总部是否实现统一配送：

　　　　□是　　　□否

（二十六）总部收取的费用包括：

　　　　□加盟费　　□保证金　　□特许使用费　　□广告费　　□其他

（二十七）总部向加盟者收取加盟费为＿＿＿＿元。

（二十八）贵公司开展特许经营所遇到的主要问题、难点是什么？需要得到哪些方面的支持?

_____

_____

_____

# 国际商务谈判纪要

## 概念

·　国际商务谈判纪要,是用来记载谈判的指导思想、谈判目的、谈判主要议程、谈判内容和结果的书面记录性文件。

国际商务谈判纪要是在谈判记录的基础上整理而成的,集中反映了谈判的基本精神和议题、结果,是下一步签订协议或合同的依据。有些谈判纪要经过会谈双方签字确认后,还可以作为意向书出现,从而起法律依据的参考作用。

## 格式与内容

1. 标题

由谈判事由和文件名称构成,如"关于汽车散件进口价格的会谈纪要"。

2. 正文

正文一般包括以下几部分:

(1)文首。文首主要用来说明谈判情况综述,包括谈判时间、地点、谈判双方国别、单位名称或谈判代表姓名、谈判目的、取得的主要成果或就哪些问题达成了初步协议。

(2)主体。主体部分主要是双方取得一致意见的主要目标及其具体事项。双方的权利和义务需要进一步磋商的问题。或为了留有余地,写明"对未尽事宜,另行协商"字样,以便以后具体化或更趋完善。

(3)落款。落款包括双方谈判代表签名、谈判日期。

## 范文

### 会 谈 纪 要

×××股份有限公司(以下简称甲方)与×××股份有限公司(以下简称乙方)就建立合资公司一事于×年×月×日在×××公司本部举行商洽,在"真诚合作、互利互惠、共同发展"的基础上,就双方的合作事宜达成如下共识:

1. 投资总额、注册资本

双方初步讨论了合资公司的投资总额及注册资本,分别为×××万元和×××万元。

2. 双方出资比例、出资方式

（1）出资比例

双方初步商定按甲方占合资公司注册资本的 50％，乙方占合资公司注册资本的 50％的出资比例建立合资公司。

（2）出资方式

甲方以土地作为出资的一部分，其余以现金作为出资，如与×××高新技术产业开发区（以下简称为开发区）商谈土地价格时，应有乙方代表同时参加。

乙方以技术转让费作为出资的一部分，其余以现金作为出资，至于技术转让费的作价，有待于将来谈判时确定。

3. 公司名称

×××有限责任公司。

4. 董事会及董事

董事会由双方各出×名董事组成，共×人。

甲方建议董事会设董事长和副董事长各 1 人，由中、外双方每×年轮换担任，每一个×年董事长由甲方担任，副董事长由乙方担任。为避免董事会表决时出现僵局，双方对不同重要程度的事项的决策办法在合资公司章程中确定。

5. 总经理、经理层

甲方建议合资公司设总经理和副总经理各 1 人，每一个×年总经理由乙方提名，董事会任命，副总经理由甲方提名，董事会任命。对总经理、副总经理的提名权每×年轮换一次。

6. 合资公司的员工来源

甲方认为中国有十分丰富的劳动力资源，同时甲方承诺向合资公司提供部分熟练工人、精通业务的技术及管理人员。

7. 产品及零配件报价（略）

8. 商标

双方初步商定合资公司的商标需重新设计，但原则为：

（1）有利于合资公司的形象建立；

（2）有利于强化双方现有商标中中国市场的影响力。

9. 产品销售

（1）国内销售

双方认为在合资公司建立的初期，合资公司的产品由甲方现有的销售网络代理。但合资公司应逐步培养自己的销售队伍。

（2）海外销售

乙方原则同意其海外销售网络代理销售合资公司的产品。

10. 合资公司年限

根据中国合资法律法规，双方同意合资公司首期合作为×年，逾期双方可协商延长。

11.厂址(略)

××股份有限公司

××股份有限公司代表:(签字)

代表:(签字)

××××年×月×日

# 国际商务谈判备忘录

## 概念

国际商务备忘录,是商务谈判过程中或业务磋商过程中用来对其进行记录的一种揭示或记事性文书。国际商务谈判备忘录,是指在业务谈判时,经过初步讨论后,记载双方的谅解和承诺,以作为进一步洽谈时参考的一种记事性文书。

## 格式与内容

1. 标题

标题可写成"备忘录"或"×××谈判备忘录"。

2. 谈判双方情况

主要是用来明确双方国别、单位、名称、谈判代表姓名、会谈时间、地点及会谈项目。

3. 事项

即双方通过谈判,各自作出的承诺。

4. 签署

双方谈判代表都需要署名。

## 范文

### ×××股份有限公司
### 与×××公司会谈备忘录

×××股份有限公司(以下简称甲方)和×××公司(以下简称乙方)的代表,于×年×月在甲方公司本部就技术引进一事进行了初步协商,双方交换了意见,达到了了解,形成了以下初步意向:

一、×××产品技术转让问题

合资双方共同努力会加快技术引进速度。先期可进行技术引进谈判,若谈判成功,双方先签订合同,编写可行性研究报告。

二、乙方的合作意向

1. ×年×月，乙方组织了一批考察团对中国生产企业进行了考查之后，经董事会决定，只选择甲方谈技术转让或合资。

2. ×××公司董事会认为，主要以技术转让为主，基本上不与国内客车厂谈合资，即使合资，也只是象征性地投入非常少的资金。

三、甲方公司技术引进的意向

1. 甲方董事会已决定和外国公司进行技术合作，乙方是首先考虑的合作对象，并且认为若双方不尽快进行谈判，则会失去许多国内外的市场，因此甲方希望尽快在合作上有所进展。

2. 甲方谈了和有关公司谈判的进度情况，并承诺保留和乙方谈判的优先权。

四、甲方与乙方公司合作方式

1. 双方认为以引进技术的合作，则能生产国际性的最有竞争力的产品。这种国际间的资源组合是产品成本降低的最有效途径。

2. 双方均不赞成 50%＋50% 股份的合作方式。

3. 认为开始合作时，最好以贸易方式进行。

4. 技术引进的主要产品为：（略）

这次洽谈，虽未能解决主要的问题，但双方都表达了合作的愿望。期望在今后的两个月内再进行接触，以便进一步商洽合作事宜，具体时间待双方磋商后再定。

中国×××股份有限公司

××国际股份有限公司

代表×××（签字）

代表×××（签字）

20××年×月×日

# 第十五章  公关礼仪文书

## 感谢信

### 概念

感谢信是一种礼仪文书,用于商务活动中的许多非协议的合同中,一方受惠于另一方,应及时地表达谢忱,使对方在付出劳动后得到心理上的收益,它是一种不可少的公关手段。

### 格式与内容

1. 首部

(1)标题直接写"感谢信"或"致×××的感谢信"均可。

(2)称谓应顶格写,个人姓名后加"同志"或"先生"等尊称。

2. 正文

(1)概述对方事迹,重点突出对方的支持和帮助。

(2)阐述事迹的影响,表达自己的感激之情。

(3)结语写表示敬意和感谢的词语,如"此致/敬礼"。

3. 落款

署名和日期。

### 范文

感 谢 信

尊敬的行政审批服务中心领导:

我是××机械有限公司的法定代表人,在本次公司设立登记过程中,我对工商局窗口陈××、卢××、宋××为我公司提供的优质服务表示衷心的感谢。

我公司是初始设立的机械加工公司,自10月初开始报批审过程,面对大量的文书资料和工作手续令我望而生畏。但是工商局的服务窗口却给了我一颗明心丸、定心丸。每一次来到窗口见到的总是微笑的面容；每次带着疑惑来到窗口，得到的总是娓娓的解答，客气的回应，让我们满意而归。出于感激，我特别留心他们胸前的挂牌和他们令人心动的名字。

特别是陈××同志，审批工作查验材料快而细致，严而有据，热情有节。对材料中的不符合项目改正通知规范明确，让我公司的委托代表人一目了然，更加提高了工作效率和工作质量，用实际行动践行了优质高效、真诚服务的窗口诺言。还有卢××、宋××两位同志对公司设立业务查询答疑明确，对经营范围界定准确，使用术语规范，热情有礼，成为窗口工作人员的楷模。

……

千言万语写不尽的感激之情，我公司只有通过日常工作中遵章经营，守法纳税的实际行动来对工商局窗口为我公司提供的优质服务作出真情报答。

祝各位窗口工作人员工作愉快，顺祝我公司事业发达！

秋安！

# 贺信

## 概念

贺信，是表示祝贺的专用书信，一般用在企业、团体或个人有突出成绩或喜庆之时。贺信既可以宣读，也可以通过邮寄送达对方，或是刊登在报纸上。贺信写作要做到：颂扬得体、感情真挚、文字简练。

## 格式与内容

1. 首部

(1)标题可以写"贺信"，也可以在此之前写上何人给何人的贺信或祝贺的理由。

(2)受贺者的姓名称呼或者单位名称。

2. 正文

(1)对什么事表示贺意。

(2)祝贺的事实、评价要适当而且有新意，然后提出自己的希望。

3. 尾部

写明发信人和发信日期。

范文

## 贺　信

××公司：

我们××公司对贵公司开业 20 周年表示祝贺。

我们有幸拜读了贵公司的折叠式印刷纪念品。像贵公司这样随着时代而发展进步，是相当成功而且难能可贵的。从生产×××到制造×××的变化是任何一家公司都值得引以为豪的事情。但愿我们在自己的发展道路上能像贵公司一样轻捷地适应变化着的时代。

希望这 20 年的成就成为贵公司以后更为成功的 20 年、40 年的前奏！

××公司

20××年×月×日

# 慰问信

## 概念

慰问信是指机关单位或个人向做出突出成绩或遭遇困难、不幸、挫折的地区、单位组织或个人表示安慰、慰劳、致意、问候时使用的一种文书材料。

## 格式与内容

1.首部

(1)标题直接写"慰问信"，也可在"慰问信"前面加上致信的单位组织名称或个人姓名、受信的单位名称。

(2)顶格写被慰问的单位或个人。称呼后加冒号，以示领起正文。

2.正文

(1)用简洁的话说明写信的缘由；

(2)要较全面、具体地叙述对方遭受的困难或对方的英雄事迹；

(3)提出希望或鼓励对方战胜困难，并表示自己的勇气或决心。

3.尾部

(1)表示对慰问对象的希望和祝愿。

(2)署上发文单位或个人的称呼。

(3)慰问信的成文日期。

### 范文

## ××市劳动者协会致全市个体劳动者、
## 私营企业的慰问信

全市个体劳动者、私营企业：

满怀着祖国建设者的豪情，我们迎来了新世纪的又一个春天！值此辞旧迎新之际，我们向全市个体劳动者和私营企业职工致以最真挚的祝贺和亲切的问候！向长期关心、支持、帮助个体私营经济发展的各级领导、机关各部门和社会各界表示衷心的感谢！

重翻历历在目的旧日历，我们思绪飞扬，兴奋之情溢于言表。过去的一年对于我们个体私营经济来说，真可谓是"人面桃花相映红"。江总书记在"七一"讲话中把个体私营经济等非公有制经济明确为"有中国特色社会主义事业的建设者"，使徘徊于我们心头多年的疑云、困惑灰飞烟灭。在党的阳光雨露的滋润下，个体私营经济似小荷才露尖尖角，生机无限！在社会主义市场经济的大潮中，荡起双桨奋勇当先，为祖国建设事业添砖加瓦，贡献了应有的心与力。

挂上崭新的新日历，我们英姿勃发，社会主义建设者的激情跃动于心、奔突于胸。在世界经济一体化的浪潮里，我们将扬帆起航，用勤劳的双手、奋发的精神、横溢的才思，乘江总书记"七一"讲话的东风，展社会主义建设者的风采，继续发愤图强，为××市个体私营经济的发展和祖国的繁荣昌盛建功立业。

协会是我家，人人爱护它！个体工商户和私营企业是我们协会的生存之本、发展之根、壮大之源，没有您的呵护与珍爱，我们将一事无成。在新的一年里我们将继续殚精竭虑全力为您服务，在个体私营经济与党和政府之间架起更为畅通的桥梁，编织更为牢固的纽带，为个体私营经济的发展尽绵薄之力！

个体、私营企业界的朋友们，让我们在新世纪的旭日照耀下，携手履行"自我教育、自我管理、自我服务"的职能，共同创造出个体私营经济"百般红紫斗芳菲"的春天！以优异的成绩为党的十六大献礼！

祝会员朋友们生意兴隆、身体健康、新春快乐！

××市劳动者协会
20××年×月××日

# 表扬信

### 概念

表扬信，就是指表彰某些单位、集体、个人的先进事迹、思想、风格等的书信。

### 格式与内容

1. 首部

(1)标题直接写"表扬信"即可;

(2)写被表扬的单位或个人的称呼时,应顶格写,并在其后加上冒号。

2. 正文

(1)通过具体事实写出被表扬人的事迹;

(2)适当进行评价,热情赞扬;

(3)表示出向表扬人学习的决心。

3. 落款

(1)单位或个人名称;

(2)写信日期。

### 范文

## 表　扬　信

编辑同志:

　　我是××工业学校的学生。今年寒假回家时,乘坐由郑州开往太原的火车。当火车开到我的家乡——长治时,由于自己带的东西多,又没有很好地检点便匆匆忙忙地下了车。在走出火车站后,才发现挂在车窗旁的背包忘在了车上。里边有钱,更要紧的是还有学生证和两本下学期上课用的教材。想到下学期的学习,我真是心急如焚,不知该怎么办,整个寒假我都过得不愉快。

　　哪知道,过完寒假返校后,留校的同学立刻递给我一张包裹单。原来我的背包寄回来了。包裹单上的署名是"解放军战士",这使我的心情万分激动。这位战士,肯定是那天和我坐在一起的解放军同志。他的这种雷锋精神永远值得我学习,催我进步。我一定要努力掌握科学知识,为祖国早日实现四个现代化贡献一切力量。

　　对这位解放军战士,希望贵报能予以表扬。

　　祝编安!

××工业大学学生×××

20××年×月×日

# 介绍信

### 概念

　　介绍信是指机关单位、人民团体、企事业单位派人到其他单位接洽事项、处理公务时的一种专用书信。介绍信又分普通介绍信和专用介绍信。

普通介绍信一般不带存根，正中写"介绍信"。内容包括：称呼、正文、结尾、署名和日期，并注上有效日期。

专用介绍信共有两联，一联是存根，另一联是介绍信的本文。两联正中有间缝，同时编有号码。

### 范文一：普通介绍信

## 介 绍 信

兹介绍我公司×××同志等××人（系我公司），前往贵处联系×××事宜，请接洽并予以协助。

　　此致

敬礼

××公司（盖章）

20××年××月××日

### 范文二：专用介绍信

## 介 绍 信

| 专用介绍信（存根）<br><br>　　（××字第××号）××等×<br>×人前往××办理××事宜。20<br>××年××月××日（有效期×<br>天） | ·<br>·<br>·<br>·<br>×<br>字<br>×<br>×<br>号<br>公<br>章<br>·<br>·<br>·<br>· | ××字××号<br><br>×××：<br>　　兹介绍××等×位同志前往贵处办理××××等事宜，请予接洽。<br>　　此致<br>敬礼<br><br>×××（公章）<br>（有效期××天） |
|---|---|---|

# 证明信

### 概念

证明信是以机关、团体、个人确凿的证据，证明某人身份、经历或者证明相关事件是否属实的一种专用书信。

**格式与内容**

1. 首部

(1)标题直接写"证明信"即可；

(2)顶格写上需要证明的单位名称。

2. 正文

(1)写明被证明的事项；

(2)要真实地写清人物、事件。

3. 尾部

(1)顶格写"特此证明"；

(2)署上单位名称或个人姓名并加盖公章或私章，写明证明日期。

## 范文一

证　明　书

××局负责同志：

　　王××原为我校中文系××级学生，曾担任前学生会主席职务，在校期间，该生遵守学校各项规章制度，没有参与任何不利于安定团结的活动。

　　特此证明。

××大学中文系

张××（印章）

20××年×月×日

## 范文二

证　明　书

　　孙××同志于20××年进入我校中文系学习，中途曾因病休学--一学期，病愈后继续跟班学习，后考试全部及格，于20××年×月毕业。

　　特此证明。

×××学院中文系

李××（印章）

20××年×月×日

# 请柬

## 概念

请柬也叫请帖，是为请客而发出的通知书，它是一些单位在邀请上级领导、兄弟单位的有关同志前来参加重要纪念、庆祝活动时，为表示庄重通知而使用的告知性礼仪文书。

## 格式与内容

1. 首部

（1）标题直接写"请柬"即可；

（2）首行顶格写被邀请的个人姓名及称呼或组织名称。

2. 正文

（1）写明邀请的目的、活动内容、时间、地点及应注意的一些问题。

（2）语言清楚明白、措辞讲究。

（3）邀请要表示出谦恭热情的态度，常用"恭请光临"、"敬请光临"、"敬请赐教"等表示尊重的礼貌用语。

（4）附启语。一些请柬根据不同情况还写有各种附启语，如"每柬×人"、"凭柬入场"，一般在正文的左下方处。

3. 落款

（1）写明发请柬的单位名称或个人姓名；

（2）注明日期。

## 范文

请　　柬

××先生：

中国××总公司上海分公司定于20××年××月××日至××日，在××市物资交流中心举办贸易洽谈会，敬请光临。

中国××总公司××分公司

20××年××月××日

# 开幕词

## 概念

开幕词是在一些大型会议开始时由会议主持人或主要领导人所作的开宗明义的讲话。它具有宣告性、提示性和指导性。

## 格式与内容

1. 首部
(1)标题通常由会议名称加"开幕词"构成。
(2)顶格书写称谓。

2. 正文
(1)会议的筹备和出席会议人员情况；
(2)会议召开的背景和意义；
(3)会议的性质、目的及主要任务；
(4)会议的主要议程及要求；
(5)会议的奋斗目标及深远影响。

3. 尾部
结尾一般都是"祝大会圆满成功"之类。

## 范文

### 摄影会议开幕词

各位领导、各位代表：

全国摄影工作会议今年在风光旖旎的厦门举行。我首先代表中国摄影家协会向给予会议大力支持的福建省委宣传部、福建省文联、福建省摄影家协会、厦门市委宣传部、厦门市文联和厦门市摄协表示衷心的感谢！同时，向各位领导和代表致以春天的问候！

回首新世纪的第一年，我国加入世贸，申奥成功，召开 APEC 会议，各项事业蓬勃发展，国际地位进一步提高，中华民族复兴大业开篇辉煌。与我国各项事业同步相随，第五届中国摄影艺术节在莆田隆重举行，第五届中国摄影金像奖评选揭晓，中国摄影家协会网站开通，第九届国际影展、"共产党人风采"摄影展和世界新闻摄影讲习班成功举办，青少年摄影师预备资格等级考试顺利开展，形成了社会主义市场经济条件下摄影事业发展的新局面。我们可以自豪地说，通过同志们的辛勤工作和摄影家的精心创作，中国摄影以新的姿态、新的步伐、新的收获掀开了新世纪繁荣发展的第一幕！

我们这次会议，原定于3月底召开，但中国摄协接到中国文联的通知，今年第四季度中国摄协要完成换届工作。按照《中国摄影家协会章程》，我们于日前召开了协会主席团会议。为此，会议日期改为现在。这次会议，按照原定的日程，我们要深入学习《江泽民总书记在中国文联第七次全国代表大会、中国作协第六次代表大会上的讲话》，学习上个月召开的"两会"精神和全国宣传部长会议精神，认真总结过去一年的工作，精心安排今年的各项活动，特别是要对今年的摄影函授教育、外事和青少年摄影师预备资格等级考试等工作做具体的部署，会议的任务很多。此外，承办此次会议的福建省摄协和厦门文联等单位还为我们安排了采风创作活动。

同志们，2002年是我国经济建设和社会发展历史上关键的一年，党的十六大即将召开，中华民族将在中国共产党的领导下开始新的征程。新的世纪，天高地阔，时代潮涌。让我们在以江泽民同志为核心的党中央领导下，肩负起党和人民赋予我们的光荣历史使命，与时俱进，勇于改革，通力合作，开拓创新，培养更多的摄影人才，推出更多、更好的摄影精品，向党的十六大献礼！

预祝会议圆满成功！

# 欢迎词

## 概念

欢迎词，是指在迎接宾客的仪式上，主人对宾客表示热烈欢迎的友好讲话。

## 格式与内容

1. 首部

（1）标题直接写上"欢迎词"或在前面加上欢迎会的名称。

（2）欢迎词的称呼要求写在开头顶格处。

2. 正文

（1）有感情地对宾客表示欢迎。

（2）简要介绍彼此间的交际、合作或来访的意义作用等。

（3）最后应再次表示欢迎，并预祝宾客愉快。

3. 落款

要署上致辞单位的名称，致辞者的身份、姓名，日期。

## 范文

### 欢　迎　词

女士们、先生们：

　　值此×××厂30周年厂庆之际,请允许我代表×××厂,并以我个人的名义,向远道而来的贵宾们表示热烈的欢迎。

　　朋友们不顾路途遥远专程前来贺喜并洽谈贸易合作事宜,为我厂30周年厂庆更添了一份热烈、祥和的气氛,我由衷地感到高兴,并对朋友们为增进双方友好关系作出努力的行动,表示诚挚的谢意!

　　今天在座的各位来宾中,有许多是我们的老朋友,我们之间有着良好的合作关系。我厂建厂30年能取得今天的成绩,离不开新老朋友们的真诚合作和大力支持。对此,我们表示由衷的钦佩和感谢。同时,我们也为能有幸结识来自全国各地的新朋友感到十分高兴。在此,我谨再次向新朋友们表示热烈欢迎,并希望能与新朋友们密切协作,发展相互间的友好合作关系。

　　"有朋自远方来,不亦乐乎"。在此新朋老友相会之际,我提议:为今后我们之间的进一步合作,为我们之间日益增进的友谊,为朋友们的健康幸福,干杯!

×××厂

厂长:×××

20××年××月×日

# 欢送词

## 概念

　　所谓欢送词,就是指在送别宾客的告别仪式上,主人对宾客的离去表示真诚欢送的讲话文体。

## 格式与内容

1.首部

(1)标题直接写"欢送词"或在"欢送词"前面加欢送会的名称。

(2)称呼要顶格写。

2.正文

(1)向宾客表示欢送、感谢和惜别之情。

(2)回顾欢聚的美好时光、取得的友好合作成就,等等。

(3)最后再次表示对宾客的欢送、希望或祝愿、感谢等。

3.落款

署上致辞的单位名称,致辞者的身份、姓名,日期。

**范文**

## 欢 送 词

尊敬的女士们、先生们：

首先，我代表××，对你们访问的圆满成功表示热烈的祝贺。

明天，你们就要离开××了，在即将分别的时刻，我们的心中依依不舍。大家相处的时间是短暂的，但我们之间的友好情谊是长久的。我国有句古语"来日方长，后会有期"。我们欢迎各位女士、先生在方便的时候再次来××做客，相信我们的友好合作会日益加强。

祝大家一路顺风，万事如意！

×××厂

厂长：×××

20××年××月×日

# 演讲稿

### 概念

演讲稿是指演讲者自己为表达自己的见解和主张，针对特定的时间、环境和听众而写的演讲文稿。在书写演讲稿时要抓住"三要"，即针对性要强，观点要鲜明，语言要通俗。

### 格式与内容

1. 首部

（1）标题通常由演讲主题加"演讲稿"或"讲话稿"组成。

（2）顶格写上听众的姓名和称呼。

2. 正文

（1）开门见山，开篇点题，吸引听众的注意力；

（2）层次排列可以以时间先后、故事发展或并列关系为顺序，也可以以因果为顺序；

（3）演讲稿的结尾要达到最精彩、最高潮的效果。

3. 尾部

表明自己已经演讲完毕，并再报以感谢。

### 范文

**列宁在马克思、恩格斯纪念碑揭幕典礼上的讲话**

今天，我们举行全世界工人革命的领袖马克思、恩格斯纪念碑的揭幕典礼。

千百年来,人类在一小撮蹂躏千百万劳动人民的剥削者的压迫下受尽了苦难。旧时代的剥削者地主所压榨和掠夺的是分散的愚昧的农奴,而新时代的剥削者资本家所碰到的却是被压迫群众的先进部队,即城市工厂的产业工人。工厂联合了他们,城市生活教育了他们,共同的罢工斗争和革命行动锻炼了他们。

马克思和恩格斯的具有世界历史意义的伟大功绩,在于他们用科学的分析证明了资本主义必然崩溃,必然过渡到不再有人剥削人现象的共产主义。

马克思和恩格斯的具有世界历史意义的伟大功绩,在于他们向各国无产者指出了无产者的作用,任务和使命就是站起来同资本家进行革命斗争,并在这个斗争中把一切被剥削的劳动者团结在自己的周围。

我们处在一个幸福的时代,处在伟大的社会主义者的这个预言开始实现的时代。我们大家看到,在许多国家里已经显露出国际无产阶级社会主义革命的曙光。帝国主义对各国人民的大屠杀的不堪言状的惨祸,到处激起被压迫群众的英勇精神的高涨,百倍增强他们为解放而斗争的力量。

让马克思、恩格斯纪念碑再三提醒千百万工人和农民:我们在斗争中不是孤立的,较先进的国家的工人在同我们并肩奋斗。在我们和他们的面前还有艰苦的战斗。在共同的斗争中,资本的枷锁一定会被打得粉碎,社会主义一定会取得最后胜利!

注:此文选自《列宁选集(3)》,为 1918 年 11 月 7 日列宁在马克思、恩格斯纪念碑揭幕典礼上的发言。

# 讲话稿

## 概念

讲话稿是指人们在特定场合发表讲话前所拟定的文稿。讲话稿要观点鲜明、材料准确,尽量要口语化。

## 格式与内容

1.首部

(1)讲话稿的标题分为两种:一种一般是由讲话人的姓名、职务、事由和文种构成;另一种是双标题,即由主标题和副标题组成。

(2)顶格写明与会者称呼,要庄重、严肃、得体。

2.正文

根据会议的内容和发表讲话的目的,可以重点阐述如何领会文件、指示、会议精神;可以通过分析形势和明确任务,提出搞好工作的几点意见;可以结合本单位情况,提出贯彻上级指示的意见;可以对前面其他领导人的讲话作补充讲话;也可以围绕会议的中心议题,结合自己的分管的工作谈几点看法,等等。

3.尾部

总结全篇,照应开头,或提出要求和希望等。

## 范文

### 一批先进的堪称世界一流水平的企业集团
### 一定会在我们手中出现

各位领导、同志们、朋友们:

在党中央、国务院的亲切关怀下,在机械电子工业部的直接领导下,"全国电子集团产品展览交易会",今天胜利开幕了! 我代表参展的企业集团,向交易会的胜利召开,表示热烈的祝贺! 并向为这次大会作出贡献的新闻界及各方面的朋友们,表示衷心的感谢!

这次交易会将充分反映我国电子工业自十一届三中全会之后,在改革、开放、搞活的方针指引下,所取得的巨大成就,充分反映十年来我国电子工业欣欣向荣的繁荣景象。这次交易会还将充分显示企业集团的巨大威力,各集团展出的产品丰富多彩,各具特色。事实证明,只要充分发挥中国人民的聪明才智,外国人能做到的,我们中国人也完全能够做到,关键是要有一个让我们企业能够放手大干的宽松环境,企业集团正是造成这种宽松环境的一种很好的形式。

我们这次大会,就是我们各企业集团向党中央、国务院和全国人民汇报执行改革政策以来,在促进科学技术进步,开发新技术,研制新产品方面所取得的丰硕成果。

这次大会也是一个交流经验相互学习的良好机会,我们环宇企业集团是抱着虚心学习的态度来的。我们清醒地知道,环宇公司尽管在短短的几年内,经济实力、技术水平、管理能力各方面都有了很大的发展,但与先进的大型的实力雄厚的集团相比,还有很大差距,所以我们一定要把兄弟单位的先进经验学到手,变成我们自己的财富。

当前,我们各集团面临着一个非常严峻的形势,摆在我们面前最中心的任务是贯彻执行党的十三届三中全会的指导方针,坚决把思想和行动统一到党中央的重大决策上来。我们的态度是:紧中求活,改中求进,难中求胜,为国分忧,尽最大努力保持经济稳定发展的势态。我们深知:尽管我们肩上的任务是艰巨的,困难是严重的,但这是完全可以克服的,因为它是前进道路上暂时的困难,我们有战胜困难的很多有利条件,特别是有党中央的正确领导,有全国人民的支持和全体职工奋发图强的精神,任何困难也阻挡不住企业集团前进的步伐。通过整顿经济秩序,治理经济环境,全面深化改革,我国电子工业必将有一个更大发展,一批强大的先进的堪称世界一流水平的企业集团,一定会在我们手中出现,让我们为这个伟大的目标奋斗吧!

最后,让我预祝大会圆满成功,祝同志们身体健康,祝首都人民春节快乐!

注:此文选自环宇电子联合公司董事长郎宝祥代表参展单位的讲话。

# 倡议书

## 概念

倡议书是企业或者个人首先公开提出某种建议，希望有关单位、部门能够响应，以期共同完成某种任务或开展某项活动的文书。

## 格式与内容

1. 首部

(1)标题通常直接写"倡议书"即可；

(2)要根据受倡议对象的不同选择适当的称谓。

2. 正文

(1)说明发起倡议的背景、起因，总述倡议的根据、目的；

(2)分条列出由所倡议的具体内容。

3. 落款

(1)署明倡议人或单位的姓名、名称；

(2)发起倡议的日期。

## 范文

### 倡 议 书

××铁路运输公司全体员工：

在公司以坚实的步伐，走在开创铁路运输美好明天征程上的关键时刻，公司上级领导发表了重要的讲话，并对我们过去一年里的工作成绩作了报告。

我们听取了上级和公司领导的重要讲话和报告后，对公司的发展前景充满了信心。同时也深感肩负的使命重大而光荣。我们决心在上级的领导下，紧紧围绕公司经营、改革和发展的大局，开拓进取，扎实工作，为实现公司的各项目标不断作出新的贡献。在此我们向公司全体员工发出如下倡议：

1. 我们要发扬好学上进和勇于实践的精神，不断提高自身素质。当今世界的竞争是人才的竞争，而人才的竞争主要表现为知识和素质的竞争。随着中国加入 WTO，普遍提高铁路运输队伍的整体素质，是使这一事业兴旺发达的人力资源保证。因此，作为铁路运输公司的员工，我们要牢固树立终身学习的观念，紧跟时代发展的步伐，适应社会不断前进的需要，刻苦学习科学文化、专业技术和社会主义市场经济知识，掌握新技能，接受新观念，做到一专多能，争当"多面手"。通过我们的努力，将公司建设成为高素质的企业，为增强公司的核心竞争力作出我们应有的贡献。

2. 我们要以高度的主人翁责任感和使命感，为开创公司发展的新局面而艰苦奋斗，扎实工作。我们要以做××人而自豪，视铁路运输事业为自己的生命。培养强烈的责任感和荣誉感，把实现公司的发展目标与实现自身价值紧密结合起来。实现公司跨越式发展的目标，需要我们以脚踏实地的作风，以争先创优的干劲，自觉地走在各项工作的前列，立足岗位，多作贡献；实现公司跨越式发展的目标，需要我们以主人翁的姿态，充分发挥积极性、主动性和创造性，与企业同呼吸共命运，想企业之所求、做企业之所需、解企业之所难，用我们的聪明才智为公司的发展不断作出新贡献，在创造物质文明成果的同时创造我们的精神家园。

3. 我们要发扬艰苦奋斗、勤勉工作、坚忍不拔、激情创业的精神，激发创新的热情，高举创新的旗帜，做到勇于实践，善于开拓，不断创新，在各自的岗位上有所发现、有所创造、有所贡献。要把创新欲望和学习求知结合起来，把创新热情和求实态度结合起来，把创新要求和本职工作结合起来，以发展为主题，以市场为导向，以效益为中心，以"创新"为关键，不断创造出新的技术、新的工艺、新的管理方法、新的经营方式，在创新实践中推动公司的经营、改革与发展。

公司全体员工同志们，在开创铁路交通美好明天的征途上，挑战与机遇并存，困难与希望同在。我们相信，具有光荣传统的××员工一定能够肩负起历史重任，为实现公司的奋斗目标作出积极的贡献，在××公司改革与发展的征程中谱写辉煌的篇章！

××铁路运输公司××部

20××年×月×日

# 聘书

### 概念

聘书是指某单位聘请某人担任本单位某个职务，或承担某项工作任务采用的一种专用书信，也叫聘请书。聘书具有内容概括性、文字简洁性的特点。

### 格式与内容

1. 首部

(1)标题直接写"聘书"或"聘请书"即可。

(2)在聘书内页，正文左上方的位置写明受聘人的姓名、称呼等。

2. 正文

(1)一般要说明聘请的原因和被聘者所担任的职位，或所从事的工作。

（2）写上用人单位对被聘者的希望。

（3）通常以表示敬意和祝颂的语言作为结束语。

3.落款

署上用人单位名称或法人姓名、职务，署上日期，加盖公章。

**范文**

**聘　书**

兹聘请×××先生为××老年书法学会顾问。

此聘

××老年书法学会

20××年××月××日

# 祝酒词

**概念**

祝酒词是各党政机关、社会团体、企事业单位在会议期间由主持人或领导人向大会所作的祝贺性讲话。

祝酒词篇幅不能太长，语气要真诚、友好，要口语化，要富有感情色彩。

**范文**

**祝　酒　词**

亲爱的女士们、先生们：

晚上好！

"中国国际×××展览会"今天开幕了。今晚我们有机会同各界朋友欢聚，感到很高兴。我谨代表中国国际贸易促进委员会××市分会、中国国际商会××分会，对各位朋友光临我们的招待会，表示热烈欢迎！

"中国国际×××展览会"自上午开幕以来，已引起我市及外地科技人员的浓厚兴趣。这次展览会在中国上海举行，为来自全国各地的科技人员提供了经济技术交流的好机会。我相信，展览会在推动这一领域的技术进步以及经济贸易的发展方面将起到积极作用。

今晚，各国朋友欢聚一堂，我希望中外同行广交朋友，寻求合作，共同度过一个愉快的夜晚。

最后，请大家举杯，

为"中国国际×××展览会"的圆满成功，

为朋友们的健康，

干杯！